Kants Werke
Akademie Textausgabe

康德著作全集(注释本) 第6卷

纯然理性界限内的宗教
道德形而上学

李秋零 主编

中国人民大学出版社
·北京·

编委会

目录

伊曼努尔·康德

1794 年

纯然理性界限内的宗教

1794年

纯然理性界限内的宗教

伊曼努尔·康德

李秋零 译

科学院版编者导言

格奥尔格·沃博民（Georg Wobbermin）

一、在把《纯然理性界限内的宗教》的一个样本寄给格廷根神学教授卡尔·弗里德里希·司徒林（Carl Friedrich Stäudlin）时的附信中，康德自己说明了这部著作在他的体系中注定占有的位置。那里说道：**“很久以来，在纯粹哲学的领域里，我给自己提出的研究计划，就是要解决以下3个问题：1. 我能够知道什么？（形而上学）2. 我应该做什么？（道德）3. 我可以希望什么？（宗教）接着是第4个、也是最后一个问题：人是什么？（人类学）——在现在给您的著作中，我试图实现我的计划的第3部分。在这一著作中，严格认真的精神和对基督宗教的真诚敬意，当然还有恰如其分地直言不讳这个基本原则，使我没有隐瞒什么东西，而是像我相信的那样，我已经认识到，基督教与最纯粹的实践理性的结合是可能的，我要开诚布公地发表自己的意见。”**①

康德的这部在韦尔纳（Wöllner）宗教敕令和由韦尔纳在1791年4月任命为教会和教育事务最高审查当局的三人团（赫尔墨斯［Hermes］、沃尔特斯多夫［Woltersdorf］、希尔默［Hillmer］）的统治下撰写和发表的宗教哲学代表作②，其出

① 1793年5月4日致司徒林的信；《康德全集》，第Ⅺ卷，414页。［参见李秋零编译：《康德书信百封》，199页，上海，上海人民出版社，2006。——译者注］

② 参见《学科之争》前言，《康德全集》，第Ⅶ卷，5～6页。［参见李秋零主编：《康德著作全集》，第7卷，5～6页，北京，中国人民大学出版社，2008。——译者注］

版史是与普鲁士授课管理给哲学家造成的审查困难极为紧密地联结在一起的。

康德如他在1793年5月4日致司徒林的信中所说①，原初打算把**整部著作分4个部分**让人在比斯特尔（Biester）编的**《柏林月刊》**上发表。现在，《月刊》的编者和出版商在1791年年底就已经决定，让人不是在柏林，而是在耶拿照料排印；因为"让人在外地印刷，绝不在这里被禁止"②。这样，他们就避开了必须把《月刊》的文章送交柏林审查机构的必要性。因此，当康德给1792年的3月刊寄去他的文章《论人性中的根本恶》（因为原初的标题就只是这样叫的）时，这一点就自身而言也不是必要的。然而，在致比斯特尔的一封特别的、遗憾的是已遗失的信③中，康德明确地请求把他的手稿呈交柏林审查机构。如在鲍罗夫斯基（Borowski）关于康德的"审查苦难"的（就这些话而言大概是可信的）报告④中所说，康德"**根本不想造成假象，就好像他喜欢走文字上的秘密途径，只是在有意回避时才向严格的柏林审查机构表达所谓大胆的见解似的**"⑤。当

①《康德全集》，第Ⅺ卷，415页。［参见《康德书信百封》，200页。——译者注］

② 约翰·埃里希·比斯特尔致康德，1792年3月6日；《康德全集》，第Ⅺ卷，315页（也请参见第Ⅺ卷，451页）。

③ 参见上页注④所说的信；《康德全集》，第Ⅺ卷，316页。

④ 被鲍罗夫斯基作为第4个附录附给他的《伊·康德生平和性格描述》，并有开场白说："由康德告知我的，作为对我在他的传记方面搜集的杂记的赞助，这里是从手稿中摘录的。"参见上书233～234页和《康德全集》，第Ⅺ卷，336页。

⑤ 关于评判，参见埃米尔·阿诺尔德（Emil Arnoldt）：《与康德的宗教学说及康德与普鲁士政府的冲突相关联论康德生平和作家活动的历史材料论文集》，载《老普鲁士月刊》，第XXXIV期，346页，1898。

然，康德已经担心，他听说更换印刷地点太迟了，他的稿件已经寄往耶拿了。但“由于一个偶然”，它还在比斯特尔那里，因为比斯特尔想只是在4月刊才发表这篇文章。因此，比斯特尔——尽管明显地不乐意——满足了康德的愿望，并且在几天之后从——由于道德内容——应对此作出评判的希尔默那里收到了稿件，连同印刷许可和决定，“他在仔细的通读之后，[认为] 这部作品与其余的康德作品一样，只是对于反复思考的、有能力研究和辨别的学者来说，但并非对于所有一般读者来说，是确定的和可享用的。”①

但是，第二篇就不是同样幸运了。②康德又“坚决地”催逼送交柏林的审查当局。③这一次希尔默答复说：“由于它完全进入了圣经神学，按照他的指令，他与自己的同事赫尔墨斯先生共同通读了它，而由于这位先生**拒绝**准予付印，他也赞同这位先生。”④比斯特尔立刻求助赫尔墨斯，但却仅仅得到答复说：“宗教敕令在这一点上是他的准绳，他不能对此做进一步的解释。”⑤就连比斯特尔在6月20日致国王的直接呈文也依然毫无成效。该部6月2日告知比斯特尔，“他的申诉被认为

①《康德全集》，第Ⅺ卷，316页。

② 同上书，415页。［参见《康德书信百封》，200页。——译者注］

③ 参见比斯特尔1792年6月18日的信，《康德全集》，第Ⅺ卷，329页。在1792年7月30日（《康德全集》，第Ⅺ卷，336页［参见《康德书信百封》，185～186页。——译者注］），康德对比斯特尔论证了自己的立场。

④ 比斯特尔1792年6月18日的信，《康德全集》，第Ⅺ卷，329～330页。参见康德致司徒林的信，《康德全集》，第Ⅺ卷，415页。［参见《康德书信百封》，200页。——译者注］

⑤《康德全集》，第Ⅺ卷，330页。详细的参见弗洛姆(E. Fromm)：《伊·康德和普鲁士审查制度》，26～27页，莱比锡，1894。

没有根据，它坚持拒绝准予他付印。”①

于是，康德在1792年7月30日从比斯特尔那里索回稿件，因为他打算把它另作他用，确切地说是马上；由于前面的文章没有后续的部分必然会在《月刊》上造成一种令人诧异的印象，但三个信仰法官的判决似乎是不可违背的，这样做就更为必要了。② 此后附上了第三篇和第四篇，这三篇应当与《柏林月刊》上的那篇文章以著名的总标题并明确地进一步规定为**哲学宗教学**而构成一个整体的**哲学文章**③，被呈交一家本地的④大学——可能是哥尼斯贝格——的神学院⑤，**不是为了请审查，而是为了请评判，神学院是否认为自己有权审查这部作品，以便哲学院能够根据这部作品的标题毫不迟疑地行使它对这部作品的权利。**⑥ 此后，裁定也是在康德的意思

① 参见E.弗洛姆：《伊·康德和普鲁士审查制度》，28页以下。

②《康德全集》，第Ⅺ卷，336页。[参见《康德书信百封》，185页。——译者注] 参见鲍罗夫斯基：《伊·康德生平和性格描述》，79页。

③ 同上书，344页。[参见《康德书信百封》，187页。——译者注]

④ 亦即一家普鲁士的。

⑤ 同上书，415页。[参见《康德书信百封》，200页。——译者注]

⑥ 同上书，344页。[参见《康德书信百封》，187页。——译者注] 致一个神学院的院长的信的这个草稿首次由狄尔泰（W. Dilthey）在《哲学史资料集》（第Ⅲ卷，429页以下，1890）与整部作品的前言的两个草稿一起发表。——此外参见致司徒林的信，《康德全集》，第Ⅺ卷，415页。[参见《康德书信百封》，200页。——译者注] 至于康德求助哥尼斯贝格神学院，这是一个最先想到的假定，没有证据与它相矛盾；但它迄今没有被直接证明。不过，鲍罗夫斯基和舒伯特（Schubert，在其《康德传》中，1842）的——在细节上当然相当不精确的——阐述很支持这种假定。

上做出的[①]，而且他把这部著作亦即它的第二至四篇呈送耶拿哲学院供真正地审查，并从哲学院，确切地说是从其院长亨宁斯（Justus Christian Hennings）获得准予付印，这在收到的第二、三、四篇的稿件印张上还可以看到。康德如可以轻易地理解的那样，不想打扰自己的——哥尼斯贝格的——学院，而转向耶拿，可能是如下情况参与决定的，即如这部著作的第一篇已经在那里印刷一样，其他三篇也都是由出版商尼科罗维（Nicolovius）如今送到耶拿印刷的。早在1792年12月21日，他就向耶拿的莱因霍尔德（C. L. Reinhold）宣告在下一次复活节博览会上的这本书，但没有向他透露书名。[②]1793年2月28日，印刷过半[③]，3月20日，出现在复活节博览会上已确定无疑。[④]

还在这一年期间，柏林的格里洛（Grillo）教授，“一位60岁的人，让人印［康德著作的］一个摘要”，但被赫尔墨斯阻止，赫尔墨斯对他“像对一个小学生那样在手稿页边打了叉”[⑤]。此外，参见康德《学科之争》的前言和导论。[⑥]

二、稿件和印刷。且不说在第四篇中的一些当然并非不重要的空白，这部著作是以手写的方式保存下来的，确切地

①《康德全集》，第Ⅺ卷，415页。［参见《康德书信百封》，200页。——译者注］

② 同上书，385页。

③ 参见席勒（Schiller）给克尔讷（G. Körner）的消息：《席勒书信》（约纳斯［F. Jonas］编），第Ⅲ卷，287页。

④ 席勒致菲舍尼希（Fischenich）：《席勒书信》，第Ⅲ卷，305～306页。

⑤ 基塞维特尔（Carl Christian Kiesewetter）1793年11月23日致康德；《康德全集》，第Ⅺ卷，451页。

⑥《康德全集》，第Ⅶ卷，5～20页。［参见《康德著作全集》，第7卷，5～16页。——译者注］

说——与出版史相应——分为两个部分。

对于第一篇来说，布拉格的“波希米亚德国人历史协会”拥有手稿，它是用作《柏林月刊》上的第一次发表的印刷稿样。它是7.5张四开本双面纸（连同给第三张双面纸的仅单面写字的附件），在最后一张的结尾，有亲笔签名I. Kant；左边是Königsberg [哥尼斯贝格]。正文不是康德自己写的，但出自他手的有各种各样的改正和附加。至于这个手稿是《月刊》的印刷稿样，有如下要素证明：整篇文章都被加上数码2；标题简单地是**“论人性中的根本恶”**；除了标题之外，还有希尔默的审查评语；《月刊》的分页标记标在页边。

第一版的第二至四篇的手稿不久前由莱克（R. Reicke）的遗产转入哥尼斯贝格大学图书馆的财产。它包括66张对开本，其中前20张为第二篇，接下来的30张包含着第三篇。最后的16张对开本提供了第四篇的两个残篇，亦即从第四篇的开端到**“毋宁说，……这对于他们来说是有利的”**①，然后是从**“逐渐地与人的道德教化”**到“总的附释”的第6段，手稿在**“(4) ……维护这个团体”**②处中断。——稿纸上有亨宁斯的“已阅”签章；它们也是经他人之手写的（第三篇与第二篇和第四篇不是同一个人），但都由康德仔细地修改过。

编者可以通过其拥有者的友好协商来利用这两部手稿。

印刷：Ⅰ.《论人性中的根本恶》，载《柏林月刊》四月号。——1792年曾出版一个翻印本，没有说明地点和出版社。

Ⅱ.（1）《纯然理性界限内的宗教》，伊·康德著，XX页

①《康德全集》，第Ⅵ卷，157页。[参见李秋零主编：《康德著作全集》，第6卷，159页，北京，中国人民大学出版社，2007。——译者注]

② 同上书，176～193页。[参见《康德著作全集》，第6卷，179～198页。——译者注]

和 296 页，哥尼斯贝格，弗里德里希·尼科罗维出版，1793。

(2) ……第 2 增订版，XXVI 页和 314 页，1794。有两次印刷，因在“勘误表”所说的 23 页的印刷错误 Anmuth 在一些样书中已经改正而可以辨认。我们的印刷以一本在这个地方未改正的样书为基础。①

翻印出版：

1. ……法兰克福和莱比锡，1793。

2. ……诺伊维德，1793。

3. ……新版，法兰克福和莱比锡，1974。

一部**摘要**以如下书名出版：《康德的纯粹道德宗教：兼及纯粹的基督教》，简述，里加，哈尔特诺赫出版社，1796。

① 关于第 2 版的出版时间，席勒在 1794 年 5 月 18 日致克尔讷（Körner）的信提供了说明。

〔3〕

第一版序言

既然道德是建立在人这种自由的存在者的概念之上的，人这种存在者又正因为自由而通过自己的理性使自己受无条件的法则制约，那么，道德也就既不为了认识人的义务而需要另一种在人之上的存在者的理念，也不为了遵循人的义务而需要不同于法则自身的另一种动机。至少，倘若人有了这样一种需要，而且在这种情况下又不能借助别的什么东西来满足这种需要，那么，这就是人自己的过错；因为不是产生自人自身和人的自由的东西，也就不能为人缺乏道德性提供补偿。——因此，道德为了自身起见，（无论是在客观上就意愿而言，还是在主观上就能够而言）绝对不需要宗教，相反，借助于纯粹的实践理性，道德是自给自足的。——因为既然道德的各种法则是通过依照它们所采纳的、作为一切目的的最高（本身是无条件的）条件的准则的普遍合法则性的纯然形式，而使人负有义务，所以它根本不需要自由任性的一种质料性的规定根据。①

① 那些认为一般来说（合法则性的）纯然形式上的规定根据在义务概念中不足以作为规定根据的人，毕竟承认这种规定根据并不能在以自己的**享乐**为目标的**自爱**中找到。但这样一来，就只剩下了两种规定根据；一种是理性的，也就是自己的**完善**，另一种是经验的，即他人的**幸福**。——倘若他们并非已经把前者理解为只能是独一无二的道德上的完善（即一种无条件地服从法则的意志），从而陷入循环论证，那么，他们所指的必然是人的自然完善，如果人的自然完善能够被提高的话；这种自然完善可以有许多种（精通各种艺术和科学、鉴赏力、灵敏的身体等诸如此类的东西）。但是，这在任何时候都只

也就是说，无论是为了认识什么是义务，还是为了敦促人们去履行义务，都不需要一个目的；相反，既然问题取决于义务， 〔4〕
那么，道德完全能够而且应该不考虑任何目的。举例来说，为了知道我在法庭上是否应该（或者也能够）在作出证词时真实可靠，或者在索取委托给我的他人财产时保持忠诚，根本不需要询问我在作出说明时想为自己规定要达到的目的。因为无论这是一个什么样的目的，都是完全无所谓的。毋宁说，如果一个人在依法要求他作出供词时，还认为有必要寻求某种目的，那么，他就是一个卑鄙无耻的人。

但是，即使道德为了自己本身起见，并不需要必须先行于意志规定的目的观念，它也很可能与这样的目的有一种必然的关系，也就是说，它不是把这样一种目的当做依照法则所采用的准则的根据，而是把它当做它的必然结果。——原因在于，倘若不与目的发生任何关系，人就根本不能作出任何意志规定，因为意志规定不可能没有任何结果，而结果的观念必然能够被接受，虽然不是作为任性的规定根据和在意图中先行的目的，但却是作为它被法则规定为一个目的而产生的结果（finis in consequentiam veniens［目的转化为结果］）被接受。没有这一目的，任性就不能满足自己本身。因为这样的任性加给有计划的行动的对象（它所具有的或者应该具有的对象），并不

是在一定的条件下才是善的，即只是在它们的运用不违背道德法则（只有道德法则才是无条件地颁布命令的）的条件下才是善的。因此，它虽然被当做目的，但却不能是义务概念的原则。同样的道理也适用于以其他人的幸福为目标的目的。因为一个行动在它以他人的幸福为目标之前，必须首先就自身而言按照道德法则加以权衡。因此，该行动对他人幸福的促进，仅仅在一定的条件下才是义务，不能用来作为道德法则的最高原则。

是无论在客观上还是在主观上都确定的。虽然它规定了该行动应该**如何**产生效果，但并不规定该行动应该**朝哪个方向**产生效果。这样，虽然就道德来说，为了正当地行动并不需要一个目的，相反，从根本上来说，包含着运用自由的形式条件的法则对它来说就足够了。
〔5〕对它来说就足够了。但是，从道德中毕竟产生出一种目的，因为对于理性而言，回答**"从我们的这种正当行为中究竟将产生出什么"**这个问题，将会导致怎样的结果，以及即使此事并不完全由我们掌握，但我们能够以什么作为一个目的来调整自己的所作所为，以便至少与它协调一致，这些都不可能是无关紧要的。因此，虽然这只是一个客体的理念，这个客体既把我们所应有的所有那些目的的形式条件（义务），同时又把我们所拥有的一切目的的所有与此协调一致的有条件的东西（与对义务的那种遵循相适应的幸福），结合在一起并包含在自身之中。也就是说，它是一种尘世上的至善的理念。为使这种至善可能，我们必须假定一个更高的、道德的、最圣洁的和全能的存在者，惟有这个存在者才能把至善的两种因素结合起来。但是，这个理念（从实践上来看）却不是空洞的，因为它满足了我们的自然需要，即为自己的所作所为在整体上设想某种可以由理性加以辩护的终极目的。否则，这种自然需要就会是道德决定的一种障碍。但是，这里最重要的是，这一理念产生自道德，而不是道德的基础；为自己确立一个目的，本身就已经以道德原理为前提。因此，对于道德而言，它是否为自己构成一个所有事物的终极目的的概念（与这个终极目的协调一致，它虽然并不增加道德义务的数目，但却为它们造就了一个把所有的目的结合起来的特殊的关联点），这不可能是无关紧要的；因为只有这样，才能够在客观上赋予出自自由的合目的性与我们根本不能缺乏的自然合目的性的结合以实践的实在性。假定有一个人，他尊重道德法则并且赞同这样的思想（这是他很难

避免的），即如果他能够的话，他会在实践理性的指导下为自己**创造**一个什么样的世界，而且他还要把自己作为一个成员置入这一世界，那么，他就会不仅恰好像至善的道德理念在选择纯然听凭至善时所造成的那样来选择世界，而且还会要求确实存在一个世界，因为道德法则要求实现通过我们而可能的至善，即使他按照这一理念发现自己有为了自己的人格而丧失幸福的危险，因为他很可能会不能符合以理性为条件的幸福的要求。〔6〕因此，他会感到这一判断是完全公允的，如同由一位局外人作出的，但同时又会感到理性强迫他承认这一判断是他自己的判断。这样一来，人也就证明了自身中在道德上起作用的需要，即要为自己的义务设想一个终极目的，来作为义务的结果。

因此，道德不可避免地要导致宗教。这样一来，道德也就延伸到了人之外的一个有权威的道德立法者的理念。① 在这个

① 如果"存在着一个上帝，因而在尘世上也存在着一种至善"这个命题（作为信条）仅仅是从道德中产生的话，那么，这个命题就是一个先天综合命题。虽然这个命题仅仅是在实践关系中假定的，但是，它却超越了道德所包含的义务概念（而且义务概念不以任性的任何质料为前提，而是以其纯粹形式的法则为前提），因而不能以分析的方式从后者引申出来。**不过，这样一个先天命题是怎样可能的？**与所有人的一个道德上的立法者的这个纯然的理念协调一致，这虽然与一般义务的道德概念是同一的，而且就此来说，要求这种协调一致的命题也是分析的，但是，假定一个道德上的立法者的存在，其内涵却超出了这样一个对象的纯然可能性。在此，我只能就我相信自己所洞察的，来指出解决这一问题的关键，却不能详细阐述这一问题的解决。

目的在任何时候都是一种**偏好**的对象，也就是说，是一种直接欲求的对象，这种欲求要借助于自己的行动占有一个事物。这就如同**法则**（实践中颁布命令的法则）是**敬重**的对象一样。一个客观的目的（即我们应该具有的目的）就是由纯然的理性当做这样一个目的交给我们的目的。包含着其他所有

立法者的意志中，（创世的）终极目的也就是那种同时能够并

目的的不可避免的，同时又是充足的条件的目的就是**终极目的**。自己的幸福是理性的尘世存在者的主观的终极目的（由于自己的依赖于感性对象的本性，每一个理性的尘世存在者都**具有**这种主观的终极目的，关于这种目的，说人们**应该**具有它，是愚蠢的），而所有以这种终极目的为根据的实践命题都是综合的，同时又是经验性的。不过，每一个人都应该使尘世上可能的**至善**成为自己的**终极目的**。这是一个实践的先天综合命题，而且是一个客观实践的、由纯粹理性提出的先天综合命题，因为它是一个超出了尘世上的义务概念、并附加上了义务的后果（一种效果）的命题，是一个不包含在道德法则之中、因而不能以分析的方式从道德法则中引申出来的命题。也就是说，道德法则无论其结果是什么样的，只要问题在于一个特殊的行动，都绝对地要求甚至强迫我们完全不顾结果，并且由此使义务成为极大的敬重的对象，而不会给我们提出和交付一个必须构成对这些法则的举荐和促使我们履行义务的动力的目的（终极目的）。所有的人，如果他们（像他们应该的那样）只遵循法则中纯粹理性的规定，都能够在这方面得到满足。对于世事所造成的他们在道德上的所作所为的结局，他们需要知道什么呢？对于他们而言，履行自己的义务就够了；即使尘世人生的一切都告完结，甚至在尘世人生中幸福和配享幸福从未相遇过。但是，人及其（也许还包括所有尘世存在者的）实践理性能力的不可避免的局限性之一，就是无论采取什么行动，都要探寻行动所产生的结果，以便在这一结果中发现某种对自己来说可以当做目的，并且也能证明意图的纯粹性的东西。在实施（nexu effectivo［效果的联系］）中，目的是最后的东西，但在观念和意图（nexu finali［目的的联系］）中，它却是最先的东西。尽管这一目的是由纯然的理性提示给人的，但是，人却在这一目的中寻找某种他能够**喜爱**的东西；因此，仅仅引起人的**敬重**的法则虽然并不承认上述东西是需要，但却为了照顾它，而把自己扩展到接受理性在道德上的终极目的为自己的规定根据之一；也就是说，“要使尘世上可能的至善成为你的终极目的”这一命题，是一个先天综合命题。它是由道德法则自身引入的。而这样一来，实践理性仍然超出了道德法则，这种

且应该是人的终极目的的东西。

※　　※　　※

如果道德是根据其法则的圣洁性来认识极大的敬重的对象，那么，它在宗教的层次上就是根据最高的、实施那些法则 〔7〕
的原因来想象**崇拜**的对象，并以崇拜的庄严性表现出来的。但是，所有的东西，包括最崇高的东西，只要人们把他们的理念
用来满足自己的需要，就会在人们的手下变得渺小。凡是只有 〔8〕
在被自由地敬重时才能确实受到崇敬的东西，都必须服从于只有借助强制性法则才能获得其威望的那些形式。而凡是主动地坦然接受每个人的公开批判的东西，则必须服从于一种拥有权力的批判，即服从于一种书报审查制度。

然而，由于"服从当局"这个诫命也是属于道德的，而且对这个诫命的遵循和对所有义务的遵循一样可以被引导到宗教，所以，对于一篇专门探讨宗教的明确概念的论文来说，自己作出这种服从的榜样，是应当的。但是，这种服从是不能仅凭重视国家的某项个别规定的法律，而无视任何别的规定来证明，而是只能凭对所有规定的总体表示敬重来证明。对书刊作

超出之所以可能，乃是由于把法则与人的那种必须在法则之外为一切行动设想一个目的的自然属性联系起来了（人的这种属性，使人成为经验的对象）；而这一先天综合命题（恰如理论的，同时也是先天综合的命题一样）之所以可能，乃是由于它在根本上包含了在经验中认识一种自由的任性的规定根据的先天原则，只要这种经验在人的目的中表现出道德性的效果，并作为尘世上的因果性，赋予德性的概念以客观的，即使只是实践的实在性。——但是，如果应该把最严格地遵循道德法则设想为造成至善（作为目的）的原因，那么，由于人的能力并不足以造成幸福与配享幸福的一致，因而必须假定一个全能的道德存在者来作为世界的统治者，使上述状况在他的关怀下发生。这也就是说，道德必然导致宗教。

出裁定的神学家，可以要么被委派为一个仅仅对灵魂的得救负责的神学家，要么被委派为一个同时为科学的福祉负责的神学家；前一种裁定者仅仅是神职人员，后一种裁定者同时还是学者。后者作为一个（以一所大学的名义）被委托为了文化和提防各种危害而照管所有科学的公共机构的成员，有责任把前者的过分要求限制在其书报审查不致在科学的领域里造成破坏的条件下；而且既然二者都是圣经神学家，那么，后者作为被委托探讨这种神学的那门科学的大学成员，拥有最高的审查权；因为就第一件事情（灵魂的得救）而言，二者负有同样的使命，就第二件事情（科学的福祉）而言，作为大学学者的神学家还要行使一种特殊的职能。倘若背离了这个规则，那么，最终必然导致通常已经出现过的那种状况（例如在**伽利略**时代），即圣经神学家为了折辱科学的骄傲并使自己免除从事科学研究
〔9〕的辛劳，悍然侵入天文学或者其他科学，例如旧的地球史学，并且像那些发现自己既没有足够的能力也没有足够的危机感来抵御令人担忧的攻击，因而把自己周围的一切都变成不毛之地的民族一样，垄断人类知性的一切尝试。

但是，在科学的领域里，与圣经神学相对的是一种哲理神学，它是另一个学科的受委托照管的财产。如果这个学科仅仅停留在纯粹理性的范围之内，为了证明和阐述自己的命题而利用所有民族的历史、语言、著作乃至《圣经》，但只是为了自己而利用，并不把这些命题照搬到圣经神学中去，试图修改圣经神学的那些神职人员享有特权的公共学说，那么，它就必须有充分的自由去传播自己，直到自己的科学所达到的地方；虽然在哲理神学确实无疑地超越了自己的界限、侵犯了圣经神学的时候，不能否认神学家（仅仅作为神职人员来看）有审查的权利，但是，只要上述情况还存有疑问，因而出现了这样的问题，即它是通过哲学家的一部著作还是通过他的另一种公开的

演讲所发生的，那就只有作为**自己那个学科的成员**的圣经神学家才能拥有最高的审查权，因为这种神学家还被委派负责公共事业的第二种利益，即科学的繁荣，并且同样可以充任前一种神学家。

更进一步说，在这样的场合，第一审查权属于圣经神学，而不属于哲理神学；因为惟有前者才对某些学说享有特权，而后者则是以它自己的学说推进着一种公开的自由交往，因此只有前者才能够抱怨说，它独有的权利受到了损害。尽管两个学科的全部学说彼此接近，而且哲理神学方面逾越界限也令人忧虑，但只要考虑到，侵权这种不法行为并不是由于哲学家从圣经神学中借取某种东西用来实现自己的意图而发生的（因为圣经神学自己也不愿否认自己包含着许多与纯粹理性的学说共有的东西，此外还包含着一些属于历史学和语言学，应该由它们来审查的东西），即使他是在一种符合纯然理性的，但也许为 〔10〕
圣经神学不满意的意义上使用他从圣经神学借取的东西，那么，由于侵权而发生的怀疑就很容易预防。除非他把某种东西**照搬**入圣经神学，并且由此使圣经神学致力于与它的机制所允许的不同的目的。——例如，自然法的教员从罗马法的典籍中，为自己的哲理法学借取了一些经典的术语和格式。即使他像经常发生的那样，并不完全在按照罗马法学的诠释者们的看法采用它们时应遵守的意义上使用它们，只要他并不要求真正的法学家，或者甚至法庭也这样使用它们，就不能说他侵犯了罗马法学。因为倘若他没有权利这样做，那么，也可以反过来指摘圣经神学家或者循规蹈矩的法学家，说他们无数次地侵犯了哲学的所有权。因为二者由于不能缺少理性，并且就科学方面来说不能缺少哲学，所以也必须经常地（尽管只是为了它们二者的目的），从哲学中借取东西。但是，假如在神学家看来，只要有可能，在宗教事物中就不与理性发生任何关系，那么，人们很容易就能预见到哪一方将会有所损失；因为一种贸然向理性宣战的宗教，是不能长久地与理性对立的。——我甚至冒昧地建议：在完成圣经神学的学术讲授之后，任何时候都要按照一种主导线索，例如像本书（或者另一本书，如果人们能有一本更好的同类的书的话），作为完善地教育学位候补生的必修课，再附加上一种关于纯粹**哲理的**宗教学说的特殊演讲作为结束，这是否会是个好办法？——这是因为，既然每一门科学都首先独自构成一个整体，而且只有在这种情况下才着手尝试把它们结合起来加以考察，那么，各门科学仅仅通过分化就会获得成就。在此，圣经神学家尽可以一听到哲学家的观点，就认为有必要对哲学家的观点表示同意或者加以驳斥。因为只有这样，神学家才能在事先就武装起来以对付哲学家可能给他制造的麻烦。但是，讳言这些麻烦，甚至把它们斥之为不敬神明，这是一个不能令人信服的蹩脚借口。不过，把这两种人混为一谈，并且圣经神学家方面只是偶尔对此浮光掠影地一瞥，
〔11〕这是缺乏彻底性的表现。由于这种缺乏，最终将没有人真正知道，应该如何在整体上看待宗教学说才好。

在以下的四篇论文中，为了使人们注意到宗教与人那部分带有善的禀赋、部分带有恶的禀赋的本性的关系，我把善的原则和恶的原则当做两个独立存在的、对人发生影响的动因，介绍了它们的关系。其中第一篇已经刊登在 1792 年 4 月的《柏林月刊》上。但是，由于这部作品的题材之间的密切联系，这里还不能把它省去。在现今增加的三篇论文中，包含着对这些题材的充分的阐述。

由于抄写稿件是由不同的人手完成的，而留给我通读的时间又太短，在第一印张上出现了与我自己不同的拼法，请读者原谅。

第二版序言 〔12〕

在这一版中，除了纠正印刷错误和对少数几处表述作出改进外，没有任何改动。新附加的补充用一个“♀”符号标出，置于原文的下面。

关于这部著作的标题（因为已有人对隐在这个标题之下的意图表示过顾虑），我还要作出以下的说明：由于**启示**至少也能够把纯粹的**理性宗教**包容在自身之中，但不能反过来说后者包容着前者的历史性部分，因而我将能够把前者看做是信仰的一个**比较宽泛的**领域，它把后者作为一个**比较狭小的**领域包容在它自身之中（不是作为两个彼此外在的圆，而是作为两个同心圆）。在这两个圆的后一个圆内，哲学家必须保持作为纯粹的理性导师（从单纯的先天原则出发）的身份，因而在这一方面不考虑任何经验。从这一立场出发，我也可以进行第二种尝试，即从某种被视为经验的启示开始，并且，在我不考虑纯粹的理性宗教（如果它构成了一个独立存在的体系）的时候，也可以根据道德概念仅仅片面地把启示视为**历史性的体系**，并看一看这个体系是否能把人们引回到前面所说的宗教的纯粹的**理性体系**。后者虽然在理论的目的（授课方法作为一种**技巧学说**，其技术实践上的目的也必须计入此列）看来不是独立的，但在道德实践的目的看来却是独立的，并且对于作为先天的理性概念（在排除掉一切经验性的东西之后还剩下来的概念）只存在于这一关系之中的真正的宗教来说，也是足够的。如果这种做法是对的，那么，就可以说，在理性和《圣经》之间不仅 〔13〕
可以发现和睦相处，而且可以发现亲如一体的状况，以至于谁遵循其中的一个（在道德概念的指导下），就不会不同另一个保持一致。假如这种做法不对，那么，就会或者一个人信奉两种宗教，而这是荒唐的，或者一个人既有一种**宗教**又有一种**崇拜**。在这种情况下，由于后者并不（像宗教那样）是自在的目的，而是仅仅作为手段才具有一种价值，因而二者必然经常为了短时间内的相互结合而被搅混在一起，但旋即又像油和水那样彼此分离，并且必然使纯粹道德的东西（理性宗教）浮在上面。

这种结合或者结合的尝试是哲学的宗教研究者全权拥有的工作，不是对圣经神学家的独有权利的侵犯，这一点我在第一版序言中就已经说明过了。从那时起，我已经发现这一论断在一位对这两个专业都颇为精通的人物，即已故的米夏埃利斯[①]的《论道德》（第一部分 5～11 页）中被援引，并由他的整个作品来加以贯彻，并没有发生较高的学科在其中发现自己的权利遭到僭越的事情。

对于那些可尊敬的、具名的和不具名的人士对这部作品的评判，由于它们（和所有国外的文献一样）很晚才到达我们这些地区，我在这第二版中就未能像我所期望的那样予以考虑了。尤其是对蒂宾根著名的施托尔博士先生[②]的 Annotationes

① 参见《康德全集》，第Ⅶ卷，8 页。[参见《康德著作全集》，第 7 卷，8 页。——译者注] ——科学院版编者注

② 施托尔（Gottlob Christian Storr，1746—1805），自 1775 年任蒂宾根哲学编外教授，自 1777 年任蒂宾根神学编外教授，1786—1797 年任教席教授，然后任蒂宾根高级宫廷布道人。他在南德是试图沿着历史学道路证明基督宗教的启示性质的“超自然主义者”的首领。他在 1793 年发表的反康德的《神学的诠释》也代表了这一立场，聚斯金德（Süßkind）于次年以德文出版。——科学院版编者注

quaedam theologicas etc. [《对某种……神学的诠释》] 来说，就更是如此了。施托尔博士先生以其惯常的洞察力，同时也以一种非常值得感谢的勤勉和公正态度审视了这部作品。我虽然打算对这种审视予以回答，但由于高龄尤其给处理抽象的理念这种工作造成的劳累，我未敢作出这种承诺。对于发表在《格赖夫斯瓦尔德新批判通讯》第 29 期[①] 上的一篇评论，我可以像评论者自己对这部作品所做的那样简短地把它打发掉。因为按照这位评论者的评判，这部作品无非是对我自己给自己提出的"教会的教义体系在其概念和原理中，按照纯粹的（理论的和实践的）理性是如何可能的"这一问题的答复。——"因而这一尝试无论在任何地方，都与那些既不认识和理解他的（康德的）体系，也不要求能够做到这一点的人毫不相干，所以对于这些人来说，他的体系可以被看做是 〔14〕
不存在的"。——对此我的答复是：为了在其本质内容上理解这部作品，只需要通常的道德，而不用研究实践理性批判，更不用研究理论理性批判。而且举例来说，在同一个德性作为合义务地（依照其合法性）**行动**的熟练技巧被称做 virtus phaenomenon [作为现象的德性]，而作为对出自**义务**（由于其道德性）的这些行动的坚定意念被称做 virtus noumenon [作为本体的德性] 的时候，这些表述只不过是由于教学的缘故而采用的，但事情本身却是就包含在最通俗的儿童教育中，或者就包含在布道中（哪怕使用了别的术语），是很容易理解的。要是人们能够从关于上帝的本性的那些被归入宗教学说的秘密出发，来赞颂作为本体的德性就好了！这些秘

① 指《1793 年最新批判通讯》，格赖夫斯瓦尔德，225～229 页，1793。引文在 226 页。——科学院版编者注

密似乎是完全通俗的，它们被纳入教义问答手册，但后来，如果它们要成为对每个人都可以理解的，就必须首先转化为道德概念。

哥尼斯贝格

1794年1月26日

第一篇
论恶的原则与善的原则的共居
或论人性中的根本恶

〔19〕“世界一片糟糕”，这是一种和历史记载同样古老的抱怨。它甚至和更为古老的诗歌创作，乃至和所有创作中最古老的创作，即祭司宗教同样古老。虽然上述这一切都认为世界的开端是善，是黄金时代，是天堂中的生活，或者是一种和天国中的存在者们同在的更幸福的生活，然而它们又都让这种幸福转眼之间就像梦幻一般消失掉，向恶（道德上的恶，但肉体上的恶一直是与它同步前进的）的堕落以加速度的方式，越来越严重地急速下滑。① 以至于我们如今（但这个“如今”是和历史记载同样古老的）就生活在最后的时代，最后审判的日子和世界的灭亡已即将来临。在印度斯坦的一些地区，世界的审判者和毁灭者**楼陀罗**（通常也称做湿婆）在世界的维持者**毗湿奴**对自己从世界的创造者**梵天**那里接受的职责感到厌倦，自若干个世纪以来就放弃了这一职责之后，已经被当做现今的统治之神受到崇拜。

与此相反的是英雄史诗的看法。这种观点比较晚近，但其传播却要小得多，仅仅在哲学家中间，而在我们这个时代尤其是在教育学家中间才有市场。这种看法就是：世界恰恰是在相
〔20〕反的方向上，即是从恶向比较善不停顿地（尽管是几乎不可察觉地）向前进步，至少可以在人的本性中发现这种进步的禀赋。但是，如果这里所说的是**道德上的**善或者恶（而不是说文明化），那么，这种看法肯定不是从经验中得出上述禀赋的，因为

① Actas parentum peior avis tulit
Nos nequiores, mox daturos
Progeniem vitiosiorem
［比祖先还要恶劣的父母的时代
生育了更为恶劣的我们，
——而将来还会有更为败坏的后代。］
——贺拉斯*

* 《歌集》，Ⅲ，6。——科学院版编者注

所有时代的历史都对它极为不利。相反，它很可能只是从**塞涅卡**到**卢梭**的道德主义者所作出的一种好心肠的假定。其目的在于，在还能够指望人心中有一种这方面的自然基础的情况下，孜孜不倦地催发也许潜在于我们心中的向善的胚芽。再加上，人们毕竟不得不相信人天生（即如同人通常生下来就是那样）在体质上是健康的，因而也就没有理由不相信人在灵魂上也是天生健康的、善的。因此，本性自身就会帮助我们来培植我们身上这种向善的道德禀赋。**塞涅卡**就说过：Sanabilibus aegrotamus malis，nosque in rectum genitos natura，si sanari velimus，adiuvat［我们患的是可以治愈的疾病，由于我们在本性上是生来向善的，所以，只要我们愿意被治愈，本性就会帮助我们］。①

但是，由于的确很有可能人们在上述两种经验中都出现了失误，所以就产生了如下的问题：是否至少可能有一种中间状态，即人就其族类来说可能既不是善的也不是恶的，或者也许既是善的也是恶的，部分是善的部分是恶的？——不过，人们之所以称一个人是恶的，并不是因为他所作出的行动是恶的（违背法则的），而是因为这些行动的性质使人推论出此人心中的恶的准则。人们虽然可以通过经验觉察到违背法则的行动，乃至（最起码在自己身上）觉察到它们是有意识地违背法则的，但是，人们却不能观察到准则，甚至在自己心中也并不总是能够观察到。因此，"行为者是一个恶的人"，这一判断并不能可靠地建立在经验之上。所以，为了称一个人是恶的，就必须能够从一些，甚至从惟一的一个有意为恶的行动出发，以先天的方式推论出一个作为基础的恶的准则，并从这个恶的准则出发，推论出所有特殊的道德上恶的准则的一个普遍地存在于

［① 塞涅卡：《论愤怒》，Ⅱ，13，1。——科学院版编者注］

主体中的根据，而这个根据自身又是一个准则。

如果**本性**这一术语（像通常那样）意味着出自**自由**的行动
〔21〕的根据的对立面，那么，它就与**道德上的**善或者恶这两个谓词是截然对立的。为了使人们不致马上对这一术语有反感，就必须说明，这里把人的本性仅仅理解为（遵从客观的道德法则）一般地运用人的自由的、先行于一切被察觉到的行为的主观根据，而不论这个主观的根据存在于什么地方。但是，这个主观的根据自身总又必须是一个自由行为（因为若不然，人的任性在道德法则方面的运用或者滥用，就不能归因于人，人心中的善或者恶也就不能叫做道德上的）。因此，恶的根据不可能存在于任何通过偏好来**规定**任性的客体中，不可能存在于任何自然冲动中，而是只能存在于任性为了运用自己的自由而为自己制定的规则中，即存在于一个准则中。关于这个准则，必然不能再继续追问，在人心中采纳它而不是采纳相反的准则的主观根据是什么。因为如果这个根据最终不再自身就是一个准则，而是一个纯粹的自然冲动，那么，自由的运用也就可以完全追溯到由自然原因造成的规定上，而这与自由是相悖的。因此，如果我们说，人天生是善的，或者说人天生是恶的，这无非是意味着：人，而且是一般地作为人，包含着采纳善的准则或者采纳恶的（违背法则的）准则的一个（对我们来说无法探究的）原初根据①，因此，他同时也

① 采纳道德准则的原初主观根据是无法探究的，这一点从以下情况就已经可以预先看出：由于这种采纳是自由的，因而必须不是在本性的一种动机中，而总是又要在一个准则中寻找这种采纳的根据（例如，我为什么采纳了一个恶的准则，而不是采纳一个善的准则）；又由于就连这个准则本身也必须有它的根据，但在准则之外却不应该也不能够提出自由任性的任何**规定**根据，因而人们就会在主观的规定根据的系列中越来越远地一直追溯到无限，不能达到原初的根据。

就通过这种采纳表现了他的族类的特性。

因此，关于这些特性的其中之一（人与其他可能的理性存在者的区分），我们将说：它是**人生而具有的**。但是，我们又总是告诉自己，应为这种特性负咎（如果这种特性是恶的）或者邀功（如果这种特性是善的）的，并不是本性。相反，人自身就是这种特性的创造者。但是，由于采纳我们的准则的原初 〔22〕 根据本身又必须存在于自由的任性中，不可能是可以在经验中给定的事实，所以，人心中的善或者恶（作为就道德法则来说采纳这个或者那个准则的主观原初根据）就只是在**这样的**意义上才叫做生而具有的，即它被看做先于一切在经验中给定的自由运用（从孩童时代一直追溯到出生）而被奠定为基础的，是随着出生就同时存在于人心中的；而不是说出生是它的原因。

附 释

上述两种假说的争执基于这样一个选言命题：**人**（天生）**要么在道德上是善的，要么在道德上是恶的**。但是，每一个人都很容易就会想到追问：这种选言方式是否正确？是否会有人断言，人天生不是这二者中的任何一个；而另一个人则断言，人同时是这二者，即在一些方面是善的，在另一些方面是恶的？经验似乎甚至证实了这两个极端之间的一种中间状态。

但是，对于一般道德学说来说，重要的是尽可能地不承认任何道德上的中间物，无论是就行动（adiaphora［中性的］）来说还是就人的特性来说都是如此。因为若是这样模棱两可，一切准则都将面临失去其确定性和稳定性的危险。人们通常把赞同这种严格的思维方式的人（用一个自身包含着某种责备，但事实上是一种赞扬的名称）称做**严峻主义者**，这样，也就可以把他们的对立面称做**宽容主义者**。于是，后者要么是中立的宽容主义者，可以称做**无所谓主义者**；要么是综合的宽容主义者，可以称做**折中主义者**。①

〔23〕 依据严峻主义的决定方式♀②，这一问题的答案基于这样

① 假如存在有善＝a，那么，它的矛盾对立面就是非善。后者要么是纯然缺乏善的一种根据的结果＝0，要么是善的对立面的一种积极的根据的结果＝－a。在后一种场合里，非善也可以叫做积极的恶。（对于快乐和痛苦来说，就存在着这样一种中间物，即快乐＝a，痛苦＝－a，而在其中不能发现快乐和痛苦这二者中的任何一个的那种状态则是无所谓状态＝0。）假如我们心中的道德法则不是任性的任何动机，那么，道德上的善（任性与法则一致）＝a，非善＝0，但后者纯然是缺乏一种道德动机的结果＝a×0。然而，我们心中现在确有动机＝a，因此，缺少任性与法则的一致（＝0），这只有作为一种对任性的事实上相反的规定的结果，即只有作为任性的一种**反抗**的结果＝－a，只有通过一种恶的任性才是可能的；而在判断行动的道德性所必须依据的一个恶的意念和一个善的意念（准则的内在原则）之间，并不存在任何中间物。♀一个在道德上无所谓善恶的行动（adiaphoron morale［道德上的中间物］）将是一个纯然产生自自然法则的行动，它与作为自由法则的道德法则毫无关系，因为它不是一种作为，对于它来说，无论是**指令**还是**禁令**还是**许可**（合法则的权限）都无法作出，或者都不是必要的。

② 席勒教授先生在他的以名家手笔撰写的一篇关于道德中的**优美与尊严**的论文（《塔利亚》，1793，第3期）中，不赞成对责任感的这样一种介绍方式，好像它会造成一种苦思冥想的情绪似的。但是，由于我们在最重要的原则上是一致的，只要我们能够相互理解，我也看不出在这一点上有什么不一致。——我很乐意承认，我不能把**优美**附加在**义务概念上**，这正是为了它的**尊严**起见，因为义务概念包含着无条件的强迫，而优美与它恰恰相反。法则的崇高（就像西奈山上的律法一样）产生出敬畏（不是使人退避三舍的畏惧，也不是诱使人产生亲近感的魅力），敬畏唤起子民对其主宰的**敬重**。但在这一场合里，由于这一主宰就在我们自己心中，敬畏唤起的就是对我们自己的使命的一种**崇高的感觉**，这

一个对道德来说很重要的说明：任性的自由具有一种极其独特

对我们来说比所有的美都更有吸引力。——但是，**德性**，即严格履行自己的义务这种有坚实基础的意念，就其结果来说是**慈善的**，它比大自然或者这个世界上的艺术所能提供的一切还要多；而且人性的庄严形象，既然在它的这种形态之中被树立了起来，也完全允许诸**美惠女神**的陪伴。然而，如果所说的还仅仅是义务，那么，美惠女神便要敬而远之了。不过，如果注意到德性一旦被普遍接受就会在世界上传播开来的那些优美的结果，那么，关注道德的理性在这种情况下，就会（通过想象力）把感性也召来一并发挥作用。赫拉克勒斯只是在制伏了各种怪物之后才成为**缪斯九女神的首领**，在这样的工作面前，那班善良的姐妹们将栗然而退。维纳斯·乌拉尼亚的这些女伴们一旦想插手规定义务的事务，并为此提供动机，就会成为追随维纳斯·狄俄涅的情姐妹。*——如果人们要问：这种仿佛是**德性的气质**的**审美**属性是什么样的，是勇气十足，因而**兴高采烈**？还是胆怯卑躬，俯首屈就呢？这样的问题几乎是没有必要回答的。后一种奴性十足的情绪产生时，绝不可能不伴有对法则的一种暗中**仇恨**，而遵循自己的义务时的愉悦心情（不是在承认义务时的那种惬意），则是德性意念的纯正性的一种标志，即便在**虔诚**中也是如此。虔诚并不在于有忏悔心的罪人的自虐（自虐是很模棱两可的，通常只是对违背了智慧规则的内心责备），而是在于将来加以改善的坚定决心。这种决心受善的进程所鼓舞，必然产生一种愉悦的情绪。没有这样一种情绪，人们就决不会确信自己也**由衷地爱上**了善，也就是说，把善采纳进自己的准则。

* 在古希腊神话中，乌拉尼亚既是缪斯九女神之一，又是作为高尚纯粹爱情之体现的阿佛洛狄忒（即古罗马神话中的维纳斯）的别名。关于阿佛洛狄忒，一说她是由天神乌拉诺斯的肉体落入海中激起的浪花所生，故别名乌拉尼亚；一说她是宙斯和大洋神女狄俄涅的女儿，但有时又把她与狄俄涅混为一谈。于是，在流传的过程中就有了阿佛洛狄忒·乌拉尼亚［即上文的维纳斯·乌拉尼亚］和阿佛洛狄忒·狄俄涅［即上文的维纳斯·狄俄涅］之分。前者表现的是优美［爱情］，后者表现的是义务［婚姻］。——译者注

〔24〕的属性，它能够不为任何导致一种行动的动机所规定，**除非人把这种动机采纳入自己的准则**（使它成为自己愿意遵循的普遍规则）；只有这样，一种动机，不管它是什么样的动机，才能与任性的绝对自发性（即自由）共存。但是，道德法则在理性的判断中自身就是动机，而且谁使它成为自己的准则，他**在道德上**就是善的。但是，假如法则并没有在一个与它相关的行动中规定某人的任性，那么，就必然会有一个与它相反的动机对此人的任性发生影响；而且由于这种情况在上述前提下只有通过此人把这一动机（因而也连同对道德法则的背离）纳入自己的准则（在这时他就是一个恶的人）才会发生，所以，此人的意念就道德法则而言绝不是中性的（决不会不是二者中的任何一个，既不是善的也不是恶的）。

但是，人在道德上也不能在一些方面是善的，同时在另一些方面又是恶的。因为如果他在某一方面是善的，他就已经把道德法则采纳入他的准则之中了；因此，假如他在另一方面同时又要是恶的，那么，由于遵循一般义务的道德法则仅仅是惟一的和普遍的，所以，与道德法则相关的准则就会既是普遍的，但同时又只是一个特殊的准则；而这是自相矛盾的。①

① 古代的道德哲学家们几乎详尽地阐述了关于德性所能说的一切，他们也没有漏过上述两个问题。他们把第一个问题表述为：德性必须是学习来的（因而人对德性和罪恶来说天生就是中性的）吗？第二个问题则是：是否不仅仅只有一种德性（因而人岂不就可以在一些方面是善的，在另一些方面是恶的）？上述二者都被他们以严峻主义的明确性予以否定。这是有道理的；因为他们是在理性的理念（人应该是什么样的）中考察德性**自身**的。但是，如果要对道德的存在者，即**显象**中的人，亦即经验使我们认识到的人，就德性而言予以评价，那么，就可以给予上述两个问题以肯定的答复。因为在这种情况下，并不是在纯粹理性的天平上（在一个属神的法庭上），而是按照一种经验的尺度（由一个属人的审判者）来评判人的。关于这一点，后面还要予以讨论。

所谓天生具有这种或者那种意念，作为与生俱有的属性，在这里也并不就意味着，意念根本不是由怀有它的人获得的，即是说，人不是意念的造成者；而是意味着，它只不过不是在时间中获得的（即人**从幼年起就一直**是这样的或者那样的）罢了。意念，即采纳准则的原初主观根据，只能是一个惟一的意念，并且普遍地指向自由的全部应用。但是，它自身却必须由自由的任性来采纳。若不然，它就不能被考虑在内。关于这种采纳，不能再看出其主观的根据或者原因（尽管追问这种主观的根据或者原因是不可避免的；因为若不然，就必须再提出一个采纳这一意念的准则，而这个准则同样又必须有它的根据）。这样，由于我们不能从任性的任何一个最初的时间性行为中，引申出这一意念，或者毋宁说引申出它的最高根据，所以，我们称它为任性的一个属性，这个属性是任性天然地具有的（尽管它事实上是在自由中建立的）。但是，我们有权利把我们所说的人，无论他天生是善的还是恶的，都不是理解为单个的人（因为这样的话，就可以把一个人假定为天生就是善的，把另一个人假定为天生就是恶的），而是理解为整个族类；这一点，只有当人类学的研究表明，使我们有理由把这两种特性中的一种，作为生而具有的东西，赋予一个人的那些根据，自身就具有这样的性质，以至于我们没有任何根据把一个人作为这种特性的例外，因而这种特性也适用于族类的时候，才能够进一步得到证明。 〔25〕

第一章 〔26〕

论人的本性中向善的原初禀赋

我们有理由把这种原初禀赋与其目的相联系分为以下三

类，来作为人的规定性的要素：

1. 作为一种**有生命的**存在者，人具有**动物性的**禀赋；

2. 作为一种有生命同时又**有理性的**存在者，人具有**人性的**禀赋；

3. 作为一种有理性同时又**能够负责任的**存在者，人具有**人格性的**禀赋。①

1. 人的**动物性**的禀赋可以归在自然的、纯然**机械性的**自爱的总名目下，这样一种自爱并不要求有理性。它又有三个方面：首先是保存自己本身；其次是借助性本能繁衍自己的族类，并保存那些由于和性本能相结合所产生出来的东西；其三是与其他人共同生活，即社会本能。——在这种禀赋之上，可以嫁接各种各样的恶习（但这些恶习却不是以这种禀赋为根
〔27〕源，自动地从中滋长出来的）。这些恶习可以叫做本性**粗野**的恶习，并且在其极度背离自然目的时被称为**饕餮无厌**、**荒淫放**

① 不能把人格性的禀赋看做是已包含在前一种禀赋的概念之中，而是必须把它看做是一种特殊的禀赋。因为从一个存在者具有理性这一点，根本不能推论说，理性包含着这样一种能力，即无条件地、通过确认自己的准则为普遍立法这样的纯然表象来规定任性，而且理性自身就是实践的；至少就我们所能认识到的来说是这样。然而，即便是最具有理性的尘世存在者，为了规定自己的任性，也可能总是需要某些自己从偏好的客体获得的动机；但为此，无论是就动机的最大总和而言，还是就达到由此规定的目的的手段而言，都要运用最具有理性的思考，而不是仅仅预感某物的可能性，即绝对地颁布命令的道德法则宣布自身，亦即宣布自身为最高的动机。假如这种法则并不是在我们心中给定的，我们借助理性也不能把它作为这样一种法则苦思冥想出来，或者附加给任性。然而，毕竟这种法则是惟一使我们意识到我们的任性独立于（我们的自由的）其他所有动机的规定，并由此而同时意识到对一切行动负责的能力的法则。

荡、（在与其他人的关系上）**野蛮的无法无天等性畜般的恶习**。

2. **人性**的禀赋可以归在虽然是自然的，但却是**比较而言的**自爱（为此就要求有理性）的总名目下；也就是说，只有与其他人相比较，才能断定自己是幸福的还是不幸的。由这种自爱产生出这样一种偏好，即**在其他人的看法中获得一种价值**，而且最初仅仅是平等的价值，即不允许任何人对自己占有优势，总是担忧其他人会追求这种优势，最终由此产生出一种不正当的欲求，要为自己谋求对其他人的优势。——在这上面，即在**嫉贤妒能**和**争强好胜**之上，可以嫁接这样一些极大的恶习，即对所有被我们视为异己的人持有隐秘的和公开的敌意。不过，这些恶习本来毕竟不是以本性为其根源，自动地从中滋长出来的，而是由于担心其他人对我们谋得一种令我们憎恶的优势而产生的偏好，即为了安全起见而为自己谋得这种对其他人的优势来作为预防手段；因为大自然只不过是要把这种竞争（它本身并不排斥互爱）的理念当做促进文化的动力来利用罢了。因此，嫁接在这种偏好之上的恶习，也可以叫做**文化**的恶习，并且当它们达到最高程度的恶劣性（因为它们在这种情况下，就只是恶的一种超越了人性的极限的理念），例如**嫉妒成性、忘恩负义、幸灾乐祸**等等时，被称做**魔鬼般的恶习**。

3. **人格性**的禀赋是一种易于接受对道德法则的敬重、把道德法则当做**任性的自身充分的动机**的素质。这种易于接受对我们心中的道德法则的纯然敬重的素质，也就是道德情感。这种情感自身还没有构成自然禀赋的一个目的，而是仅仅当它是任性的动机时，才构成自然禀赋的一个目的。由于这种道德情感只有在自由的任性把它纳入自己的准则中的时候才是可能的，所以，这样一种任性的性质就是善的特性；善的特性一般与自由任性的任何特性一样，都是某种只能获得的东西。但尽管如此，要使它可能，就必须有一种禀赋存在于我们的本性

中，在这种禀赋之上，绝对不能嫁接任何恶的东西。只不过，
〔28〕不能把道德法则的理念，连同与它不可分割的敬重，确切地称做一种人格性的禀赋，它就是人格性本身（完全在理知的意义上看，它就是人性的理念）。但是，我们把这种敬重作为动机纳入自己的准则，其主观根据显得就是人格性的一种附加物，因而理应被称做一种为了人格性的禀赋。

当我们依照其可能性的条件来考察上述三种禀赋时，我们发现，**第一种**禀赋不以理性为根源；**第二种**禀赋以虽然是实践的，但却只是隶属于其他动机的理性为根源；**第三种**禀赋则以自身就是实践的，即无条件地立法的理性为根源。人身上的所有这些禀赋都不仅仅（消极地）是**善的**（即它们与道德法则之间都没有冲突），而且都还是**向善的**禀赋（即它们都促使人们遵从道德法则）。它们都是**源始的**，因为它们都属于人的本性的可能性。人虽然可以与目的相违背地使用前两种禀赋，但却不能根除它们中的任何一个。我们把一个存在者的禀赋既理解为它所必需的成分，也理解为这些成分要成为这样一个存在者的结合形式。倘若它们必然地属于这样一个存在者的可能性，它们就是**源始的**；但是，假如该存在者即使没有它们也自身就是可能的，它们就是**偶然的**。还应该注意的是，这里所说的仅仅是那些与欲求能力和任性的使用直接相关的禀赋。

第二章
论人的本性中趋恶的倾向

我把**倾向**（propensio）理解为一种偏好（经常性的欲望，

concupiscentia）的可能性的主观根据，这是就偏好对于一般人性完全是偶然的而言的。♀① 倾向与一种禀赋的区别在于，它虽然也可能是与生俱有的，但却**不可以**被想象为与生俱有的，而是也能够被设想为**赢得的**（如果它是善的），或者由人自己**招致的**（如果它是恶的）。——但是，这里所说的仅仅是那种本真恶或者道德上恶的倾向；由于这种恶只有作为对自由任性的规定，才是可能的，而自由任性又只有通过其准则，才能被判定为恶的或者善的，所以，这种恶必须存在于准则背离道德法则的可能性的主观根据中，而且如果可以把这种倾向设想为普遍地属于人的（因而被设想为属于人的族类的特性），那么，这种恶就将被称做人的一种趋恶的**自然**倾向。——还可以补充的一点是，从自然倾向中产生的任性把道德法则接纳或不接纳入自己的准则的能力或无能，将被称做是**善良之心或者恶劣之心**。 〔29〕

可以设想这种倾向有三个不同的层次。**第一**，人心在遵循已被接受的准则方面的软弱无力，或者说人的本性的**脆弱**；**第二**，把非道德的动机与道德的动机混为一谈的倾向（即使这可

① 倾向本来只是欲求一种享受的**先行气质**，一旦主体有过这种享受的经验，这就会导致人在这方面的**偏好**。如此说来，所有的野蛮人都对麻醉品有一种倾向，因为即使他们中的大多数人根本不知道麻醉是什么，因而对造成麻醉的东西也根本没有欲望，但只要让他们品尝一次这样的东西，就会使他们产生一种对这种东西的几乎无法戒除的欲望。——在倾向和以熟知欲求对象为前提的偏好之间还有**本能**。本能是一种被感受到的要做某事或者享受某物的需求，而对此，人还没有形成概念（就像动物的创作本能或者性本能一样）。从偏好出发，最后还有欲求能力的一个层次，即**激情**（不是**情绪**，因为情绪属于愉快和不愉快的情感），激情是一种排斥对自身的控制的偏好。

能是以善的意图并在善的准则之下发生的），即**不纯正**；**第三**，接受恶的准则的倾向，即人的本性或者人心的**恶劣**。

第一，人的本性的**脆弱**（fragilitas）早在一位使徒的抱怨中就已经得到了表述：我所愿意的，我并不做。[①]这也就是说，我把善（法则）采纳入我的任性的准则之中，但是，善客观上在理念中（in thesi［在论题中］）虽然是一种不可战胜的动机，主观上（in hypothesi［在假设中］）如果要遵循准则的话，却（与偏好相比）是较为软弱的动机。

第二，人的心灵的**不纯正**（impuritas，improbitas）在〔30〕于，准则虽然就对象而言（就有意地遵循法则而言）是善的，并且也许还有足够的力量去实施，但并不是纯粹道德的；也就是说，并不是像应该的那样，**仅仅**把法则作为**充分的**动机纳入自身，而是在大多数情况下（也许在任何时候都如此），为了由此规定任性去做义务所要求的事情，还需要除此之外的其他动机，换句话说，合乎义务的行动，并不是纯粹从义务出发而作出的。

第三，人心的恶劣（vitiositas，pravitas），或者宁可说，人心的**败坏**（corruptio），是任性对各种准则的这样一种倾向，即把出自道德法则的动机置于其他（非道德的）动机之后。这种恶劣或者败坏也可以叫做人心的**颠倒**（perversitas），因为它就一种自由任性的动机而言，把道德次序弄颠倒了，而且即使如此也总还是可以有律法上善的（合法的）行动，但思维方式却毕竟由此而从其根本上（就道德意念而言）败坏了，人也就因此而被称做是恶的。

人们将注意到：在人这里，即使是在（就行动而言）最好

① 参见《罗马书》，第7章，第15节。——译者注

的人这里，都提出了趋恶的倾向。如果要证明趋恶的倾向在人们中间的普遍性，或者换句话说也完全一样，如果要证明趋恶的倾向与人的本性的交织，上述情况也必然会发生。

但是，在一个具有善良德性的人（bene moratus）和一个道德上善良的人（moraliter bonus）之间，就行动与法则一致而言，是没有区别的（至少不可以有任何区别）。只是在前一种人那里，行动恰恰并不总是或者从来不曾以法则为惟一的和最高的动机，而在后一种人那里，行动**在任何时候**都以法则为惟一的和最高的动机。关于前一种人可以说，他是**凭着字句**遵循法则的（即，就法则所要求的行动而言）；关于第二种人则可以说，他是**凭着精意**而遵循法则的①（道德法则的精意就在于，惟有它才足以成为动机）。**凡不是出自信心的都是罪**②（就思维方式而言）。因为如果为了规定任性去作出**合乎法则的**行动，除了法则自身之外，还必须有别的动机（例如功名欲、一般的自爱，甚至还有慷慨的本能，亦即同情），那么，这些行动之与法则相一致，就完全是偶然的了；因为这些动机同样可能造成越轨。评价一个人物的任何道德价值，都必须依据那个准则的善，但那个准则却是违背法则的；而人也虽然有纯粹善的行动，却依然是恶的。〔31〕

为了规定关于这种倾向的概念，还有必要作出以下的说明。任何倾向都要么是自然的，即它属于作为自然存在者的人的任性；要么是道德上的，即它属于作为道德存在者的人的任性。——在前一种意义上，不存在趋于道德上的恶的倾向，因为道德上的恶必须出自自由；而任何一种运用自由的自然倾向

① 参见《罗马书》，第 2 章，第 27 节；《哥林多后书》，第 3 章，第 6 节以下。——科学院版编者注

② 参见《罗马书》，第 14 章，第 23 节。——科学院版编者注

（自然倾向是建立在感性冲动之上的），无论它是为了善还是为了恶，都是一种自相矛盾。因此，一种趋恶的倾向只能附着于任性的道德能力。但是，除了我们自己的行为之外，不存在任何道德上的（即有负责能力的）恶。与此相反，我们把倾向的概念理解为任性的一种主观规定根据，它**先行于任何行为**，所以自身还不是行为；因为，如果这一表述不能在两种不同的、但都可以与自由的概念相结合的意义上使用，那么，在一种纯粹的趋恶倾向的概念中，就会有一种自相矛盾。但是，关于一种一般行为的表述，既能适用于最高准则（合乎法则地或者违背法则地）被纳入任性所借助的那种自由的运用，也能适用于行动自身（就其质料而言，也就是说就任性的对象而言）被按照那个准则来实施时所借助的那种自由的运用。于是，趋恶的倾向是在第一种意义上所说的行为（peccatum originarium［本原的罪］），同时又是在第二种意义上所说的所有违背法则的、就质料而言与法则相抵触的、被称为恶习（peccatum derivativum［派生的罪］）的行为的形式根据；尽管第二种（出自一些并非存在于法则自身之中的动机的）罪可以从多方面加以避免，但第一种罪却依然存在。第一种罪是理知的行为，仅仅通过理性就可以认识到，不受任何时间条件的制约；第二种罪是可感的、经验性的，是在时间中给定的（factum phaenomenon［造成的现象］）。第一种罪，尤其在与第二种罪的比较中，叫做纯然的倾向，并且是生而具有的，因为它是不能被根除的（否则，最高的准则就必须是善的准则，但在那种倾向本身中，最高的准则已被假定为恶的）；但这尤其是因为，
〔32〕对于为什么在我们身上，恶虽然就是我们自己的行为，却败坏了最高的准则，我们并不能进一步说明原因，就像对于属于我们本性的某种基本性质不能进一步说明原因一样。——在现在所谈到的东西中，人们将会发现这样的理由，即为什么我们在

本章一开始，就仅仅在按照自由法则激起采纳或者遵循我们的准则的最高根据的那种东西中，而不是在激起（作为感受性的）感性的东西中，去寻找道德上的恶的那三个泉源。

第三章
人天生是恶的

Vitiis nemo sine nascitur
[没有人生而无罪]。

——贺拉斯①

依据上文，“人是**恶的**”这一命题无非是要说，人意识到了道德法则，但又把偶尔对这一原则的背离纳入自己的准则。人**天生**是恶的，这无非是说，这一点就其族类而言是适用于人的。并不是说，好像这样的品性可以从人的类概念（人之为人的概念）中推论出来（因为那样的话，这种品性就会是必然的了），而是如同凭借经验对人的认识那样，只能据此来评价人。或者可以假定在每一个人身上，即便是在最好的人身上，这一点也都是主观上必然的。由于这种倾向自身必须被看做是道德上恶的，因而不是被看做自然禀赋，而是被看做某种可以归咎于人的东西，从而也必须存在于任性的违背法则的准则之中；由于这些准则出于自由的缘故，自身必须被看做是偶然的，但倘若不是所有准则的主观最高根据与人性自身——无论以什么方式——交织在一起，仿佛是植根于人性之中，上述情况就又

[①《讽刺诗》，Ⅰ，3，68。——科学院版编者注]

与恶的普遍性无法协调，所以，我们也就可以把这种倾向称做是一种趋恶的自然倾向；并且由于它必然总是咎由自取的，也就可以把它甚至称做人的本性中的一种**根本的**、生而具有的（但尽管如此却是由我们自己给自己招致的）**恶**。

至于这样一种败坏了的倾向必然植根在人身上，我们由于
〔33〕有经验就人们的**行为**所昭示的大量显而易见的例证，也就可以省去迂腐的证明了。有些哲学家们曾特别希望从所谓的**自然状态**中发现人的本性的善良。倘若有人想从这种状态中获取上述例证，那么，他只需要把在**托富阿岛、新西兰岛和纳维加脱群岛**上发生灭绝人性的屠杀事件中的残酷场面，以及在美洲西北部的广阔荒原上所发生的永无休止的，甚至没有一个人从中得到丝毫好处♀①的屠杀事件②（希尼船长曾描述了那些事件），与哲学家们的假说加以比较就行了。无须尽数列举人们的野蛮恶习，就足以排除哲学家们的这种观点。但是，倘若有人赞成

① 就像阿拉塔维斯考印第安人和多格里普印第安人之间持久的战争除了屠杀之外没有任何其他意图一样。在野蛮人看来，好勇斗狠是他们的最高美德。即使在文明状态中，它也是受赞赏的一个对象，是那个以它为惟一功勋的阶层要求受到特别敬重的一个根据，而这在理性中也不是完全没有理由的。因为人具有某种在他看来高于自己的生命的东西（荣誉），并把它当做自己的目的，为此他放弃了一切私利，这确实证明了他的禀赋中有某种崇高。但是，从胜利者夸耀自己的丰功伟绩（毫不留情的毁灭、破坏以及诸如此类的事情）时的惬意中却可以看到，惟有他们的优越感和他们不抱有任何其他目的而能够造成的破坏，才是他们真正乐在其中的东西。

② 希尼（Samuel Hearne，1745—1792）的游历结果的一个简短报告载：《J. 库克船长的第三次探险旅行》，福斯特尔译，1798年，第Ⅰ卷，导论，51页A以下。康德所暗示的叙述见54页以下。——科学院版编者注

下面这种观点，即在文明状态中（在这种状态中，人们的禀赋可以更加充分地展开）可以更清楚地认识人的本性，那么，他必然会听到对于人性的一长串令人忧伤的抱怨。例如尔虞我诈，即使对最亲密的朋友亦是如此，以至在最好的朋友推诚相见时，掌握信任的分寸也被列为交往中通行的明智准则；又如恩将仇报的倾向，即使一个乐善好施的人也得随时对此有所提防；再如某种发自内心的友善，对它可以作出以下的说明："即使在我们最好的朋友的不幸中，也有某种我们并不完全反感的东西"①；此外，还有许多隐藏在德性的幌子下的其他恶习，更不用说那些对于大家来说根本不是秘密的恶习了。因为对我们来说，**一个一般意义上的恶人**，就已经是好人了；他会对**文化**和文明的恶习（所有恶习中最令人伤感的恶习）感到厌恶，宁可把自己的目光从人们的所作所为移开，以免自己再犯 〔34〕
另一种恶习，即对人类的仇视。但是，如果他对此还不满足，那么，他只消考察一番由二者以奇怪的方式复合而成的状态，即各民族的外部状态就够了。在这种状态中，文明化了的各民族在野蛮的自然状态（一种持久的战争体制状态）的关系中彼此对立，并且执意不肯走出这种状态；他将会发现被称做**国家**的那些巨大的团体的与公开的高调截然相反的，但从来也不会放弃的基本原理。♀②还没有一个哲学家能够把它们与道德协

① 出自切斯特菲尔德（Chesterfield，1694—1773，英国政治家、作家。——译者注）的《致自己儿子的信》，第Ⅱ卷，148页，莱比锡，德文译本1774。——科学院版编者注

② 如果把这些国家的历史纯然看做是人性的那些大部分对我们隐藏着的内在禀赋的现象，那么，就可以发现大自然的某种按照目的——不是它们（各民族）的目的，而是大自然的目的——的机械进程。每一个国家，只要它旁边有另一个它可以希望战胜的国

调起来，也没有一个哲学家能够（这是令人痛心的）提出可以与人的本性一致的更好的基本原理。结果是，期待一种永恒的、建立在一个作为世界共和国的多民族联盟之上的、和平状态的、**哲学的千禧年说**，和期待全人类在道德上的改善完成的**神学的千禧年说**一样，普遍地被嘲笑为幻想。

首先，这种恶的根据不能像人们通常所说明的那样，被放在人的**感性**以及由此产生的自然偏好之中。因为不仅这些偏好与恶没有直接的关系（毋宁说，它们为能够证明道德意念的力
〔35〕量的东西，即为德性提供了机会），我们不应为它们的存在承担责任（我们也不能够这样做；因为它们作为造成的东西并不以我们为创造者），但我们要为趋恶的倾向承担责任。趋恶的倾向由于涉及主体的道德性，从而是在作为一个自由行动的存在者的主体中被发现的，所以作为咎由自取的东西，必须能够

家，都会追求通过这种征服来扩张自己，并由此成为世界帝国。在这样一种体制中，一切自由，并且连带（作为自由的结果的）一切德性、鉴赏力和科学都必然丧失殆尽。然而，这种巨型怪物（在它里面法则逐渐地丧失其力量）在它吞并了所有的邻国之后，最终又自行解体，通过叛乱和分裂分化为许多较小的国家。这些小国家不是去追求建立一个多国联合体（由各自由民族联合而成的共和国），而是每一个都又重新开始同样的游戏，根本不让战争（这种人类种族的灾难）停下来。虽然战争并不像普遍的独裁这坟墓（或者是一种为了不让专制制度在任何一个国家被放弃而建立的多民族联盟）那样不可救药地恶，但它毕竟像一位古人所说的那样，造出的恶人比它所消灭的恶人更多。*

*也为康德在《论永久和平》的第二章第一条附论中引用（参见李秋零主编：《康德著作全集》，第8卷，371页，北京，中国人民大学出版社，2010——译者注），引文在那里被称为“那个希腊人的格言”。惜不可考。——科学院版编者注

被归咎于主体，虽然这种倾向深深地植根于任性之中。由于这一点，人们必须说可以在人的天性中发现它。其次，这种恶的根据也不能被放在为道德立法的理性的**败坏**之中；就好像这种理性能在自身中清除法则本身的威望，并且否定出自法则的责任似的；因为这是绝对不可能的。设想自己是一个自由行动的存在者，同时却摆脱适合于这样一种存在者的法则（道德法则），这无非是设想出一个没有任何法则的作用因（因为依据自然法则作出的规定由于自由的缘故而被取消）；而这是自相矛盾的。——所以，为了说明人身上的道德上的恶的根据，**感性**所包含的东西太少了；因为它通过取消可能从自由中产生的动机，而把人变成了一种纯然**动物性的东西**；与此相反，摆脱了道德法则的、仿佛是**恶意的理性**（一种绝对恶的意志）所包含的东西又太多了，因为这样一来，与法则本身的冲突就会被提高为动机（因为倘若没有任何动机，任性就不能被规定），并且主体也会被变成为一种魔鬼般的存在者。——二者中没有一个可以运用到人身上。

但是，即使这种趋恶的倾向在人的本性中的存在，能够通过人的任性与法则在时间中发生现实冲突的经验证明而得到解释，这些经验证明却没有告诉我们这种倾向的真正性质和这种冲突的根据。相反，这种性质由于涉及自由任性（因而涉及这样一种任性，它的概念不是经验性的）与作为动机的道德法则（其概念同样是纯粹理智的）的关系，因而必须从恶的概念出发，就恶按照自由的法则（责任和负责能力）是可能的而言，而先天地被认识。下面就展开这个概念。

无论以什么样的准则，人（即使是最邪恶的人）都不会以 〔36〕
仿佛叛逆的方式（宣布不再服从）来放弃道德法则。毋宁说，道德法则是借助于人的道德禀赋，不可抗拒地强加给人的。而且，如果没有别的相反的动机起作用，人就也会把它当做任性的充分规定根据，纳入自己的最高准则，也就是说，人就会在道德上是善的。不过，人由于其同样无辜的自然禀赋，毕竟也依赖于感性的动机，并把它们（根据自爱的主观原则）也纳入自己的准则。但是，如果他把感性的动机作为**本身独立自足地**规定任性的东西纳入自己的准则，而不把道德法则（这是他在自身之中就拥有的）放在心上，那么，他就会在道德上是恶的。现在，由于他自然而然地把二者都纳入自己的准则，由于他也把每一个，假若它是独立的，都看做是自身足以规定意志的，所以，如果准则的区别仅仅在于动机（准则的质料）的区别，也就是说，仅仅取决于是法则还是感官冲动提供了这样一种动机，那么，他在道德上就会同时是既善又恶的；而这（根据本书序言）又是自相矛盾的。因此，人是善的还是恶的，其区别必然不在于他纳入自己准则的动机的区别（不在于准则的这些质料），而是**在于主从关系**（准则的形式），即**他把二者中的哪一个作为另一个的条件**。因此，人（即使是最好的人）之所以是恶的，乃是由于他虽然除了自爱的法则之外，还把道德法则纳入自己的准则，但在把各种动机纳入自己的准则时，却颠倒了它们的道德次序；他意识到一个并不能与另一个并列存在，而是必须一个把另一个当做最高的条件来服从，从而把自爱的动机及其偏好当做遵循道德法则的条件；而事实上，后者作为满足前者的**最高条件**，应该被纳入任性的普遍准则，来作为独一无二的动机。

尽管由于他的准则造成的这种动机的颠倒，违背了道德次
〔37〕序，然而，如果理性仅仅是为了以**幸福**的名义，而将偏好的动机通常所不可能具备的准则的统一性引入到偏好动机中去，而利用道德法则所特有的一般准则的统一性（例如，如果把真诚认定为原则，它就免除了我们对与自己的谎言保持一致，并且陷入到谎言的怪圈之中的忧虑），那么，行动就依然可以产生如此符合法则的结果，就好像它们产生自真正的原则似的。因为在

这种情况下，经验性的性质是善的，而理知的性质却始终是恶的。

如果这种倾向是包含在人的本性之中，那么，在人身上就有一种趋恶的自然倾向，而且这种倾向自身，由于归根结底必须在一种自由的任性中来寻找，从而是能够归咎于人的，所以是道德上恶的。这种恶是**根本的**，因为它败坏了一切准则的根据，同时它作为自然倾向也是不能借助于人力**铲除**的，因为这只有借助于善的准则才会实现；而既然假定所有准则的最高主观根据都是败坏了的，这就是无法实现的了。但尽管如此，这种倾向必然是**能够克服**的，因为它毕竟是在作为自由行动的存在者的人身上发现的。

因此，人的本性的恶劣，不能那么确切地被称为**恶意**。就这个词的严格意义来说，它是指一种把恶**之为恶**作为动机纳入自己的准则（故而这准则是魔鬼般的）的意念（准则的主观**原则**）；而宁可把它称做心灵的**颠倒**，这个心灵就其后果而言又叫做**恶的心灵**。这种恶的心灵，能够与一个总的来说善的意志共存。它产生自人的本性的脆弱，即在遵循自己认定的原则时不够坚定；而且与不纯正性相结合，没有按照道德的准绳把各种动机（甚至包括有善良意图的行动的动机）互相区分开来。最后，至多只注意到行动与法则的符合，而没有注意到从法则中把它们引申出来，即没有注意到法则是独一无二的动机。尽管由此并不总是正好产生违背法则的行动及其倾向，即**恶习**，但是，把没有恶习就解释为**意念**与义务的法则相符合（解释为**德性**），这种思维方式本身（由于这里根本没有注意到准则中的动机，而是仅仅注意到了凭着字句遵循法则）就甚至已经可以被称做人的心灵中的一种根本性的颠倒了。

这种**生而具有的**罪（reatus）——之所以这样称它，乃是 〔38〕
因为一旦人表现出自由的运用，就会感知到它。但尽管如此，它又必须是出自自由的，从而是能够被归咎于人的——在其前两个层次（脆弱和不纯正）上可以被断定为无意的罪（culpa），但在其第三个层次上则可以被判定为蓄意的罪（dolus）；它以人心的某种**奸诈**（dolus malus）为特征，即由于自己特有的或善或恶的意念而欺骗自己，并且只要行动的后果不是按照其准则本来很可能造成的恶，就不会因为自己的意念而感到不安，反而认为自己在法则面前是清白的。由此出发，许多（自认为有良知的）人只要在没有诉诸法则，至少法则没有起主要作用的行动中侥幸地避免了恶的结果，就会感到心安理得，甚至会居功自傲，觉得自己不必为任何眼看其他人所犯的那些违背法则的行为负咎；却不深究这是否仅仅是侥幸的功绩，以及按照他们本来完全能够从自己的内心深处揭示出的思维方式，倘若不是无能、气质、教育、诱人一试的时间和地点条件（纯粹是些不能归因于我们的东西）使自己未能那样做的话，那么，只要自己愿意，是否自己就不会犯下同样的恶行呢？这种自我欺骗的，以及阻碍在我们心中建立真正的道德意念的不诚实，还向外扩张成为虚伪和欺骗他人；后者即使不应该称之为恶意，至少也应该叫做猥琐，它包含在人的本性的根本恶之中。这种恶（由于它在应当把一个人看做什么方面败坏了道德的判断力，使责任对内对外都变得不确定）构成了我们这个族类的污点，只要我们不清除掉这个污点，它就妨碍着善的幼芽，像其本来完全可能的那样发展起来。

英国国会的一位议员曾激动地断言："每一个人都有出卖他自己所要的身价"①。如果确实如此（这是每一个人都可以自己决定的），如果任何地方都没有一种德性，对于它来说不

① 应是罗伯特·沃波尔（Robert Walpole）的名言（原话为：所有那些人［All those men］……，这显然不像康德所引用的那样绝对。译者据 T. M. Greene 英译本注）。——科学院版编者注

能德性找到某种程度的诱惑能使它堕落，如果不管是善的精神还是恶的精神在争取我们，关键仅仅在于谁出价最高，并且能最迅速地付款，那么，对于人来说，使徒所说的话① 就会是普遍正确的了："这里没有任何区别，他们全都是罪人，——没有人（凭着法则的精义）行善，就连一个也没有。"② 〔39〕

第四章
论人的本性中恶的起源

所谓（最初的）**起源**，是指一个结果从其最初的原因产生，这样一个原因不再是另一个同类的原因的结果。它可以要么作为**理性上的起源**，要么作为**时间上的起源**而被考察。在第一种意义上，所考察的只不过是结果的**存在**；在第二种意义上，所考察的是结果的**发生**，从而也就是把它当做事件与其**在时间中的原因**联系起来。如果把结果与一个按照自由法则同它

①《罗马书》，第3章，第9节以下。——科学院版编者注

② 关于在道德上作出审判的理性的这种诅咒性判断，真正的证明不在本章，而是在前一章。本章只包含有借助经验对这一判断的证实，但经验绝对不能在自由任性与法则相联系的最高准则中揭示恶的根源，恶的根源作为**理知的行为**先行于一切经验。——由此出发，即由最高准则的统一性出发，鉴于与之相关的法则的统一性，也可以看出，为什么人的纯粹理智判断必须以善与恶之间的排中律为基础。不过，从**可感的行为**（现实的所作所为）出发的经验判断，却可以置于这样的原则之下，即在这两个极端之间存在着一个中间物，一方面是一种漠视一切教化的消极性的东西，另一方面是一种善恶参半的积极性的东西。但是，后者只是对显象中的人的道德性的判断，在终极判断中从属于前者。

结合在一起的原因联系起来，就像对道德上的恶一样，那么，对任性进行规定，使它产生结果，就不是被设想为与它在时间中的规定根据相结合，而是被设想为仅仅与它在理性表象中的规定根据相结合，并且不能被从任何一个**先行的**状态中推演出
〔40〕来；相反，如果恶的行动被当做世间的**事件**与其自然原因联系起来，则每一次都必然会发生上述情况。因此，为自由行动本身（完全当做自然结果）寻求时间上的起源，这是一种自相矛盾。所以，就人的道德属性被看做是偶然的而言，对它来说也是如此，因为这种道德属性意味着**运用**自由的根据，它（就像一般自由任性的规定根据一样）必须仅仅在理性表象中去寻找。

但是，无论人心中在道德上的恶的起源是什么性质，在关于恶通过我们族类的所有成员以及在所有的繁衍活动中传播和延续的种种表象方式中，最不适当的一种方式，就是把恶设想为是通过**遗传**从我们的始祖传给我们的。因为关于道德上的恶，人们完全可以说诗人关于善所说的同样的话①：genus et proavos，et **quae non fecimus ipsi**，vix ea nostra puto［族类、祖先以及**那些不是我们自己创造的东西**，我都不能把它们算做我们自己的］。②还应该注意的是，当我们研讨恶的起源时，我

① 奥维德：《变形记》，XIII，140。——科学院版编者注

② 三个所谓的高级学科（在大学里）将会各以自己的方式来解释这种遗传：即**遗传病**、**遗传债务**或者**原罪**。**1. 医学学科**会把遗传的恶设想得像绦虫。关于绦虫，确实有一些自然科学家认为它必然早就存在于人类始祖的体内，因为它既不能在我们体外的某种元素中找到，也不能（就同一品种而言）在其他任何一种动物身上找到。**2. 法学学科**会视它为接受人类始祖遗留给我们的，但附带有一种重罪的**遗产**的合法结果（因为人被生下来，无非就是学会使用世间的财物，这些财物对我们的继续生存是不可缺少的）。因此，我们必须付出代价（赎买），而最终（由于死亡）又被剥夺了这种占有权。这在法律上是

们一开始还没有把趋恶的倾向（作为 peccatum in potentia［潜在的恶］）考虑在内，而是仅仅依照其内在的可能性，以及依照为了实施该行动必然集合在任性之中的东西，考虑了给定的行动的现实的恶。

每一种恶的行动，如果我们要寻求它在理性上的起源，都必须这样看待它，就好像人是直接从天真无邪的状态陷入到它里面一样。因为无论人过去的行事方式如何，无论影响他的自然原因是什么样的，也无论这些自然原因是出现于他内部还是外部，他的行动都是自由的，是不受这些原因中的任何一个规定的，因而能够并且必须始终被判定为对他自己的任性的一种**原初的**运用。无论他处于什么样的时间条件和联系中，他本来都应该放弃这种恶的行动，因为世界上的任何原因都不能使他不再是一个自由的存在者。尽管人们有理由说，就连由人过去的自由的，但却违背法则的行动所产生的**结果**，也应由他负责。但这句话要说的无非是，没有必要求助于这个借口，也没有必要弄明白这些结果是自由的还是不自由的，因为在那作为其原因的公认自由的行动中，就已经现存着使他负责的充足根据了。但是，即使某人直到目前面临的自由行动，还一直为恶（以至于习惯成自然了），他也不仅过去有义务更善一些，而且现在也有义务改善自己：他必定也有能力这样做，而且如果他不这样做，他也同样有 〔41〕

多么合法啊！3. **神学学科**会把这种恶视为我们的始祖亲自参与了一个邪恶的叛逆者的**堕落**；并认为我们或者当时（尽管现在意识不到这一点了）就参与了叛逆，或者只是现在，由于生而受那叛逆者（作为这个尘世的统治者）的支配，与天国主宰者的无上命令相比，更为贪恋尘世的财富，并且没有足够的诚意从这当中挣脱出来，但将来也难免与那叛逆者同一命运。

能力在行动的瞬间负起责任。而且责任也被归于他了，就好像是他本来赋有向善的自然禀赋（这种禀赋是与自由不可分割的），却从天真无邪的状态逾越到了恶似的。——因此，我们不能追问这种行为在时间上的起源，而是必须仅仅追问其理性上的起源，以便在此之后规定，并且尽可能地说明那个倾向，即把越轨纳入自己的准则的主观普遍根据，如果有这样一个根据的话。

以上所说，与《圣经》所使用的表象方式是完全一致的。《圣经》把恶的起源描绘为人的族类中恶的**开端**。它在一个故事中讲述了这一开端，在这个故事中，按照事物的本性（不考虑时间条件）必须被设想为第一的东西，表现为时间上的第一。按照《圣经》的说法，恶并不是从作为基础的趋恶的倾向开始的。因为若不然，恶的开端就不是从自由产生的了，而是从**罪**（罪被理解为对作为**上帝的诫命**的道德法
〔42〕则的逾越）开始的。但是，人在未具有任何趋恶倾向之前的状态，则叫做**天真无邪**的状态。道德法则如同它在人这种并不纯粹，而是被偏好所诱惑的存在者这里所必然的那样，最初是一种**禁令**（《创世记》，第 2 章，第 16—17 节）。然而，人并未径直把这一法则当做充足的动机（惟有这种动机才是无条件地善的，在这方面也是无可置疑的）来遵循，而是还去寻找其他只是在一定的条件下（即只有在由此不损害法则的情况下）才能够为善的动机（《创世记》，第 3 章，第 6 节），并且——如果把行动设想为有意识地由自由产生的——采纳了这样的准则，即，不是出自义务，而是充其量出自对其他意图的考虑，才去遵循义务法则。因此，他开始怀疑那排斥其他任何动机影响的诫命的严峻性，并自作聪明地把对那诫命的顺从降低为对一种手段的仅仅（在自爱原则

之下）有条件的顺从①，由此出发，他最终把感官冲动对出自法则的动机的优越性纳入行动的准则，罪也就是这样发生的（《创世记》，第3章，第6节）。Mutato nomine de te fabula narratur［这故事说的就是你，只不过换了名字］。②以上所说清楚地表明，我们每天都正是这样做的，因而“在亚当身上所有人都犯了罪”③，并且还在犯罪；只不过在我们身上，已经假定了一种作出越轨行为的生而具有的倾向。而在那第一个人身上，按照时间并没有假定这样的倾向，而是假定了天真无邪的状态，因而越轨在他那里叫做**堕入罪恶**，而在我们这里则不同，越轨被表象为从我们本性的已经生而具有的恶劣性产生出来。但是，这种倾向无非意味着，如果我们想按照其时间上的开端来**说明**恶，我们对于每一次蓄意的越轨都必须到我们人生的前一段时间追溯其原因，一直追溯到理性的使用尚未发展的时间，因而一直追溯到一种因此而叫做生而具有的趋恶的倾向 〔43〕
（作为自然的基础），即追溯恶的泉源。而这在已经被看做是具有运用理性的充分能力的第一个人那里，却是既不必要也不可行的，因为若不然，那种基础（恶的倾向）就会必然是造成的了。所以，他的罪直接被描述为从天真无邪中产生的。——但

① 如果不把道德法则当做自己准则中的自身充足的动机，赋予它在任性的其他所有规定根据之上的优越性，那么，对道德法则所表示的所有敬重都是弄虚作假，对此的倾向则是内心的虚伪，即是一种在解释道德法则时欺骗自己，以至于损害道德法则的倾向（《创世记》，第3章，第5节）。因此，就连《圣经》（基督教部分）一开始也称恶的始作俑者（它就存在于我们里面）为说谎者，并且鉴于恶表现在人心中的主要根据描绘人的特征。

② 贺拉斯：《讽刺诗》。Ⅰ，1，69～70。——科学院版编者注

③ 参见《罗马书》，第5章，第12节。——科学院版编者注

是，我们大可不必为一种应该由我们负责的道德属性寻找时间上的起源，即使这在要**说明**这种属性的偶然存在的时候是不可避免的（因此，《圣经》尽可以根据我们的弱点，这样描述恶的时间上的起源）。

但是，就我们的任性把从属的动机过度抬高、采纳入它的准则的方式而言，它的这种蜕化，即这种趋恶的倾向，其理性上的起源依然是我们所无法探究的，因为它本身必须被归咎于我们，从而那所有准则的最高根据又会要求假定一个恶的准则。恶本来只能产生自道德上的恶（不是产生自我们的本性的限制）；然而原初的禀赋（除了人自身之外，没有别的什么能够败坏这种禀赋，如果他应该为这种败坏负责的话）毕竟是一种向善的禀赋。这样，对于我们而言，就不存在可理解的根据来说明我们道德上的恶最初可能是从哪里来的。——这种不可理解性，连同对我们族类的恶劣性的进一步规定，《圣经》是以讲故事的方式表述出来的。① 它虽然把恶提前到世界的开端，但毕竟没有把它放在人里面，而是放在一个最初具有高贵规定性的**精灵**里面。这样一来，所有恶的**最初**开端，就被看做是我

〔44〕

① 这里所说的，切不可被看做是在阐释《圣经》，阐释《圣经》是在纯然理性的权利界限之外的。人们可以就如何在道德上利用一种历史记载的方式作出解释，而不必断定这究竟是作者的意思，还是仅仅由我们穿凿附会的意思，只要这个意思自身不需要任何历史证明就是真的，同时又是惟有按照它，我们才能从一段经文中引出对我们来说有助于改善的东西的意思。否则那经文只不过是我们的历史知识的一个不结果实的赘疣而已。如果某种东西，无论怎样理解它，都无助于成为一个更好的人，如果某种能够有助于此的东西即使没有历史证明就已被认识，甚至完全抛开历史证明来认识，那么，非不得已，切勿对它及其历史威望哓哓争辩。那种与此没有对每一个人都有效的内在关系的历史知识，属于每一个人都可以随其喜好来对待的中性物。

们所完全不能理解的了（因为对于那个精灵来说，恶又是从哪里来的?）；但是，人却被看做是通过**诱惑**陷入恶的，从而不是**从根本上**（甚至就向善的最初禀赋而言）败坏了的，而是还能够改善的，与那个引诱他的**精灵**截然不同。那精灵并不能指望借口肉体的诱惑来减免自己的罪孽。因此，对于虽然心灵败坏，但却总还是具有一个善的意志的人来说，还留存有希望，返回到他曾经背离的善。

总的附释：论重建向善的原初禀赋的力量

人在道德的意义上是什么？以及，他应该成为什么？是善还是恶？这必须由他自己来造成，或者必定是他过去所造成的。善与恶必须是他的自由任性的结果。因为若不然，他就不能为这二者负责，从而他**在道德上**就既不能是善的也不能是恶的。如果这意味着，人被造就成为善的，那么，这意思无非是说，人被造就为向**善**的，人的原初**禀赋**是善的。但人还没有因此就已经是善的，而是在他把这种禀赋所包含的那些动机接纳或不接纳入自己的准则（这必须完全听任于他的自由选择）之后，他才使自己成为善的或者恶的。假定为了成为善的或者更加善的，还需要一种超自然的协助，无论这种协助是仅仅在于减少障碍，还是也作出积极的援助，人都必须事先就使自己配得上接受这种协助，并且必须**假定**有这种**援助**（这是非同小可的事情）。也就是说，把力量的积极增长纳入自己的准则。只有这样，善才能被归诸他，他才能被看做是一个善的人。

一个在自然情况下的恶人，怎么可能自己使自己成为善人？这超出了我们的所有概念；因为一棵坏树怎么可能结出好果子呢？然而，根据我们前面所承认的，一棵原初（就禀赋而 〔45〕

言）好的树确曾结出了坏的果子①，而从善到恶的堕落（如果考虑到这是出自自由的）也并不比那从恶重新升为善更易于理解。这样，后者的可能性也就是不容置疑的了。因为即使有那种堕落，“我们**应当**成为更善的人”这一命令，仍毫不减弱地回荡在我们的灵魂中，因而我们必定也**能够**这样做，即使我们所能够做的这件事单就其本身而言并不充分，我们由此而只是使自己能够接受一种我们所无法探究的更高的援助。——当然，我们在此必须假定，善的种子以其全部的纯洁性被保留下来了，不能被清除或者败坏。这种子毫无疑问不能是自爱②；自爱一

① 就禀赋而言的好树还不是事实上的好树；因为倘若这样，它当然就不能结出坏的果子了。只有当人把那为了道德法则置入他里面的动机纳入自己的准则时，他才被称做是一个善的人（树才被完全称做一棵好树）。

② 一些能够容纳两种截然不同的涵义的语词，往往长期妨碍人们从清晰的根据得出确信。例如一般所谓的**爱**，就连**自爱**也可以被分为对**善意**的爱和对**满意**的爱（bonevolentiae et complacentiae），并且二者必定（不言而喻）都是合乎理性的。把对善意的爱纳入自己的准则，是自然而然的事情（因为谁不想任何时候都心境舒畅呢?）。但是，就一方面鉴于目的要仅仅选择那能够与最大的、最持久的福利共存的东西，另一方面在幸福的这些要素中，为每一种要选择最适宜的手段而言，对善意的爱又是理性的。理性在这里仅仅是作为自然偏好的婢女出现，但由此而采纳的准则却与道德毫无关系。不过，如果它被当做任性的无条件的原则，那么，它就是对道德的一种大得无法估量的反抗的泉源。——对**自我满意**的一种合乎理性的爱，也许可以这样理解，即我们在上面已经说到的那些以自然偏好的满足为目的的准则（如果通过遵循这些准则达到了那个目的的话）中，对自己感到满意；而在这里，它和爱那种对自己的善意是一回事。这种自我满意，就像是一位在投机买卖中大获成功的商人，鉴于所采纳的准则，对自己的远见卓识感到高兴一样。然而，**无条件的**（不取决于作为行动结果的得失）**自我满意**的

旦被纳入我们所有准则的原则，就不折不扣地是一切恶的泉源。

因此，在我们身上重建向善的原初禀赋，并不是获得一种**丧失了的**向善的动机；因为这种存在于对道德法则的敬重之中的动机，我们永远也不会丧失。要是会丧失的话，我们也就永远不能重新获得它了。因此，这种重建，仅仅是建立道德法则作为我们所有准则的最高根据的**纯粹性**。按照这种纯粹性，道德法则不是仅仅与其他动机结合在一起，或者甚至把这些动机（偏好）当做条件来服从，而是应该以其全然的纯粹性，作为规定任性的自身**充足的**动机，而被纳入准则。原初的善也就是在遵循自己的义务方面**准则的圣洁性**，因而是纯然出自义务 〔46〕

自爱准则，将会是一种仅仅在我们的准则隶属于道德法则的条件下，我们才可能有的满足的内在原则。没有一个对道德并非漠不关心的人，在自觉到这样的准则与自己心中的道德法则并不一致的情况下，还对自己感到满意，甚至根本不对自己感到痛苦的不满。这种可以称做是对自己的**理性上的爱**，它防止把出自自己行动的结果的满意的其他原因（以一种由此而可以为自己争得的幸福的名义），与任性的动机作出任何混淆。既然后者被称做是对法则的无条件的敬重，那么，为什么人们还要用一种**合乎理性的**，但仅仅在后一种条件下才是**道德的自爱**这个术语，来毫无必要地给自己清晰地理解这一原则造成困难，使自己兜圈子呢（因为只有当自觉到，自己的准则就是把对法则的敬重当做自己任性的最高动机时，人们才能以道德的方式爱自己）？根据我们作为依赖于感性对象的存在者的本性，幸福对于我们来说是首要的，是我们无条件地欲求的东西。而根据我们作为赋有理性和自由的存在者的本性（如果人们愿意这样称呼我们生而具有的东西的话），幸福远远不是首要的东西，更不用说无条件地是我们的准则的对象了。毋宁说，这种首要的东西是**配享幸福**，即我们的所有准则与道德法则的一致。至于这种一致在客观上是幸福的愿望能够与立法的理性相和谐的惟一条件，这里包含着所有的道德规定。而在哪怕仅仅这样持有有条件的愿望这一意念中，就包含着道德的思维方式。

的。这使那把这种纯粹性纳入自己的准则的人，虽然自身还并不由此就是圣洁的（因为在准则和行为之间还有很大距离），但却是已经踏上了在无限的进步中接近圣洁性的道路。在遵循
〔47〕 自己的义务方面的这种已经运用自如的坚定决心，就作为其**经验性的特性**（virtus phaenomenon［作为现象的德性］）的合法性而言，也叫做**德性**。它具有**合乎法则的**行动的坚定准则；而任性为此所需要的动机，人们则可以随意从什么地方取来。因此，在这种意义上，德性是**逐渐地**获得的，对一些人来说，叫做（在遵循法则方面的）长期的习惯。借助于它，人通过逐渐地改造自己的行事方式，坚定自己的准则，而从趋恶的倾向转到一种截然相反的倾向。为此并不需要一种**心灵的转变**，而是只需要**习俗**的转变。如果一个人感到自己在遵循自己的义务的准则方面是坚定的，他也就认为自己是有道德的，即使这不是出自所有准则的最高根据，即不是出自义务；而是例如，毫无节制的人为了健康的缘故而回到节制，说谎的人为了名誉的缘故而回到真理，不正义的人为了安宁或者获利的缘故而回到公民的诚实，等等。所有这些都是根据备受赞颂的幸福原则。但是，要某人不是仅仅成为一个**律法上的**善人，而是成为一个**道德上的**善人（为上帝所喜悦的善人），即根据理知的特性（virtus noumenon［作为本体的道德］）是有道德的，如果他把某种东西认作义务，那么，除了义务自身的这种观念之外，他就不再需要别的任何动机。这一点，只要准则的基础依然不纯，就不能通过逐渐的**改良**，而是必须通过人的意念中的一场**革命**（一种向意念的圣洁性准则的转变）来促成；他只有通过一种再生，就好像是通过一种重新创造（《约翰福音》，第 3 章，第 5 节，参见《创世记》，第 1 章，第 2 节），以及通过心灵的转变来成为一个新人。

但是，如果人在其准则的根据上败坏了，他怎么可能凭借自己的力量实现这一革命，靠自己成为一个善人呢？然而，义务命

令我们做这件事，而义务也仅仅命令我们做自己力所能及的事情。把这两点结合起来，无非是说，对于思维方式来讲，革命必定是人所必要的，因而也是可能的；而对于感官方式（感官方式为革命设置了障碍）来讲，逐渐的改良必定是人所必要的，因而也是可能的。这就是说，如果他通过惟一的一次不可改变的决定，扭转了他曾是一个恶人所凭借的准则的最高根据（并由此而穿上一个新人）①，那么，就原则和思维方式而言，他就是一个能够接 〔48〕
纳善的主体；但仅仅就不断的践履和转变而言才是一个善人。也就是说，他能够希望，凭借他接纳为自己任性的最高准则的那个原则的纯粹性和坚定性，走上一条从恶到更善不断**进步**的美好的（尽管狭窄的）②道路。对于能够看透心灵的（任性的所有准则的）理知根据、进步的无限性对他来说也就是统一性的那一位而言，即对于上帝而言，这件事就等于说他现实地是一个善人（上帝所喜悦的人）。在这种意义上，这种转变就可以被看做是革命。但是，对于只能按照其准则在时间中获得的对感性的优势来评价自己及其准则的力量的人的判断来说，这种改变就只能被看做是一种向更善的永不间断的努力，从而也就只能被看做是对作为颠倒了的思维方式的趋恶倾向的逐渐改良。

由此可知，人的道德修养必须不是从习俗的改善，而是从思维方式的转变和从一种性格的确立开始。虽然人们通常并不是这样行事，而是个别地与各种恶作斗争，却不触动它们的普遍根据。即使是一个最狭隘的人，也能造成敬重合乎义务的行动的印象，而他越是在思想中使行动摆脱通过自爱可能对行动的准则产生影响的其他动机，上述敬重就越大。就连儿童们也

① 参见《以弗所书》，第 4 章，第 24 节。——科学院版编者注

② 参见《马太福音》，第 7 章，第 14 节。——译者注

能够发现混杂有不纯正动机的极微小的痕迹。因为在这种情况下，行动在他们看来，马上就失去了所有的道德价值。通过援引善人们（就他们合乎法则而言）的**榜样**，让道德上的学习者从他们的行动的真实动机出发，去判断某些准则的不纯正性，可以无与伦比地培植这种向善的禀赋，并使它逐渐地转化为思维方式，以至**义务**纯粹为了自己本身开始在他们的心灵中获得明显的优势。然而，教人去**惊赞**有道德的行动，无论这样的行动要求作出多大的牺牲，都不是学习者的心灵对道德上的善所应保持的正当情调。因为无论一个人如何有道德，他所能够作
〔49〕出的一切善行，都毕竟仅仅是义务；而履行自己的义务，也无非就是做在通常的道德秩序之中的事情，从而也就是不值得惊赞的。①毋宁说，这样的惊赞是我们的道德情感的一种变质，好像顺从义务是某种非同寻常的、有功劳的事情似的。

但是，在我们的灵魂中有一样东西，我们如果恰如其分地将它收入眼底，就禁不住要以极大的惊赞看待它。此时，惊赞是正当的，同时亦是振奋人心的。而这种东西就是我们里面的一般的原初道德禀赋。——我们这种由于如此多的需求而始终依赖于大自然的存在者，同时却在（我们里面的）一种原初禀赋的理念中，如此远远超出于这些需求之上，以至我们认为它们统统不值一提；而且如果我们违背自己的理性借以强而有力地命令我们、但在此际却既不向我们许诺什么也不威胁我们的那种法则，而沉溺于惟一能使我们的人生值得追求的对那些需求的享受，我们就会认为自己是不值得生存的。我们这样做所凭借的这种在我们里面的东西（人们不妨扪心自问一下）究竟是什么呢？每一个事先被蕴涵在义务理念之中的圣洁性教导

① 参见《路加福音》，第 17 章，第 10 节。

过、但却没有升华到探究最先从这个法则产生的自由概念①的

① 任性自由的概念，并不是先行于对我们里面的道德法则的意识，而是仅仅从我们的任性可被作为一种无条件命令的道德法则所规定推论出来的。只要我们扪心自问，我们是否确定无疑地和直截了当地自觉到了一种能力，能够借助坚定的决心克服越轨的任何无论多么大的动机（Phalaris licet imperet，ut sis falsus，et admoto dictet periuria tauro ［即使法拉里斯命令你说假话，并拖来铜牛向你口授伪证］*），就会马上信服上面这种说法。每一个人都将不得不承认，如果出现这样一种情况，他**并不知道**自己是否会决心动摇。但尽管如此，义务却无条件地命令他：他**应该**对自己的决心保持忠诚。他由此正当地**推论**出：他必须也**能够**这样做，因而他的任性是自由的。一些人佯称这种不可探究的性质是完全可以理解的。他们用**决定论**（任性由内部的充足理由规定的命题）这个词制造了一种假象，好像困难就在于把这一命题与自由结合起来似的。然而，并没有人想到这一点。相反，认为任意的行动作为事件、其规定性的根据**存在于先前的时间之中**（它连同自己所包含的东西已不为我们所支配）的**预定论**，如何能够同认为行动与否在发生的瞬间都必然为主体所支配的自由共存，这倒是人们期望看到却从未看到的东西。

♀要把自由的概念与作为一种**必然的**存在者的上帝的理念结合起来，这却是没有任何困难的。因为自由并不在于行动的偶然性（即它根本不为任何根据所规定），即并不在于非决定论（即便是对于上帝来说，为善或者为恶也必然同样是可能的，如果人们把他的行动称为自由的话），而是在于绝对的自发性。这种自发性只有在预定论那里才会遇到危险，因为对于预定论来说，行动的规定根据**存在于过去的时间之中**。因此，行动现在已不为我所支配，而是落到了大自然的手中，不可抗拒地规定着我；然而由于在上帝那里并不能设想时间的序列，所以这一困难也就除掉了。

* 法拉里斯（Phalaris），阿格里根特（Agrigent）城邦僭主，为酷刑目的让雅典工匠佩里尔（Perill）铸造一腹内中空的铜牛，铜牛因下面烧火而灼红。出自尤维纳利斯（《讽刺诗集》，Ⅲ，8，81～82）的引文，也为康德在《康德全集》第5卷159～160页（参

人，哪怕是能力最一般的人，都会深切地感受到这个问题的分
〔50〕量。而这种宣示着一种圣洁起源的禀赋，即便是其不可理解性，也必然对心灵起着振奋的作用，鼓舞它作出只有对自己义务的敬重才能要求它作出的牺牲。经常激励自己的道德使命的崇高感，作为唤醒道德意念的手段，是特别值得称颂的，因为它正好抑制着把我们的任性的准则中的动机颠倒过来的那种生而具有的倾向，以便在作为所有可被采纳的准则的最高条件的对法则的无条件敬重中，重建各种动机中的原初的道德秩序，并由此而重建人心中向善禀赋的纯粹性。

但是，这种凭借运用自己的力量所做的重建，岂不是与关于人相对于一切善生而具有的腐败的那个命题截然对立吗？固然，就这种重建的可理解性，即就我们对其可能性的**洞察**而言，这和所有那些应被看做是在时间中发生的事件（变化），从而按照自然规律被看做是必然的，其反面却同时又服从道德规律，被看做是由于自由而可能的东西是一样的；不过，那个命题与这种重建的可能性本身并不抵触。因为，如果道德法则命令我们现在**应该**是更善一些的人，那么，不可避免的结论就是，我们也必然**能够**这样做。在道德的**教义学**中，关于生而具有的恶的命题毫无用处；因为不管我们是否具有一种生而具有的越轨倾向，道德的教义学都包含着同样的义务，保持着同样的力量。但是，在道德的**修行法**中，这一命题想要表达的就更
〔51〕多一些，但也无非是说，在从道义上培养我们那被造成的向善道德禀赋时，我们不能从一种对我们来说自然的天真无邪状态

见李秋零主编：《康德著作全集》，第5卷，166页，北京，中国人民大学出版社，2007——译者注）和第6卷334页（参见《康德著作全集》，第6卷，345页。——译者注）所使用。——科学院版编者注

开始，而是必须从任性在违背原初的道德禀赋而采纳其准则时的恶劣性假定开始。而且由于这样一种倾向是无法根除的，我们还必须与这种倾向做不停顿的斗争。既然这仅仅导致从恶到更善的一种无限延伸的进步，其结论就是，一个恶人的意念之转变为一个善人的意念，必须建立在按照道德法则对采纳其所有准则的最高内在根据所作出的改变之中，而这个新的根据（新的心灵）本身是不再改变了的。然而，人要确信这一点，虽然并不能以自然的方式来达到，既不能通过直接的意识，也不能通过自己迄今所经历的人生的证明来达到，因为心灵的深处（他的准则最初的主观根据）对他来说本身是无法探究的。但是，他必须能够**希望**，凭借运用**自己的**力量来达到一条通向那里的、由在根本上改善了的意念为他指明了的道路。因为他应该成为一个善人，但是只有根据作为他自己所做出来的而被归诸于他的东西，他才能被判定为**道德上**善的。

与这种自我改善的要求相违背，那种从本性上对道德上的改进感到厌烦的理性借口自然的无能，提出了各种各样的不纯正的宗教观念（其中就有：把幸福原则附会在上帝身上，说成是他的诫命的最高条件）。不过，我们可以把所有的宗教划分为**祈求神恩**的（纯然崇拜的）宗教和**道德的，即良好的生活方式**的宗教。就前者而言，人或者谄媚上帝，认为上帝能够（通过赦免他的罪责）使他永远幸福，而他自己却没有必要**成为一个更善的人**；或者，如果这在他看来不可能的话，认为**上帝**能够把他**变成为更善的人**，而他自己则除了为此而**祈祷**之外，没有必要为此再做什么。由于祈祷在一位洞悉一切的存在者眼中不外是**愿望**，所以，祈祷实际上是什么也没有做；因为倘若这单凭纯粹的愿望就可以办到，那么，每一个人就都可以是善的了。就道德的宗教而言（在迄今为止所存在的所有公开的宗教中，惟有基督教才是这样的宗教），一条原理就是：每一个人 〔52〕

都必须尽其力所能及去做，以便成为一个更善的人。只有当他不埋没自己天赋的才能（《路加福音》，第 19 章，第 12—16 节），利用自己向善的原初禀赋，以便成为一个更善的人时，他才能够希望由更高的协助补上他自己力所不能及的东西。人也完全没有必要知道这种协助存在于什么地方；也许根本不可避免的是，当它的发生方式在某个时间被启示出来时，不同的人却在别的时刻对它形成了不同的概念，而且全都是真诚的。不过在这种情况下，下面这个原理也是有效的："知道上帝为他的永福在做或已做了什么，并不是根本的，因而也不是对每个人都必要的"；但是知道为了配得上这种援助，**每个人自己必须做些什么**，却是根本的，因而对每个人都必要的。

♀本书每一篇都附有一个总的附释，这里的是四个总的附释中的第一个。四个总的附释本来也可以使用这样的标题：1. 论神恩的结果；2. 奇迹；3. 奥秘；4. 邀恩手段。——这些仿佛是纯粹理性界限内的宗教的**补遗**；它们并不属于纯粹理性的界限之内，但却与它接壤。理性意识到自己无能满足自己的道德需求，就扩张自己，一直扩展到似乎能够弥补那种缺陷的超越性理念，但它并不把这些理念当做扩展了的领土据为己有。它并不否认这些理念的对象的可能性或者现实性，它只是不能把它们接纳入自己的思维和行动的准则。它甚至指望，如果在无法探究的超自然物的领域，还有什么东西虽然超出了它能够说明的范围，但对于弥补道德上的无能却是必要的，那么，这种东西即使不可认识，也会对它的善良意志大有益处。这样的指望带有一种信仰，这种信仰可以被称之为（对那种东西的可能性）**进行反思的**信仰，因为它觉得那种宣称自己是一种**知识**的**独断的**信仰是不真诚的或者僭妄的。因为要清除掉（在实践上）自我肯定的东西的各种困难，当它们涉及超验问题时，就只不过是附带的工作（补遗）。至于这些哪怕是**道德**

上的超验理念，当我们要将它们引入宗教时，从它们所产生的弊端，其结果依照上述的四个类别的顺序为：1. 被认为的内部经验（神恩的作用）的结果是**狂热**；2. 所谓外部的经验（奇迹）的结果是**迷信**；3. 妄称在超自然的事物方面（奥秘）有知性的顿悟，其结果是**顿悟说**，即术士们的幻觉；4. 对超自然事物施加影响的大胆试验（邀恩手段）的结果是**魔术**；这纯粹是一种超越自己界限的理性的迷误，而且是出于自以为道德上的（上帝喜悦的）意图。——但是，特别就本文第一篇的总的附释而言，对**神恩作用**的召唤就属于最后一种类型，如果理性坚守其界限，神恩作用就不会被接纳入理性的**准则**；正如它一般不会接纳任何超自然的事物一样，因为正是在超自然的事物这里，理性的一切运用都终止了。——**在理论上**说明这些作用的根据何在（即为何它们是神恩的作用，而不是内在的自然作用），是不可能的事情，因为我们对原因和结果概念的使用不能被扩展到经验的对象之外，因而也不能被扩展到自然之外。但是，假定**在实践上**运用这一理念，则是完全自相矛盾的。因为作为运用，它就需要假定一种规则，来规范我们为了达到某种东西而必须自己（出自某种意图）**造成**的善的东西；而期待神恩的作用，则恰恰意味着相反的东西，即善（道德上的善）不是我们的行为，而是另一种存在者的行为，因而我们只能通过**无所作为**来获得它；而这是自相矛盾的。所以，我们可以承认，它是某种不可理解的东西，但是，无论是为了理论上的使用，还是为了实践上的使用，我们都不能把它接纳入我们的准则。 〔53〕

第二篇
论善的原则与恶的原则围绕对人类的统治权所进行的斗争

为了成为一个道德上善的人，仅仅让我们的族类所蕴涵的善的种子不受阻碍地发展是不够的，而且还必须同在我们里面起相反作用的恶的原因进行斗争；这一点，在所有古代的道德主义者中，尤其是斯多亚学派通过**德性**这个他们的特有术语给予了说明；这个术语（无论在希腊语中还是在拉丁语中都一样）标志着英勇无畏的精神，因而假定了一个敌人。鉴于此，**德性**这个名称是一个庄严的名称，至于它经常被滥用来吹牛自夸，并且（如同近代**启蒙**这个词一样）遭到嘲讽，则丝毫无损于它。——这是因为，要求勇敢，就已经足以有一半称得起德性了；与此相反，懒惰的、全然不信任自身的、等待外部帮助的、怯懦的思维方式（在道德和宗教中）松懈了人的所有力量，使人自身不配得到这种帮助。 〔57〕

但是，那些勇敢的人们却错认了他们的敌人。他们的敌人不应该在自然的，只不过是未受教化的，但却毫不掩饰地向每一个人的意识公开呈现的偏好中去寻找，而是一个似乎不可见的、隐藏在理性背后的敌人，因而也就更加危险。理性运用**智慧**去与仅仅是不小心而可能被偏好蒙骗的**愚蠢**进行斗争，却不召唤它去反对用败坏灵魂的基本原理而在暗中腐蚀着意念的（人的心灵的）**恶劣**。①

① 这些哲学家们从人的本性的尊严，即从自由（作为对偏好的势力的独立性）获取他们的普遍的道德原则。他们也不可能以一种更好、更高贵的原则为基础了。他们是直接从仅仅以这样的方式立法的，并且完全通过这样的方式发布命令的理性中汲取各种道德法则的，从而如果赋予人一种未被败坏的、毫不迟疑地把这些法则纳入自己的准则的意志的话，他们就规则来说在客观上，就动机来说在主观上，完全正确地说明了一切。但是，在后面这个假定中恰恰包含着错误。因为无论我们多么早就注意到我们的道德状况，我们都会发现，这种状况已不再是 res integra［一个质朴的东西］，而是我们必须以把已

〔58〕 自然的偏好**就其自身来看**是善的，也就是说，是不能拒斥的。企图根除偏好，不仅是徒劳的，而且也是有害的和应予遣责的。毋宁说，人们只需要抑制它们，以便它们互相之间不自相摩擦，而是能够被导向在一个整体中的被称做是幸福的和谐。不过，实现这种状况的理性叫做**明智**。只有道德上违背法则的东西才自身就是恶的，是绝对应予拒斥的、必须根除的；但是，以此来教导人的理性，即使是在它着手这项工作的时候，也只是配被称做**智慧**，尽管恶习与它相比也被称做是**愚蠢**，但也仅仅是在理性于自身之内感到有足够的力量来**鄙视**恶习（以及这方面的所有诱惑），而不只是把它当做一个可怕的存在者来**仇视**，并且武装起来对付恶习的情况下才是如此。

经占有位置的恶（但是，如果我们没有把恶接纳入我们的准则，恶本来是不能做到这一点的）从它的席位上驱逐出去作为开端；即是说，人们所能做的最初的真正的善，就是从恶走出来，而这种恶也不应该到偏好中去寻找，而是应该到颠倒了的准则中，因而也就是应该到自由自身中去寻找。偏好只是给**实施**相反的善的准则增加困难罢了。但是，真正的恶在于，当那些偏好诱惑人做出越轨行为时，我们却不**打算**反抗它们，其实，这种意念才是真正的敌人。偏好只不过是一般基本原理（无论它们是善的还是恶的）的敌人罢了。就此而言，道德性的那种高尚的原则作为预习（对偏好的教化）对于借助基本原理来引导主体是很有益的。然而，如果这是**道德上的善**的特殊基本原理，但尽管如此却不是作为准则，那么，就还必须假定在主体中还有这些基本原理的另一个敌人，德性必须与它进行斗争。没有这种斗争，所有的德性尽管不会像那位教父*所想说的那样是显著的**恶习**，但却是**显著的可怜**。因为由此虽然经常平息了叛乱，但却从来不会战胜和清除掉反叛者。

*指奥古斯丁，传统把这句在给我们保存下来的著作中当然不能证明，但与他的思想的一个方向相符的话归给了他：vritutes gentium splendida vitia [各民族的德性是显著的恶习]。——科学院版编者注

因此，如果**斯多亚派**仅仅由于必须把偏好当做遵循人的义务的障碍来克服，而把人在道德上的斗争看做是与自己的（本身无辜的）偏好的争执的话，那么，由于他并不承认任何特殊积极的（本身恶的）原则，他可以把越轨行为的原因仅仅归于**忽视**了与偏好的斗争；但是，由于这种忽视自身就是违背义务（越轨行为），并不仅仅是自然错误，从而其原因不能再（没有循环论证地）到偏好中去寻找，而是只能在把任性规定为自由任性的东西中（在默许偏好的那个准则的内在最初根据中）去寻找。所以，这就可以理解，为什么那些哲学家认为一种永远被掩藏在黑暗之中的解释根据①，虽然是不可避免的，但却是不受欢迎的；为什么他们对于自己相信正在与之进行斗争的善的真正敌人会认错对象。〔59〕

因此，当一位**使徒**②把这个**不可见的**，仅仅由于其对我们的影响才是可认识的，败坏了基本原理的敌人，说成是在我们之外的，而且说成是恶的精灵时，这也就不值得奇怪了。他说道："我们并不是与属血气的争战（自然的偏好），乃是与那些

① 能够轻而易举地，而且是一方面从感性动机的强大出发，另一方面从理性动机（对法则的敬重）的无能出发，即从**软弱**出发，来解释人心中在道德上的恶的存在，这是道德哲学的一个很常见的假设。但是，这样一来，就必须能够更容易解释人身上的（在道德禀赋中的）道德上的善。因为一方的可理解性离开了另一方的可理解性是完全不可思议的。但是，理性仅仅凭借一个法则的理念成为所有朝相反方向努力的动机的主宰，这种能力是绝对无法解释的；因此，感性的这些动机如何能够成为如此有威望地发布命令的理性的主宰，这也是无法理解的。因为如果所有的世界都是按照法则的规定进行的，人们就会说，一切都是按照自然的秩序发生的，而没有人会想到哪怕是仅仅追问一下原因。

② 指保罗，参见《以弗所书》，第6章，第11—12节。随后第13节以下的敦促证明了康德的解释的真理性因素。——科学院版编者注

执政的、掌权的、管辖这幽暗世界的，以及天空属灵气的恶魔争战”；这是一个并非为了把我们的知识扩展到感性世界之外，而似乎仅仅是为了使我们无法探究的东西的概念**对于实践的运用**变得鲜明生动而提出的表述。因为顺便说一下，如果是为了后者，那么，我们是把诱惑者纯然设定在我们内部，还是也把
〔60〕它设定在我们外部，对于我们来说是无所谓的。因为我们在后一种情况下所负的罪责一点也不比在前一种情况下所负的罪责小。在前一种情况下，假如我们没有默许诱惑者，我们本来是不会被他所诱惑的。①——我们要把这整个考察分作两章。

第一章

论善的原则关于对人的统治权的律法要求

一、善的原则的拟人化了的理念

惟一能够使世界成为上帝意旨的对象和创世的目的的东

① 并不把道德上的善与道德上的恶设想得像天与**地**那样彼此分离，而是把它们设想得像天国与**地狱**那样彼此分离，这是基督教道德的一种特性。这种观念虽然是形象化的，并且就其自身而言是令人反感的，但就其意义而言在哲学上仍然是正确的。——也就是说，它有助于防止，不要把善与恶、光明的王国与黑暗的王国设想为彼此接壤，通过渐进的阶段（或大或小的光明程度）彼此消融在对方之中，而是要把它们表象为被一条深不可测的鸿沟分离开来。人们有可能臣服于这两个王国中的这一个或者另一个，其所遵循的基本原理的截然不同性，以及与适宜于这一个或者另一个王国的那些特性具有接近的亲和性的想象相联系的危险，为这种表象方式提供了理由，即使这种表象方式在自身中包含了令人毛骨悚然的东西，同时却也是很崇高的。

西，就是**处于道德上的彻底完善状态的人性**（一般有理性的世俗存在者）。从这种作为最高条件的完善性出发，幸福就是在最高的存在者的意志中的直接结果。——但是，这个惟一使上帝所喜悦的人是“太初”就“与上帝同在的”；他的理念出自于上帝的本质；就此而言，他不是被创造的事物，而是上帝的独生子；是“道（生成!）”，“万物是藉着他造的。凡被造的，没有一样不是藉着他造的”①（因为正是为了他，即为了尘世上的有理性的存在者，正如按照其道德上的规定性能够被设想的那样，所有的一切才被创造）。——“他是上帝荣耀所发的光”②。“上帝爱他就是爱世人”③，只有在他身上，并且通过接受他的意念，我们才能够希望“作上帝的儿女”④，等等。〔61〕

把我们自己**提高**到这种道德上的完善性的理想，即提高到具有其全部纯洁性的道德意念的原型，乃是普遍的人类义务，为此，就连理性交付给我们、要我们仿效的这个理念，也能够给我们以力量。但是，正因为我们不是这个理念的创造者，相反，它已经在人身上取得了一席之地，而我们并未理解人的本性是如何哪怕仅仅能够接受它的，所以，人们也可以更正确地说，那个原型是从天国**降临**到我们这里来的，它接纳了人性（因为设想天生的**恶人**自动地放弃恶，并且把自己**提高**到圣洁性的理想，这并不像设想这种理想接纳**人性**——人性本来并不是恶的——并且**屈尊**于人性那么可能

① 参见《约翰福音》，第 1 章，第 1 节以下。——科学院版编者注
②《希伯来书》，第 1 章，第 3 节。——科学院版编者注
③《约翰壹书》，第 4 章，第 10 节。——科学院版编者注
④《约翰福音》，第 1 章，第 12 节。——科学院版编者注

的）。因此，如果我们把那个有上帝的意向的人看做是我们的原型，正如他自己虽然是圣洁的，并且作为这样的人与忍受苦难无关，但仍然为了促进尘世的福祉而在最大的程度上承担了这种受难，那么，就可以把这种与我们的结合看做是上帝之子的一种**屈尊俯就**的状态[①]；相反，那尽管也接纳了这同样的意念，却永远不能摆脱罪恶的人，倒是可以把无论以什么方式降临到他头上的苦难看做是由他自己招致的，从而必然认为自己配不上把自己的意念与这样一种理念相结合，尽管这理念是他用做原型的。

我们只能在这样一个人的理念下设想上帝所喜悦的人性的理想（从而还设想一种道德上的完善性的理想，就像在一个依赖于需求和偏好的世俗存在者身上是可能的那样）。这个人不仅自己履行所有的人类义务，同时也通过教诲和榜样，在自己周围的尽可能大的范围里传播善。而且即使受到极大的诱惑，也甘愿为了尘世的福祉，甚至为了他的敌人而承受一切苦难，直至极屈辱的死亡。——这是因为，一种力量如果是一种道德意念的力量，那么，除非人设想这种力量与重重障碍作斗争，并且无论遇到多大的诱惑都能克服那些障碍，否则，他就不能对这种力量的程度和威力形成任何概念。

〔62〕 于是，**在对上帝之子的实践上的信仰中**（就他被设想得好像他接纳了人的本性似的而言），人可以希望成为上帝所喜悦的（从而也可以得救）。也就是说，他自觉到这样一种道德意念，即他能够**信仰**并且确立以自己为基础的信赖，他将在类似的诱惑和苦难的情况下（正如把它们当做那个理念的

① 教义学的基督论依据《腓立比书》第 2 章第 6 节以下区分了两种“状态”：屈尊俯就的状态和提升的状态(status wxinanitionis，status exaltationis)。——科学院版编者注

试金石一样）对人性的原型忠贞不渝，并且以忠实的仿效保持与自己的榜样的相似，一个这样的人，并且只有一个这样的人，才有权利把自己看做是一个并非配不上上帝的喜悦的对象。

二、这一理念的客观实在性

从实践的观点来看，这一理念在自身之中完全拥有其实在性。因为这种实在性就在我们那在道德上立法的理性之中。我们**应当**符合它，因而我们也必定**能够**符合它。倘若人们必须事先就证明做一个符合这一原型的人的可能性，就像这对于自然概念是不可回避地必然的（以免我们陷入被空洞的概念所阻碍的危险）那样，那么，我们同样也必须容许考虑承认，就连道德法则也具有其威望，是我们的任性的无条件的，然而又是充足的规定根据。其原因在于，单是一种合法则性的理念如何可能是任性的这样一种动机，它比所有只要想得出来的、从利益取得的动机都更强而有力，这是既不能由理性来洞察，也不能由经验的榜样证明的。因为就前者而言，法则是无条件地发布命令的；就后者而言，即使从未有一个人对这一法则做出过无条件的顺从，做一个这样的人的客观必然性也是毫不减少的、不言而喻的。因此，为了使一个在道德上让上帝喜悦的人的理念成为我们的范本，并不需要什么经验的榜样；那理念作为这样一个范本已经蕴涵在我们的理性之中了。——但是，为了承认某个人是与那个理念一致的可供仿效的榜样，谁还要求有比他自己所看到的更多的东西，也就是说，谁还要求有比一个完全无可指摘的、甚至就人们所能要求的而言值得赞扬的品行更多的东西，谁除此之外还要求有通过他或者为了他而必然发生的奇迹来作证明，他同时也就由此承认了他在道德上的**无信** 〔63〕

仰，即缺乏对德性的信仰。任何建立在由奇迹所作的证明之上的信仰（这样的信仰只能是历史性的）都不能弥补这种缺乏。因为只有对那个蕴涵在我们的理性（理性充其量也只能证明，奇迹是可能从善的原则产生的，但却不能从奇迹中获取它自己的证明）之中的理念在实践上的有效性的信仰才具有道德上的价值。

正因如此，提供这样一种人的榜样的经验也必定是可能的（就像人们也可以期望和要求一般地由一种外部经验提供内部的道德意念的证据一样）。因为按照法则，每一个人都完全应当在自己身上，为这一理念提供一个榜样；这样做的原型总还只是蕴涵在理性之中；因为没有任何外部经验中的榜样适合它。外部经验不能揭示意念的内在的东西，而是只能推论出它，尽管这种推论并没有严格的确定性（甚至人对自己本身的内部经验也不能使他如此看透自己心灵的深处，以至他能够通过自我观察，完全确定无疑地认识到自己所信奉的准则的根据及其纯粹性和坚定性）。

倘若这样一个确确实实具有上帝的意念的人，在某一个时刻仿佛从天国降临到地上，就人们对于外部经验所能要求的而言，通过教诲、生活方式和受难，在自己身上提供一个让上帝所喜悦的人的**榜样**（当然，这样一种人的**原型**毕竟在任何时候都不会以任何方式不同于在我们的理性中所能寻找的），倘若他借助这一切，通过在人的族类中发动一场革命，而在世界上造成了一种大得无法估量的道德上的善，那么，我们委实没有理由在他身上假定某种不同于一个自然出生的人的东西（因为一个自然出生的人也会感到有义务在自己身上提供一个这样的榜样），尽管由此也并没有绝对地否认说，他就不会也可能是一个超自然地出生的人。因为在实践的观点看来，假定后者对于我们并没有任何好处，因为我们加给

这种显象的那个原型，永远还必须在我们自己（虽然是自然的人）里面寻找。它在人的灵魂中的存在即使就其自身来说 〔64〕
也就足以无法理解了，以至根本没有必要在他的超自然的起源之外，还在一个特殊的人身上假定他实体化了。毋宁说，把这样一个圣人提高到超出人的本性的所有软弱性之上，倒是会妨碍按照我们所能洞察的一切，把他的理念在实践上运用于我们的仿效。因为即使那个让上帝所喜悦的人的本性被设想为属人的，以至于他和我们一样具有同样的需求，从而也具有同样的苦难，具有同样的自然偏好，从而也被同样的越轨行为的诱惑所纠缠，但他的本性毕竟可以被设想为超人的，因为意志的那种并非获得的、而是天生的不可改变的纯洁性，使他绝对不可能做出越轨行为。这样一来，与自然的人的距离由此又变得如此无限大，以至那个神性的人对于自然的人来说，再也不能被当做**榜样**。自然的人会说：请给我一个完全圣洁的意志，那样，所有趋恶的诱惑在我这里就会自动地落空；请给我内在的最完善的确定性，确信在短暂的尘世人生之后，我（依照那种圣洁性）将立即分享天国的全部永恒的荣耀；那样，我将不仅甘愿、而且还会充满愉悦地承受一切苦难，不管它们有多么沉重，甚至包括最屈辱的死亡，因为我亲眼看到了美好的和临近的结局。虽然说，认为那个神性的人亘古以来，就现实地拥有这种高贵和幸福（而且并不是首先通过这样的苦难才可以有资格得到它们）；认为他为了全然不配享有的人，甚至是为了他的敌人而自愿地放弃了它们，以便把这些人从永恒的堕落中拯救出来；这样的思想必然引起我们的心灵对他的惊赞、爱和感激。同样，一种按照如此完善的道德规则行事的理念，对我们而言，固然也是必须遵循的有效规定；但是，他自身却**不会是作为**可供效仿的**榜样**，因而也不是作为一种对**我们**来说如此纯洁和高贵的、道德上的善之可行性和可达到性的证明，而能为我们所想象。①

① 当然，就一个人的行动而言，如果不同时以属人的方式想象它们或者它们的表现，我们就不能设想任何重要的道德价值，这是人的理性的一种须臾不能摆脱的局限性；尽管这并不是要主张，事情本来（χατ' αληθειαυ［就真理而言］）也就是这样的；这是因为我们为了理解超感性的性质，总是需要与自然存在者进行某种比较。因此，一位哲学诗人赋予人——如果他能够同自身之内的趋恶倾向进行斗争，甚至只要他知道应该克服这种倾向——以一种在存在者的道德阶梯上更高的等级，甚至比由于其本性的圣洁性而漠视一切可能的诱惑的天国居民还要高（具有各种缺陷的尘世要比没有意志的天使们的国度更好。——哈勒［《论灾祸的起源》，Ⅱ，33；参见《康德著作全集》，第6卷，409页注。——译者注］）。——就连《圣经》也为了使我们按照其程度理解上帝对人类的爱而承认了这种表象方式，它赋予上帝以只有爱着的存在者才能做到的最高的牺牲精神，以便甚至使不配的人也幸福（因而"上帝爱世人"［《约翰福音》，第3章，第16节。——科学院版编者注］等等）；尽管我们通过理性并不能理解，何以一种极无所不足的存在者能够牺牲某种属于它的幸福的东西，放弃某种占有。这是我们不能缺少的（为了作出解释的）**类比的图型**。但是，把这种图式转化为一种（为了扩展我们的认识的）**规定客体的图型**，则是在道德的观点看来（在宗教中）具有极坏后果的**神人同形同性论**。——在这里，我只想再顺便说明，人们在从感性的东西向超感性的东西上升时虽然很可以**运用图型**（借助与某种感性的东西的类比），但绝对不能根据类比从应属于前者的东西**推论出**，这种东西也必须赋予后者（并这样来扩展自己的概念），虽然这是出自极简单的理由。因为这样一种推论是**违背**所有类比的，这个推论只是因为我们要使自己能够理解（通过一个榜样证明）一个概念，就必然要把一个图型来用于这个概念，于是它就想得出这样的结论，即这个图型也必定作为一个宾词应归于对象自身。因为我并不能说，正如我只能按照一个艺匠与他的作品（一只钟表）的关系的类比，来使自己**理解**一株植物（或者任何一个有机物，乃至合目的的世界）的原因，

尽管如此，这同一个具有属神意向的，但完全真正属人的导师，却可以同样真实无误地谈论自己，就好像善的理想在他身上被活生生地展现出来（展现在教诲和周游之中）似的。因为他在这种情况下只会谈论他当做自己的行动规则的意念，但又由于他能够把自己的意念当做对他人的，而不是对自己的榜样展现出来，所以他只是通过他的教诲和行动来把这意念表现在众人眼前："你们中间谁能指证我有罪呢?"① 但是，如果人们提不出反面的证明，那么，把一个导师为他所教诲的东西——如果这本来就对每一个人来说都是义务——所提供的无可指责的榜样，仅仅归诸他的最纯洁的意念，是公正合理的。这样一种带有为了尘世的福祉起见而承受的一切苦难的意念，就人类的理想而言，对所有时代和所有世界的所有的人来说，面对最高的公正是充分有效的，如果人使他自己的公正像他应该做的那样与这样一种公正相似的话。当然，如果这种公正必须存在于一种完全并且无误地符合那个意念的生活方式之中，那么，它也就永远还不会是我们的公正。但是，如果我们的公正被与原型的意念结合起来，那么，为了我们的公正起见而吸取前一种公正，就必然是可能的，虽然使自己理解它要经受巨大的困难。我们现在就要谈 〔65〕〔66〕

也就是说，通过我赋予这原因以理智来理解它，同样，这（植物、整个世界的）原因自身也就必然**具有**理智。也就是说，赋予它理智，这并不仅仅是我能够进行理解的条件，而是作为一个原因的可能性自身。但是，在这个图型与他的概念的关系和概念的这同一个图型与事物自身的关系之间，却根本没有任何类比，而是只有一种巨大的、正好导向神人同形同性论的飞跃（μεταβασιζ ειζαλλο γευοζ［过渡到另一个类］）。关于这一点，我在其他地方已经证明过了。

①《约翰福音》，第 8 章，第 46 节。——科学院版编者注

到这些困难。

三、这一理念的实在性方面的困难及其解决

第一个困难使我们身上与立法者的**圣洁性**相联系的、上帝所喜悦的人性的那个理念的可实现性由于我们自己缺乏公正而变得可疑，它也就是下面这种困难。法则说："你们（在自己的生活方式中）要圣洁，就像你们的父在天国是圣洁的一样！"①；因为这是树立给我们作榜样的上帝之子的理想。但是，我们在自身中应该造成的善与我们作为出发点的恶的距离是无限的，而且就行为，即就生活方式对法则的圣洁性的符合而言，也是在任何时候都无法达到的。尽管如此，人的道德属性却应该与这种圣洁性保持一致。因此，这种圣洁性必须作为一切善从中发展出来的那个萌芽被确立在意念之中，确立在所作所为与法则相一致的普遍而又纯粹的准则之中，而这种一致又是从一个被人纳入自己的最高准则的圣洁原
〔67〕则出发的。这是一种观念的变革，它必然也是可能的，因为它就是义务。——于是困难就在于，意念如何能够对**在任何时候**（不是一般地，而是在任何一个时间点上）都有缺陷的行为有效。但是，解决这一困难的基础在于，作为从有缺陷的善向更善的永无止境的不断进步的行为，按照在因果关系概念方面不可避免地局限在时间条件上的我们的评价，永远还是有缺陷的；以至我们必须把显象中的，即就**行为**而言在我们里面的善，**在任何时候**都看做是对于一种圣洁的法则来说有欠缺的。但是却可以设想由一位具有纯粹理智直观的

①《利未记》，第 11 章，第 44 节；参见《彼得前书》，第 1 章，第 16 节。——科学院版编者注

知人心者①，把它向适应这种圣洁法则的永无止境的进步，根据派生这种进步的那种超感性的意念，在行为上也判定为一个完成了的整体。②这样，人即使有其恒久的缺陷，也可以期望成为在**根本上**让上帝所喜悦的，无论他的存在在什么时刻被打断。

第二个困难是当人们把努力向善的人，就这种道德上的善本身而言，放在与上帝的**仁慈**的关系中来考察时出现的，它涉及**道德上的幸福**。这里，并不是把道德上的幸福理解为保证永远拥有作为**自然的幸福**的、对自己的**自然状况**的满足感（摆脱了灾难并且享受着日益增长的乐趣），而是保证永远拥有一种一直在善中向前进的（永不脱离善的）意念的现实性和**坚定性**；因为**只要人们确信这样一种意念是恒定不变的**，那么，持久地"追求上帝的国"，这也无非就是知道自己 〔68〕
已经拥有这个国。因为在这种情况下，持有如此意念的人已经发自内心地相信，"其余的一切（涉及自然的幸福的东西）都

① 指上帝。参见《使徒行传》，第1章24—25节；第15章，第8节；《路加福音》，第16章，第15节。在康德哲学的意义上，道德判断的依据是道德动机，但人心不可知，故人不能做出道德判断。惟有上帝是知人心者，故惟有上帝能够做出道德判断，并根据善分配相应的福。这也是康德提出上帝存在的"公设"的一个原因。——译者注

② 绝不可以忽视的是，这里并不是想说，意念应该用来补偿合乎义务的东西的缺乏，从而补偿这个无限的系列中的现实的恶（毋宁说这假定了人的让上帝所喜悦的道德属性现实地存在于意念之中），而是说，取代了无限向前迫近的这个系列之整体的那个信念，只是弥补了与一种存在者在时间中的存在根本不可分的那种缺陷，即：永远不能完美无缺地成为人们在概念中应当成为的东西。至于要补偿在这一进步中出现的越轨行为，将在谈到第三种困难的解决时再予以考虑。

将会归予他"①。

于是，人们虽然可能会把对此担忧的人连同他的愿望指引到"他（上帝）的灵为我们的灵作证"②等等，即，谁拥有一个所要求的如此纯粹的意念，他从自身出发就可以感到，他永远也不会陷得如此之深，以致会情愿重新得到恶。然而，这样的自以为具有超感性起源的情感只是把事情弄糟。人们在任何地方都不会比在有助于对自己的好评的事物中更容易欺骗自己了。甚至就连被鼓励得出这样一种信赖，看来也是不可取的，而毋宁说，通过"**恐惧战兢**（这是一个冷酷无情的语词，如果它被误解，就可能促成最蒙昧的狂热），作成你们得救的工夫"③，才是（对于道德性来说）有益的。然而，倘若没有对自己在某个时候已经接纳的意念的**任何**信赖，就几乎不可能有一种在这一意念中继续前进的坚定不移。但是，这种信赖不是把自己交付给甜美的或者可怕的狂热，而是出自把自己迄今为止所奉行的生活方式与自己所下定的决心进行比较。——这是因为，一个人，如果他从接纳善的基本原理的时期开始，经过一段足够长的人生而感知到这些基本原理对行为，即对自己的向越来越善进步的生活方式的影响，并且从中找到机会仅仅以猜测的方式推论出自己的意念的彻底改善，他当然也可以以合乎理性的方式希望，由于这样的进步，只要其原则是善的，就会越来越增强以后的进步的**力量**，所以他在这种尘世人生中就不会再离开这一轨道，而是越来越勇敢地在这一轨道上向前进。甚至可以说，即使在尘世人生之后他还面临着另一种人

①《马太福音》，第6章，第33节；参见《路加福音》，第12章，第31节。——科学院版编者注
②《罗马书》，第8章，第16节。——科学院版编者注
③《腓立比书》，第2章，第12节。——科学院版编者注

生，他也将在不同的情况下，根据任何一种看法，按照同样的原则，继续在这一轨道上向前进，并且越来越迫近完善的目标，尽管这个目标是无法达到的。因为他可以根据自己迄今为止在自己身上所感知到的东西，把自己的意念看做是从根本上改善了的。相反，那种即使经常尝试下定向善的决心却从未发现自己停留在这一点上的人，那种永远沉沦于恶之中，或者甚至在其生命进程中也不得不感知到，自己就像在一个斜坡上一样，从恶越来越深地滑入更恶的人，却不能以合理的方式使自己希望，如果自己此生能够活得更长久，或者自己还面临着一种来〔69〕
生，自己就能使生活变得好起来。因为他鉴于上述这些迹象，必然会把堕落看做是植根于自己的意念之中的。前者是对一种**不可预见的**，但可希冀的、幸福的未来的展望，而后者却是对一种同样**不可预见的苦难**的展望。即，二者对于人们来说，就人们所能够判断的而言，都是对一种或者幸福或者不幸的**永恒性**的展望。这些观念有足够的力量帮助一部分人在善中安宁下来和坚定起来，帮助另一部分人唤醒作审判的良知，以便尽可能地与恶决裂，从而成为他们的动机，而没有必要即使在客观上**独断地**假定善或者恶对于人的命运的永恒性来作为定理①，

① 这属于那些即使能够给予提问者回答、但也增长不了什么聪明见识的问题（因此可以称之为**幼稚的问题**），就连“地狱的惩罚将是有限的惩罚还是永恒的惩罚”这一问题亦是如此。如果用前者来教导人，值得担心的是，一些人（例如所有相信炼狱的人或者穆尔的游记［Francis Moore：《海陆游记新总汇》，1745。——科学院版编者注］中的那个水手那样）就会说：“那么我希望自己能够经受得住”。但是，如果主张后者，并且把它列为信仰中的象征，那么，就可能与人们借此所怀有的意图相违背，将出现一种在无耻的生活之后完全不受任何惩罚的希望。因为在这种人生的终点作事后的忏悔的时刻，那被征求建议和安慰的神职人员，还是必须认为，宣布对某

凭借这样的自以为的知识和主张，理性只会越出自己的洞察的

人的永恒谴责是残酷的和不人道的，而他在这种永恒的谴责和完全的赦免之间又没有确定任何中间的东西（而是要么永恒地受惩罚，要么根本不受惩罚）。因此，他不得不给予此人以后面这种希望；也就是说，许诺迅速地把此人改造成一个上帝所喜悦的人。其原因在于，由于再也没有时间来选取一种善的生活方式了，忏悔的自白、信仰定式，以及假如能够更为久远地推迟现今生活的终点就许诺一种新的生活，也就取代了中介的地位。——如果符合这里所倡导的生活方式的未来命运的永恒性被当做**教条**陈述，而不是指导人自己从迄今为止的道德状况去形成一个未来人生的概念，并且把它当做迄今为止的道德状况**自身**的可以自然地预见的结果推论出来，那么，上述情况就是不可避免的后果。因为在这里，结果的系列在恶的统治下的**不可预见性**，与能够期待所宣布命运的永恒性，对人具有同样的道德上的作用（促使他尽其所能，使发生了的事情通过偿还或者弥补，还在其生命结束之前就挽回其影响）；但却不会带来对永恒性的教条的损害（本来，无论是理性的洞见还是《圣经》的诠释都没有权利主张这一教条）；因为恶的人在此生中已经预先指望得到这一很容易获得的宽恕，或者相信在生命的终点仅仅借助于天国的公正对他的要求就可以指望这一点；这种要求是他单凭语词来满足的，然而，人们的权利在这里却一无所得，没有人重新获得存在（这种赎罪方式的一个常见的结果就是，反面的实例几乎被充耳不闻）。——但是，如果有人担心人的理性借助于良知对自己的批判会太温和，那么，我相信他是大错特错了。因为正是由于理性是自由的，并且甚至对人也应该有所评说，它才是廉洁公正的。况且只要有人在这样一种状态告诉他，他至少有可能不得不马上站在一位审判者面前，那么，我们就可以把他仅仅交给他自己的反思，这种反思将按照一切可能性最严肃地审判他。——我还想再附上几句说明。**“结局好，一切都好”**这句流行格言，虽然可以运用于**道德的**场合，但也仅仅是在把好的结局理解为人成为一个真正善人时才行。然而，他准备凭什么认为自己是一个真正善的人呢？因为他只能从接下来始终不渝的善的生活方式推论出这一点，但在生命的终点，却再也没有时间来实现这种生活方式了。关于**幸福**，这一格言倒是可以承认的，但也仅仅是与人由以看待自己的人生的立场相联系才

界限。因此，人们所自觉到的善的和纯粹的意念（它们可以被 〔70〕

行；这一立场不是生活的开端，而是其终点，因为他是从终点出发回溯开端的。当人们认为自己已经安全了的时候，经受过的苦难也就不会再留下什么痛苦的追忆，反而只会留下使目前出现的幸福的享受更加津津有味的愉悦。因为享乐或者痛苦（作为属于感性的）是包含在时间系列之中的，也与这一系列一起消逝，与当下实存的人生享受并不构成一个整体，而是被这些作为后来者的东西所排挤。但是，如果把这句话用来评价迄今为止所奉行的人生在道德上的价值，那么，这样来评价人生就可能是毫无道理的，尽管他是以一种完全善的方式结束人生的。因为评价他的人生所必须依据的**意念**在道德上的主观原则（作为某种超感性的东西），并不具有可以将自己的存在在时间中划分为阶段的方式，而是只能被设想为绝对的统一体。而由于我们只能从行动（作为意念的表现）推论出意念，所以为了这种评价起见，只能把人生作为**时间统一体**，即作为一个**整体**来考虑。因为在这种情况下，由人生前一部分的（改善之前的）而来的谴责，与**后一**部分中的赞许同样响亮，而欢庆胜利的呼声，即“结局好，一切都好”，也就会大大减弱其音量了。——最后，与关于在另一个世界的惩罚的持续期的学说相类似，还有另一个学说，尽管二者并不是一回事。这个学说就是：“所有的罪在这里都必须被谅解”；对人生终点的估计必须被完全排除；没有人能够希望把此处错过的东西在彼处再补上。这一学说和前一学说一样不能被宣布为教条，而是只能是实践理性在使用自己的超感性事物的概念时为自己规定规则所借助的一条基本原理，同时它也满足于对超感性事物的客观属性一无所知。它只不过是说，我们只能从我们所奉行的生活方式来推论自己是否是上帝所喜悦的人。而由于生活方式是随着这种生活结束的，所以对我们来说，这样一种考虑也就被限制住了，其结论所提供的仅仅是，我们是否能够认为自己是释罪了的。——一般来说，如果我们不执著于对我们不可能洞察的超感性客体的认识的**建构性**原则，而是把我们的判断限制在**范导性的**、满足于对这些知识的可能的实践运用的原则之上，那么，人的智慧就可以更好地对待许多问题，而不是自以为知道那种人们在根本上一无所知的事物，而养成无根据的，尽管在一段时间里给人一线希望的小聪明，最终从这里产生出对道德性的损害。

称为一个善的、统治我们的精神）也自身包含着对其坚定不移
〔71〕和稳固性的信赖，尽管这只是间接的。而当我们的失足由于其坚定不移而令我们感到担忧的时候，这种意念也是安慰者（圣灵）。在这种意念方面的确定性，对人来说既是不可能的，在道德上也是无益的。其原因在于（这一点必须解释清楚），我们不能把这种信赖建立在对我们的意念的不可更移性的直接意识上，因为我们不能看透这一点，充其量必须只从意念在生活方式中的结果推论出意念。但是，这种结论由于只能从作为知觉中，即从善的和恶的意念的显象引出，所以它尤其从来也不能使人肯定无疑地认识到意念的**强而有力**，至少当人们认为在临近预料中的生命终点时已经改善了自己的信念时是这样。因为根本没有对意念的纯真性的那种经验性的证明，再也没有什么生活方式可供确立关于我们的道德价值的判断，而绝望（但是，人的本性不顾所有超出这种生命界限的前景都在黑暗之中，而已经自发地留意使自己不要陷入严重的悲观失望）则是从对自己的道德状况的合理评价中产生的不可避免的后果。

第三个表面上看来也是最大的困难，把每一个人，即使在
〔72〕他选择了向善的道路之后，也设想为在他的整个生活方式面对上帝的公正受审时，仍然是应受谴责的。这种困难如下所述。——无论怎样在人身上假定一种善的信念，甚至，无论人在这方面如何坚定不移地以一种符合这种意念的生活方式向前进，**他毕竟是从恶开始的**，对于他来说，永远不可能抹去这种罪债。即使他在自己的心灵变化之后不再犯下新的罪，他也不能把这看做好像他这样就偿清了旧的罪似的。哪怕他可以在今后奉行的善的生活方式中不超出自己每次本来应该做的事情；因为在任何时候，他的义务都是做自己力所能及的善。——这种原初的或者完全先行于任何他随时能做的善事的罪，也就恰恰是并且只不过是我们所理解的**根本的**恶的东西（参见第一

篇）。但是，甚至就我们根据自己的理性权利所见到的而言，它也并不能由另一个人来偿还。因为它并不像金钱债务（如果是金钱债务，那么，是由债务人自己偿清还是由另一个人代他偿清，对于信仰者来说都是一回事）那样，是可以被转到另一个人头上的**可转账的**债务，而是**最个人性的**债务，即只有应受惩罚的人才能承担、无辜的人无论怎样慷慨地想代他接过来也不能承担的罪责。——既然道德上的恶（对作为上帝的律令的道德法则的逾越，被称做**罪**），不是因为其权威由此而受到伤害的最高立法者（我们根本不理解人与最高存在者的这种过分多情的关系）的**无限性**①，而是作为**意念**和一般准则之中的恶（一如**一般的基本原理**相对于个别的越轨行为来说），才带有对法则的伤害的无限性，从而带有罪过的**无限性**（这在一个只考虑个别的犯罪，从而只考虑行为以及与此相关的意念，但不考虑一般的意念的人类法庭面前是另一回事），所以，每一个人都将要对受到一种**无限的惩罚**和被从上帝的国中驱逐出去有所准备。

解决这一困难的基础如下。一个知人心者的审判必须被设想为这样的审判，它是从被告的普遍意念作出的，而不是从这意念的显象、从与法则相背离或者相一致的行动作出的。但是 〔73〕
这里，在人心中假定了一种对事先在他里面起支配作用的恶的原则拥有优势的善的意念。于是问题就在于，背离法则的道德后果，即惩罚（换句话说，上帝对主体不满意的后果），是否也可以与他在改善了的意念中的状态相关联，在这种意念中，他已经是上帝满意的一个对象了。由于这里的问题并不是在改

① 这是经院神学教义学的观点，其经典表现已经出现在安瑟尔谟的著作《上帝何以成为人?》之中。——科学院版编者注

变思想之前施加于他的惩罚是否与上帝的公正相一致（对于这一点没有人怀疑），所以，这种惩罚（在这场审理中）不**应该**被设想为是在改善之前施加于他的。但是，它也不能被设想为是**在改善之后**施加于他的，因为这个人已经过渡到新的生活，在道德上是另一个人了，他现在已被认为与他（一个上帝所喜悦的人）的新品质相符合。尽管如此，最高的公正却必须得到满足，面对它，一个应该受惩罚的人决不能不受惩罚。① 既然这种惩罚既不是在思想改变**之前**，也不是在思想改变**之后**符合上帝的智慧的，却又是必然的，所以，它必须被设想为是在思想改变的状态中符合上帝的智慧，并被实施的。这样，我们就必须看一下，通过一种道德上的思想改变的概念，是否已经可以把那种灾祸设想为已经包含在这种状态之内。新的具有善的意念的人可以把这种灾祸看做是由自己（在其他联系中）招致的，并且看做使上帝的公正得到满足的那些**惩罚**。②——这就

① 这也是教会正统补赎论的最高原理，安瑟尔谟就已经从它得出了——错认基督教信仰之本质的——二者择一：aut poena aut satisfactio［要么惩罚，要么补赎］。——科学院版编者注

② 把世界上的一切灾祸普遍都看做对犯下的越轨行为的惩罚，这种假设不能被认作是为了一种神义论，或者是看做为了祭司宗教（崇拜）冥想出来的发明而接受（因为祭司宗教太粗俗，不可能是如此精巧地设想出来的）。相反，他也许非常接近人的理性。人的理性倾向于把大自然的进程与道德性的法则联系起来，而且它从中很自然地得出这样的思想，即我们在能够要求从人生的灾祸中摆脱出来，或者通过更多的福利使它们得到补偿之前，就应该试图成为更好的人。——因此，（《圣经》中的）第一个人被设想为受到要想吃饭就必须劳动的诅咒，他的妻子则受到要痛苦地生育子女的诅咒，两个人都由于自己的越轨行为的缘故而受到必死的诅咒。尽管这里看不出来，如果不犯下这种越轨行为，动物般的、具备这样的肢体的造物如何能够期望得到另一种规

是说，思想的改变也就是从恶中走出并进入善，是脱去旧的人 〔74〕
并穿上新的人①，因为主体死于罪过（从而也死于一切偏好，如果它们诱人犯罪的话），乃是为了生于公正。但是，包含在这种作为理智规定的公正之中的，并不是被一段时间间隔截然分开的两种道德行为。相反，它们只是一个惟一的行为，因为只有通过使人进入善的那种善的意念，离开恶才是可能的，反过来说也是一样。因此，离开恶的意念和接受善的意念同样包含着善的原则；而正当地伴随着前者的痛苦则完全是由后者产生出来的。从堕落了的意念走出，进入善的意念（如“在旧的人身上死去，将肉体钉在十字架上”②），这本身就已经是牺牲，是接受人生的一长串苦难。新的人是以上帝之子的意念，即纯然是为了善起见，承担起这些苦难的。但是，这些苦难作为**惩罚**，本来却是应该归诸另一个人，即归诸旧的人（因为旧的人在道德上是另一个人）。——因此，尽管他**在自然方面**（就他作为感性存在者的经验性的特性来看）是同一个应该受惩罚的人，并且作为这样一个人必须面对一个道德法庭，从而也必须由他对自己进行审判。然而，在他（作为理知存在者）的新的意念中，他面对一个属神的审判者——在这一审判者面

定。对于印度人来说，人们无非是为了惩罚其昔日的罪行而被禁锢在动物性的肉体之中的精神（被称为 Dewas［提婆］）。甚至一位哲学家（马勒伯朗士［Maleburache，参见《论追求真理》，第Ⅳ卷，第Ⅺ章。——科学院版编者注］）也宁可根本否认无理性的动物有灵魂，因而否认它们有情感，也不愿承认，马“一点也没有吃禁食的干草”却不得不忍受如此多的辛苦。

①《以弗所书》，第4章，第22、24节；《歌罗西书》，第3章，第9～10节。——科学院版编者注

②《罗马书》，第6章，第2、6节；《加拉太书》，第3章，第9～10节。——科学院版编者注

前，意念就代表了行为——**在道德上**是另一个人；而这种具有纯粹性的意念，例如他已经纳入自身的上帝之子的意念，或者（如果我们把这一理念人格化）**上帝之子**自己，就为新人、也为所有（在实践中）信仰上帝之子的人，作为**代理人**承担起罪责；作为**拯救者**以受难和死来满足最高的公正；作为**管理者**使人们能够希望在自己的审判者面前可以表现为释了罪。只不过（在这种表象方式中）新的人通过在旧的人身上死去而在人生中必须不断地承担的那种受难①，在人类的代表身上被

① 即使是最纯粹的道德意念，在作为世俗存在者的人身上产生的，也不过是一个在行为（感性世界里发生的行为）上为上帝所喜悦的主体的不断生成。虽然就品质而言（由于道德意念必须被设想为以超感性的方式**确立**），他的道德意念应该并且能够是圣洁的、符合其原型的意念的。但就程度而言——就像它在行动中所启示出来的那样——，他的道德意念永远是有缺陷的，与其原型的意念还有无限远的距离。尽管如此，由于这种意念包含着在弥补这种缺陷方面的不断进步的基础，它作为整体的理智统一就取代了完成了的**行为的地位**。然而问题在于：那个“在他身上没有该定罪的东西”（《罗马书》，第8章，第1节。——科学院版编者注）或者必然没有该定罪的东西的人，是否能够相信自己是释了罪的，并且尽管如此是否能够总是把他在趋向越来越善的道路上所遇到的苦难，看做归诸自己的**惩罚**，因此承认该受惩罚，从而也承认有一种让上帝不满的意念？回答是肯定的，但仅仅是就他不断地脱去的那个人的品质而言。他在新人的品质中愉快地、纯粹是为了善的缘故接受在那种品质（旧人的品质）中会要作为惩罚来承受的东西（而且这是人生的所有苦难和灾祸）；因此，那些苦难和灾祸就此而言对于他，而且对于作为一个新人的他，并不是当做惩罚归诸他的，相反，这一表述只不过是要说，他所遇到的所有苦难和灾祸，都是旧的人本来必须作为惩罚归诸自己的。即使他在旧的人身上死去，他也现实地把它们作为惩罚归诸自己，他以新人的品质自愿地接受这些灾祸和苦难，把它们当做考验和锻炼

表象为一劳永逸地经受死亡罢了。——这里就有上文未及谈到的那种超出工作成绩之上的功劳，而且是一种由**神恩**归于我们的功劳。因为要把我们这里在尘世生活中（也许还在所有的未来时代和所有的世界里）永远处在只是**生成**之中的东西（即，做一个上帝所喜悦的人）归属于我们，就好像我们在这里已经完全拥有了它似的，对此，就我们对自己本身的认识（不是直接地、而是仅仅按照我们的行为来判断我们的意念）而言，我们毕竟没有任何合法要求♀①（根据经验的自我认识来看），以至于我们心中的控告者将宁可提出一种诅咒性的判决。因此，这永远只是一种出自神恩的判决，尽管（作为建立在补赎之上的，而这补赎对我们来说仅仅存在于被改善了的意念的理念之中，而惟有上帝才认识这理念）如果我们为了信仰中的那种善而放弃一切辩白，也完全符合永恒的公正。 〔75〕 〔76〕

于是还可以追问：对一个虽然负有罪责，但却毕竟转向一种上帝所喜悦的意念的人的**释罪**理念的演绎，是否具有某种实践上的用途？这种用途又可能是什么样的用途？这里还不能忽略它能够对宗教和生活方式造成什么样的积

自己趋善意念的如此多的机会。对此来说，那种惩罚既是结果，同时也是原因，因而也是存在于对自己在善中进步（它借助于离开恶而做出一个行动）的意识之中的那种满意和**道德上的幸福**的原因。反之，同样的灾祸在旧人的意念中本来就不仅仅必须看做是惩罚，而且也必须是作为惩罚**被感受到的**，因为它即使作为纯然的灾祸来看，也与人在这样的意念中用来作为自己的惟一目的的那种东西，即**自然的幸福**，是截然相反的。

① 而是只有**接受的能力**，它是我们自己能够赋予自己的一切。但是，对一个主宰者关于分配一种善的旨意，子民除了（道德上的）接受的能力之外，别无所有，这种旨意就叫做**神恩**。

极的用途。因为在那种研究中，作为基础的条件是，它所涉及的人已经现实地处于必需的善的意念之中了。道德概念的所有实践上的用途本来都是以这种意念的要求（它的发展和促进）为目的的。因为说到安慰，那么这样一种意念已经为自觉到它（作为安慰和希望，而不是作为确信）的人带来了安慰。就此而言，这样一种意念只不过是对一个思辨问题的回答，但是，这个思辨问题之所以不能用沉默来避开，乃是因为若不然，理性就会受到指责，说它绝无能力把对赦免人的罪过的希望和上帝的公正结合起来。这是一种在许多方面，尤其是在道德方面对它可能有害的指摘。然而，从这里面为了每一个人在宗教和道德上的目的而能够引出的**消极的**用途却伸展得很广。因为从上面所考虑的演绎可以看出，对于为罪所累的人来说，只有在心灵的彻底变革的前提条件下，才可以设想在天国的公正面前得到赦免。从而所有的赎罪，无论它们是以忏悔的方式还是以节庆的方式，以及所有的祈求和赞美（甚至包括对上帝之子的具代表性的理想的赞美）都不能弥补这种心灵的彻底变革的缺乏。或者说，即使实行了这一切，也丝毫不能增加它们在那个法庭面前的效力。因为这个理想必须被纳入我们的意念，以便取代行为而发生效力。人可望**在人生的终点**从他所奉行的生活方式得到些什么，或者他可能惧怕些什么，这个问题还包含着另外的东西。在此，他必须首先对自己的性格至少有一些了解；从而即使他相信自己的意念发生了改
〔77〕善，也必须同时考察自己作为出发点的旧的（堕落了的）意念。而且无论他从旧的意念中去掉了什么，去掉了多少，无论自以为新的意念具有什么样的**品质**（是纯粹的还是不纯粹的），达到了什么**程度**，他都必须能够把旧意念接受下来，以便克服它，并且防止重新堕入它。因此，他将不得不终生

参考旧的意念。这样，由于他借助直接的意识对自己的现实的意念根本得不出一种肯定的、确定的概念，而是只能从自己现实地奉行的生活方式中接受这概念，所以，对于未来的审判者（他自己心中的清醒的良知，连同由此唤起的经验性的认识）的判决，他想不出证明自己有罪的别样的状况，除了日后向它展示**他自己的全部人生**，而不是仅仅展示人生的一个阶段，也许是最后一个并且还是对自己最有利的阶段之外。但是，他将会自动地在此之上联系着对还要继续下去的（而不是以此为界限的）生活——如果它还会持续更久的话——的展望。在此，他不能让事先认识到的意念代表行为，而是恰恰相反，他应该从展示给他的行为取得自己的意念。读者可能会认为，单是这种思想，根据他迄今为止所奉行的生活方式，将对他未来的命运作何判决呢？这种思想使人（他恰恰不能是最邪恶的人）回忆起许多东西。而通常，如果人们只不过告诉他，说他有理由相信，他有朝一日将面对一位审判者，他早就漫不经心地把这些东西遗忘掉了。如果在人心中询问存在于他自己心中的审判者，那么，他就会严格地评判自己；因为他不能贿赂自己的理性。但是，如果给他介绍另一个审判者，以及想从其他方面的教训获得关于这位审判者的资讯，那么，他就会违背自己的严格态度而提出许多从人类的软弱性这个借口得出的理由来表示反对。而且一般说来，他会考虑对付这个审判者：这就是，他会考虑通过悔罪的、并非出自改善的真实意念的自虐来预先防止这位审判者的惩罚，或者通过请求和祈祷，甚至通过定式和貌似虔诚的忏悔来打动这位审判者。而且如果使他具有了这样的希望（按照那句格言：结局好，一切都好），那么，他依此就已经早早地作出了估计，以便不致不必要地过多地失去惬意的人生，并在临近人生的终点时迅速地为了自己的利益〔78〕

结账了事。♀①

第二章

论恶的原则在对人类的统治权上的律法要求和两种原则彼此之间的斗争

《圣经》（基督教部分）以一种历史的形式讲述了这种理知的道德关系。因为人心中像天堂和地狱那样彼此对立的两个原则，被设想为人之外的两种人格，不仅彼此试验着自己的威力，而且（一方作为人的控告者，另一方作为人的辩护者）还

① 那些在临终时让人请来一位神职人员的人，其目的通常是想在他那里获得一位**安慰者**。并不是因为由最终的疾病，甚至仅仅是对死亡的自然恐惧所带来的**生理上的**痛苦（因为对此，那结束痛苦的死亡本身就可以是安慰者），而是因为**道德上的**痛苦，即因为良知的谴责。在这里，按照那句警告："你同你的对头（对你有合法要求的对头）还在路上（即只要你还活着），就赶紧与他和息。恐怕他把你送给审判官……"*，宁可**激起**和**增强**这种良知，以便不致错过还能够做些什么善事，或者在他还剩下的时间里把恶清除掉（弥补）的机会。但如果不是这样，而是给良知提供一种鸦片似的东西，则是对他自己和在他之后还活着的人的犯罪，完全违背了在临终时给予这样一种良知的支援得以被视为必要的终极目的。

* 《马太福音》，第5章，第25节。据哈塞在《康德的最后表述》第2版27页所说，康德在1802年的忏悔与祈祷日恰恰把这段话称为一个很合适的忏悔文本。在该处进一步说道：他自称自己曾有一天作为候补就这个文本起草过一份布道（但不做布道），它必定还在他的文件中。但无论如何寻找，都没有找到任何东西。——科学院版编者注

想仿佛面对一位最高审判者那样**通过律法**来实现自己的要求。

人本来被指定为地上一切财富的所有者（《创世记》，第 1 章，第 28 节）。然而，人只应该把这些财富作为自己的下级所有物（dominium utile [可用的财产]），在他的作为上级所有者（dominus directus [直接的所有者]）的创造主和主人的支配下来占有。同时，一种恶的存在者（由于这种恶的存在者最初是善的，所以，它是怎样变得如此之恶，以致对它的主人不忠诚，却是不得而知的）也被造就出来了，它由于自己的堕落而丧失了在天国本来可能拥有的全部财产，现在要在地上获得另一种财产。既然对于作为更高品类的存在者——作为一种精灵——的恶的存在者来说，尘世的和有形体的对象不能提供任 〔79〕
何享受，于是，它力图通过使一切人的始祖背叛自己的主人并且依附于它，来重新获得对**心灵**的统治，因为它这样一来终于能够自命为地上的一切财富的最高所有者，即这个世界的王。于是，虽然人们不免怀疑，为什么上帝不对这一叛逆者使用他的威力[1]，并且最好是一开始就摧毁这一叛逆者蓄意建立的王国。但是，最高的智慧对理性存在者的统治和治理，却是按照他们的自由的原则对待他们的，并且无论他们会遇到什么善的或恶的东西，都应该归之于他们自己。因此，一个恶的国违背善的原则在这里建立起来了，所有（以自然的方式）起源自亚

① P. 查尔莱沃斯* 谈到，当他向自己的易洛魁教义问答手册学生讲述恶的精灵带到开始是善的造物之中的所有的恶，以及这个恶的精灵还在如何不断地试图破坏上帝的这个最好的举措时，这个学生不满地问道：可是，上帝为什么不杀死魔鬼呢？对于这个问题，他坦率地承认自己在匆忙中未能找到答案。

* Pierre-Francois-Xavier de Charlevoix，1682—1761，耶稣会士，加拿大传教士，写过《新法国的历史和总描述》，3 卷本，巴黎，1744。——科学院版编者注

当的人都臣服于它，而且是他们自己赞同的，因为这个世界的所有财富的幻象把他们的目光从他们注定的堕落的深渊引开了。虽然善的原则因为自己在对人的统治权的律法要求，通过建立一种政府形式才得以保存，这种形式只是安排来对它的名字进行公开的、惟一的崇拜（在**犹太人的**神权政治国家中）。但是，由于在这样的政府形式中，臣民们的心灵依然除了这个尘世的财富之外，不赞同任何其他的动机，从而他们除了借助此生中的奖赏和惩罚之外，也不愿以其他方式被治理。然而，除了一方面使人背上令人厌烦的仪式和习俗，另一方面虽然是道德的，却仅仅产生出一种外部强制的，即仅仅是市民社会的法则之外，没有任何其他法则能够做到这一点，所以，这种安排在本质上并没有与黑暗的王国决裂，而是仅仅有助于把第一所有者的不可取消的权利永远保存在记忆中。——于是，在这同一个民族中，当它充分地感觉到一种等级制度的所有弊病，并且不仅通过这种感觉，同时也许还通过逐渐对它发生影响的
〔80〕希腊世俗智者那些动摇奴隶意识的道德上的自由学说，多数人开始思索这种状况，从而成熟得足以发动一场革命的时刻，就突然出现了一位人物。他的智慧要比迄今为止的哲学家的智慧更加纯洁，就像从天堂下凡的一样。就他的学说和榜样来说，虽然他也宣称自己是真正的人，但却是一个来自这样一个起源的使者，这个起源处于原初的天真无邪状态中，并没有于其余的人类通过其代表，即始祖与恶的原则缔结的条约同日而语，♀① 并且

① 尽可能地设想一个不具有天生的趋恶倾向的人，以至让他从一个处女母亲出生，是对一种既难以解释然而又无法否认的、似乎是道德上的本能作出迁就的理性的一个理念。其原因在于，由于自然的生育没有双方的情欲就不可能发生，这种生育显得把我们置于（对于人类的尊严来说）与一般的动物交配过

“这个世界的王在他里面是毫无所有”① 。由此，这个世界的王的统治就遇到了危险。因为如果上帝所喜悦的这个人抵制他的诱惑，不参与那个契约，而其他人也虔诚地接受了同样的意 〔81〕念，那么，这个世界的王也就丧失了同样多的臣民，他的国也就面临着被彻底摧毁的危险。因此，他向这个人提出建议，如果这个人愿意向他宣誓效忠，只承认他是这整个国的所有者，

于相近的类似性之中，所以我们把它看做是某种我们必须为之感到**羞耻**的东西——这种观念无疑成了僧侣阶层所自以为的圣洁性的真正原因。——因此，这种东西让我们觉得是某种不道德的东西，是与人的完美性无法统一的东西，然而又是被嫁接入人的本性的东西，从而也是作为一种恶的禀赋遗传给他的后代的东西。——一个不带有任何道德缺陷的孩子的不依赖于任何性交往的（处女的）出生，这个理念与这种模糊的（从一方面来看纯然是感性的，但从另一方面来看却又是道德的，因而也就是理知的）观念倒是符合的，但在理论上却不是没有困难的（但就理论而言来规定某种东西，在实践的目的上却是完全没有必要的）。因为按照渐成论的假设（参见《判断力批判》，第81节。——科学院版编者注），通过**自然的**生育从自己的父母出生的母亲，毕竟会是带有那种道德缺陷的，并且会在一种超自然的生育时，至少也会把这种缺陷的半数遗传给自己的孩子。因此，为了避免这种结果，必须接受胚胎在父母体内**预先存在**的体系，但不能是包含在**女方**中的体系（因为这样一来还是不能避免那个结果），而只是它包含在**男方**中的体系（不是ovulorum animalculorum［卵源说］的体系，而是animalculorum spermalicorum［精源说］的体系）。现在男方鉴于一种超自然的怀孕被略去了，而只有在理论上与那个理念相符合，那种表象方式才能够得到维护。——然而，如果这对于实践的东西来说已经够了，所有对此表示同意或者反对的理论，为什么都还把那个理念当做使自己凌驾于恶的诱惑之上的（成功地抵制了恶的）人性的象征，介绍给我们来作为榜样呢？

① 参见《约翰福音》，第14章，第30节。——科学院版编者注

他就让这个人作为他的整个国的封臣。由于这一企图并没有成功，于是，这个世界的王就不仅从其土地上的这个外来者那里收回了能够使他的尘世生活感到舒适的一切（直到使他成为赤贫），而且对他发动了所有会使恶人愤懑不平的迫害，造成只有善良的人才会真正深切感受到的苦难，以及对他的学说的纯洁目的的诋毁（以便使他失去所有的追随者），而且一直把他迫害得让他最屈辱地死亡。但尽管如此，却仍旧丝毫不会由于对他为纯粹卑贱者的福祉提供的学说和榜样中所表现出来的坚定和正直的冲击而有损于他。而这就是这场斗争的结局！这场斗争的结局既可以看做一种**律法上的**打击，也可以看做一种**生理上的**结局。如果人们看到的是后者（它属于感官领域），那么，善的原则就是失败的一方。而由于他在一种外来的（拥有暴力的）统治之下激发了一场起义，他就不得不在经受了许多
〔82〕苦难之后，在这场斗争中献出自己的生命。♀①但是，**原则**当

① 并不是说他（像巴尔特博士*以小说的方式所虚构的那样）**寻求死亡**，以通过一种能引起敬仰的光辉榜样来促进善的意图；那样会是一种自杀。因为虽然人们在不背弃一种义不容辞的义务就不能逃避死亡时，也可以冒着失去自己生命的危险做某些事，或者忍受出自他人之手的死亡，但无论是为了什么目的，都不可以把自己及其生命当做手段来支配，从而成为自己的死亡的**制造者**。——然而，这也不是说他（像那位沃尔芬比特尔的残篇作者**所怀疑的那样）拿自己的生命**冒险**不是出自道德上的意图，而是仅仅出自政治的，但又是非法的意图，为了推翻祭司统治并使自己以世俗的统治权力取而代之。因为他在已经放弃了保存自己的生命的希望之后，在晚餐时对他的门徒们所作的使人铭记着他的劝告（参见《路加福音》，第 22 章，第 19 节。——译者注），反驳了这种看法。倘若这是对一个失败了的世俗意图的记忆，那么，它就会是一种令人伤感的、引起对肇事者不满的，因而也就是自相矛盾的劝告了。尽管如此，这一回忆仍然可以和导师的一个非常善的、纯粹道德上的意图的失败发生关系。即还在

权（无论这些原则是善的还是恶的）的国不是自然的国，而是自由的国。也就是说是这样一个国，在它里面，人们只有当统治了心灵的时候才能够支配事物。因为在它里面，没有任何人是奴隶（农奴），除非并且只有当某人自愿如此时才有奴隶；于是，正是他的这一死亡（一个人的苦难的最高级别）成了善的原则的体现，即处于道德上的完善之中的、作为后世的榜样适用于每一个人的人性的体现。关于这一死亡的观念，应该并且可能在他那个时代，甚至于能够在任何一个时代对人们的心灵都产生极大的影响。因为它使人在最鲜明的对比中看到了天

他在世时，通过推翻那排挤一切道德意念的仪式上的信仰及其祭司的威望而造成一场（宗教中的）**公开的**革命（于复活日把他四散在全国的门徒们召集起来的打算，可能就是以此为目的的）。关于这场革命，人们当然可能至今仍为它不曾成功而惋惜。但是，它并没有失败，而是在他**死**后转化为一场悄悄进行的，但却是在许多苦难之中传播开来的宗教变革。

＊Karl Friedrich Bahrdt，1741—1792，所谓的通俗理性主义的最通俗，但也最不配的代表。此处参见他的《为最终抚慰怀疑者和思想家的道德宗教体系：所有基督徒和非基督徒皆可读》，柏林，1787年，第Ⅸ章、第Ⅹ章。关于耶稣的权威，在哲学上来判断，那里在第64页总结说："还没有人真的如此自由地选择自己的命运，没有真理的殉道者如此有意地举办自己的处死。不在这里极为惊赞地承认，没有人像耶稣那样如此真正地为了人类的目的而牺牲了自己，这必定是一个无情的灵魂。"——科学院版编者注

＊＊指莱马鲁斯，他是最早以历史科学的方法探究耶稣生平的学者，曾著《辩护，或者为上帝的理性崇拜者的辩解》，但生前未发表，死后由其学生莱辛以《沃尔芬比特尔残篇》的名义匿名发表其节录，立即遭到正统派的围攻。关于这里的内容，参见第七残篇及莱辛的前言。——译者注

国的子女们的自由，和一个纯然的尘世之子的奴役地位。但是，善的原则并不仅仅是在某一个时代，而是从人类起源开始，就以不可见的方式，从天国降临到人性中的（如同每一个注意到了自己的圣洁性，同时也注意到了这种圣洁性与人的感性本性在道德禀赋之中的结合的不可理解性的人，都必须承认的那样），并且在人性中以法的方式拥有了第一个居所。因此，由于在一个作为所有其他人的榜样的现实的人身上表现出，“他到自己的地方来，自己的人倒不接待他。凡接待他的，就是信他的名的人，他就赐他们权柄，作上帝的儿女”①。这也就是说，他借助于自己的榜样（就道德理念而言），为每一个愿意和他一样的人打开了自由的大门。这些人对于使道德遭受损失、把他们束缚在尘世生活上的一切都毫不动心，在他们中聚集起一个“在好事上富足，甘心施舍，乐意供给人”的民族②，接受他的统治，然而他把这种统治权留给了宁可做道德上的奴仆的他们自己。

因此，这一斗争在这段历史的主人公一方（直到这位主人公之死）的道德上的结局，本来并不是对恶的原则的**胜利**。因为恶的原则的国仍在继续，无论如何仍然还必须出现一个新的时代，它应当在那时被摧毁，——而只是打破了它的权势，无
〔83〕论人们曾经怎样长时间臣服这种权势，它都不能违背人们的意志维持下去。因为在他们面前展示了另一种道德上的统治（因为人必须处于某种统治之下）来作为避难所。在这里，如果他们愿意离开旧的统治的话，他们就可以获得对他们的道德性的

① 参见《约翰福音》，第1章，第11—12节。——科学院版编者注
② 参见《提摩太前书》，第6章，第18节。——科学院版编者注

庇护。① 另一方面，恶的原则还始终被称做这个世界的王，在这个世界里，那些人虽然如此信服善的原则，仍然要始终对这里被看做恶的原则的迫害的那些生理上的苦难、牺牲、对自爱的伤害做好准备。因为这个世界的王只是对那些如此把尘世的幸福作为自己的终极目的的人们，才在自己的国中给予奖赏。

显而易见，如果揭开这一生动的，也许对它那个时代来说还是惟一的**大众化的**表象方式的神秘面纱，那么，它（它的精神实质和理性内涵）在所有时代对于所有的世界在实践上都是有效的、有约束力的。因为它对于每一个人来说都是如此亲近，足以使每一个人都认识到自己在这方面的义务。这种意义就在于：对于人们来说，除了最真挚地把真正的道德基本法则接纳入自己的意念之外，绝对不存在任何得救；这种接纳所抵制的并不是那时常受指控的感性，而是某种自负其咎的颠倒，或者如人们通常称这种恶劣性的那样，是欺骗（faussete [虚伪]，恶来到世间所凭借的撒旦狡计）。这样一种堕落在所有的人身上都存在，并且不能借助任何东西战胜它，除非凭着完全纯洁的道德上的善的理念，并且意识到，这个理念现实地属于我们的原初禀赋。人们只需要努力地维护它，不受任何不容许的沾染，并且把它深深地纳入我们的信念，以便通过它对心灵逐渐地造成的影响而坚信，恶的可怕的权势对此无可奈何（“阴间的权柄，不能胜过他”②）。而且，为使我们不致**以迷信的方式**通过不以任何思想转变为前提条件的赎罪，或者**以狂热的方式**通过自认为的（纯粹被动的）内心顿悟来补充这种信赖

① 参见《约翰福音》，第12章，第31节；第14章，第30节；第16章，第11节。——科学院版编者注
② 《马太福音》，第16章，第18节。——科学院版编者注

的不足，并且与建立在自身主动性之上的善的距离始终很远，除了一种良好奉行的生活方式之外，我们不应赋予这种善以任何其他的标志。——此外，像如今在《圣经》中寻求与理性所教导的**最圣洁的东西**和谐一致的涵义这样一种努力，不能仅仅
〔84〕被看做允许的，毋宁说，它必须被看做是义务。♀① 在这里，可以回想一下**智慧的**导师对其门徒关于某个走着自己特殊的路，但最终却必然是达到同样的目标的人所说的话："不要禁止他；因为……不抵挡我们的，就是帮助我们的"。

总的附释

如果应该建立一种道德的宗教（它不能被确立在章程和诫命之中，而是必须确立在遵从作为上帝的律令的所有人类义务的心灵意念之中），那么，历史将之与这种宗教的导引联系起来的所有**奇迹**，都必须最终使对一般奇迹的信仰本身变得多余。因为如果除了通过奇迹来使义务的规定——就像它们最初由理性写入我们的心中一样——变得可信之外，人们不想以其他方式承认它们充分的权威，"若不看见神迹奇事，你们总是不信"②，那就暴露出道德上的无信仰的一种不可原谅的程度。然而，与人们的通常思维方式完全适应的是，如果一种纯然崇拜和诫命的宗教寿终正寝，一种建立在心灵和诚实（道德意念）之中的宗教③要被引入来取代它，那么，后者的序幕虽然现在不需要了，在历史上却毕竟是由奇迹伴随的，似乎也是由

① 在这里可以承认，它并不是惟一的涵义。
②《约翰福音》，第 4 章，第 48 节。——科学院版编者注
③ 参见《约翰福音》，第 4 章，第 23 节。——科学院版编者注

奇迹装饰的，为的是宣布前一种没有奇迹就根本不会有权威的宗教的结束。甚至于还可能是这样，即为了获得前一种宗教的信徒们支持新的革命，前一种宗教还被解释为在后一种宗教中作为天意之终极目的的东西如今已得到实现的更古老的原型；在这样的情况下，当那个时代还需要借助这样的辅助手段来作为序幕的真宗教已经出现，并且在如今和将来都能够凭借理性根据来维护自身的时候，现在再来反驳那些叙述或者解释，就不会有任何用处了。因为人们必然会愿意假定，对不可理解的事物的纯然信仰和人云亦云（这是每一个人都会的事情，却并不因此就是一个更善的人，或者在某个时候成为一个更善的人），将是上帝所喜悦的一种方式，甚至是惟一的方式，除非一定要用全部的力量来反驳这样的借口。因此很可能，惟一通〔85〕
行于所有世界的那个宗教的导师，其人格是一个秘密。他在尘世的出现，以及他离开尘世，他那充满了种种业绩的人生和受难，都纯粹是奇迹。甚至于要使所有那些奇迹的讲述都变得可信的历史自身也是一个奇迹（超自然的启示）。所以，我们尽可以让它们全都有自己的价值根据，甚至于也敬重那种曾用来使一个学说公开流行的面纱。这个学说的可信性，建立在一个原始文献不可磨灭地保存在每一个灵魂之中，并且不需要任何奇迹。只要在对这些历史信息的使用上，我们不认为对这些信息的认识、信仰和承认本身，就是我们能够借以让上帝喜悦我们的东西，并把这一点当做宗教的一部分，就行了。

但是，就一般奇迹而言，可以发现，有理性的人们即使仍然被认为不放弃对奇迹的信仰，但却从来不打算使这种信仰在实践中盛行起来。这也就等于是说：他们虽然就**理论**而言也相信存在有诸如此类的东西，但**在实际事务中**却不确认任何奇迹。因此，聪明的政府虽然在任何时候都承认这种观点，甚至还以律法的方式把这种观点纳入官方的宗教学说，即**从前**可能

发生过奇迹，但**新的**奇迹却是不允许的。① 因为旧的奇迹逐渐地
〔86〕已经如此确定并且受到当局的限制，不致在公共事务中引起混乱。但是，由于有了新的行奇迹者，它们当然一定会因为自己可能对公共的平静状态和已采用的秩序的影响而令人担忧。不过，如果要问**奇迹**这个词应该理解为什么，则可以（由于我们重视的本来只是知道它们**对于我们来说**是什么，即对于我们的理性在实践上的运用来说是什么）这样来解释它们，即它们是尘世中的事件。关于这些事件的原因，我们绝对不知道并且必

① 甚至把自己的信条与政府的权威联结起来的那些宗教学者（正统派），也在这方面遵循着与政府同样的准则。因此，当普芬宁格先生为他的朋友**拉法特**先生关于一种永远可能的奇迹信仰的主张辩护时，他正确地指摘那些宗教学者的前后不一致，即他们（因为他明确地把那些在这一问题上**以自然主义的方式**思维的人们排除在外）由于主张在大约 17 个世纪之前有现实地存在于基督教社团之中的行奇迹者，现在却不愿再确认这样的人了，然而他们又不能从《圣经》出发，证明这些人在某个时候就完全不再行奇迹了，以及他们从何时开始完全停止行奇迹（因为说奇迹现在已经没有必要了的那种小聪明，是超出一个人应当可以自信的洞见而强求更大的洞见），而在他看来，他们是应该作出这一证明的。因此，现在不承认和不允许奇迹，这只是理性的准则，而不是对不存在奇迹的客观洞见。但是，这种一次性地留恋在公民事务中令人担忧的胡闹行为的同一个准则，难道对哲学工作和一般理性反思的普通事务中的一种类似的胡闹行为的担忧就无效了吗？——那些虽然不承认**大的**（引起轰动的）奇迹，但却以一种**特殊领导机构**的名义，毫不吝啬地允许**小的**奇迹（因为这后一种奇迹，作为纯然的引导，只需要运用很少的超自然力量的诱因）的人们没有考虑到，这里的关键不是事情的影响极其微小，而是事情的形式，即**那些奇迹是怎样发生的**，是以自然的方式还是以超自然的方式；而对于上帝来说，任何容易与困难的区别都是不可思议的。但是，就超自然影响的**奥秘**来说，对一件事实的重要性的这样一种故意的隐瞒与这种方式还要更不适合一些。

然始终不知道其**起作用的规律**。在这里，人们可以或者设想**有神论的**奇迹，或者设想**精灵的**奇迹，并把后者再划分为**天使的**（善的精灵的）奇迹或者**魔鬼的**（恶的精灵的）奇迹，不过，严格说来，其中只有魔鬼的奇迹被人们所打听，因为善的天使（我不知道为什么）很少或者根本不让人谈论自己。

至于**有神论**的奇迹，我们当然能够对它们的原因（作为一个全能的存在者等等，但又是道德的存在者）起作用的规律形成一个概念，但只是就我们不仅按照自然界的秩序，而且也按照道德的秩序，把他设想为世界的创造主和治理者而言，形成一个**一般的**概念。因为我们能够对它们的这些规律直接地并且独立地获得知识，然后理性可以把这些知识用于自己的用途。但是，如果我们假设，上帝有时以及在特殊情况下，也让自然界偏离自己的这些规律，那么，我们就毫无概念了，并且永远也不能期望对上帝安排这样一种事件时所依照的规律获得一种概念（除了**普遍的道德上的**概念，即他所做的一切都是善的；但由此对这种特殊的事件来说什么也没有规定）。在这里，理性显得好像软弱无力，因为它由此而在自己的按照已知法则的实际事务中被阻碍，却不能通过任何新的法则得到教诲，甚至永远不能希望在世界上从中得到 〔87〕
教诲。不过，在这些奇迹中，精灵的奇迹是最无法与我们的理性的运用相容的奇迹了。因为就**有神论的**奇迹来说，它们至少还有可能对理性的运用有一个消极的标记，即，如果某件事被设想为由上帝在其直接的显现中所命令的，但它却恰恰是与道德性相冲突的，那么，无论它具有怎样一个上帝的奇迹的所有外表，它也绝不可能是这样一种奇迹（例如，如果一个父亲被命令去杀死他的据他所知完全无辜的儿子）。但是，在一个被认为的精灵的奇迹中，就连这种标记也去掉了。与此相反，如果人们想为这样一些奇迹在理性的运用上把握相反的积极的标记，也就是说，如果由此而诱发我们去做一件我们自身已经视为义务的善的行动，因而，这个行动不会是出自一个恶的精灵的，那么在这样的情况下，人们的理解毕竟也可能是错误的。因为恶的精灵也会像人们所说的那样，经常伪装得好像是一个光明的天使。[①]

因此，在实际事务中，人们不可能指望奇迹，或者在运用自己的理性时（理性的运用在人生的任何场合都是必要的）以某种方式把奇迹考虑在内。审判官（无论他在教堂中是如何相信奇迹）是这样听违法者说自己受到了魔鬼的诱惑的遁词的，就好像这人什么也没说似的。即使审判官认为这种情况是可能的，但也总是对下面这种情况有所考虑，即一个头脑简单的市井小人落入了一个老奸巨猾的恶棍的圈套；然而，他并不能传唤这个恶棍，让两个人当堂对质。一言以蔽之，他绝不能从中得出任何合理性的东西。因此，有理性的神职人员会很好地提防托付给他照料灵魂的人的脑子被出自**地狱的普洛透斯**[②]的小故事装满，防止他们的想象力变得芜杂不堪。但是，至于那些善的奇迹，它们也只是被人们当做定式在实际事务中使用。例如医生说，如果不发生某种奇迹，病人就没救了，这也就是说，他死定了。——属于实际事务的还有自然研究者的工作，即就其自然规律来探索事件的原因；我指的是就他能够用经验证明的这些事件的自然规律而言，尽管他必须放弃对按照这些规律起作用的那个
〔88〕物自身的认识，以及对这些规律在关系到另一种可能的感官时，对于我们来说可能是什么的认识。同样，人在道德上的改善也是一个他有责任去从事的事务，并且哪怕是有天界的影响参与这种改善，或者被认为对解释这种改善的可能性是必需的。但是，他既不懂如何把天界的影响肯定无疑地与自然的影响区分

① 参见《哥林多后书》，第 11 章，第 14 节。——科学院版编者注

② 希腊神话中善于变幻形象的海神。——译者注

开来，也不懂如何使这些影响，从而仿佛也使天界降临到自己身上来。因而，由于他知道没有任何东西是直接以这些影响为开端的，所以，他在这种场合不确认♀①任何奇迹，相反，当他服从理性的规定时，他行事的方式就好像所有的思想改变和改善都仅仅取决于他自己所运用的处理方法似的。但是，说一个人由于天生十分**执著地**在理论上相信奇迹，而自己也完全能够制造奇迹，并且能如此一跃而到天国，这就超出理性的界限太远了，我们不必长时间纠缠于这样一个毫无意义的想法。②

① 这无非是说，他并不把对奇迹的信仰接纳入自己的准则（无论是理论理性的准则还是实践理性的准则），但也不否认它们的可能性和现实性。

② 那些用**魔术**技巧蒙骗轻信的人，或者至少想使他们一般地相信这些东西的人，其通常的借口就是，这些东西是以自然研究者承认自己对它们**无知**为根据的。自然研究者说，我们确实不认识重力、磁力等诸如此类的东西的**原因**。——但是，我们足够详尽地在一定的条件限制下认识这些东西的规律，只有在这些条件下，某些作用才会产生；而这无论是就对于这些力量的可靠的理性运用而言，还是就用于解释其显象来说都足够了，secundum quid［根据这一点］，**向下**可以达到对这些规律的运用，乃是为了在这些规律之下安排经验，尽管并不是 simpliciter［仅仅］为了这一点；而**向上**，乃是为了甚至窥视按照这些规律起作用的力量的原因。——凭这一点，甚至人的知性的内在显象也是可以理解的：为什么人会充满好奇心地去理解所谓的自然奇迹，即虽然悖谬、但却被充分认可了的现象，或者去理解事物出乎意料地出现的、偏离迄今为止所知道的自然法则的性质，并且为什么只要通过宣布一种真实的奇迹而反过来使奇迹得到**消除**，因而使这些现象和性质依然被视为自然的，就仍然能够**鼓舞**心灵。因为那些现象和性质开启了理性食粮的一种新收获的前景，也就是说，它们造成了发现新的自然规律的希望；而真实的奇迹则令人**担忧**，担心失去对已知的东西的信赖。但是，如果使理性失去了经验规律，那么，它在这样一个着了魔的世界上就再也不会有任何用处，甚至对于在这个世界上为了遵循自己的义

务而在道德上的运用毫无益处；因为人们再也不知道，是否就连道德动机也会在我们毫无知觉的情况下，由于奇迹而发生变化，对于这些变化来说，没有人能够分辨，他是应该把这些变化归因于自己还是归因于另外一个不可探究的原因。——那些其判断力在这方面变得没有奇迹就不知所措的人，相信可以这样来缓和理性对此的不满，即假定奇迹的发生是很**罕见的**。如果他们借此是想说，这已经蕴涵在奇迹的概念之中了（因为，如果这样一种事件是经常发生的，它就不会被视为奇迹了），那么，人们也许可以把这种诡辩（把一个事物本身是什么的客观问题改变为我们用来指称事物的语词是什么的主观问题）回敬给他们，再问道：**如何罕见**？是百年一次，还是从前有过，但如今再也不会有了呢？在这里，对于我们来说没有任何东西是从对客体的认识出发而能够规定的（因为根据我们自己的招认，这对我们来说是超越的），而是只能从运用我们的理性的必要准则出发来规定的：即要么承认它们是**每天**（尽管是隐藏在自然变故的外貌之下的）发生的，要么认为它们**从不**会发生；而在后一种场合里，既不能把它们作为我们的理性解释的基础，也不能把它们作为我们的行动规则的基础。由于前者与我们的理性是根本无法共处的，所以，就只剩下假定后一种准则了。因为这一基本原则始终只是判断的准则，而不是理论上的断定。没有人会使对自己的洞察力的自负发展得如此严重，以至要截然宣布，由于每一次新的生育都以机制的全部内在完善性，甚至（如在植物界）以全部通常如此迷人的美丽色调，在每一年春天毫不减弱地再现其原本，而不会让无机自然界的通常如此具有破坏性的力量在秋天和冬天的恶劣天气里，在这方面对它们的种子有什么损害，所以，植物界和动物界中物种的最令人惊赞的保存，可以说纯然是一个遵从自然法则的结果；并且还想**洞察**，为此是否并不每次都还需要创造主的直接影响。——但是，这些都是经验；因此，对于**我们**来说，它们只能被判定为自然结果，也绝不应该被判定为别的什么；因为这需要理性在其要求方面虚怀若谷。但是，超出这一界限，就是在要求方面胆大妄为、恣意苛求；即使人们大多数在断言奇迹时都假意显示出一种谦恭的、放弃自我的思维方式。

第三篇
善的原则对恶的原则的胜利与上帝的国在地上的建立

〔93〕 每一个有良好道德意念的人在此生中，必须在善的原则的率领下，与恶的原则的侵袭所进行的斗争，无论他如何努力，都不可能给他带来比从恶的原则的**统治**下解放出来更大的好处。他成为**自由的**，“既从罪里得了释放，就作了义的奴仆”①，这是他所能够争取到的最大的收获。尽管如此，他受到恶的原则的攻击却仍然一点也没有减少。要维护他那不断受到侵袭的自由，他就仍然必须始终做好斗争的准备。

然而，人依然是由于他自己的罪而处于这种充满危险的状态之中。因此，他**有义务**尽其所能，至少运用自己的力量，使自己摆脱这种状态。但怎样摆脱呢？问题就在这里。——如果他寻找为他招来这种危险，并使他处于这种危险之中的原因和条件，那么，他很容易就会相信，这些原因和条件并不是在他离群索居的情况下来自他自己的粗野本性，而是来自他与之处于关系或者联系之中的人们。无须通过粗野本性的诱惑，那本来就应该如此称谓的**激情**在他心中就活跃起来了，这些激情在他的原初善的禀赋中造成了如此大的破坏。他的需求仅仅是很小的，他在为这些需求而操心时的心态，是有节制的和平静的。只有当他担心其他人可能会认为他可怜，并且在这方面蔑
〔94〕 视他时，他才很可怜（或者他自认为可怜）。**当他处在人们中间时**，妒忌、统治欲、占有欲以及与此相联系的怀有敌意的偏好，马上冲击着他那本来易于知足的本性。甚至连假定这些人已经堕入恶、假定他们为教唆的榜样也没有必要。他们在这里，他们包围着他，他们都是人，这就足以相互之间彼此败坏道德禀赋，并且彼此使对方变恶了。如果找不到任何手段来建立一种目的完全是在人心中真正防止这种恶并促进善的联合

① 参见《罗马书》，第 6 章，第 17～18 节。——科学院版编者注

体，即建立一个持久存在的、日益扩展的、纯粹为了维护道德性的、以联合起来的力量抵制恶的社会，那么，无论单个的人想要如何致力于摆脱恶的统治，恶都要不停地把他滞留在返回到这种统治之下的危险之中。因此，善的原则的统治，假如人们能够致力于这种统治的话，那么，就我们所能洞察的而言，只能通过建立和扩展一个遵照道德法则，并以道德法则为目的的社会来达到。这样一个社会，对于在其范围内包含这些法则的整个人类来说，就通过理性而成为他们的任务和义务。因为只有这样，才能期望善的原则对恶的原则的胜利。在道德上立法的理性，除了它为每个个人规定的法则之外，还树起了一面德性的旗帜，作为所有热爱善的人的集合地，以便他们都聚集在这面旗帜之下，并且这样才对不间断地侵袭他们的恶获得优势。

我们可以根据这一理念的规定，把人们仅仅遵循德性法则的联合体称做一个**伦理的**社会；如果这些法则是公共的，则称做一个**伦理的—公民的**社会（与**律法的—公民的**社会相对立）或者一个**伦理的共同体**。伦理的共同体可以处于一个政治的共同体中间，甚至由政治共同体的全体成员来构成（正如没有政治的共同体作为基础，伦理的共同体就根本不能为人们所实现一样）。但是，伦理的共同体具有特殊的、自身特有的联合原则（德性），因而也具有与政治的共同体在本质上不同的形式和制度。尽管如此，作为两个一般共同体来看，在两者之间还存在着某种类似。就这种类似而言，也可以把伦理的共同体称做一个**伦理的国家**，即德性的（善的原则的）**国**。这种国度的 〔95〕
理念在人的理性中有其根据充足的客观实在性（作为要联合成为这样一个国家的义务），尽管在主观上从来不能对人们的善良意志寄予这样的希望，以为人们将会决心全体一致地致力于这一目的。

第一章
关于善的原则在尘世建立上帝的国时取得胜利的哲学观念

一、论伦理的自然状态

一种**律法的—公民的**（政治的）**状态**，就是人们相互之间的这样一种关系，即人们共同地服从**公共的律法法则**（这些法则总的来说是强制性的法则）。而一种**伦理的—公民的**状态是这样一种状态，即人们是在无强制的，即纯粹的**德性法则**之下联合起来的。

就像律法的（但因此并不总是合法的），即就法律而言的自然状态与律法的—公民的状态对立一样，**伦理的自然状态**也与伦理的—公民的状态相区别。在这两种自然状态中，每一个人都给他自己立法，而且这不是一种外在的、他认识到自己与所有其他人都遵循着的法则。在这两种自然状态中，每一个人都是他自己的法官，不存在任何一种**公共的**、具有权力的权威，来按照法则以具有法律效力的方式，规定每一个人在各种可能出现的场合里的义务，并使义务得到普遍履行。

在一个已经存在的政治共同体中，所有的政治公民作为这样的公民，却处在**伦理的自然状态**之中，并且有权利继续停留在这种状态之中。要政治共同体迫使它的公民进入一种伦理的共同体，这是一种自相矛盾（in abjecto［就属性而言］）；因为一个伦理的共同体在自己的概念中本来就包含着无强制性。当然，每一个政治共同体都可能期望，在自身中也找到一种按照德性法则对心灵的统治。因为，由于人类的法官不能透视别人的内心，当政治共同体的强制手段不足时，德性意念就可能会实现所要求的东西。但是，想通过强制来实现一种以伦理目的 〔96〕
为准的制度的立法者真是糟透了！因为他由此不仅会恰恰造成伦理制度的反面，而且还会损害和动摇他的政治制度。因此，政治共同体的公民，就政治共同体的立法权限而言，依然是完全自由的，无论他愿意与其他公民一起也进入一种伦理的联合，还是宁可继续停留在这样一种自然状态之中。只是如果一个伦理的共同体必须以**公共的**法律为基础，并且包含一个建立在这上面的制度，那么，那些自愿地结合起来进入这种状态的人，就不会让政治权力来命令自己应该在内心中确立或者不确立这样的制度。但他们却必然会愿意容忍一些限制，也就是说以此为条件，即这种制度中不能包含任何与它的作为**国家公民**的成员的义务相冲突的东西；即使前一种结合是真正的结合，后者反正也没有什么可担忧的。

此外，由于德性义务涉及人的整个族类，所以，一个伦理共同体的概念，总是关系到一个所有人的整体的理想，而且在这里，这个理想与一个政治的共同体的理想是有区别的。因此，一群出自这种意图而联合起来的人，还不是伦理的共同体本身，而只能叫做一个特别的社会，它奋力迈向与所有人（甚至所有有限的理性存在者）的一致，以期建立一个绝对的伦理整体；而每一个局部的社会，都只是它的一个表现或者一个图型，因为每一个局部的社会自身都又可以被想象为处在与其他这一类的社会的关系中，即处在伦理的自然状态中，连同这种状态的全部不完善性（正像各种各样的政治国家，当它们没有通过一种公共的国际法结合起来时，也是这种情况）。

二、人应该走出伦理的自然状态，以便成为伦理共同体的一个成员

就像律法的自然状态是一种每个人对每个人的战争状态一
〔97〕样，伦理的自然状态也是一种存在于每个人心中的善的原则不断地受到恶的侵袭的状态。恶在每一个人身上，同时在其他每一个人身上都存在着，人们（如上所说）相互之间彼此败坏了道德禀赋。即使每一个个别人的意志都是善的，但由于缺乏一种把他们联合起来的原则，他们就好像是恶的工具似的，由于他们不一致而远离善的共同目的，彼此为对方造成重新落入恶的统治手中的危险。此外，就像一种无法无天的外在的（野蛮的）自由和独立于强制性法律之外的状态是不义的、每一个人对每一个人的战争的状态，人应该走出这种状态，以便进入一种政治的—公民的状态①一样，伦理的自然状态也是对德性法

① **霍布斯**的命题：status hominum naturalis est bellum omnium in omnes［人们的自然状态是一切人对一切人的战争］（参见霍布斯：《论公民》，Ⅰ，12。——科学院版编者注），除了应该说成是 est status belli etc.［是……战争状态……］之外，没有任何别的错误。因为尽管人们不承认，在不为外在的和公共的法律所约束的人们之间，任何时候占统治地位的，都是现实的**敌对**，然而，人们的**状态**（status juridicus［律法上的状态］），即人们在它里面并通过它能够拥有权利（获得权利和维护权利）的那种关系，是这样一种状态，在它里面，每一个人自己都想是他相对于别人而拥有权利的那种东西的法官。但即使对于这种东西，他也没有相对于别人的安全感，也不给予别人安全感，而是每次都只有他自己的暴力。这是一种战争状态，在它里面，每一个人都必须对每一个人一刻也不停地作好战备。霍布斯的第二个命题：exeundum esse e statu natulari［必须走出自然状态］，是从前一个命题得出的结论。这是因为，这种状态是对所有其他人的权利的不断损害，因为他妄想在自己的事情上当法官，而在别人的事情上又不给他们安全感，而只让他们听任他自己的任性。

则的一种**公共的**、相互的损害，是一种内在的无道德的状态；自然的人应该勉励自己尽可能快地走出这种状态。

在此，我们有了一种具有其独特方式的义务，不是人们对人们的义务，而是人的族类对自己的义务。因为有理性的存在者的每个物种在客观上，在理性的理念中，都注定要趋向一个共同的目的，即促进作为共同的善的一种至善。但是，由于道德上的至善并不能仅仅通过单个的人追求他自己在道德上的完善来实现，而是要求单个的人，为了这同一个目的联合成为一个整体，成为一个具有善良意念的人们的体系。只有在这个体 〔98〕
系中，并且凭借这个体系的统一，道德上的至善才能实现；但是，关于这样一个整体、即一个遵循德性法则的普遍共和国的理念，是一个与所有的道德法则（这些道德法则涉及的是我们知道自己能够支配的东西）完全不同的理念；就是说，要致力于这样一个整体，关于这个整体，我们无法知道它作为这样的整体是否能够为我们所支配，所以，这种义务无论是在品类上，还是在原则上，都与其他一切义务不同。我们已经可以预先猜测到，这种义务将需要以另一个理念为前提条件，即一个更高的道德存在者的理念。凭借这种存在者的普遍的活动，单个的人的自身不足的力量才联合起来，共同发挥作用。只是我们必须首先追溯那种一般道德需求的线索，并且看一看这根线索要把我们引向何方。

三、一个伦理共同体的概念是关于遵循伦理法则的上帝子民的概念

如果一个伦理共同体要得以实现，那么，所有单个的人都必须服从一个公共的立法，而所有把这些人联结起来的法则，都必须能够被看做一个共同的立法者的诫命。倘若这个要建立的共同体是一个**律法的**共同体，那么，就必须是联合成为一个整体的人

群，自己来当（制度的）立法者，因为立法是从下面这个原则出发的：**把每一个人的自由限制在这样一个条件下，遵照这个条件，每一个人的自由都能同其他每一个人的自由按照一个普遍的法则共存。**①因而在这里，是普遍的意志建立了合法的外在强制。但是，倘若这个共同体是一个**伦理的**共同体，那么，人民自身就不能被看做是立法的。因为在一个这样的共同体中，所有的法则本来都完全是旨在促进行动的**道德性**（这种道德性是某种**内在的东**
〔99〕**西**，因而不能从属于人类的公共法则），因为恰恰相反，人类的公共法则——这构成了一个律法的共同体——仅仅旨在于那些引起注意的行动的**合法性**，而不是这里惟一谈论的（内在的）道德性。因此，对于一个伦理的共同体来说，能够被称得上是公共立法者的，必定是不同于人民的另一个人物。尽管如此，伦理法则也不能被设想为**原初**纯然从这个上峰的意志出发的（设想为若不是他事先发布命令就会没有约束力的法规），因为那样一来，它们就将不是伦理法则，与它们相符合的义务也将不是自由的德性，而会是强制性的律法义务了。因此，只有这样一个人物，才能被设想为一个伦理共同体的最高立法者，对他来说，所有**真正的义务**，因而也包括伦理的义务②，

① 这是所有外在律法的原则。

② 一旦某种东西被认做义务，即使它是由一个属人的立法者的纯然任性赋予的义务，顺从它也同时就是上帝的诫命。虽然不能把规章性的公民法则称做上帝的诫命，但是，如果它们是合法的（《使徒行传》，第 5 章，第 29 节。——译者注），那么，**遵守**这些法则也同时就是上帝的诫命。“顺从上帝，不顺从人，是应当的”，这个命题仅仅意味着，如果人们要求某种自身恶（直接违背道德法则）的东西，那么，就不可以也不应该顺从他们。但是反过来说，如果对于一个政治公民的、自身并非不道德的法则，用一个被视为诫命的上帝的规章性法则去和它对立，那么，就有理由把后者看做强加于人的，因为它同一种明确的义务相抵触。但是，即使它确实是上帝的诫命，也绝对不能凭借经验的特征充分使人相信，以便允许根据它去践踏一种平时已存在的义务。

必须**同时**被设想为他的诫命；因此，他也必须是一位知人心者，以便也能够透视每一个人意念中最内在的东西；并且就像在任何共同体中必须的那样，使每一个人得到他的行为所配享的东西。然而，这正是关于作为一个道德上的世界统治者的上帝的概念。因此，一个伦理共同体只有作为一个遵循上帝的诫命的民族，即作为一种**上帝的子民**①，并且是遵循**德性法则**的，才是可以思议的。

当然，人们也可以设想一种**遵循规章性法则的**上帝子民。也就是说，遵循这样的法则，在遵守它们时，问题不在于行动的道德性，而是仅仅在于其合法性。这样的共同体将是一个律法的共同体，虽然上帝是他的立法者（因而也是神权政治的**制度**），但人作为直接从上帝那里接受他的命令的祭司，却领导 〔100〕
着一种贵族政治的**政府**。不过，这样一种其存在和形式都完全建立在历史基础之上的制度，并不是构成在道德上立法的纯粹理性的、我们在这里惟一要着手完成的任务的那种制度；它将在历史部分中作为遵循政治的公民法则的那种机构来予以考虑。这些法则的立法者虽然是上帝，但却是外在的。而在这里，我们所考虑的仅仅是这样一种制度，其立法纯粹是内在的，它是一个服从于德性法则的共和国，即上帝的一种“热心为善”②的子民。

与这样一种上帝的子民相对立，人们可以提出恶的原则的一群**乌合之众**的理念，它是站在恶的一边、以传播恶为目的的人们的联合；这样做的旨趣在于使前一种联合无法实现。即使在这里，那种侵袭德性意念的原则也同样存在于我们自己的心

①《彼得前书》，第2章，第10节；《罗马书》，第9章，第25节。——科学院版编者注
②《提多书》，第2章，第14节。——科学院版编者注

中，而只是形象化地被想象为外在的权力而已。

四、一种上帝子民的理念只能（由人主持而）以一个教会的形式来实行

一个伦理共同体的崇高的、永不能完全实现的理念，在人们的手中大大地贬低了。也就是说贬低成为这样一个机构，它充其量也只能仅仅纯粹地表现这个伦理共同体的形式，至于实现这一整体的手段，就非常局限在人的感性本性的条件之下了。但我们怎能指望用如此弯曲的木头制作出某种笔直的东西呢?①

因此，造就一种道德的上帝子民，是一件不能期待由人来完成、而只能指望由上帝来完成的工作。但是，也不能因此就允许人对这件工作无所作为，听天由命，就好像每一个人都可以只致力于他在道德上的私人事务，却把人类（就其道德上的规定性而言）的事务的整体却托付给一个更高的智慧似的。毋
〔101〕宁说，他必须这样行事，就好像所有的一切都取决于他；只有在这个条件下他才可以期望，更高的智慧将使他的善意的努力得到实现。

因此，所有具有善良信念的人的愿望都是："上帝的国降临，他的意志行在地上"②；但是，他们此时应该做些什么，才能使自己的这个愿望得以实现呢?

一种遵循上帝的道德立法的伦理共同体是一个**教会**。假如

① 参见《关于一种世界公民观点的普遍历史的理念》命题六。——科学院版编者注；《康德著作全集》，第 8 卷，30～31 页。——译者注

②《马太福音》，第 6 章，第 10 节；《路加福音》，第 11 章，第 2 节。——科学院版编者注

它不是可能的经验的对象，它就叫做**不可见的教会**（即一个关于所有正直的人们在上帝的直接的，但却是道德上的世界统治之下的联合体的纯粹理念，这种世界统治是每一种由人所建立的世界统治的原型）。**可见的**教会是人们现实地联合为一个整体，它与上述理想是一致的。倘若每一个遵循公共的法则的社会，都包含着成员们的隶属关系（就服从这个社会的法则的人与注意维持这些法则的遵循的人之间的关系而言），那么，联合成为那个整体（教会）的人群就是在其上级领导下的**会众**。上级（被称做导师，或者也被称做灵魂的牧人）仅仅管理他们的不可见的最高首脑的事务，并且就这种关系而言，全都是教会的**仆人**。就像在政治共同体中，可见的最高首脑虽然眼中没有一个高于自己的人（通常就连人民的整体本身也不行），但有时也称自己为国家的最高仆人一样。真正的（可见的）教会，是就人们所能实现的而言，在地上体现着上帝的（道德的）国的教会。对真正的教会的要求，从而也是它的标志有以下几点①：

1. 教会的**普遍性**，从而也是它的量上的**单一性**。为此，它必须在自身中包含着这样的素质，即：尽管它在偶然的意见上是有分歧的、不一致的，但就本质性的目的而言，它是建立在为了普遍的一致必然把它引向一个惟一的教会（因而也就没有教派的分裂）的那些基本原理之上的。

2. 教会的**性质**（质）；即**纯粹性**。除**道德的**动机之外，不服从任何其他动机的联合（清除了迷信的愚蠢和狂热的疯癫）。〔102〕

3. **自由**原则之下的**关系**。无论是其成员们的内部关系，

① 以下的特征是对教会的4种旧属性的注解：una，sancta，catholica，apostolica［至一、至圣、至公、使徒传授］。——科学院版编者注

还是教会与政权的外部关系，二者都在一个**自由国家**之中（因而既不是**等级制**，也不是**顿悟派**，即一种凭借特殊的**灵感**的**民主制**，这种灵感根据每一个人的才智，可能与其他人的灵感截然不同）。

4. 教会的**模态**。即就其**宪章**而言的**不变性**。但按照时间和情况起变化的，仅仅涉及教会的**行政管理**的偶然的规章不在此列。为此，它必须也在自身中（在其目的的理念中）先天地包含着可靠的基本原理（因此，是服从原初的、好像是一度由一部法典公开地规定下来的法则，而不是服从任意的象征。后者由于缺乏可靠性而是偶然的、难以避免矛盾的和可变的）。

因此，一个伦理的共同体，作为教会，即作为一个上帝的国的纯然**代表**来看，本来是没有在其基本原理上与政治制度相似的制度。制度在它里面既不是**君主制的**（服从一个教皇或者宗主教），也不是**贵族制的**（服从各位主教和高级教士），也不是**民主制的**（成为宗派主义的顿悟派）。充其量，它可以被比作服从一位共同的，虽然是不可见的，道德上的父亲的家庭合作社（家族）的制度，这个父亲的那个圣子知道他的意志，同时又与这个家庭的所有成员都有血缘关系，在这个家庭中代表着父亲的地位，他向这些成员们更详尽地宣讲父亲的意志，因而这些成员们崇拜这位圣子就是崇拜父亲，并且彼此之间达到一种自愿的、普遍的和持久的心灵联合。

五、每一个教会的宪章都是从一种历史性的（启示）信仰出发的，这种信仰可以称之为教会信仰，它最好是建立在一部《圣经》的基础之上

〔103〕 虽然惟有**纯粹的宗教信仰**才是可以建立一个普遍教会的宗教信仰，因为它是一种可以告知每一个人使他确信的纯然的理

性信仰；而一种仅仅建立在事实之上的历史性的信仰，却只能把它的影响扩展到信息与按照时间条件和地点条件判断它们的可信性的能力相联系所能达到的地方。只不过对于那种纯粹的信仰，决不能寄予这样多的指望，以为它能够做到仅仅以自己为基础来建立一个教会。这一点，应该为之负责的是人性的一种特殊的弱点。

意识到自己在认识超感性事物方面无能的人们，虽然使那种信仰（作为这样一种信仰，对于他们来说必然普遍地是令人信服的）受到完全的敬重，但并不容易相信：始终不渝地热心追求一种道德上善的生活方式，就是为了让人们成为在上帝的国中上帝所喜悦的臣民，上帝所要求于人们的一切。他们只能把自己的义务设想为自己应该向上帝提供的某种**事奉**；在这里，关键不在于行动的内在的道德价值，而毋宁说在于，之所以事奉上帝，乃是为了无论他们自身在道德上怎样千差万别，至少可以凭借被动的顺从来使上帝喜悦。他们不愿去想，他们如果履行自己对人（对自己和对他人）的义务，恰恰由此也就执行了上帝的诫命，从而也就在自己的所有的所作所为中——只要它们与道德有关——**自始至终都处于对上帝的事奉中**，并且绝对不可能以其他方式更近身地事奉上帝了（因为他们以其他方式只能对世俗事物，而不能对上帝发生作用和影响）。由于世界的每一个伟大的主人，都有一个特殊的需要，即为自己的臣民们所**崇敬**和通过臣服关系来**颂扬**，没有这些东西他就不能期望他的臣民们对他的命令给予他为了能够统治他们所必需的那么多的服从。此外，一个人无论多么有理性，也总是在表示崇敬时感到一种直接的满足。所以，就义务同时是上帝的诫命而言，人们就把义务当做对上帝的，而不是对人的**事务**的推进；由此产生的就是一种**事奉神灵**的宗教的概念，而不是一种纯粹道德的宗教的概念。

由于所有的宗教都在于，我们把上帝看做对我们所有的义务而言都应该普遍受到崇敬的立法者，所以，在规定宗教时，
〔104〕在我们与之相符合的态度方面，取决于我们知道：**上帝愿意如何**被崇敬（和被服从）。——但是，上帝的一种立法意志，或者是通过自身**仅仅是规章性的**法则，或者是通过**纯粹道德上的**法则颁布命令的。就后者而言，每一个人都能够从自身出发，凭借他自己的理性来认识作为他的宗教的基础的上帝意志；因为神明的概念本来就只是出自对这些法则的意识和理性要假定一种力量的需求，这种力量能够为这些法则带来在一个世界上可能的、又与道德上的终极目的一致的全部效果。一种仅仅按照纯粹道德的法则来规定的上帝的意志的概念，使我们如同只能设想**一个**神一样，也只能设想一种宗教，这种宗教就是纯粹道德的。但是，如果我们假定上帝的规章性法则，并且把宗教设定为我们对这些法则的遵循，那么，对这种宗教的认识就不是凭借我们自己的纯然理性，而是只有凭借启示才是可能的。而无论启示为了通过传统或者《圣经》在人们中间传播，对于每一个单个的人来说，是秘密地还是公开地给予的，它都将是一种**历史性的信仰**，而不是**纯粹理性的信仰**。——但是，即使接受了上帝的规章性法则（它们并不能从自身出发就被认做是有约束力的，而是只有作为上帝的启示了的意志，才能被认作是有约束力的），使上帝的意志最初被写进我们心中的纯粹**道德的立法**，也不仅仅一般地是所有真宗教的不可避免的条件；而且，它还是真正构成真宗教自身的东西，而为此，规章性立法所包含的职能是促进和扩展纯粹道德立法的手段。

因此，如果“上帝愿意如何被崇敬”这个问题，对于每一个**纯然作为人来看的**人来说，应该得到普遍有效的回答，那么毫无疑问的是，对于他的意志的立法不应该仅仅是**道德的**；因为规章性的立法（它以一种启示为前提条件）只能被看做是偶

然的。并且作为这样一种并没有也不能涉及每一个人的立法，它也不能被看做对人一般地具有约束力的。因此，“并不是那说‘主啊主啊’的人[①]，而是遵行上帝的意志的人”，因而也就是那并非通过赞颂上帝，即凭借不是每一个人都能拥有的启示出来的概念来赞颂上帝（或者赞颂他那具有神性血统的使者），而是通过善的生活方式——在这方面，每一个人都知道上帝的意志——来试图让上帝喜悦的人，才将是对上帝作出上 〔105〕 帝所要求的真崇敬的人。

但是，如果我们自认为有义务不仅是作为人，而且是作为一个尘世的神性国家中的**公民**来行事，并且致力于这样一种以教会名义的联合体的存在，那么，“上帝愿意如何在**教会**（即上帝的所有信徒）中被崇敬”这个问题，似乎就不是通过纯然的理性就能够回答的，而是需要一种规章性的，仅仅通过启示为我们所得知的立法，从而也需要一种历史性的信仰。与纯粹的宗教信仰相反，我们称这种历史性的信仰为教会信仰。因为对于纯粹的宗教信仰来说，问题仅仅在于那构成对上帝的崇敬的质料的东西，即在道德意念中所发生的对作为上帝的诫命的所有义务的遵循；而一个教会，作为许多人在这样的意念下成为一个道德共同体的联合，却需要一种**公共的**义务承诺，即某种以经验条件为基础的教会形式。这种形式自身是偶然的、多种多样的，因而没有上帝的规章性法则也就不能被认作义务。但是，规定这种形式，却并不马上就被看做属神的立法者的工作。毋宁说，我们有理由设想，那上帝的意志就是：我们应该实现的是这样一种共同体的理性理念本身。尽管人们在对一个教会的某些形式进行尝试时，带有不幸的结果，但是，人们却

① 参见《马太福音》，第 7 章，第 21 节。——科学院版编者注

不应该停止，在必要时还应该通过新尝试来尽可能地避免旧尝试的错误，来继续追求这一目的；因为这件工作同时也是人们的义务，它完全被托付给人们自己了。因此，我们没有理由在某一个教会的建立和形式上，把法则径直看做属神的、**规章性的**，以免除在今后就这些法则的形式作出改善的努力。这是胆大妄为的，甚至是对更高威望的觊觎，以便用教会章程伪装成神圣的权威给群众套上枷锁。但在这方面，如果一个教会就我们所知，与道德的宗教极其一致；此外，如果又无法清楚地认
〔106〕识，在大众对宗教的理解没有相应准备的进步的情况下，教会是怎样可能一下子出现的，那么，完全否认一个教会像那样组织起来的方式也许有可能是上帝的一种特殊安排，这同样也会是一种自负。就“应该由上帝还是应该由人自己创立一个教会”这个问题的可疑性而言，后者的倾向在一种**事奉上帝的宗教**（崇拜）上表现出来，并且由于这种宗教是以任意的规定为基础的，从而在对上帝的规章性法则的信仰上表现出来。这种信仰的前提条件是：在（无论人按照纯粹道德的宗教的规定能够选择何种）最善的生活方式之上，毕竟还必须加上一种理性所不能认识，而需要启示的上帝的立法；凭这一点，这种生活方式才直接地被视为对最高存在者的崇敬（不是借助于理性已为我们规定的对他的诫命的遵循）。这样一来，就出现了一种情况，即人们将永不会把联合成为一个教会，在应该赋予教会的形式上保持一致，以及为促进宗教中的道德因素而举办**公共**活动看做本身就是必要的。如他们所说的，这只是为了通过隆重的庆典、认信启示出来的法则，以及通过遵循属于教会形式（这形式自身却仅仅是手段）的规定，来事奉他们的上帝。尽管所有这些惯例从根本上来说，都是些在道德上无所谓的行动，但正是由于这些行动仅仅据说是为了上帝而作出的，就被认为是使他更加喜悦的。因此，教会信仰在把人们改造成为一

个伦理的共同体方面，以自然的方式♀[1]走在了纯粹宗教信仰的前面，而且寺院（奉献于公共事奉神灵的建筑）也早于**教会**（用于在道德意念方面进行教导和激励的聚会场所），**祭司**（献身于虔诚习俗的管理者）也早于**神职人员**（纯粹道德的宗教的教师），而且这些祭司多半至今还具有大众所承认的地位和重要性。

因此，一旦下面这种情况是不可改变的，即不是把一种规章性的**教会信仰**附加给纯粹的宗教信仰，作为人们为了促进纯粹的宗教信仰而共同联合的载体和手段，那么，我们就必须也承认，对教会信仰的不变的维持、对在它里面所接受的启示的普遍的和千篇一律的传播乃至敬重，很难凭借**传统**，而是只有 〔107〕
凭借《**圣经**》，才能得到足够的关照，而《圣经》自身作为对于同时代人和后代来说的启示，又必然是敬重的一个对象。因为要想使人们确信自己的事奉神灵的义务，就要求人们有此需要。一部《圣经》即使在没有读过它、至少未能从中得出有内在联系的宗教概念的人那里（而且恰恰在这些人那里最是如此）也赢得了极大的敬重，而所有的小聪明都挡不住那取消一切异议的绝对裁决：**此处这样写着**。因此，就连书中那些想阐述一个信仰观点的地方，也干脆叫做**箴言**。这样一部经书的某些特定的注释者，也正因为他们这项工作，而本身仿佛也成了圣人。历史也证明，没有一种建立在经书之上的信仰能够被根除，哪怕是通过最具毁灭性的国家革命。然而，那种建立在传统和古老的公共惯例之上的信仰，在国家的毁灭中，也同时被毁灭了。如果这样一部到达人们手上的书，除了它那作为信仰法则的规章之外，同时又完善地包含着最纯粹的道德上的宗教

[① 以道德的方式这应该反过来进行。]

学说，如果这种学说能够与那些规章（作为它的入门的工具）达到极大的和谐，那该多幸运①啊！在这种情况下，这本书一方面由于借此所要达到的目的，另一方面也由于很难根据的自然法则，解释人类靠它所产生过的这样一种觉醒的起源，因而能够保持如同一种启示的威望。

※　　　　※　　　　※

这里还要补充几句与启示的信仰这一概念相关的话。

只有**一种**（真正的）**宗教**；但却可能有多种多样的**信**
〔108〕**仰**。——还可以补充说，在由于其信仰方式不同而彼此分离的各种各样的教会中，却只能找出同一种真正的宗教。

因此，说这个人属于这种或者那种（犹太教的、穆罕默德教的、基督教的、天主教的、路德教的）**信仰**，要比说他属于这种或者那种宗教更为恰当（就像在现实中也运用得更多一样）。平心而论，后一种表述就连在对大众的演说中（在教义问答和布道中）本来也不应该使用。因为它对于大众来说过于学术化和不可理解了，而实际上，近代语言也没有为它提供一个意义相同的词。一般人在任何时候都把它理解为自己所明白的教会信仰，而并未把它理解为在里面隐藏着的宗教，它取决于道德意念。就大多数人而言，说他们认信这个或者那个宗教，实在是太抬举他们了，因为他们根本不知道也不要求任何宗教。规章性的教会信仰就是他们对这个词所理解的一切。即便是如此频繁地震撼世界，使世界染上血腥的所谓的宗教争端，历来也无非是围绕教会信仰的争吵进行的。受压制者也根本没有抱

① 幸运是一个表述所有我们既不能预见，也不能凭借我们的追求按照经验规律造成和值得希望的东西的词。因此，如果我们想为它举出一个理由来，那么，除了一种善意的天命之外，我们举不出任何别的理由。

怨人们阻止他信仰自己的宗教（因为这是任何外在的暴力都做不到的），而是抱怨人们不允许他公开地遵循自己的教会信仰。

如果一个教会像通常发生的那样，冒充自己是惟一的、普遍的教会（尽管它是建立在一种特殊的启示信仰之上的，这种启示信仰作为历史性的东西，再也不能为每一个人所要求），那么，它就会把根本不承认其（特殊的）教会信仰的那种人称做**不信者**，并对他满腹仇恨；把只是部分地（在非本质性问题上）偏离其（特殊的）教会信仰的那种人称做**异端**，并且至少也把他当做传染病人来避开。即使此人最后认信了这个教会，但如果他毕竟在这个教会的信仰的本质性问题（即人们使之成为信仰的东西）上偏离了它，尤其是如果他传播自己的异端思想的话，他就叫做**异教徒**①。就像一个叛乱者那样，被认为比一个外部的敌人更应该受到惩罚，并且被教会通过一种**绝罚**开除 〔109〕
出去（如同罗马人关于那个违背元老院的意志越过卢比孔河的人②所宣布的那样），弃之于魔鬼。一个教会的导师与首领们在教

① 蒙古人称西藏（据乔治的《藏语词典》，11 页）为 Tangut-Chadzer，即住房子的人的土地，以便把这些人与自己这种生活在荒漠上的和帐篷底下的游牧民区别开来，由此产生出 Chadzaren 这个名称，并从这个名称产生出 Ketzer［异教徒］这个名称*，因为蒙古人忠诚于西藏的那个与摩尼教相一致，也许还是由此起源的信仰（喇嘛教），并在他们入侵时把它传到了欧洲。因此，在很长一段时间里，Haeretici［异教徒］和 Manichaei［摩尼教徒］这两个名称是在同等意义上流行的。

*这个词源学解释肯定不对。很可能，“Ketzer”与伦巴底文的 Gazzari，即 Kathari［清洁］有关系。清洁派（Katharer）是教会在中世纪（特别是在 12 和 13 世纪）所必须对付的最重要的“异端教派”。该运动中的摩尼教特色是显而易见的。——科学院版编者注

② 指公元前 49 年违背罗马法律规定率领罗马军团渡过卢比孔河的罗马统帅恺撒。——译者注

会信仰的要点上自称独一无二的正确信仰叫做**正教**。它又可以分为**专制的**（横蛮的）正教和**自由的**正教。如果一个教会把自己的教会信仰冒充为有普遍约束力的，它被称做一个**普世的**教会，而那个对其他教会的这种要求提出抗议（尽管它自己在力所能及的时候也经常乐意行使这种要求）的教会被称做一个**抗议宗的**教会，那么，一个留心的观察者就会遇到许多抗议性的普世教徒的可嘉实例，反过来也会遇到更多极端普世性的抗议宗教徒的可耻实例。前一种人们具有一种**自我扩展**的思维方式（尽管他们的教会的思维方式并非如此），与此形成鲜明对比的是，后一种人具有非常**狭隘的**思维方式，但绝不是具有优越性。

六、教会信仰以纯粹的宗教信仰为最高的诠释者

我们已经指出，虽然一个教会，如果它是建立在一种启示信仰之上，而这种启示信仰作为历史性的（尽管是借助于《圣经》得到广泛传播的、保证能传到最遥远的后代的）信仰，却不能得到普遍有说服力的传达，那它就缺乏其真理性中最重要的特征，即对普遍性的一种合法要求的特征。尽管如此，由于一切人的自然需要，即对于最高的理性概念和根据总是要求**某种能够以感性方式把握的东西**，即任何一种经验证明以及诸如此类的东西（当目的是普遍地引入一种信仰的时候，人们确实也必须考虑到这一点），因而还必须利用某种历史性的教会信仰，这种教会信仰人们通常也已经亲眼看到了。

〔110〕 但是，为了把一种道德上的信仰的基础与看起来是由一种偶然性故意使之落入到我们手中的这样一种经验性信仰（无论它是作为目的，还是仅仅作为辅助手段）统一起来，就要求对我们已经得到的启示作出一种诠释，即把它彻底地解释为一种与纯粹的理性宗教的普遍的、实践的规则一致的意义。因为如

果教会信仰的理论因素不是致力于履行所有作为上帝的诫命的人类义务（这构成了一切宗教的本质）的话，我们也就不会在道德上对它感兴趣。这种诠释可能在我们看来甚至就文本（启示的文本）而言也常常显得是牵强的，并且实际上也常常是这样的，然而，只要文本有可能接受这种诠释，这种诠释就必然比一种逐字逐句的诠释更受欢迎。或者要么自身根本不包含任何有益于道德性的东西，要么干脆就是与道德性的动机背道而驰的。♀①——我们还将发现，这与部分地被写进各种圣书的

① 举例来说，在《诗篇》第59篇第11—16节中，就可以发现对过分得令人吃惊的**复仇**的**祈祷**。米夏埃利斯（《论道德》，第2部分，202页）赞同这种祈祷，并且补充说："《诗篇》是富有灵感的。既然在《诗篇》中为一种惩罚而祈祷，那么，它就不可能是不公正的；而我们**除了圣经之外，也不应该有任何更圣洁的道德**"。在此，我抓住后一句话提问，是必须按照《圣经》来解释道德，还是必须按照道德来解释《圣经》？——我且不考虑《新约》中那段话："有吩咐古人的话说……只是我告诉你们，要爱你们的仇敌，为那逼迫你们的祷告"（《马太福音》，第5章，第21—44节。——科学院版编者注），不论这段话多么富有灵感，与《诗篇》多么能够一致，我都将试图或者使它们符合我的那些独立存在的道德基本原理（这里所说的不是肉体的仇敌，而是肉体的仇敌所象征的、对我们来说更为有害的、不可见的仇敌，即我们必须期望彻底踩在脚下的恶的偏好）；或者如果我不想涉及这一点，那么，我将宁可假设，这段话根本不能在道德的意义上来理解，而是必须在犹太人把上帝看做自己的政治君主的那种关系中来理解，就像《圣经》的另一段话一样。那段话说："主说，申冤在我，我必报应"（《申命记》，第32章，第35节；参见《罗马书》，第12章，第19节。——科学院版编者注）。通常，人们把这段话解释为对自行复仇的道德上的警告，尽管它很可能仅仅暗示着在任何国家都通用的那个法则，即由于受到伤害而在最高首领的法庭上寻求补偿。在那里，当法官允许原告提出像他自己所希望的那样严厉的惩罚时，他的复仇欲根本不可以被视为得到认可的。

古代的和近代的所有信仰方式在任何时候都如此合拍，有理
〔111〕性、有头脑的民众教师如此之久地解释这些书，直到使它们在其本质性内容上真正与普遍的道德的信条一致。**希腊人**中的以及后来**罗马人**中的道德哲学家，正是如此地道地对待他们那神话性的多神学说的。不过，他们最终懂得了把极粗糙的多神论解释为惟一神性存在者的属性的纯然象征性的观念，并且给各种各样的放荡行为，或者还有诗人们那些粗野的，但却是美丽的梦幻加上一种神秘的意义。这种意义使民众信仰（根除这种民众信仰甚至是不可取的，因为由此也许会产生出一种对国家来说更为危险的无神论）接近了一种所有人都能够理解的、惟一有益的道德学说。晚期的**犹太教**，甚至还有基督教，都是由这样的、部分地来说很牵强的解释构成的，但二者都是为了无可置疑地善的、对于所有人来说都必要的目的。**穆罕默德教教徒**（如同**雷兰德**所指出的那样）很懂得给他们对供奉着一切感性的天堂的描述加上一种精神的意义，而**印度人**也正是这样诠释他们的《**吠陀**》的，至少就在他们之中经过启蒙的那部分人民来说是这样。——但人们之所以可以这样做，又不致总是与民众信仰的字面意义相抵触，乃是因为早在这种民众信仰产生之前很久，道德宗教的禀赋就已经蕴藏在人的理性之中了；虽然它最初的粗糙的表现只不过是旨在事奉神灵上的运用，并且为此目的而本身导致了那种所谓的启示，但由此也把它的超感性起源自身的特性放进了这种虚构之中，尽管这并不是有意的。——假如人们不愿意断言，我们赋予民众信仰的象征或者各种圣书的那种意义，也绝对就是它们本来要说的意思，而是把这一点暂且搁置一旁，而仅仅假定如此理解它们的作者的**可能性**，那么，人们也不能指摘这样一种诠释不诚实。因为就连读这些圣书或者了解它们的内容，也是以造就更善的人为最终目的的。但是，对此毫无裨益的历史性因素，是某种自身完全

无足轻重的东西。人们愿意怎样对待它，就可以怎样对待它。——（历史性的信仰是“自身已死的”①，即，就其自身而言，作为教义来看，它不包含也不引向任何对我们来说具有一种道德价值的东西。）

因此，即使一部经书被认作是上帝的启示，它作为这样一种启示的最高标准却是：“《圣经》都是上帝所默示的，于教训、督责、使人归正等等，都是有益的”②。而由于后者，即人在道德上的归正，构成了所有理性宗教的真正目的，所以，这种归正也包含着所有经书诠释的最高原则。这种宗教是“上帝的灵，它引导我们进入一切真理”③。但是，这个灵也就是通过**教导**我们而同时也借助行动的各种基本原则**赋予我们生命**的那个灵，它把《圣经》对于历史性的信仰可能还包含的一切，都完全与纯粹的道德信仰的规则和动机联系起来。而惟有纯粹的道德信仰，才在每一种教会信仰之中构成了在它里面是真正的宗教的东西。对《圣经》的所有研究和诠释，都必须从在里面寻找这个灵这条原则出发，而“只有当它证明了这一原则时，人们才能在其中找到永生”④。 〔112〕

除了这种圣经诠释者之外，还有另一种圣经诠释者，即**圣经学者**，但他们是附属于前者的。《圣经》作为把一切人联合在一个教会之中的最有价值的、现今在经过启蒙的地方是独一无二的工具，其威望构成了教会信仰。而教会信仰作为民众信仰是不可忽视的，因为对于民众而言，似乎没有任何建立在纯

①《雅各书》，第2章，第17节。——科学院版编者注
②《提摩太后书》，第3章，第16节。——科学院版编者注
③《约翰福音》，第16章，第13节。——科学院版编者注
④《约翰福音》，第5章，第39节。——科学院版编者注

粹的理性之上的学说适宜于成为一种不变的规范。它要求有上帝的启示，从而也要求通过其起源的演绎来历史地证明其威望。由于人的技艺和智慧不能够一直上升到天堂，以便察看那派遣第一位导师的全权证书，而是不得不满足于除了内容之外，还可以从如何引入这样一种信仰的方式得出的征兆，即满足于人类的各种信息。这种信息终归必须在很古老的时代和现在已经死亡了的语言中去寻找，以便根据其历史的可信性来评价它们。所以，为了维护一个建立在《圣经》之上的教会的威望，而不是维护一种宗教的威望（因为宗教为了成为普遍的，就必须任何时候都建立在纯粹的理性之上），就要求有一种**圣经的博学**。尽管这种博学没有带来任何东西，而只有使《圣经》在其起源中不包含任何使它不可能被当做直接的神性的启示来接受的东西。而这就足以不妨碍那些人认为，在这个理念
〔113〕中感到对他们的道德信仰有特别的增强，并由此而乐意接受它了。——但是，不仅是《圣经》的**考证**，而且还有它的**诠释**，也都由于同样的理由而需要博学。因为只能借助翻译来阅读《圣经》的无知者，如何会确知它的意义呢？所以，哪怕是掌握了其基础语言的诠释者，也必须拥有广博的历史知识和批判，以便从当时的状况、风俗和意见（民众信仰）中，获得能够用来向教会共同体揭示其理解的手段。

因此，理性宗教和对《圣经》的博学，是一份神圣文献的真正的、有资格的诠释者和托管者。显而易见，决不能让世俗的权力妨碍它们在这一领域公开地使用它们的洞见和发现，并且把它们束缚在某些信条之上，因为若不然，**平信徒**就会逼迫**神职人员**赞同他们的意见，而他们又只有从神职人员的教诲中，才能获得这种意见。只要国家只是关心不要缺少学者和就其道德性而言有好名声的、管理全部教会事务的人们，国家把这种管理托付给他们的良知，那么，国家就做到了自己的义务

和权限所包括的一切。但是，把这些义务和权限引入学院，从事学院的争论（只要这些争论不从大学讲坛引出来，就丝毫也不会干扰教会会众的平静），则是大众可能曾不无冒昧地向立法者提出的过分要求，因为这种要求有损于他的尊严。

但是，对于一个诠释者的席位，还出现了第三个竞争者。它为了认识《圣经》的真正意义以及其神性起源，既不需要理性，也不需要博学，而是只需要一种内在的**情感**。当然，我们不能否认，“人若立志遵着他的旨意行，就必晓得这教训是出于上帝的”①。而且也不可否认，甚至阅读《圣经》或者倾听朗诵《圣经》的人，必定都感觉得到的那种趋向善行、趋向正派的生活方式的冲动，也必然会在他身上证明《圣经》的属神性，因为这冲动无非就是使人充满内在的敬重的道德法则的作用，而这法则由此也理应被看做是上帝的诫命。但是，就像很 〔114〕
少能够从一种情感推论和查出对法则的认识以及法则是道德的那样，也很少能够，甚至更难以凭借一种情感而推论和查出一种直接的神性的影响的可靠征兆。因为要产生这一结果，可能有不止一种原因。而在这一场合，只有通过理性认识到的法则（和教诲）的道德性，才是那种结果的原因。甚至就在这种起源只有可能性的场合里，只要人们不想为全部狂热敞开大门，不想让明确无误的道德情感由于同其他任何一种幻想的情感类似而丧失其尊严，那么，对这种起源作出后一种解释，就是一种义务。如果情感是从法则中，或者也是按照法则得出来的，而法则在这之前是已知的，那么，每一个人的情感都只是自己的，他也不能强求其他人有这种情感，从而也不能把情感抬高为某种启示的纯正性的标准。因为它根本不说明任何东西，而

①《约翰福音》，第7章，第17节。——科学院版编者注

是仅仅包含了主体在自己的愉快和不快方面被刺激的方式而已，在这上面不能建立起任何知识。

因此，除了《圣经》之外，不存在教会信仰的任何一种规范。除了纯粹的**理性宗教**和**《圣经》的博学**之外，也不存在教会信仰的其他任何诠释者。而在纯粹的理性宗教和《圣经》的博学中，惟有前者才是**确实可靠的**，并且对整个世界都有效的；后者则只是**教义性的**，只是为了把教会信仰对于某个民族在某个时代转化为一个确定的、能够一直保存下来的体系。但是，就教会信仰而言，历史性的信仰没有最终成为一种纯然对圣经学者及其洞见的信仰，这是不可改变的。当然，这种情况并没有特别地给人的本性带来荣誉，但却通过公开的思想自由使自己重新变善。由于只有通过学者让自己的诠释经受每一个人的检验，自己却同时对更好的见解始终仍保持开放和欢迎，他们才能指望共同体对他们的裁决的信赖，这种公开的思想自由就更为有道理了。

〔115〕

七、教会信仰逐渐地过渡到纯粹的宗教信仰的独自统治，就是接近上帝的国

真正的教会的标志就是它的**普遍性**，但是这种普遍性的征兆又是它的必然性和它的仅仅以惟一的一种方式才可能的规定性。这样，历史性的信仰（它建立在作为经验的启示之上）只有局部的有效性，即对于作为这种信仰之基础的历史所能及的那些人才有效。而且，就像所有的经验认识一样，它并不包含这样的意识，即所信仰的对象**必然**是这个样子而不是别的样子，而是只包含这样的意识，即这对象就是这个样子；从而也就同时包含着对这对象的偶然性的意识。因此，虽然它能够成为一种教会信仰（教会信仰可以有许多种），但是，只有完全

建立在理性的基础之上的纯粹的宗教信仰，才能被视为必然的，从而被视为惟一标志着**真正的**教会的信仰。因此，尽管（根据人的理性的不可避免的局限性）一种历史性的信仰作为引导性的手段，刺激了纯粹的宗教，但却是借助于这样的意识，即它仅仅是这样一种引导性的手段。而历史性的信仰作为教会信仰包含着一种原则，即不断地迫近纯粹的宗教信仰，以便最终能够省去那种引导性的手段。于是，一个这样的教会就还是可以叫做**真正的**教会；但是由于永远不能避免关于历史性的教义的争论，它又只能被称做**有争议的**教会。不过展望未来，它最终会发展成为不变的、全体一致的、**凯旋行进的**教会！每一个对于享受永恒的幸福具有道德上的接受能力（资格）的个人，他的信仰我们称之为**造福于人的**信仰。因此，这种信仰也只能是惟一的一种信仰，并且无论教会信仰如何不同，它都能在每一个人身上发现。在每一个人身上，与其目的即纯粹的宗教信仰相联系，它都是实际存在的。相反，一种事奉神灵的宗教，它的信仰是一种**奴役性的**信仰和**有报酬的**信仰（fides mercenaria，servilis［报德的、奴性的信仰］），并且不能被看做造福于人的信仰，因为它不是道德的。造福于人的信仰，必须是一种自由的、建立在纯粹的心灵意念之上的信仰（fides ingenua［高尚的信仰］）。教会信仰误以为通过（尽管是费力的）自身却毫无道德价值的行动（des cultus［崇拜的］行动），从而也 〔116〕
就是凭借恐惧和希望强制的，哪怕是一个恶人也能够作出的行动，就能够让上帝所喜悦。相反，造福于人的信仰则为了做到这一点，预设一种道德上善的意念为必要的前提。

造福于人的信仰包含着人对永福的希望的两个条件：一个是就人不能够做的事情而言的，也就是说，使他的已经作出的行动在律法上（在一位属神的法官面前）成为没有发生的；另一个是就人自己能够做并且应该做的事情而言的，也就是说，步入一种新的、符合其义务的人生。前一种信仰是对一种救赎的信仰（偿还其罪债、解脱、与上帝和解），后一种信仰是对自己能够在一种今后奉行的善的生活方式中让上帝喜悦的信仰。——两个条件只构成了一种信仰，并且必然休戚相关。但是，结合的这一必然性只能这样来看：如果我们假设一个条件可以从另一个条件中派生出来，那么，要么是对赦免我们负上的罪债抱有信仰而产生出善的生活方式，要么是对一种在任何时候都要奉行的生活方式的真实的、积极的意念，按照道德上的作用因的法则而产生出对那种赦免的信仰。

在这里就表现出人的理性与自身的一种值得注意的二论背反。要使这种二论背反得到解决，或者假如这种解决是不可能的，则至少是得到调和。只能要么是一种历史性的（教会的）信仰，必须在任何时候都作为造福于人的信仰的本质性部分，附加在纯粹的宗教信仰之上；要么是它作为纯然的引导性手段，能够最终过渡为纯粹的宗教信仰，无论那未来是多么遥远。

（一）假定对于人的罪出现了一种救赎，那么，虽然完全可以理解，每一个罪人都会多么惬意地把这种救赎与自己联系起来，并且因此如果问题仅仅在于**信仰**的话（这种信仰也就意味着宣布，他希望这救赎也发生在他身上），他将会没有一刻犹豫。然而根本无法看出，一个知道自己该受惩罚的理性的人，怎么会认真地以为，他只需要相信关于一种为他所提供的救赎的福音，并且（就像法学家所说的那样）utiliter［有效地］接受它，就把自己的罪看做是涤除了的，而且如此彻底（甚至连根拔掉），以至哪怕对于将来，一种他迄今为止根本没
〔117〕有为之付出丝毫努力的善的生活方式，也会成为由这种信仰和对提供给他的善行的接受所带来的一个必然的结果。没有一个深思熟虑的人会使自己怀有这样的信仰，无论自爱怎样常常把一种人们为之什么也没做也不能做的善的纯然愿望转化为一种

希望，就好像他的对象将被纯粹的渴望所吸引而自动来临并在自身中完成似的。只能把这种情况设想为，人把这种信仰本身看做上天给予他的东西，因而看做某种他不必向自己的理性作出进一步解释的东西。如果他不能做到这一点，或者还过于正直，不会在自己心中装出这样一种信赖，只是作为阿谀奉承的手段，那么，他无论怎样敬重这样一种热切的救赎，无论怎样期望这样一种救赎也能够向他敞开，都不得不把这种救赎仅仅看做有条件的，即他的生活方式必须首先做出力所能及的改善，以便拿出哪怕极微小的理由，来希望这样一种更高的功德能够给他带来好处。——因此，如果对这种功德的历史知识属于教会信仰，而生活方式则属于纯粹的道德信仰，那么，**后者作为条件就必须先行于前者**。

（二）但倘若人天生就是堕落了的，那么，如果他——虽然意识到自己迄今为止所犯下的过失，但却——依然处于恶的原则的支配之下，并且在自身中没有发现足够的能力在今后作出改善，则无论他如何作出努力，他又怎能相信能使自己成为一个新的、让上帝喜悦的人呢？如果他不能把他自己针对自己而激发起来的正义感看做凭借外来的救赎得到了和解的，而把自己看做通过这种信仰仿佛得到了新生的，并且首先开始了一种新的、将会成为与之结合在一起的善的原则之结果的生活方式，那么，他将在哪里建立起使自己成为一个上帝所喜悦的人的希望呢？——因此，对一种并非他自己的，且使他与上帝和解的功德的信仰必须先行于对善功的一切追求。但这与前一个命题是相冲突的。这种争端是不能通过对人类本质的自由的因果规定，即对那些使一个人变善或者变恶的原因的因果规定的洞见来达到平衡的，从而也不能在理论上达到平衡的；因为这个问题超越了我们的理性的全部思辨能力。但是对于实践的东 〔118〕
西而言，问题不是对于我们的自由任性的运用而言什么在物理上是第一性的，而是：什么在道德上是第一性的？即我们应该从哪里开始？是从对上帝为我们所做的事情的信仰开始，还是从我们为了配享这些事情（无论它存在于什么地方）而应该做的事情开始？此时，选择后者就是毫无疑问的了。

这是因为，对造福的第一个必要条件的假定，即对一种替代性的救赎的信仰的假定，充其量也只是对于理论的概念是必要的；我们不可能以其他方式来**理解**赎罪。相反，第二个原则的必要性是实践的，并且是纯粹道德的。我们肯定不能以其他方式来希望分有一种外来的救赎性的功德，并从而分享永福。我们只能凭借自己在遵循每一种人类义务方面的努力，来取得这种分享的资格，而这种遵循必须是我们的自我改造的结果，更不能是一种我们被动地接受的外来的影响。这是因为，由于这后一种诫命是无条件的，所以，一个人也必然会把它当做准则加在信仰上。也就是说，他会从改善人生开始，这是一种造福于人的信仰可能出现的惟一最高条件。

教会信仰作为一种历史性的信仰，有理由以对救赎的信仰开始；但是，由于它仅仅包含着纯粹的宗教信仰的载体（在宗教信仰中蕴涵着真正的目的），所以，在作为一种实践的信仰的宗教信仰中成为条件的东西，即**行动**的准则，必须造成开端；而**认知**或者理论信仰的准则只是起一种加固和完成前者的作用。

在此还需要说明的是，按照第一种原则，信仰（即对一种替代性的救赎的信仰）被当做人的义务。相反，善的生活方式的信仰，作为由更高的影响所造成的，则被当做对人的神恩。但是，按照第二种原则，情况则恰恰相反。因为按照这一原则，作为神恩最高条件的善的**生活方式**，是无条件的**义务**，相反，更高的救赎只是**神恩的事情**。人们（常常并不是没有道理的）指摘第一种原则是事奉神灵的**迷信**，但它毕竟懂得把一种应受惩罚的生活方式与宗教结合在一起；而指摘后者是**自然主**

义的无信仰，这种无信仰兼有对一种通常也许是可仿效的生活方式的无所谓态度，甚至对所有启示的对抗态度。但是，这并不是（在理论上）解开了绳结，而是（凭借一个实践的准则）斩开了绳结，当然，这在宗教问题中也是允许的。为了满足在理论上解开这一绳结的要求，下面的东西可能是有用的。对上帝所喜悦的人性的原型（上帝之子）的活生生的信仰，**就其自身而言**，是与一种道德的理性理念相关的，只要这种理念不仅被当做我们的准绳，而且还被当做我们的动机。所以，无论我是从这种作为**理性信仰**的信仰开始，还是从善的生活方式的原则开始，都是一回事。相反，对**显象中的**同一个原型（对神人合一者）的信仰，作为**经验性的**（历史性的）信仰，却与善的生活方式的原则（这原则必须是完全理性的）不是一回事；要从这样一种信仰♀①开始和要从它里面派生出一种善的生活方式，这是截然不同的东西。这正是上述两个命题的冲突所在。然而，在神人合一者的显象中，所包含的并不是他能够被感知，或者凭借经验认识的东西，而是我们加给神人合一者的那种蕴涵在我们的理性中的原型（因为就他的榜样可感知而言，可以根据那原型来判断他），其实就是造福于人的信仰的客体；而这样一种信仰与一种上帝所喜悦的生活方式是一回事。 〔119〕

因此，这里并没有两种自身有别的原则，似乎从它们的一个或者另一个开始，就是选择了截然相反的道路。相反，这里只有同一个实践的理念；我们由它出发，在一种情况下是由于它把原型表现为存在于上帝之中并从上帝出发，在另一种情况下是由于它把原型表现为存在于我们之中，但在这两种情况下，都是由于它把原型表现为我们的生活方式的圭臬；所以，二论

① 这种信仰必须把这样一个人格的存在建立在历史的全部证据上面。

背反只是表面上的，因为它是把只不过在不同的关系之中被看待的同一个实践的理念，通过一种误解视为两种不同的原则。

但是，如果有人要把对这样一个一度在世界上出现过的现象的现实性的历史信仰，当做惟一能造福于人的信仰的条件，
〔120〕那么，就当然会有两种截然不同的原则（一个是经验性的，另一个则是理性的）。无论人们必须从这一个还是从另一个出发和开始，关于它们都将会产生一种真正的准则之争，而这种准则之争是任何理性都将无法平息的。说我们必须相信曾经有过一个人，他通过自己的圣洁性和功德，不仅为他自己（就他的义务而言），而且也为其他所有人（为他们在义务方面的匮乏）作了救赎（对此理性没有告诉我们任何东西），以便希望我们自己在一种善的生活方式中，最终仅仅借助于那种信仰就能够得到永福。这样一句话所说的，完全不同于下面这句话：我们必须竭尽全力追求一种上帝所喜悦的生活方式的圣洁理念，以便能够相信，只要人类尽其所能，竭力仿效上帝的意志，上帝（已经由理性向我们保证了的）对人类的爱就将顾及这种诚挚的意念而弥补行为的缺陷，无论这种弥补是以什么方式进行的。

但是，前一种信仰并不在每一个人的（包括无教养的人的）能力范围之内。历史表明，在所有的宗教形式中都流行着两种信仰原则的这种争执；因为所有的宗教都有救赎说，不管它们把这种救赎说建立在什么地方。但是，每一个人身上的道德禀赋在自己这方面都免不了要让人听从自己的要求的。不过，在所有的时代，祭司都比道德主义者有更多地抱怨；也就是说，祭司们大声疾呼地（并且要求当局遏制这种胡作非为）抱怨忽视了对神灵的事奉。倡导这种事奉乃是为了使民众与天国和解，并使国家避免不幸。道德主义者则抱怨世风日下，极力把这归罪于那种赎罪手段，凭借那种赎罪手段，祭司使每一

个人虽然犯有最严重的罪行，也可以轻而易举地与神明和解。事实上，如果现存有一笔取之不尽的财富，供偿付已经犯下的和还可能要犯的罪债，由于人们只须举手之劳（不管良知提出什么要求，也毫无疑问首先要伸手）就可以使自己洗清罪债，而善的生活方式的决心却可以被推迟到他首先结清了那些罪债的时候，这样，就不易设想，这样一种信仰会有别的什么结果了。但是，如果这种信仰甚至被描绘成这个样子，就好像它真有一种如此独特的力量和这样一种神秘的（或者魔法的）影响，以至虽然就我们所知，它应该被视为纯然历史的，但只要人们沉浸在它和与它相联结的情感之中，它就有能力从根本上 〔121〕
改善整个人（从他造就出一个新人），那么，这种信仰本身就必然被看做是直接由天国（与历史性的信仰一起，并在此之下）授予和唤醒的：在这种情况下，所有的一切，连同人的道德属性，最终都导致了上帝的一种无条件的旨意："上帝要**怜悯**谁，就怜悯谁，要**叫谁刚硬**，就叫谁刚硬。"①② 从字面上来

① 这段话可以这样解释：没有一个人能够确定无疑地说，这个人是因何成为一个善的人，那个人是因何成为一个恶的人（二者都是比较而言的）。因为似乎早在出生时就常常已经可以发现这种区别的禀赋；甚至没有人能够预见的人生的偶然性，有时也在这方面起了一种决定性的作用。同样，也不能确定无疑地说，一个人会成为什么样的人。因此，我们必须听凭那全知者对此作出判断。而这一点在此被表述为，好像在人们出生之前，上帝关于人的旨意就明确地规定了每一个人今后应该扮演的角色。在显象的序列中，对于创世主来说，如果在这方面以神人同形同性论的方式来思考他，则**预见**同时也就是**预定**。但是，在按照自由律的事物的超感性的序列中去掉了时间，预见就仅仅是一种**全知的知识**，它不能说明为什么这个人如此行事，而另一个人则按照相反的基本原则行事，但它毕竟也能同时与意志的自由结合在一起。

②《罗马书》，第9章，第18节。——科学院版编者注

看，这就是人的理性的 salto mortale［致命的跳跃］。

因此，我们身上的自然禀赋，同时还有道德禀赋——后者既是所有宗教的基础，又是它们的诠释者——的一个必然结果是，宗教最终将逐渐地摆脱所有经验性的规定根据，摆脱所有以历史为基础的、借助于一种教会信仰暂时地为促进善而把人们联合起来的规章。这样，纯粹的宗教信仰最终将统治所有的人，“以便上帝就是一切中的一切”①。如果一个人应该襟怀坦白，就必须脱去那层当初胚胎借以形成为人的外壳。圣洁的传说及其附属物、规章和诫命的襻带，在当时曾作出过杰出的贡献，但逐渐地成为多余的。最终，当人进入青年时代时，它就成了桎梏。只要他（人类）还“是孩子，其聪慧就如同孩子”②，并且知道把无须他的参与就为他规定了的规章制
〔122〕度很好地与博学，甚至与一种能够为教会服务的哲学结合起来。“而既然他长大成人，就丢弃了孩子气的事情”③。**平信徒**与**教士**之间的令人屈辱的区别终结了，从真正的自由中产生了平等。但并没有无政府状态，因为虽然每一个人服从的都是他自己为他自己规定的（不是规章性的）法则，但他同时也必须把这法则看做通过理性为他启示的世界统治者的意志。这意志在一个不可见的共同政府之下，把所有的人都联结在一个国中。而在这之前，这个国就通过一个可见的教会得到了不充分的演示和准备。所有这一切，并不能期待由一场外部的革命来实现，这种革命以迅猛的、暴力的方式，造成它的非常依赖于幸运的结果。在其中，

①《哥林多前书》，第 15 章，第 28 节。——科学院版编者注

②③《哥林多前书》，第 13 章，第 11 节。——科学院版编者注

凡是在建立一种新制度时一度被忽略了的东西，都被令人遗憾地保存下来达数世纪之久，因为这种东西是无法再改变了，至少除了通过一场新的（在任何时候都是充满危险的）革命之外，不能再改变了。——纯粹的理性宗教，作为对所有的人都不断地发生的神性的（尽管不是经验性的）启示，在其原则中必然蕴涵着向事物的那种新秩序过渡的根据。这种根据一旦从成熟的反思出发来把握，就会借助于逐步向前的改革付诸实现，即在它是人的工作的范围内实现。因为就革命来说，虽然它能够缩短这种进步，但却仍然是听凭天意的，并且不能按计划地、在不损害自由的情况下进行。

不过，即使只有教会信仰向普遍的理性宗教，并且进而向地上的一种（神性的）伦理国家的逐步过渡的原则，普遍地、在有些地方甚至**在公众中**扎下了根，我们也仍然可以有根据地说："上帝的国已经降临到我们这里了"①，尽管现实地建立上帝的国，对我们来说还是距离无限遥远的事情。这是因为，由于这个原则包含着向这种完善的不断迫近的根据，作为一颗自己发芽生长、之后又重新结果的种子，在它里面蕴涵着有朝一日将照耀和统治世界的那个不可见的整体。但是，在每一个人的自然禀赋中，都不仅蕴涵着认识真和善的根据，而且也蕴涵着心灵分有真和善的根据。真和善一旦成为公共的，就不免要借助于它们与理性存在者的道德禀赋的自然亲和性，普遍地传播开来。〔123〕它们的传播有时可能会遇到的出自政治的、公民社会的原因的阻碍，宁可说有助于使人们的心灵向善（人们的心灵一见到善，善就再也不会离开他

①《马太福音》，第12章，第28节。——科学院版编者注

们的思想了）的联合更为密切。①

※ ※ ※

〔124〕 因此，善的原则的不能为人的眼睛觉察的、但却是不断向

① 对于教会信仰来说，只要人们既不放弃对它的事奉也不攻击它，就可以保持它作为一种工具的有利影响，尽管如此又取消它作为一种关于事奉神灵义务的妄想，而对真正的（即道德的）宗教的概念的一切影响。这样，虽然规章性的信仰方式各不相同，却可以凭借统一的理性宗教的基本原则来确立各种信仰方式的信徒们彼此之间的互相宽容。在这种统一的理性宗教中，教师可以解释所有那些规章制度和诫命的目的，直到能够随着时间的进展，借助于越来越被接受的真正的启蒙（一种从道德的自由产生的合法则性），在每一个人都同意的情况下，把一种令人屈辱的强制手段的形式，更换为一种符合道德宗教的尊严的教会形式，即更换为一种自由信仰的形式。——把教会的信仰统一和信仰事务上的自由结合起来，这是理性宗教的客观统一性理念，通过我们对它在道德上的兴趣而不断追求解决的一个问题。但是，要在一个可见的教会中实现这一点，如果我们就此求教于人的本性，则希望甚微。理性的理念不可能在一个符合它的直观中对我们展现出来，但它作为实践的范导性原则，为了对纯粹理性宗教的统一这种目的发生作用，却毕竟具有客观的实在性。这里的情况和一部国家法的政治理念一样，如果国家法同时与一种普遍的、具有权力的国际法相联系的话。经验剥夺了我们在这方面的一切希望。在人类中似乎被（也许是有意的）植入了一种倾向，即每一个国家，如果事情按照它的愿望发展的话，都追求征服其他每一个国家，并且建立一个世界帝国。但是，在它达到了某种规模后，就又自己分裂为几个小国家。同样，每一个教会都怀有那傲慢的要求，即成为普遍的教会。但是，一旦它得到扩展，成为占统治地位的，就马上出现了解体和分裂为各种不同的教派的原则。

♀把各国过早地融合为一体是有害的（倒不如在人们在道德上变得更好之后再这样），这种融合——如果允许我们在这里假定天意的一种意图的话——主要受到两个强有力的原因的阻碍，即语言的不同和宗教的不同。

前的工作就是：把人类作为一个遵循德性法则的共同体，在它里面建立一种力量和一个国度，它将宣布对恶的原则的胜利，并且在它对世界的统治下保证一种永恒的和平。

第二章
关于在地上逐步建立善的原则的统治的历史观念

我们不能要求地上的宗教（在这个词的最狭隘的意义上）有一部人类的**普遍历史**；因为它如果是建立在纯粹的道德信仰之上的，就不是公共的状态，而是每一个人都只能独自地意识到他在纯粹的道德信仰方面取得的进步。惟有对于教会信仰来说，我们才能通过按照它的各种不同的、变换不定的形式，把它与独一无二的、不变的、纯粹的宗教信仰进行比较，从而期望一种普遍的、历史的描述。从教会信仰公开承认依赖于宗教信仰的限制性条件和与它一致的必然性出发，**普遍的教会**开始把自己塑造为上帝的一个伦理的国度，并且按照一个对所有的人和所有的时代都保持同一的坚定不移的原则，向这个国度的实现进步。可以预见，这一历史将无非是对事奉神灵的宗教信仰和道德的宗教信仰之间的不断斗争的叙述；在这二者中，人总是倾向于把作为历史性的信仰的前者置于首位，而后者作为惟一能改善灵魂的信仰，却从未放弃对属于它的优先权的要求，并将最终确凿无疑地宣布这种优先权。

但是，只有当这一历史仅仅被局限在人类的那样一个部分的时候，它才可能具有统一性；在这部分人类那里，趋向普遍的教会的统一的那种禀赋，如今已经接近于它的发展。凭借这

种禀赋，至少理性的信仰与历史性的信仰之间的区别问题已经公开提出，并且其解决已经成为最重要的道德事务；因为各个
〔125〕不同的、其信仰彼此之间毫无关联的民族，其规章制度的历史，通常并不提供一种教会的统一。但是，在同一个民族中出现某种与先前占统治地位的信仰明显不同的新信仰，这并不能算是教会的统一，哪怕先前占统治地位的信仰，在自身中具有产生新信仰的**诱发性**原因。因为如果人们把各种不同的信仰方式前后相继的序列，算做同一个教会的各种变体的话，则统一就必须是原则的统一。而这部教会的历史就是我们现在反正要研究的东西。

因此，在这一意图中，我们只能讨论这样一种教会的历史，这种教会从它的最初的开端，就包含着趋向真正的、**普遍的**宗教信仰的客观统一的种子和原则，它在逐步地接近这样的宗教信仰。这里首先表明，**犹太教的**信仰与我们要考察其历史的这种教会信仰毫无本质性的联系，也就是说毫无概念上的统一，虽然前者是直接地先行的，并且为后一种（基督教的）教会的建立提供了自然的诱因。

就其最初的建立来说，**犹太教的信仰**只不过是规章性法则的一个总和，在这个总和之上建立起一种国家的制度。因为无论在当时还是在后来给它**附加上**什么样的道德添加剂，这些东西都绝对不属于犹太教这样一种宗教本身。犹太教严格来说，根本不是一种宗教，而只是一群人的联合。由于共属于一个特殊的民族，这群人形成了一个服从纯然政治的法则的共同体，从而也就没有形成一个教会；毋宁说，它本应该是一个纯然世俗的国家，以至即使这个国家被不利的偶然情况所粉碎，也总是还给它留下一种（本质上属于它的）政治信仰，即（在弥赛亚来临时）有朝一日重建这个国家。这个国家的制度以神权政治为基础（显然是一种自诩直接从上

帝获得指示的祭司或者领袖的贵族政体），从而上帝的名字也并没有使它的制度成为一种宗教制度，因为上帝在这里完全只是作为一个世俗君主受到敬重的，他关于和对于良知根本不提出任何要求。它本来不应该成为这样一种制度，这一点的证据是显而易见的。**首先**，所有的诫命都具有这样的品性，即使一种政治的制度也可以遵守它们，并且把它们当做 〔126〕
强制性的法则让人承担，因为它们只涉及外在的行动。虽然十诫即使不是被官方提出来的，在理性看来也已经是伦理的诫命，然而，在那次立法中，它们根本不是伴随在遵循它们时的**道德意念**（后来，基督教把它的主要工作就建立在这里）的要求一起被给予的，而是绝对地仅仅着眼于外在的遵守。这一点还可以从以下这点得到说明，即：**其次**，从对这些诫命的履行或者触犯所产生的一切后果、任何奖赏或者惩罚，都仅仅局限于那些在这个世界上每一个人都可能有份的奖赏或者惩罚；甚至就连这些奖赏或者惩罚也根本不是依据伦理概念的，因为二者据说也及于在实际上根本没有参与他们的业绩或者罪行的后代。这在一个政治制度中虽然也可能是一种造成服从的聪明办法，但在一个伦理制度中，却是违背一切公正性的。由于如果没有对来世的信仰，任何宗教就都是不可思议的，所以，犹太教本身就其纯粹性而言，根本不包含任何宗教信仰。这一点将通过以下的说明得到进一步的加强。也就是说，犹太人和其他民族、甚至最原始的民族一样，也应当有过对来世、从而对自己的天国和地狱的信仰，这几乎是不可怀疑的。因为这种信仰由于人的本性中的普遍的道德禀赋，对于每一个人来说都是自发地产生的。因此，这个民族的立法者尽管被设想为上帝自身，却对来世**不愿**给予丝毫的注意，这肯定是**有意地**造成的。它表明，这个立法者想建立的只是一个政治共同体，而不是一个伦理共同体。但是，在政治共同体中谈论在此生中不可见的奖赏和惩罚，鉴于那个前提条件，会是一种完全不合逻辑的、不适当的办法。即使不能怀疑犹太人在后来，每一个人都独自地为自己造成某种与他们的规章性信仰的信条混在一起的宗教信仰，它也毕竟从来没有构成一个属于犹太教立法的部分。**最后**，说犹太教构成了属于**普遍的教会**状态的一个阶段，或者甚至说，它在它那个时代就构成
〔127〕了这个普遍的教会，这种说法是如此错误，以至还不如说，它作为一个由耶和华特别为自己选中的、敌视其他所有民族并由此也被每一个民族敌视的民族，把整个人类都从其社会中排斥了出去。至于这个民族为自己规定了一个惟一的、不能凭借任何可见的形象来想象的上帝作为普遍的世界统治者，这一点在此也不能评价过高。因为我们在大多数其他民族那里都能发现，他们的教义也同样是通向那里的，并且仅仅由于**崇敬**某些隶属于那个普遍的世界统治者之下的、有力量的低级神，而招致了多神论的嫌疑。因为一个仅仅希望人们遵循那些诫命，为此却根本不要求一种改善了的道德意念的神，本来就不是我们在一种宗教上必需其概念的那种道德存在者。与其说，宗教是在信仰仅仅被奉献给一个惟一的存在者，但这个存在者却使机械的崇拜成为主要的事情的情况下产生的。倒不如说，宗教还可能产生自对多个这样的强而有力的、不可见的存在者的信仰，只要一个民族是这样思维这些存在者的，即它们虽然职司各异，但却全体一致地把自己的喜悦仅仅赋予最配享的人，即全心全意地追求德性的人。

因此，如果普遍的教会历史理应构成一个体系，那么，我们也就只能从基督教的起源来开始这种历史；基督教作为对它所由以产生的犹太教的一种完全抛弃，是建立在一个崭新的原则之上的，它在教义中造成了一场彻底的革命。基督教的导师尽可能作出，或者在一开始就尽可能作出过努力，要从这两种

宗教里编织出一条相互联系的线索来，于是就想学会把新的信仰看做旧的信仰的一种延续，认为旧的信仰以原型的方式包含了新的信仰的一切事件。这种努力极为清楚地表明，他们在这里所关心的也许或曾经只是用最适当的手段**引入**一种纯粹的道德宗教，来取代一种旧的、民众的习惯过于强大的崇拜，而又不直接与民众的成见相冲突。随之而来的废除形体描绘，促使那个民族与其他民族完全分离开来，单凭这点就可以让人作出判断，这种不受旧信仰的规章束缚，甚至不受任何规章束缚的新信仰，已经必然包含着一种对世界，而不是仅仅对一个惟一的民族有效的宗教了。

所以，基督教是从犹太教中突然地、但并非毫无准备地兴起的。不过，这里所说的犹太教，不再是族长制的、无混杂的、仅仅建立在自己的政治制度（即使它已经支离破碎了）之 〔128〕
上的犹太教，而是已经通过逐渐地在这方面公共化了的道德学说，同一种宗教信仰混合了的犹太教，在这样一种状态中，这个过去无知的民族已经获得了许多外来的（希腊人的）智慧，这些智慧也许有助于借助德性概念对这个民族进行启蒙。并且尽管有其规章性信仰的沉重负担，一旦有机会通过使祭司们听命于一个以无所谓的态度看待所有外来的民族信仰的民众的决定权，而削弱他们的权势，就为革命作好准备。福音的导师宣称自己是由天国派来的导师，同时，作为一个不辜负这一派遣的人，他宣布强制的信仰（对事奉神灵的日子、信条和习俗的信仰）是自身毫无价值的，相反，道德的信仰是惟一能够造福于人的信仰，惟有它才能够使人们圣洁，“就像你们的父在天国是圣洁的一样”①。他还凭借善的生活方式证明自己的纯正

①《彼得前书》，第1章，第16节。——科学院版编者注

性。但在他通过教诲和受难乃至无辜的，同时又是值得称颂
〔129〕 的死①，在自己的人格上提供了一个符合那惟一让上帝所喜悦的人性原型的榜样之后，他被设想为重新回到了他所来自的天

① 随着他的死，他的公开的历史（他的历史由此也普遍地被当做仿效的榜样）也就结束了。作为补充而附加上的比较隐秘的，仅仅为他的至交所目睹的，他的**复活**和**升天**（如果我们把它们仅仅作为理性理念来接受，那么，它们将意味着另一种生活的开端，意味着进入永福之地，即意味着与一切善的结合）的历史，却不能无损于它们的历史评价而被用于纯然理性界限内的宗教。这并不是因为它是历史叙述（因为这也是先行的历史叙述），而是因为就字面上来看，它假定了一个虽然很适合人的感性表象方式，但就其对未来的信仰来说却是理性的累赘的概念，即所有世间存在者的物质性的概念。也就是说，它不仅假定了人的只有在那个**肉体**条件下才发生的**人格**的**唯物论**（心理学的唯物论），而且还假定了一般在一个尘世中的**临在**的**唯物论**（宇宙论的唯物论），按照这个原则，这种临在只能是**空间上的**。与此相反，有理性的世间存在者的唯灵论的假设认为，肉体在地上固然是死的，但他的人格却是活着的。同样，人在精神上（就其非感性的质而言）能够达到永福之地，不会被置于环绕着地球的无限空间（我们也称之为天）的任何一个地方；这种假设对于理性来说是更为有利的。这不仅是由于一种能够思维的物质是无法理解的，而且特别是由于我们在死后的存在所遭逢到的那种偶然性，因为这种存在据说只不过是建立在某一团物质以某种形式的黏结之上的。相反，这种假设却要把一个单纯的实体的持久存在，设想为建立在它自己的本性之上的。——但是，在后一种前提条件（唯灵论的前提条件）下，理性既不会有兴趣永恒地拖曳着一个肉体，这个肉体无论怎么纯粹化，都（如果人格是建立在与肉体的同一性之上的）总还是必须由构成其肉体组织的基础的同样材料组成，而肉体本身在生活中却从未随心所欲地取得过这种材料。理性也无法使自己理解，构成了肉体的这种黏土在天上，即在另一个世界领域里应该是什么，恐怕在那里是另一种物质来构成生物存在与维持的条件吧。

国，因为他口头上留下了他最后的意志（如同在一个遗嘱中那样）。并且就追忆他的功绩、教诲和榜样而言，他能够说，“他（上帝所喜悦的人性的理想）仍然与自己的门徒同在，直到世界的末日”①。——在人们由于他的人格的起源和也许是超尘世的等级而可能会对一种**历史性的信仰**感兴趣的时候，这种教诲就会是需要由奇迹来证实了。但是，奇迹作为纯然属于道德上的、能改善灵魂的信仰的东西，却可能缺乏所有这样的证明其真实性的证据。这种教诲在一部《圣经》中还加进了奇迹和奥秘，而奇迹和奥秘的宣示本身又是一种奇迹，并且要求一种只能通过博学才能不仅加以证实、而且在其重要性和意义上加以保证的历史性的信仰。

但是，任何一种作为历史性的信仰而建立在经书之上的信仰，都必须有一个**有教养的**公众来作为自己的担保。在这样的公众中，这种信仰可以通过作为同代人的文献作家仿佛能够得到检验。这些作家不会被怀疑与这种信仰的第一批传播者有一种特别的约定，他们与我们今日的著作界有着不间断的联系。与此相反，纯粹的理性信仰并不需要这样一种证实，而是自己证明自己。在那场革命的时代，统治犹太人并散布在犹太人自己的居住地上的民族（罗马民族）中，就已经有一批有教养的公众，从他们那里，甚至当时的历史就政治制度中所发生的事件而言，也通过一系列作家流传给我们了。尽管这个民族很少关心它的非罗马臣民的宗教信仰，但 〔130〕
毕竟从据说在他们中间公开发生的奇迹来看，这个民族绝不是无信仰的。然而，作为同时代人，他们却不仅根本没有提到这些奇迹，也根本没有提到这些奇迹在臣服于他们的那个

①《马太福音》，第28章，第20节。——科学院版编者注

民族中（在宗教方面）所导致的那场虽然是公开地进行的革命。只是到了后来，在经过了一代人有余之后，他们才着手研究这场对他们来说迄今为止尚属未知的信仰变化的性质（这场信仰变化的进行并不是没有公开的活动的），但却没有研究这场变化最初的历史，以至在他们的编年史中，根本找不到这段历史。因此，从这个时候直到基督教为自己造就了一个有教养的公众的时代，基督教的历史是模糊不清的。于是，我们也就始终不知道，基督教的学说对他的教徒的道德性造成了什么样的影响，最初的基督徒是确实在道德上改善了的人，还是依然为普普通通的人。但是，自从基督教自己成为一个有教养的公众，或者至少是进入广大有教养的公众之中以来，就人们有理由期待一种道德宗教可以发挥的慈善作用而言，基督教的历史对公众来说决没有什么好印象。——隐士生活和僧侣生活中的神秘主义狂热，和对独身阶层的圣洁性的歌功颂德，是怎样使一大批人对世界变得毫无用处；与此相联系的所谓的奇迹，如此用沉重的枷锁把人民压制在一种盲目的迷信之下；借助一种压迫自由的人们的教阶制，**正统信仰**的可怕声音如此从自封的、惟一钦定的《圣经》诠释者的口中发出，以及基督教世界如此由于信仰的意见（如果人们不把纯粹的理性宣布为诠释者，就绝不能给信仰的意见带来任何普遍的一致）而分裂成激烈对抗的派别；在东方，国家以一种可笑的方式插手祭司和僧侣阶层的信仰规章，而不是把它们控制在只是学者阶层的狭小圈子内（这些规章在任何时候都热衷于把学者阶层转化为一个统治阶层）。我要说的是，这种国家是如此终于不可避免地必然成为最终结束了它的占统治地位的信仰的那些外来敌人的猎物。在西方，信仰获得了它自己的、不依赖于世俗权势而建
〔131〕立的宝座，而公民秩序连同（维护这种秩序的）各门科学，

却如此被一个自封的上帝钦差破坏和弄得衰弱不堪。这两个基督教地区①如此受到野蛮人的侵袭，就像由于生病而临近解体的植物和动物招引来毁灭性的昆虫以完成这种解体一样。在西方，那个精神上的领袖②如此凭借他那威胁要实行绝罚的魔杖，像对待小孩一样统治和惩罚各个国王，煽动他们去进行灭绝另一地区人口的对外战争（十字军战争），去彼此攻杀，并激怒臣民们反抗自己的政府，去残忍地仇视自己那同一个普遍的所谓基督教的不同想法的同道。这种即使如今也只是由于政治利益才免于激烈爆发的不和，如此隐秘地植根于一种专制地规定的教会信仰的基本原则之中，并一直还令人担忧发生类似的事件。——如果不是基督教的建立一直足够清楚地表明，它真正的初始意图无非是引入一种纯粹的、不可能存在意见争端的宗教信仰，而所有那些曾损害人类，并还在使人类分裂的骚乱之所以产生，完全是因为，由于人的本性的一种恶劣的倾向，那应该在一开始用于引进纯粹的宗教信仰的东西，即把那些习惯于旧的历史性信仰的民族，借助于他们自己的成见争取到新的信仰方面，结果却被当做了一种普遍的世界宗教的基础，那么，只要我们把基督教的这一历史（就基督教本来想要建立在一种历史性信仰的基础之上而言，这一历史也就不会有别的结果）看做一幅全景画，它就会证明那一声惊呼是多么正确：tantum religio potuit suadere malorum［宗教竟会诱发如此多的恶］。③

① 指西罗马帝国和东罗马帝国。——译者注
② 指罗马教宗。——译者注
③ 卢克莱修：《物性论》，Ⅰ，101。——科学院版编者注

如果有人问，迄今为止已知的全部教会历史的哪个时代是最好的时代，那么，我毫不犹豫地要说，**就是现在这个时代**。也就是说，人们可以让真正的宗教信仰的种子，如同它现今在基督教界虽然只是由一些人播种，但毕竟已经公开地播了种一样，完全不受阻碍地日益萌发起来，以便由此期待不断地接近那个把所有的人永远联合起来的那个教会，它构
〔132〕成上帝不可见的国在地上可见的体现（图型）。——在依照其本性应该是道德的和改善灵魂的那些事务上，理性使自己摆脱了一种总是听凭诠释者任性摆布的信仰的重负。这种理性在我们这部分世界的所有国家里，在真正的崇信宗教者中间，**首先**普遍地（即使不是处处都公开地）接受了在谈论所有叫做启示的事务时公允**谦逊**的基本原理：由于没有任何人能够否认，一部就其实践性内容而言，所包含的纯为神性事物的经书的**可能性**，它可能（即鉴于它在历史上所包含的东西）也确实被视为上帝的启示。此外，人们在一个宗教上的联合，若是没有一部《圣经》和一种建立在《圣经》之上的教会信仰，也就没有什么理由能够实现出来并坚持下来。又由于，正如人的洞察力的目前状况那样，的确很难有某个人会去期待一种由新的奇迹引入的新的启示。——因此，最合理和最公正的就是，把这部已经存在的《圣经》继续用做教会课程的基础，不借助毫无用处的、恶意的攻击来削弱它的价值，但也不把对它的信仰当做达到永福所要求的而强加给任何一个人。**第二个**基本原则是：由于纯然是为了教会信仰的目的而编制的《圣经》故事，其自身对于采纳道德准则绝对不能也不应该有任何影响，它仅仅是为了生动地展现道德准则的真正客体（追求圣洁性的德性）而被赋予教会信仰的。所以，《圣经》故事在任何时候都必须被讲授和解释为以道德的东西为目的的。但与此同时还必须小心地和（因为尤其是普通的人

在自身中有一种犯被动①信仰毛病的固定倾向）不断重复地提醒，不能把真正的宗教设定在对上帝为我们获得永福正在做或 〔133〕
者已经做了的事情的认识和信奉之中，而是应该把它设定在我们为了配享那些东西必须做的事情中，这种事情在任何时候都只是某种自身就具有无可置疑的、**无条件的**价值的东西，因而也只有它才能使我们让上帝喜悦。同时，每一个人都不需要任何《圣经》的博学就可以肯定它的必要性。——不妨碍这些基本原理，以便让它们成为公开的，这是君王们的义务；与此相反，在这方面干预神明天意的进程，为了讨好某些充其量也只是具有一种必须由学者们发现的或然性的历史性教会学说，而通过提供或者拒绝某些市民社会的、通常对每一个人开放的利益来诱惑臣民们的良知，这是非常冒险的，是要后果自负的。②且不说由此对在

① 这种倾向的原因之一在于安全原则，即我在一种宗教中出生和接受教育，它的教导不取决于我的选择，在其中我凭借自己的玄想不能够改变任何东西，因而这种宗教的错误也不应由我负责，而是应由我的教育者或者官方为此确定的教师负责，这也是人们不容易赞许一个人公开改宗的原因。此外，当然还有另一个更为深刻的原因，即由于每个人在自身中感到无法确定（在种种历史性的信仰中）哪一种信仰是正确的信仰，而道德的信仰到处都是同样的信仰，所以，人们也就把引起对此的注意看做毫无必要的。

② 如果一个政府愿意懂得，它仅仅禁止**公开地说出**自己的宗教意见，而并不阻挠任何人私下里**思考**他认为好的东西，这就不会被视为对良知的压制，那么，人们对此通常会付之一笑，并且说，这根本不是什么由它所赐予的自由；因为它根本就不能阻挠人们的思维。然而，世俗的最高权力做不到的事情，宗教的权力却能够做到，也就是说，甚至能禁止并且事实上也阻挠思维，以至于它还能够把这种强制施加于它的有权势的世俗上司，即禁止哪怕仅仅是思考与它所规定的不同的东西。这是因为，由于人们有趋于事奉神灵的强制性信仰的倾向，他们自发地趋向于不仅赋予这种信仰以先于道德信仰（借助遵守自己的一般义务来事奉上帝）的最大的重要性，而且赋

〔134〕这种场合的圣洁自由所造成的损害，它也很难为国家造就好的公民。那些自愿去阻碍神性禀赋趋向尘世的至善这样一种自由的发展，或者甚至还建议别人去阻碍它的人，只要求教于良知对此反思一下，在他们中间还有谁，愿意为所有的人担保可能从这样的粗暴干预中产生的恶呢？这种恶也许会使世界统治者所计划的、在善上的进步长期受到阻碍，甚至还会使它退步，尽管不会有一种人类的力量和机构能够在某个时候完全取消这种进步。

在这段故事中，就天意的指导而言，天国最终也被设想为不仅是处于一种虽然在某些时候停留一下，但却永远不会完全中断的接近程序中，而且也是处于降临之中。当这种历史叙述（在《启示录》中）还被附加上一种预言（如在《西彼拉预言集》[①] 中

予它惟一的、能弥补其他所有缺陷的重要性，所以，正统信仰的维护者们作为灵魂的牧者，随时都可以轻而易举地引起他们的牧群虔诚地惧怕对某些建立在历史基础之上的信条的极小的偏离，甚至是惧怕对这些信条的任何研究，以至于他们不敢哪怕是仅仅在思想中让自己产生对强加给自己的信条的怀疑，因为这已经是在听从恶的精灵了。的确，为了摆脱这种强制，人们只可以有**愿望**（对于君王们在官方信仰方面的强制来说，就不是这么回事了），但这种愿望也正是在内心中受到阻挠的东西。不过，这种真正的对良知的压制，虽然已经够糟糕了（因为它诱导出内心的虚伪），但还不像阻碍外在的信仰自由那么糟糕。因为前者通过道德洞察力的进步，和对自己的自由——对义务的真正敬重只能从自由中产生——的意识，必然逐渐地自行消失，而后一种外在的强制则相反，它阻碍那构成了真正教会的本质的、信徒们的伦理共同体中的任何自愿的进步，并且使教会的形式也完全服从政治的规定。

① 西彼拉（Sibylle）原是古希腊女预言家的称谓。古罗马一位女预言家所撰写的《西彼拉预言集》与后来的先知预言混合，曾对罗马帝国的政治生活产生重大的影响。基督教胜利后，《西彼拉预言集》并没有失去作用。保存下来的《西彼拉预言集》（十二卷）是古希腊罗马、犹太教和基督教观点和信条的一种混合物。——译者注

那样），预示这一伟大的世界转变在一个地上的可见的上帝之国的画卷中（在他的崇信降临的代理人和授权者的统治下）的实现；预示在他的领导下，在脱离和排除了再次试图对抗他的叛逆者之后在这尘世应该享有的幸福；还预示对这些叛逆者及其首领的彻底根除，从而是**世界的末日**构成了历史的结束时，人们就可以把天国解释为一种不过是为了更有力地鼓动起人们的希望、勇气和对天国的追求的象征性表象。福音的导师仅仅从庄重的、使灵魂升华的、道德的方面，即配得上成为一个上帝之国的公民的方面，向自己的门徒指明了上帝在地上的国，并且指示他们该做什么，不仅为了自己做到这一点，而且还为了与其他志同道合的人，并且尽可能与整个人类联合起来去做。但是，就构成了人的另一部分不可避免的愿望的幸福而言，他向自己的门徒预言，他们在自己的尘世生活中不能指望得到幸福。毋宁说，他让他们作好承受极大的悲痛和牺牲的准〔135〕
备；不过，他（由于人只要生存着，就不能苛求他完全放弃幸福的自然因素）又补充说："应当欢喜快乐，因为你们在天上的赏赐是大的"①。上面引用的对教会历史的附加部分，在涉及人们未来的和最终的命运时，把人们设想为最终是**胜利凯旋的**，即在克服了所有的障碍之后，在尘世也达到了幸福的巅峰。——在教会向其完善性进步期间，善人与恶人的区分对这一目的不会有所助益（因为二者彼此之间的混合恰好是为此目的所必需的，这部分是为了磨砺善人的德性，部分是为了用善人的榜样把恶人从恶引开），这种区分被设想在完成了上帝之国的建立之后，是这种建立的最终结果。在这里，还加上了对这个国作为一种政权来看的坚固性的终极证明，加上它对同样

①《马太福音》，第5章，第12节。——科学院版编者注

也被看做在一个国（炼狱之国）中的所有外部敌人的胜利。这样就使得所有的尘世生活有了一个结束，因为“尽末了毁灭的（善人们的）仇敌，就是死”①，双方都开始了不朽，一方是得救，另一方则是沉沦。一种教会的形式也就解体了；地上的授权者也就与作为天国的公民、上升到他那里的人们进入同一个等级，于是，上帝也就是一切中的一切了。②

对自身并非历史的来世作一种历史叙述，这种表象是一个美好的理想，即通过引入真正的普遍宗教造成道德上的、在信
〔136〕仰中**预见到的**世界新纪元，直到其实现。我们不能把这一实现作为经验性的实现来**预期**，而是只能在持续不断的进步中和向尘世可能的至善的迫近中（这里没有任何神秘的东西，所有的一切都是以道德的方式自然而然地进行的）来**期望**这一实现，即为这一实现作好准备。反基督者的出现、千禧年、关于世界末日临近的宣告，都可以在理性面前得到其好的、象征性的意义。而关于世界末日临近的宣告，被设想为一个（就像人生的终点或远或近一样）不可预见的事件，很恰当地表达了任何时

①《哥林多前书》，第15章，第26节。——科学院版编者注

② 这一表述可以（如果我们排除那些秘奥的、超出了可能经验的所有界限的、纯然属于人们的**圣洁**历史的，从而与我们在实践上毫不相干的东西）这样来理解，即历史性信仰作为教会信仰，需要一部《圣经》来当做人们的襻带，但正因如此也妨碍了教会的统一和普遍性。这种历史性信仰将自行终结并转化为一种纯粹的、对整个世界都明白易懂的宗教信仰。因此，我们今天就已经勤奋地为此工作，通过坚持不懈地使纯粹的理性宗教脱去那层目前尚不可缺少的外壳而发展起来。

♀不是说这种历史性信仰正在终结，而是说它可能终结（因为它作为一种载体，也许总会是有用的和必要的）。这里指的仅仅是纯粹的道德信仰的内在坚固性。

候都为此作好准备，但在事实上（如果我们赋予这一象征以理知的意义）任何时候都把我们自己现实地看做一个上帝之国的合格公民的必要性。“上帝的国几时来到？”——“上帝的国来到，不是眼所能见的。人也不得说，看哪，在这里。看哪，在那里。**因为上帝的国就在你们的心里！**”（《路加福音》，第17章，第21—22节）。♀①

① 这里所说的不是一个根据一种特殊盟约的上帝之国（不是弥赛亚的国），而是一个**道德的**（单凭理性便可以认识的）国。前者（regnum divinum pactitium［缔约者的神圣国度］）必须从历史中获取它的证明；于是它被划分为根据**旧**约的弥赛亚的国和根据**新**约的弥赛亚的国。值得注意的是，前者的崇敬者（犹太人）虽然四散在全世界，但仍然保持为这样的崇敬者，而其他宗教同道的信仰，通常却与他们散布在其中的民族的信仰融合在一起了。这一现象使许多人觉得如此奇异，以至他们认为，这按照自然的进程是不可能的，而认为它乃是为了上帝的一个特殊的意图而作出的非常的安排。不过，一个具有自己的写下的宗教（《圣经》）的民族，是绝不会与另一个没有这样写下的宗教，而是只有习俗的民族（如罗马帝国——当时是整个文明世界）融合进一种信仰的；毋宁说，它或迟或早地造就了一批认信者。因此，即使是犹太人，在巴比伦之囚以后——他们的《圣经》似乎最早是在那之后成为公开的读本的——也不再由于他们追随外来神灵的倾向而受到指摘了。尤其是肯定也影响过他们的亚历山大里亚文化，可能曾有利于他们赋予那些外来神灵一个体系化的形式。同样，琐罗亚斯德教的信徒波斯人，虽然居住分散，也把他们的信仰保存到了今天；因为他们的大祭司拥有《阿维斯陀注释》。相反，使用茨冈人这个名称散布各地的印度人，由于他们乃是出自这个民族的渣滓（贱民），他们甚至被禁止阅读自己的《圣经》，因而也就难免与外来信仰混合了。不过，犹太人尽管如此未能单独为自己造成的东西，基督教和后来的穆罕默德教，尤其是基督教却做到了。因为它们是以犹太人的信仰和属于这一信仰的《圣经》为前提条件的（尽管穆罕默德教宣称这些《圣经》是伪造的）。而犹太人尽管在迁徙中很大程度

〔137〕

总的附释

在所有与宗教相联系的信仰方式中，研究活动在其内在属性的背后，都不可避免地遇到一种**奥秘**，即遇到某种**神圣的东西**，它虽然可以为每一个单个的人所**知道**，但却不能成为**众所周知的**，即不能被普遍地传达出来。作为某种**神圣的东西**，它必然是一个道德的对象，从而也就是理性的一个对象，并且可以被内在地认做对于实践的运用来说是充足的；但是作为某种**奥秘的东西**，它对于理论的运用来说却不是充足的，因为它在

上失去了阅读自己的古老文献的能力，从而也失去了占有它们的兴趣，只剩下了他们从前曾经拥有过这些文献的回忆，但他们总还是能够在从他们那里出发的基督徒那里重新找到这些文献。因此，如果把马拉巴尔海岸的少数犹太人和中国可能有的一个犹太村落（其中前者可能与他们在阿拉伯的信友有着持续不断的商业来往）除开，那么，在上面提到的各国之外，人们也没有发现犹太人，尽管无可置疑的是，他们不会不也散布到那些富裕的国家中去。但由于他们的信仰缺乏与当地的信仰方式的任何类似性，他们完全遗忘了自己的信仰。但是，把令人满意的考察建立在犹太民族及其宗教在对他们来说如此不利的情况下得以如此保存下来的基础之上，是很糟糕的，因为两种意见的每一方都相信可以在这里找到自己的解释。一方把自己所属的民族得以保存，以及自己的尽管散布在如此众多的民族之中却依然纯洁的古老信仰得以保存，看做要为一个未来的地上王国保存这个民族的某种特别的、仁慈的天意的证明。另一方则把它看做不过是一个被摧毁的、抗拒临近的天国的国家的鉴戒性废墟。一个特别的天意之所以还一直保存这废墟，部分是为了使关于一个出自这个民族的弥赛亚的古老预言保存在人们的怀念中，部分是为了在它上面树立一个公正惩罚的榜样，因为这个民族冥顽不化地要从政治上理解弥赛亚，而不是在道德上理解弥赛亚。

这种情况下必须对每一个人来说都是可传达的，从而也可以成为外在的和众所周知的。

信仰某种我们同时应看做是神圣的奥秘的东西，这可以或者被看做一种**神圣启示的信仰**，或者被看做一种**纯粹理性的信仰**。如果没有极大的迫切需要迫使我们接受前者，那么，我们将立足于后者作为我们的准则。情感并不是认识，因而也不说明任何奥秘。而且既然奥秘是与理性相关的，但又不能被普遍地传达，所以，（如果在任何时候有这样一种东西的话）每一个人都将只能在他自己的理性中寻找它。 〔138〕

先天地、客观地澄清是否存在这样的奥秘，这是不可能的。因此，我们将不得不直接在内心中、在我们道德禀赋的主观因素中去搜索，以便看一看在我们心中是否存在有诸如此类的东西。道德事务虽然是可以公开传达的，但我们却不能给出其原因，而是只能给出供我们认识、但却不能公开传达的东西。然而，我们并不可以把道德事务的对于我们来说无法探明的**根据**算做神圣的奥秘。例如自由，它是人根据自己的任性可以受无条件道德的法则所决定而得知的一种属性，但它不是奥秘，因为对它的认识对每一个人来说都是**可传达的**。但是，这种属性的对于我们来说无法探明的根据是一个奥秘；因为它并**没有被给予**我们供我们认识。但恰恰惟有这种自由，才是那种当它被运用于实践理性的最终客体，即道德终极目的的理念的实现时，就不可避免地把我们引导到神圣的奥秘的东西。①

① 例如，世界上所有物质普遍具有重力的原因是我们所不知道的，以至我们甚至可以认为，它绝不会为我们所知；因为单是它的概念就已经以一种无条件地包含在它本身中的第一推动力为前提了。然而，它并不是一种奥秘，而是可以向每一个人说明的，因为它的法则是被充分认识到的。当**牛顿**把第一推动力设想为仿佛是上帝在显象界无所不在（omnipraesentia

〔139〕 由于人不能自己实现与纯粹的道德意念不可分割地结合在一起的至善理念（不仅是从隶属于它的幸福方面来说，而且还从人们为整个目的的必然联合方面来说），尽管如此，却在自身中发现了必须致力于此的义务，所以，人发现自己被引向了对一个道德的世界统治者所做的协助或者安排的信仰，只有借助他的协助和安排，这一目的才是可能的；于是，关于上帝在这方面会做什么，是否可以一般地把**某种东西**归之于他，以及可以把**什么**特别地归之于他（上帝），在人面前就呈现出一个奥秘的深渊。不过，人在每一种义务中所认识的，无非是为了能够配享那种不为他所知，至少不为他所理解的襄助，他自己应该做些什么。

一个道德的世界统治者的这一理念，是我们的实践理性的一个课题。我们感兴趣的并不是知道上帝就其自身而言（就其

phaenomenon［作为现象的无所不在］）时，这不是试图去解释它（因为上帝在空间中的存在包含着一种矛盾），但却是一个庄严的比喻，它仅仅着眼于通过赋予有形的存在者一个无形的原因，而把有形的存在者结合成为一个世界整体的问题。同样的情况似乎也发生在试图去洞察把有理性的世俗存在者联合为一个伦理国家的独立原则，并由此出发解释这种联合的场合。我们只知道使我们如此的义务；即使我们服从义务，预期的结果的可能性也超出了我们的所有洞察力的界限之外。——存在有自然界的奥秘、隐秘（arcana［玄秘的事物］），也可能存在有政治的奥秘（保守秘密，secreta［机密］），它们不应该成为众所周知的。但是，由于二者都是以经验性的原因为基础的，它们都是**能够**为我们所知的。就人们普遍有义务认识的东西（即道德事务）而言，不可能存在有任何奥秘。但就只有上帝才能做到的事情而言，参与其事超出了我们的能力，因而也超出了我们的义务，只有这时才会存在真正的奥秘，即宗教的神圣奥秘（mysterium）。关于它们，对于我们有用的只是知道并且理解到有这样的东西存在，而不是去洞察它。

本性而言）是什么，而是知道他对于作为理性存在者的我们而言是什么。虽然我们为了这一关联必须这样思考和设想上帝的那个本然属性，即对于这种关系来说，在为贯彻他的意志所要求的完善性中是必要的（例如作为一个不变的、全知的、全能的存在者等等），而且离开这一关联，我们在他那里就不能认识任何东西。

根据实践理性的这种需求，普遍的真正的宗教信仰也就是信仰上帝：1. 他是天地的全能的创造者，即在道德上是**圣洁的**立法者；2. 他是人类的维护者，是人类的**慈善的**统治者和道德上的照料者；3. 他是他自己的神圣法则的主管者，即**公正的**法官。

这种信仰本来不包含任何奥秘，因为它仅仅表示了上帝与人类在道德上的关系。它也自发地呈现在所有的人类理性面前，因而我们在大多数文明民族的宗教中，都可以发现这种信仰。[①] 它蕴涵在一个作为共同体的民族的概念之中，在一个这样的民族中，任何时候都必须考虑这样一种三重的高层权力(pouvoir)，只不过它在此被设想为伦理的罢了。因此，人类 〔140〕

① 在关于末世的神圣预言故事中，**世界审判者**（真正说来是这样一个身旁者，他把属于善的原则之国的人们作为自己人，置于他的统治之下，并把他们拣选出来）不是被设想和称做上帝，而是被设想和称做人子。这似乎表明，**人类自己**由于意识到自己的局限性和脆弱，将在这一拣选中判决**自己**。这是一种仁慈，但并不损害正义。——与此相反，如果人们的审判者表现在他的神性中，就像他按照为我们所承认的神圣法则和我们自己的责任对我们的良知讲话那样（圣灵），那么，他只能被设想为按照法则的严峻性作审判，因为我们自己根本不知道，要怎样归咎于我们的脆弱才能对我们有利，而只不过清楚地知道在意识到我们的自由的情况下所做出的逾越行为，知道完全可以归咎于我们的对义务的损害，从而也就没有理由在审判者关于我们的判决中假定仁慈。

的道德元首的这种三重性质，可以被设想为在同一个存在者中结合在一起。而它们在一个律法的公民国家中，则必须被分配在三个不同的主体之下。♀①

〔141〕 但是，由于这种为了一般宗教而使人与最高存在者的道德关系脱除了有害的神人同形同性论因素，并使之符合一个上帝子民的真正品德的信仰，是首先在一种（基督教的）教义中提出，并且仅仅在这一教义中才向世界公开提出的，所以，我们倒是可以把颁布这种信仰称做迄今为止，由于人们自己的罪过而对人们仍是奥秘的东西的启示。

这一教义宣称：**首先**，我们既不应该把最高的立法者本身设想为**仁慈的**，从而对人们的弱点也就是**宽容的**（容忍的），也不应该把他设想为**专制的**，仅仅根据他的无限制的权力颁布命令的；也不应该把他的法则设想为任意的，与我们的道德概

① 我们找不出理由来说明，为什么如此多的古老民族在这个理念上是一致的。除非理由在于，当我们要设想一个民族政府，并且（根据与一个民族政府的类比）设想一个世界政府的时候，这个理念就蕴涵在普遍的人类理性之中。**琐罗亚斯德教**有这三个神的位格：奥尔穆兹德、密特拉和阿里曼；**印度教**有梵天、毗湿奴和湿婆（区别仅仅在于，前者不仅把第三个位格，就其是惩罚而言设想为灾祸的始作俑者，而且甚至于设想为使人遭受惩罚的道德上的恶；而后者则仅仅把它设想为进行审判和惩罚的）。**埃及人的**宗教有卜塔、克奈夫和内特，其中，就来自这个民族远古时代的信息的模糊性使人能够猜测而言，应该是第一个原则体现与物质有别的精神，它是**世界的创造者**，第二个原则体现起维护和**治理**作用的仁慈，第三个原则体现限制仁慈的智慧，即**正义**。**哥特人**的宗教崇敬奥丁（万有之父）、弗莱亚（仁慈）和托尔，即从事审判（惩罚）的神。甚至犹太人似乎在其等级制度的最后时代也追随过这些理念。因为在法利赛人关于基督被称做上帝之子的指控中，他们的指控似乎并没有特别强调认为上帝有一个儿子的学说，而是仅仅强调基督自称是上帝的这一儿子。

念一点也不相似的，而应该将这法则设想为与人们的圣洁性相关的法则。**其次**，我们不得把他的仁慈设定在对他的造物的一种无条件的**宠爱**之中，而是必须设定在这一点之中，即他首先关注这些造物借以能够使他**喜悦**的那些道德品性，只是在此之后才来弥补他们在由自己来满足这一条件方面的无能。**再次**，他的公正不能被设想为**仁慈的**和**软心肠的**（这包含着自相矛盾），更不能被设想为以立法者的**圣洁性**的品质（面对这种品质，没有一个人是公正的）实施，而是只能被设想为把仁慈限制在这样的条件下，即人们就作为**人的子女**能够符合神圣法则的要求而言，与这种法则保持一致。一言以蔽之：上帝要人们以一种三重的、类别不同的道德品质来事奉，对于这样一种品质来说，同一存在者的不同人格（不是自然方面不同，而是道德方面不同）的这种命名，并不是什么不合适的表述。信仰的这种象征同时表达出了整个纯粹的道德宗教。否则，没有这种区别，按照人把神明设想得和一个人类元首一样（因为人类元首在其统治中通常不是把这三重的品质彼此分开，而是经常把 〔142〕
它们掺杂或者混淆起来）的倾向，纯粹的道德宗教就会面临蜕化为一种神人同形同性论的强制信仰的危险。

但是，如果这种（对上帝的三位一体的）信仰不是仅仅被视为一个实践理念的表象，而是被视为一种应当表现上帝本身是什么的信仰，那么，它就会是一种超越了人的所有概念的、从而不能启示给人的理解力的奥秘，并且可以从这种角度被宣布为这样一种奥秘。对这种奥秘的信仰，作为对人关于上帝的本性的理论认识的扩展，只会是对一种完全不为人所理解的，即使人们能够理解，也是教会信仰的神人同形同性论象征的信奉，这对道德上的改善没有丝毫帮助。——只有我们在实践关联中能够很好理解和洞察，但在理论方面（为了规定客体自身的本性）却超越了我们的所有概念的东西，才是（在一种关联中的）奥秘，并能够（在另一种关联中）被启示。上述奥秘就是属于后一类的。它可以被划分为三种借助我们自己的理性启示给我们的奥秘：

1. **天职**（我们作为公民对一个伦理国家的天职）的奥秘。——只是就我们把自己同时看做上帝的**造物**而言，我们才能设想人普遍地、**无条件地**服从上帝的立法；就像上帝之所以能够被看做所有自然规律的制作者，只是因为他是自然事物的创造者一样。但是，存在者应如何被**创造得**能够自由地运用自己的力量，这对我们的理性来说是绝对不可理解的。因为按照因果律，对于一个被视为产生出来的存在者而言，除了产生它的原因置于它里面的那种根据之外，我们不能赋予它其他任何内在的行动根据。它的任何行动都是由产生它的原因置于它里面的根据（从而也就是由一个外在的原因）决定的，因而这个存在者本身也就是不自由的。因此，我们的理性洞见无法把上帝的、圣洁的，从而仅仅涉及自由的存在者的立法与自由的存在者被创造这个概念一致起来。相反，我们必须把自由的存在者看做是已经实存的自由存在者，它们并不是因为其被创造而
〔143〕由其自然依赖性所决定，而是由一种纯然道德的、按照自由律可能的强制，即一种成为上帝之国的公民的天职所决定的。因此，在这一目的上的天职，在道德上是完全清楚明白的；但是对于思辨来说，这一天职的可能性是一个无法看透的奥秘。

2. **救赎**的奥秘。就像我们所知道的那样，人是堕落了的，并且绝不能自动地符合那种圣洁的法则。尽管如此，既然仿佛是上帝的仁慈把人召唤到存在，即邀请到一种特殊的实存方式（成为天国的一员），那么，他就也必然有办法从他自己丰富的圣洁性中弥补上人在这方面所不可少的适宜性的缺乏。然而，这是与自发性（它对于一个人自身可能具有的所有道德上的善和恶来说，都是前提条件）相悖的。根据自发性，这样一种善

如果应该能够被归功于他的话，就必须不是出自另一个人，而是出自他自己。——因此，就理性所能洞见的来说，没有任何别的人能够通过善行的充盈，或者通过其功德来代替他。或者说，即使**假定**这种情况，也只是在道德方面才有必要**假定**它，因为对于玄想来说，它是一个无法达到的奥秘。

3. **拣选**的奥秘。即使承认那种替代性的救赎是可能的，但在道德信仰上假定这种救赎，毕竟是一种向善的意志规定，它已经以人心中的上帝所喜悦的意念为前提条件，但人在本性的堕落之后是不能由自己在自己心中产生这种意念的。不过，说在他里面应当有一种天国的**神恩**在起作用，这种圣宠不是按照劳作的功德，而是通过无条件的**决定**赐给一个人这种帮助，拒绝给予另一个人这种帮助的；我们人类的一部分被拣选出来获得永福，另一部分则被永罚，这同样不能使人理解上帝的公正，而顶多会必然地和某种其规则对我们来说绝对是一个奥秘的智慧发生关联。

现在，关于这些奥秘，就其涉及每一个人的道德生活史而言，也就是说，一般道德上的善或者恶会存在于世界上，这种事情究竟是怎么发生的？以及（如果恶存在于所有人身上，并存在于所有时间中）善是怎样从恶中产生，并在任何一个人身上确立起来的？或者说，为什么当**这种情况**发生在一些人身上时，另一些人却被排除在外？——对此，上帝没有也不能为我 〔144〕
们启示任何东西，因为我们反正不会**理解**♀[1]它们。这就好像

[1] 通常，人们会毫不犹豫地去要求宗教的初学者信仰奥秘。因为我们不能**理解**它们，即不能洞察它们的对象的可能性，这同样不能使我们有理由去拒绝接受它们。就像有机物质的生殖能力一样，也没有人理解它，但并不因此就能被拒绝接受，尽管它对于我们来说是并将仍然是一个奥秘。不过，我们很清楚地**懂得**这一术语要说的是什么，对于这一对象有一

我们想要从人的自由出发去**解释**和**理解**所发生的事情，而上帝对此虽然通过我们心中的道德法则启示了他的意志，但却使一个自由的行动在尘世发生或者不发生的**原因**遗留在幽暗中。凡是应该根据因果律来理解，但作为历史又是出自自由的东西，对于人们的研究来说，都必然停留在这样一种幽暗之中。♀①不过，就我们的行为的客观规则而言，凡是我们需要的东西都（通过理性和《圣经》）充分地对我们启示出来了，而这种启示同时对于每一个人来说都是可以理解的。

说人由道德法则召唤而走向善的生活方式，说人由于心中蕴涵有对道德法则的永不消逝的敬重而在自己身上发现某种预兆，预示自己也会对这种善的精神产生信任，并会希望无论如何都能够做得让它满意；最后，说他必须通过把后一种期望与道德法则的严格诫命加以对照，不断地检查自己，如同在一位
〔145〕法官面前被要求作出解释，所有这些，都是理性、心灵和良知同时教导和推动的。要求为我们显露更多的东西，乃是希望过分。即使真要如此，他也不应把这算做是人的普遍需求。

不过，即使能够使那在一个定式中包含着上述一切东西的

个经验性的概念，同时又意识到其中并不包含自相矛盾。对于每一个向信仰提出来的奥秘，我们都可以有理由要求自己**懂得**这意味着什么。之所以如此，并不是因为我们**逐一地**弄懂了暗示这奥秘的那些语词，即把它们与一种意义结合起来，而是因为它们被概括为一个概念，必然还是容许有一种意义的，而一切思想在这里并没有被说尽。说只要我们在自己这方面不缺少诚意，上帝就很可能会凭借**灵感**让我们得到这种知识，这是不可思议的。其原因在于，我们内心根本没有这种知识，因为我们的知性的本性没有能力得到这种知识。

① 因此，我们在实践关联中（如果谈的是义务）完全可以懂得什么是自由；但在理论方面，就自由的因果性（似乎是它的本性）而言，却连设想要弄懂它而不陷入自相矛盾也不可能。

重大奥秘，对每一个人来说都可以理解为实践上必需的宗教理念，我们还是可以说，为了成为宗教的道德基础，特别是成为一种公共宗教的道德基础，这一奥秘只有在被公开地讲授，并被当做一个崭新的宗教时代的象征时，才会被启示出来。**礼仪上的定式**通常都包含着它们自己的，仅仅为属于一个特殊团契（一个行会或者一个共同体）的人规定的，有时是神秘的，并不为每一个人都理解的语言。人们也应该有理由（出自敬重）把这种定式仅仅用于某种庆祝活动的目的（例如当某人应被作为成员接纳入一个把自己与其他人隔离开来的团契时那样）。然而，有限的造物在道德上的完善这一最高的、人们绝不能完全达到的目的，却是对法则的爱。

根据这一理念，在宗教中一个信仰原则就是："上帝就是爱"①；在上帝里面。我们可以**崇敬**那施爱者（连同在道德上**喜悦**人们的爱，假如人们符合他的圣洁法则的话），即**圣父**；此外，在他里面，假如他体现在他的维护一切的理念之中，即体现在由他自己所生和所爱的人性原型之中，我们可以**崇敬**他的**圣子**；最后，假如他把这种喜悦限制在人与那种喜悦的爱的条件相一致的条件上，并且由此证明它是建立在智慧基础之上的爱，我们可以**崇敬圣灵**②；但真正说来，我们不可以在如此 〔146〕

①《约翰壹书》，第4章，第8节；第4章，第16节。——科学院版编者注

② 这个圣灵把作为赐福者的上帝的爱（真正说来是我们根据这种爱作出的回应之爱），与在作为立法者的上帝面前的敬畏，也就是说，使受条件制约的东西与条件结合起来，从而被设想为"从二者出来的"*。除了"他要引导你们明白一切的真理（遵循义务）"（《约翰福音》，第16章，第13节。——科学院版编者注）。之外，这个圣灵同时也是人们（在面对自己的良知时）的真正的审判者。因为可以在双重的意义上理解审判：或者是对功德和缺乏功德的审判，或者是对罪过和无罪的审判。把上帝作为**爱**（在他

多重的位格中向他**祈祷**的（因为这会暗示着本质的不同，而他

的圣子中）来看，他审判人们，是就人在自己的罪责之上还有一种功德对自己有利而言的。而他的判决也就是：**配得上**或者**配不上**。他把还能够算做有这样一种功德的人拣选出来作为他的自己人。其余的人则一无所得。与此相反，依照**公正性**的审判者（这是真正以圣灵的名义应如此称谓的审判者）关于不可能有一种功德对其有利的人们的判决是：**有罪**或者**无罪**，即诅咒或者释罪。——在前一种场合里，**判决**意味着把有功德者从无功德者中**拣选**出来，双方都是在谋求一种奖赏（永福）。但是，**功德**在这里不是被理解为在与法则的关联中道德性的优越（在法则方面，我们不可能在遵循义务上，获得超出我们罪责的盈余），而是仅仅被理解为，在与其他人就其道德意念而言的比较中道德性的优势。**配得上**始终也只有否定的意义（不是配不上），即在道德上有接受这样一种仁慈的能力。——因此，就第一种品质进行审判的审判者（作为 Brabeuta［裁判］），是在**两种**谋求奖赏（永福）的个人（或者党派）之间作出选择判断的；而就第二种品质作出审判的审判者（真正的审判者），其判决是关于同一个人，当这个人面对在起诉人和辩护人之间作出判决的法庭（良知）时作出的。——现在，倘若假设所有的人都犯有罪责，但他们中的一些人却可以有一种功德对他们有利，那么，所作出的就是**出自爱心的审判者**的判决。如果没有这种审判者，则只会引起一种**驳回性判决**，但这样一来，**诅咒性判决**（由于人在这种情况下就落入了出自正义的审判者手中）就将是它的不可避免的结果了。——在我看来，以这种方式也就可以把以下两个相互冲突的命题：即“上帝之子将降临，审判活人和死人”（《提摩太后书》，第4章，第1节。——科学院版编者注），另一方面则是“上帝差他的儿子降世，不是要定世人的罪，乃是要叫世人因他得救”（《约翰福音》，第3章，第17节），统一起来了；并且与下述命题也达成了一致，即“不信圣子的人，罪已经定了”（《约翰福音》，第3章，第18节）。这里所借助的就是圣灵；关于圣灵，经中说道：“它将为了罪、为了正义的缘故而审判世人”（《约翰福音》，第16章，第8节。——科学院版编者注）。——在纯然理性领域内所进行的这样的区分，

始终只是一个惟一的对象)，而倒是可以用他自己在万物之上 〔147〕
所崇敬的、所爱的那个对象的名称来向他祈祷。与那个对象在道德上保持一致，既是我们的愿望，也是我们的义务。此外，在理论上皈依对上帝在这三重品质中的本性的信仰，也只不过属于一种教会信仰古典定式，以便把这种教会信仰同其他各种由历史渊源派生出来的信仰方式区别开来。很少人有能力把它与一个清晰的、确定的（不会被误解的）概念结合起来。而它的讨论更多被归于教师（作为一部《圣经》在哲理上的和学识上的诠释者）相互之间的关系，以便在它的意义问题上达成一致。这种意义并不是全都适合一般的理解力，或者适合这个时代的需求的，而仅仅字面上的信仰则与其说改善了真正的宗教意念，倒不如说败坏了它。

精细得令人可怕，就好像它是被指派做这种区分似的。我们很容易就可以把这种精细视为毫无用处的、令人讨厌的繁琐。假如这是为了对上帝的本性进行研究，情况也的确会如此。但是，由于人们在自己的宗教事务中，总是倾向于由于自己的罪过而指望上帝的仁慈，尽管如此，却不能回避他的公正，而在同一个人格身上，**仁慈的审判者**是自相矛盾的，所以，我们清楚地看到，即使在实践方面，人们对此的概念也必然是摇摆不定的、难以自圆其说的。因此，纠正和精确地规定它们，具有重要的实践意义。

* 如三位一体教义的西方（奥古斯丁主义）形式所说，而东方教会则断言圣灵仅仅出自圣父（参见《约翰福音》，第 15 章，第 26 节）。——科学院版编者注

第四篇
论善的原则统治下的事奉和伪事奉，或论宗教与教权制

如今，已经有了善的原则的统治的一个开端，有了“上帝的国降临我们”① 的一个信号，即使仅仅是它的宪章的基本原理开始成为**公共的**。因为它已经存在于知性世界，为此，惟一能够造成它的那些根据，已经普遍地植下了根，尽管它在可感世界的显现的完全展开还被推移到不可预见的遥远未来。我们已经看到，联合成为一个伦理的共同体，是一种特殊的义务(officium sui generis)。尽管每一个人都服从自己的私人义务，从中也许可以推论出，即使为此不需要特别的安排，所有的人也可能会**偶然地一致**趋向一种共同的善，但是，如果不是把所有的人为了上述目的而彼此联合起来，并建立一个遵循道德法则的**共同体**，来作为联合起来的、因而更为强大的力量来对抗恶的原则的侵袭（否则，人们将彼此诱惑去充当恶的原则的工具），由此而形成一项特别的事业，那就不可以期望所有人的那种一致。——我们还看到，作为一个**上帝的国**，这样一个共同体只有通过**宗教**才为人们所实现，而且最终为了使这种宗教成为公共的（这为一个共同体所要求的），这种共同体有可能以一个**教会**的感性形式表现出来。因此，建立教会是人们有责任去促成的一件工作，它既是托付给人们的，也是要求人们的工作。

〔151〕〔152〕

但是，按照宗教法则建立一个作为共同体的教会，所要求的智慧似乎要比可以相信人们所具有的智慧更多（无论是在洞察力方面，还是在善的意念方面）；特别是因为，为了这一目的，似乎必须**假定**这样一种安排所期望的道德上的善已经存在于人们身上。事实上，说**人们**应该**创立**上帝的国（就像的确可以说，他们能够建立一个人类君主的国一样），这也是一个自相矛盾的说法。上帝的国的缔造者必须是上帝自己。只是由于

①《马太福音》，第 6 章，第 10 节；《路加福音》第 11 章，第 2 节。——科学院版编者注

我们不知道上帝为了在现实中展现他的国的理念——我们在自身中发现了成为这个国中的公民和臣民的道德规定性——直接地在做些什么，但却清楚地知道，我们为了使自己适宜于成为这个国的一员而必须做些什么。因而这个理念，无论它是由理性还是由《圣经》在人类心中唤起并使之成为**公共的**，才把我们为了建立教会而结合起来；就后一种情况而言，上帝自身作为教会的创立者，是教会**宪章**的缔造者，而人们作为这个国的成员和自由的公民，在任何情况下都是这个**组织**的缔造者。因为人们中间那些根据这一组织管理它的公共事务的人，作为教会的仆从，构成了这一组织的**行政管理机构**，而其他所有的人则构成了一个服从其法则的团体，即**会众**。

由于一种纯粹的理性宗教作为公共的宗教信仰，只容许关于一个教会的纯然理念（即一个不可见的教会的纯然理念），而只有建立在规章之上的可见的教会，才需要并且能够实现一个由人所创立的组织，所以，在不可见的教会中，善的原则统治之下的事奉，不能被视为对教会的事奉，任何宗教都没有作为一个伦理共同体**官员**的法定侍从。一个伦理共同体的每一个成员都直接地从最高立法者那里接受他的指令。但是，由于尽管如此，就我们的所有义务（我们必须把它们同时通统看做上帝的诫命）而言，我们在任何时候都处于对上帝的事奉中，所以**纯粹的理性宗教**以所有慎思明辨的人为自己的**仆从**（但却不
〔153〕是**官员**）。只不过他们就此而言不能被叫做一个教会（即一个可见的教会，这里所谈的只是可见的教会）的仆从罢了。然而，由于每一个建立在规章性法则之上的教会，都只是就它在自身之中包含着能够不断地接近纯粹的理性信仰（这样一种理性信仰如果是实践的，就在任何一种信仰中真正地构成了宗教），并且随着时间的流逝摆脱教会信仰（就在它里面的历史性的东西来说）的原则而言，才能是真正的教会，所以，我们

也就毕竟可以在这些法则中，并且凭借在此之上建立的教会的官员确立一种对教会的**事奉**（cultus [崇拜]），只要这些官员在任何时候都把自己的学说和指示对准那个最终的目的（一种公共的宗教信仰）。与此相反，一个教会的仆从若是根本无视这一目的，反倒把向这一目的的不断接近宣布为该诅咒的，却把对教会信仰的历史性和规章性部分的忠诚宣布为惟一能够造福于人的，就可以有理由指控他们为对教会或者对善的原则统治之下的（通过教会表现出来的）伦理共同体的**伪事奉**。我把一种伪事奉（cultus spurius [虚假的崇拜]）理解为说服某人通过那些事实上使他的这个意图适得其反的行动来事奉。但是，伪事奉在一个共同体中之所以发生，乃是因为为了满足一位元首的意志，只具有手段价值的东西被说成是，并取代了直接使我们让他喜悦的东西。这样一来，这位元首的意图也就落空了。

第一章
论在一般的宗教中事奉上帝

宗教（从主观上来看）就是把我们的一切义务都认作是上帝的诫命。① 如果在一种宗教中，为了把某种东西承认为我的 〔154〕

① 通过这一定义，将防止对宗教概念的一些错误解释。**首先**：就理论上的认识和认信而言，并不因为如果缺少了我们对超感性对象的洞见，这种认信就已经有可能是虚伪的了，从而在宗教中要求有实然的知识（即便是对上帝存在的实然的知识），而是只要求一种根据思辨对事物的最高原因作出的**或然的**假设（假说）。但是，就我们在道德上颁布命令的理性指示我们去造成的对象而言，一种预告理性的这种终极意图之结果的、实践的，因而也是自由的**实然**信仰，却是被当做了前提条件。这种信仰只需要**上帝**

义务，我必须事先知道它是上帝的诫命，那么，这种宗教就是**启示的**（或者是需要一种启示的）宗教。与此相反，如果在一种宗教中，我必须在能够承认某种东西是上帝的诫命之前，就知道它是义务，那么，这种宗教就是**自然宗教**。如果一个人只是把自然宗教宣布为道德上必需的，也就是说，宣布为义务，

的理念，严肃的（因而也是虔诚的）、向善的道德修养，都会必然不可避免地导向这个理念，但这种信仰并不用自以为能够凭借理论上的认识保证这个理念的客观实在性。对于能够被当做每一个人的义务的东西，**最低限度的**认识（可能有一个上帝存在）在主观上必然就已经是足够的了。**其次**，通过这个一般宗教的定义，将防止这样一种错误的观念，就好像宗教是那些**特殊的**、直接与上帝相关的义务的一个总和似的。而且，由此防止我们（人们本来是很热衷于这样做的）在人们的伦理公民义务（人对人的义务）之外，还纳入**对宫廷的事奉**，并在此之后反过来试图用后者来弥补就前者而言的缺陷。在一种普遍的宗教中，不存在任何对上帝的特殊义务，因为上帝不能从我们接收任何东西，我们不能对他和为他造成影响。如果想把对他的应有敬畏当做这样一种义务，那就是没有考虑到，这并不是一种特殊的宗教行动，而是在我们的所有合乎义务的行动中的宗教意念。即使说，“顺从上帝，不顺从人，是应当的”《使徒行传》，第 5 章，第 29 节。——科学院版编者注，这也无非是意味着：如果规章性的诫命——就它们来说，人能够是立法者和审判者——与义务——它们是理性无条件地规定的，并只有上帝才能裁决是遵循了它们还是逾越了它们——发生了冲突，那么，前者的权威必须为后者让路。但是，如果要把在其中必须顺从上帝甚于顺从人的东西理解为规章性的、由一个教会伪称的上帝诫命，那么，上述基本原理就会很容易成为虚伪的、有统治欲的教士为了反叛他们的世俗当局而发出的那种多次听到过的战斗叫声了。因为世俗当局所要求的被许可的东西**无疑**是义务，但是否某种本身虽然是被许可的，但却只有通过上帝的启示才对我们来说是可以认识的东西确实是上帝所要求的，这却是（至少绝大部分是）极不确定的。

那么，他也可以被称做（信仰事务上的）**理性主义者**；如果他否认任何超自然的上帝启示的现实性，那么，他就叫做**自然主义者**；如果他虽然容许这种超自然的上帝启示，但却主张认识这种启示并认为这种启示是现实的，这对于宗教来说并不是必须要求的，那么，他可以被称做一个**纯粹的理性主义者**；但是，如果他认为对这种启示的信仰是为普遍的宗教所必需的，那么，他就可以叫做信仰事务上的纯粹的**超自然主义者**。 〔155〕

理性主义者必然由于他的这一称号，自动地就已经把自己限制在人的洞察力的限度之内了。因此，他绝不会作为自然主义者来否认，既不会否认一种启示的内在可能性，也不会否认一种启示作为引导真宗教的手段的必要性；因为对此没有一个人能够凭借理性有所断定。所以，有争议的问题仅仅涉及纯粹的理性主义者和超自然主义者在信仰事务上的相互要求，或者涉及一方或另一方认为是惟一真宗教所必要并且充分的东西，或仅仅是它偶然的东西。

如果划分宗教不是按照它的最初起源和它的内在可能性（在此，宗教被划分为自然宗教和启示宗教），而是仅仅按照使它**能够对外传达**的性能，那么，它可以有两种类型：要么是**自然宗教**，每一个人都可以凭借自己的理性使自己相信它（只要它一存在）；要么是**博学的宗教**，人们只能借助于博学（宗教在这种博学中并通过它被引出来）使别人相信它。这种区分非常重要，因为仅仅从一种宗教的起源出发，对于它是否适宜作为一种普遍的人类宗教而言，推不出任何东西。但从它是否能够被普遍传达的性能出发，就能很好地做到这一点。不过，前一种特性构成了应当联结每一个人的那种宗教的本质特征。

依此，一种宗教可能是**自然**宗教，尽管如此，也可能同时是**启示**宗教，只要它具有这样的性质，即人们虽然不会像所要求的那样早和在那样广泛的传播中想到它，但却仅仅凭借使用自己的理性就**能够**并且**应该**自发地**想到**它，从而它的启示也就会指向某个时间和某个地点，就能够对人类非常有用，以至由
〔156〕此而引入的宗教一旦存在并且成为众所周知的，此后每一个人就都可以凭借自身和自己的理性来相信它的这种真理。在这种情况下，宗教尽管**在主观上**是一种启示宗教，但**在客观上**却是一种自然宗教。因此，它也理所当然地拥有自然宗教的名称。因为人们今后也许会完全忘却曾经发生过这样一种超自然的启示，但在这种情况下，那种宗教却无论在其可理解性方面还是在其确定性方面，还是在对心灵的力量方面，都不会有丝毫的损失。不过，对于那种由于其内在的性质而只能被看做启示宗教的宗教来说，就是另外一回事了。如果它不是被保存在一个十分可靠的传统，或者作为原初文献的《圣经》中，它就会从世界上消失。于是就必须要么有一种每时每刻重复的启示，要么在每一个人的内心中持续不断地发生一种超自然的启示；如果没有这样的启示，这样一种信仰的传播和延续就会是不可能的。

但是，至少就一个方面来说，每一种宗教，甚至包括启示宗教，都必然包含自然宗教的某些原则。因为启示只有通过理性才能被考虑进一种**宗教**的概念，其原因在于，这个概念自身，作为从一个**道德上的**立法者的意志要求的责任中引申出来的东西，是一个纯粹的理性概念。这样，我们自己就将能够把一种启示宗教一方面仍作为自然宗教，另一方面又作为**博学的**宗教来考察、审查，并且区分它从这一个源泉或者另一个源泉应该得到什么以及得到多少。

不过，如果我们的意图是谈论一种启示宗教（至少是一种被假定为启示宗教的宗教）的话，倘若不从历史中抽取某个这方面的实例，是无法这样做的，因为我们必须想出一些事件来作为实例，以便弄明白哪些事件的可能性对于我们来

说会是有争议的。但是，除了拿起某一部包含着诸如此类的实例的经书，尤其是一部紧密交织着道德的，从而接近理性的学说的经书，作为阐明我们关于一般启示宗教的理念的媒介，我们也不可能有更好的办法。在这种情况下，我们是把这部经书当做众多凭借一种启示的信誉讨论宗教和德性的经书中的一部来作为事例，来说明那种本来就有用的方法，即 〔157〕
找出对我们来说在其中可能包含有纯粹的，从而也是普遍的理性宗教的东西，但并不打算干涉那些受委托把这部经书诠释成为实证的启示学说的总和的人们的事务，也不打算借此攻击他们那建立在博学之上的诠释。毋宁说，由于他们与哲学家追求的是同一个目的，即道德上的善，所以，使哲学家凭借自己的理性达到他们想沿着别的途径达到的目的，这对于他们来说是有利的。

此时此地，这部经书也就可以是指《新约》，它是基督教教义的源泉。按照我们的意图，我们打算分两节，根据其内容和在其中出现的原则，首先介绍作为自然宗教的基督教，然后介绍作为博学的宗教的基督教。

一、作为自然宗教的基督教

自然宗教作为道德（与主体的自由相联系），与能够对其终极目的产生效果的东西的概念（作为道德上的世界创造者的**上帝**的概念）相结合，并联系到人与这整个目的相适宜的存续（不朽），是一个纯粹的实践的理性概念。不过，虽然这一概念是无限富有成果的，但它毕竟只以很少的理论上的理性能力为前提条件，就可以说服每一个人在实践上充分地坚信自然宗教，至少可以要求每一个人把它的影响作为义务。它在自身就包含着对真正的教会的重大要求，即普遍性的资格，如果我们把这理解为对每一个人的有效性（universalitas vel omnitudo distributiva［分布的普遍性或者全体性］），即普遍的一致性的话。为了在这种意义上使它作为世界宗教传播开来并且保持下来，它固然需要一批纯然是不可见的教会的仆从（ministerium），但并不需要官员（officiales）。也就是说，它需要教师，但并不需要首领，因为还没有任何一个教会凭借每一单个的人的理性宗教来作为普遍的联合（omnitudo collectiva［集合的全体性］）实际存在，或者凭借那个理念被真正当做目
〔158〕的。——但是，这样一种一致性不是由自己来维持自身，从而如果不成为一个可见的教会，就不能在其普遍性中延续下去，而是只有当出现了集体的普遍性，即信徒按照一种纯粹的理性宗教的原则联合为一个（可见的）教会时才能如此。但是，可见的教会却不是自动地从那种一致产生的，或者说，即使它被建立起来，也不会被它的自由的追随者（如上文所指出的）带入一种固定的状态，成为信徒的团契（因为在这些觉悟了的人中，没有一个人认为为了自己的宗教意念而需要他人在这样一种宗教中的伙伴关系）。所以，如果在自然的、可以单凭理性认识的法则之上，不再加上某些规章性的，但同时也伴有立法威望（权威）的规定，那么，就始终会缺少那种构成人们的一种特殊义务、构成达到人们的最高目的的一种手段的东西，即缺少使人成为一个普遍的可见教会的那种固定的联合。成为这种教会的缔造者的那种威望，是以一种事迹为前提条件的，而不仅仅是以纯粹的理性概念为前提条件的。

现在假定有一位导师，有一段历史（或者至少是普遍的、不能彻底否认的意见）谈到了他，说他甚至不顾一种成为人们负担的、不以道德意图为目的的、占统治地位的教会信仰（其强制性的事奉可以作为其他任何一种在本质上纯然是规章性信仰的样板，诸如此类的信仰当时在世界上比比皆是），最先公

开地宣讲了一种纯粹的、所有世人都能够理解的（自然的）、深刻的宗教，因而其教义作为我们所保有的东西，我们自己就可以检验。如果我们发现，他使那种普遍的理性宗教成为每一种宗教信仰的最高的、不可忽略的条件，并附加上一些包含着各种形式和教规的规章，这些形式和教规应该用做实现一个必须建立在这些原则之上的教会的手段，那么，虽然他那以此为目的的规定具有偶然性和任意性，人们还是不能否认这样的教会理应被称做是真正的普遍的教会，也不能否认他本人具有这样的威望，即感召人联合到这样一种教会中来，又不用新的、给人以负担的规定来增加信仰，或者从由他首先作出的规定中产生出一些特殊的、圣洁的、自身作为宗教的一个部分而具有约束力的行动。

根据这一描绘，我们不能错过这个人物，他即便不是不包含任何规章、写在所有人的心田里的**宗教**的**创始人**（因为这种宗教的起源不是任意的），但却可以被推崇为第一个真正的**教会**的**创始人**。——为了证明他的这种作为上帝使者的身份，我们要把他的一些教诲，作为一个宗教的无可怀疑的文献来引用，而不管历史究竟是怎样的（因为在理念自身中，已经蕴涵着作此假定的充分理由）。这些教诲当然也只能成为纯粹的理性教诲，因为惟有它们才能够证明自身，尤其是别的教诲的证明必须以它们为基础。〔159〕

首先，他希望，不是遵循外在的公民义务或者规章性的教会义务，而是只有纯粹的道德上的心灵意念，才能使人让上帝喜悦（《马太福音》，第5章，第20～48节）。思想中的罪在上帝面前是被视为等同于行动的（《马太福音》，第5章，第28节）。完全的圣洁是他应该追求的目标（《马太福音》，第5章，第48节），例如，在心中恨无异于杀人（《马太福音》，第5章，第22节）；施加于邻人的不义，只能够借助于对他的补救，而不能借助事奉神明的行动来补偿（《马太福音》，第5章，第24节）；而在真诚性问题上，民事上的逼迫手段①，即起誓，会损害对真理自身的敬重（《马太福音》，第5章，第34～37节）。

〔160〕人心的自然的，但也是恶的倾向应该彻底扭转；复仇的惬意必须转化为宽容（《马太福音》，第5章，第39～40节）；对仇敌的恨必须转化为善行（《马太福音》，第5章，第44节）。所以他说，他是要成全犹太人的律法的（《马太福音》，第5章，第17节），但在这里，显然不是书面学问，而是纯粹的理性宗教，才必然是这种律法的诠释者；因为从字面上来看，它所允许的恰恰是这一切的反面。

此外，借助窄门和小路的提法，他也没有无视对律法的误解，人们允许自己作出这种误解，是为了回避自己真正的道德

① 对为使人面对民事法庭招供而采取的建立在纯粹的迷信之上，不是建立在良知感之上的强迫手段的明确禁止，究竟为什么被宗教导师们视为如此不重要，我们无法参透。因为人们在这里最指望起作用的是一种迷信，这一点可以由此看出，即人们的律法裁决（存在于尘世的神圣的东西）建立在一种庄重的证词的真实性之上，而对于一个人们并不信任他会在这证词中说出真相的人，却相信他会被一种定式所打动，这定式对于他的证词来说，所包含的无非是他将为自己招致上帝的惩罚（由于这样一种谎言，他无论如何也不能逃避上帝的惩罚），这就好像是说，是否在这个最高的法庭面前作出说明，完全取决于他自己似的。——在上面引证的经文中，这种保证方式被表现为一种**荒唐的**大胆妄为，仿佛是要凭借几句咒语使不为我们所支配的东西变成现实。但是，我们清楚地看到，智慧的导师在这里说，凡是超出了作为真理保障的是就说是、否就说否的东西，都是出自于恶。他清楚地意识到了起誓所导致的恶劣后果，即赋予起誓以更大的重要性，就使平常的谎言几乎成了可以允许的。

义务，并通过履行教会义务来补偿损失（《马太福音》，第 7 章，第 13 节）。[①]尽管如此，他仍然要求这些纯粹的意念也在**行为**中得到证明（《马太福音》，第 7 章，第 16 节）。相反，他剥夺了这样一些人的奸诈的期望，这些人想要通过在最高立法者的使者的位格上呼唤和赞美这位立法者来补偿这些行为的缺乏（《马太福音》，第 7 章，第 21 节）。他期望这些行为也作为可供仿效的榜样而在公众中发生（《马太福音》，第 5 章，第 16 节），而且是出自欢快的心情，不要像是奴隶般被强制的行为（《马太福音》，第 6 章，第 16 节）。他期望，传递和散播这样的意念的微小开端，就像是好田地里的一颗谷种，或者是善的酵母，宗教就由此凭借内在的力量逐渐地扩展为上帝的国（《马太福音》，第 13 章，第 31、32、33 节）。

最后，他把所有的义务概括为：(1) 一个**普遍的**规则（这个规则自身既包含了人们内在的道德关系，也包含了人们外在的道德关系）：履行你的义务，除了出自对义务的直接尊重外，不要出自任何其他动机。也就是说，爱上帝（一切义务的立法者）甚于爱一切。(2) 一个**特殊的**规则，它作为普遍的义务涉及与其他人的外在关系，即爱每一个人如同爱自己，也就是说，出自直接的，并非从自私的动机引申出来的善意来促进自己的福利。这些诫命不仅是德性法则，而且是我们应当追求的**圣洁性**的命令，但就圣洁性而言，单是这种追求就已经叫做**德** 〔161〕
性了。——因此，对于那些想要袖手旁观消极地等待这种道德上的善像上天的恩赐一样从天上掉下来的人，他剥夺了他们的

① 导向永生的**窄门**和小路是善的生活方式的门径，许多人所走的**宽门**和大路是教会。这并不是说，好像教会及其规章要为人们的迷失负责似的；而是说，它们要为**加入**教会、认信它的规章、履行它的仪式被看做想真正地事奉上帝所借助的方式负责。

在这方面的任何希望。谁把人性中蕴藏的趋善自然禀赋（作为委托给他的才能）搁置不用，懒惰地相信一种更高的道德上的影响将会另外弥补自己所缺乏的道德品行和完善，他就警告这种人说，甚至你从自然的禀赋出发可以做出的善，也要由于这种耽搁而对你无用（《马太福音》，第25章，第29节）。

至于人极其自然地期待有一个在幸福方面与人的道德行为相符合的好运，尤其是在因为道德行为本来必定可以得到的幸福有时却要牺牲掉的情况下，他许诺酬报一个来世（《马太福音》，第5章，第11～12节）。但是，根据在做出这种行为时意念的不同，酬报那些**为了酬报**（或者为了赦免一种罪有应得的惩罚）而履行义务的人，与酬报那些纯粹是为了义务自身而履行义务的更好的人，是有不同的方式的。受自私即这个世界的神所支配的人，如果不能摆脱自私，而只是凭借理性来使它更精致，扩展到超出目前事物的狭隘范围，那么，他就被看做一个这样的人，他通过自己来欺骗他的那个主人，使主人为了义务而作出牺牲（《路加福音》，第16章，第3～9节）。因为如果他在思想上意识到，他终有一日，也许很快，就必须离开这个世界，他不能把自己在这里所占有的任何东西带到另一个世界去，那么，他就会决定，把他或者他的主人，即自私，在这里按照律法可以向贫困的人们要求的东西从账上抹去，并且仿佛是由此而为自己弄到了一笔在另一个世界里可以兑现的汇款。这样一来，他虽然在这样一种善行的动机上是**聪明**多于**道德**，但毕竟行为方式是符合道德法则的，至少在字面上是如此，从而也就可以希望，他在未来不会不因此也得到酬报。①

① 我们对于未来一无所知，除了与道德动机和道德目的合乎理性地结合在一起的东西外，我们也不应该探究更多的东西。属于此例的还有那种信仰，即没有任何善的行为不在来世里为做出这一行为的人带来

人们可以把这与关于出自纯然义务的动因对穷人作出的善行所说的话（《马太福音》，第25章，第35～40节）加以比较。在 〔162〕 那里，世界的审判者宣布，那些为饥寒交迫的人们提供帮助，却根本连想也没想过这事是值得酬报的，并不以为仿佛是通过这他们才与上天在酬报上发生关联的人，正因为他们在这样做时丝毫没有考虑酬报，因而是属于他那个国的真正选民。这样，我们就可以清楚地看到，当福音的导师谈到来世的酬报时，他并没有想由此把酬报说成是行动的动机，而是仅仅（作为引导人类去实现上帝的仁慈和智慧的一种鼓舞灵魂的表象）把它作为对一种在整体上判断人的规定性的理性而表示的最纯粹的敬意和最大的道德上的满意的客体。

在此，我们已经把一种完备的宗教呈现在所有的人面前，让他们能凭借自己的理性理解和信服了。它使我们作为仿效的原型的东西（就人们有能力仿效它而言），在其可能性和必然性上，借助一个榜样得到了直观的说明，而无须对那些教诲的真理性以及导师的威望和身份，作出其他任何一种证明（这需要的是博学和奇迹，而这并不是每一个人都能够做到的）。即使这里出现了援引更古老的（摩西的）立法和预示的现象，就好像它们应当被用来证明它似的，那么，这些东西之所以被提出来，也不是为了所说的教诲本身的真理性，而仅仅是为了在那些完全并且盲目地墨守古训的人中间提供引导。这在那些头脑中充满了规章性信条、对于理性宗教几乎没有接受能力的人

好的结果。因此，无论一个人在临终时觉得自己如何应受谴责，他都必须不使自己因此而放弃至少是还做出一件力所能及的善行。此时，他就有理由希望，根据他在当时所怀有的纯粹的善的意图的程度，这件善行总还是会比那种无所作为的悔罪具有更多的价值，这种无所作为的悔罪无助于减轻罪过，却想要弥补善行的缺乏。

们中间，任何时候都必然要比把它们交给没有学识、但也没有
〔163〕堕落的人的理性更为困难得多。因此，如果发现一种迁就当时成见的报告，尽管它处处都透射着，同时也常常明确地指示着一种可以让每一个人理解，并且不用任何博学就能够坚信的宗教学说，但对于当今时代来说，却感到神秘难解，并且需要一种小心谨慎的诠释，那么，任何一个人都不会感到惊奇的。

二、作为博学的宗教的基督教

如果一种宗教把不能凭借理性认识，尽管如此却应该（就其本质内容而言）未加歪曲地传达给未来所有时代的所有人们的信条作为必然的来阐明，那么，它（如果人们不愿意接受假设一种连续不断的启示的奇迹的话）就应该被看做一种委托给**学者们**照料的神圣财富。因为尽管它**最初**伴随着奇迹和行为，即使在凭借理性不能证实的事情上，也到处都能找到办法，然而，就连这些奇迹的福音，连同需要由这些奇迹来证实的教诲，**随着时间的流逝**，也有必要以书面的形式，借助于文献原封不动地传授给后人。

接受一种宗教的基本原则，这是在高级形式下的**信仰**（fides sacra [神圣的信仰]）。因此，我们将一方面把基督教信仰视为一种纯粹的理性信仰，另一方面把它视为一种**启示信仰**（fides statutaria [规章性的信仰]）。前者又可以被视为由每一个人自由地接受的信仰（fides elicita [诱导出来的信仰]），后者又可以被视为一种指定的信仰（fides imperata [规定下来的信仰]）。关于人心所包藏的、任何一个人都不能免除的恶，关于凭借自己的生活方式在任何时候面对上帝自以为已经释了罪的不可能性，以及虽然如此这样一种在上帝面前有效的正义的必要性，关于用教会的戒律和虔诚的强制性事奉，来作为对缺

乏诚意的补偿手段的不适宜性，以及与此相反成为一个新人的不可免除的责任，这些都是每一个人可以凭借自己的理性来相信的，而使自己相信这些，就属于宗教。

但是，由此出发，由于基督教的学说是建立在事迹之上，〔164〕而不是建立在纯然的理性概念之上的，所以它不再仅仅是基督**宗教**，而是成了为一个教会提供基础的基督教**信仰**。因此，对一个奉献给了这样一种信仰的教会的事奉，是两方面的：一方面是按照历史性的信仰必须对它作出的事奉，另一方面是它根据实践的和道德上的理性概念理应得到的事奉。在基督教教会中，二者中的任何一个都不能作为独立自存的而与另一个分开。后者之所以不能与前者分开，乃是因为基督教信仰是一种宗教信仰；前者之所以不能与后者分开，乃是因为基督教信仰是一种博学的信仰。

作为**博学的**信仰，基督教信仰是以历史为依据的，并且就它（客观上）以博学为基础而言，它不是一种本来**自由的**、从充足的理论证据的洞识中推导出来的**信仰**（fides elicita［诱导出来的信仰］）。假如它是一种纯粹的理性信仰，那么，尽管给它作为对一个神性的立法者的信仰提供基础的道德法则是无条件地颁布命令的，它也必须被视为自由的信仰，就像在上一节中也曾说明过的那样。甚至只要人们不把信仰当做义务，如果每一个人都博学多识，它也会有可能作为历史性的信仰，又是一种理论上的自由信仰。但是，如果它对于每一个人，即使是对于无学问的人也应当有效，那么，它就不仅仅是一种指定的信仰，而且也是对诫命的盲目服从，即不探究诫命是否确实是上帝的诫命就去服从信仰（fides servilis［奴性十足的信仰］）。

但是，在基督教的启示学说中，我们绝不能从对被启示的（对于理性来说自身隐秘的）信条的**无条件的信仰**开始，而让博学的知识仅仅作为对付背后袭击的敌人的防御措施而跟随其后。因为若不然，基督教信仰就不仅仅是 fides imperata［规定下来的信仰］，而且甚至还会是 fides servilis［奴性十足的信仰］。因此，在任何时候，都必须把它当做 fides historice elicata［历史地诱导出来的信仰］来讲授。也就是说，那时在作为被启示的信条的基督教信仰中，**博学**必须不是构成后卫，而是构成先锋。少数《圣经》学者（教士）也绝对不能缺乏世俗学识，他们将把大批本身对《圣经》一无所知的无学识者（平
〔165〕信徒）硬拖向自己（其中甚至世界公民的统治者）。要使这种情况不发生，就必须使一种自然宗教中的人类普遍理性，在基督教的信仰学说中被承认和推崇为最高的、颁布命令的原则。而为了使前者即使对于无知者也是可以理解的，并得到广泛而持久的传播，则为一个教会提供基础的、需要学者们来作为诠释者和保管者的启示学说，就必须作为纯然的手段，然而也是最值得重视的手段受到爱护和培植。

这就是在善的原则统治下真正对教会的**事奉**，而想使启示信仰先行于宗教的那种事奉则是**伪事奉**，它使道德秩序本末倒置，无条件地要求人们那仅仅是手段的东西（就好像它是目的似的）。信奉那些无学识的人既不能凭借理性，也不能凭借《圣经》（就《圣经》必须首先得到证实而言）确认的信条，这种信仰将会被当做绝对的义务（fides imperata［规定下来的信仰］），并且就这样同其他与此关联的戒律一起，被抬高到一种即使没有行动在道德上的规定根据，也作为强制性事奉能够造福于人的信仰的水平上。一个教会，如果它是建立在后一种原则之上的，就不会像前一种状态的教会那样，真正地拥有**仆人**(ministri)，它所拥有的是高高在上颁布命令的**官员**（officiales)。即使他们（如在一个新教教会中那样）不是戴着教阶制的光环，表现为拥有外在权势的神职官员，甚至在口头上还对这种现象表示抗议，但事实上他们却很愿意听到说，在他们

夺去了纯粹的理性宗教任何时候都作为一部《圣经》的最高诠释者这一当之无愧的地位，并要求仅仅为了教会信仰的目的而利用《圣经》的博学之后，他们已经被视为一部《圣经》的惟一有资格的诠释者了。他们以这种方式把对教会的**事奉**（ministerium）转化成为对教会成员的**统治**（imperium），尽管他们为了遮掩这种非分要求而使用了事奉这个谦虚的称号。但是，对于理性本来会是很容易的这种统治，现在却给教会造成了严重的后果，即浪费了大量的学问。因为“由于对自然盲目无知，它把整个古代世界捡来顶在头上，把自己埋葬在它下面”。——这件事情随后所采取的步骤如下：

首先，由基督学说的第一批传播者聪明地遵循的、为这一学说在本民族中谋得传入途径的方法，被当做宗教本身的一个对所有时代和所有民族都有效的部分，以至人们应该相信，**每一个基督徒都必须是一个其弥赛亚已经降临的犹太人**。但是，与此毫无关联，一个基督徒本来并不受犹太教（作为规章性的犹太教）的任何法则制约。尽管如此，他却必须虔诚地接受这个民族的整部《圣经》，把它当做上帝的、对于所有人来说都是给定的启示。♀①——于是，这部经书的真实性（它的一些 〔166〕

① 门德尔松（参见《康德全集》，第Ⅷ卷，52 页。——科学院版编者注；参见《康德著作全集》，第 7 卷，50 页。——译者注）。机智地利用了基督教惯常的思维方式的这一弱点，完全驳回了任何强使一个以色列子弟改宗的非分要求。因为据他说，即使基督徒也承认，犹太教的信仰是最下面的楼层，基督教作为上面的楼层是以犹太教为基础的；所以，上述要求就好像是强求一个人拆除第一层楼，以便居住在第二层楼那样。不过，他的真实意见表达得相当清楚。他想说的是，如果你们要把犹太教从你们的**宗教**中清除出去（在历史性的信条中，它可以作为文物继续保留），我们是会考虑你们的建议的（事实上，在这种情况下剩下来的无非是纯粹道德的、不掺

章节，甚至包括其中出现的全部《圣经》故事，在基督徒们的经书中都被为了他们的这一目的而利用，这还远远没有证明它的真实性）就遇到了许多麻烦。在基督教开始出现之前，甚至在基督教获得可观的发展之前，犹太教还没有进入**博学的公众**，即还没有为其他民族博学的同时代人所知，他们的历史仿佛还没有受到检验。他们的《圣经》是由于其古老而获得历史可信性的。此外，即使承认这一点，仅仅借助翻译了解这部《圣经》，并且就这样传达给后代，还是不够的。为了确保建立在它上面的教会信仰，还要求在所有未来的时
〔167〕代、在所有的民族中，都有学者精通希伯来语言（就这件事在惟有一部经书使用的这种语言中的可能性而言）。而且，有一批人充分精通这种语言，以便确保世界拥有真正的宗教，这不应当仅仅是一般历史科学的事情，而是人们的永福所依赖的事情。

虽然基督教的命运与此有些类似，即：尽管基督教的各种神圣事件都是在一个博学的民族眼皮底下公开发生的，但它的历史在进入这个民族的博学的公众之中以前，却迟到了足足一代人有余，从而它的真实可靠性也就必然缺乏同时代人的证实。然而，与犹太教相比，基督教却表现出巨大的优势，即它

杂任何规章在内的宗教）。抛去外在戒律的轭具，如果我们又被加上另一种轭具，即《圣经》故事教义的轭具，我们的负担就一点也没有减轻，因为后者对于有良知的人来说压迫更为沉重。——此外，这个民族的《圣经》虽然不是为了宗教的目的，但却为了学问保存下来了，并一直受到重视。因为没有一个民族的历史像这个民族的历史那样，连同一些值得相信的假象一起，一直回溯到可以把我们已知的所有世俗历史全部置于其中的史前时期（甚至直到世界的开端），并且由此填补了其他民族必然留下的巨大空白。

被表现为**出自第一位导师之口**，是一种并非规章性的，而是道德的宗教；并且以这种方式达到了与理性最紧密的结合，可以借助于理性由自己，无须历史性的博学，就以极大的可靠性传播到所有的时代和所有的民族中。但是，**团契**的第一批建立者却认为，有必要把这与犹太教的历史结合起来。根据他们当时的状况，但也许仅仅对于当时的状况来说，这曾经是一种聪明的办法；这在他们遗下的圣迹中一起流传给了我们。不过，**教会**的建立者却把这种附带性的宣传手段纳入了那些根本性的信条之中，并且要么借助传统，要么从宗教大会获得律法效力，或者借助博学得到证实的诠释来扩充它们。关于博学或者它的对立物，即每一个平信徒也都能够自以为拥有的内心的觉悟，还无法看出它们会使信仰面临多大的改变。只要我们不是在我们里面，而是在我们以外寻找宗教，这就是不可避免的。

第二章

论在一种规章性的宗教中对上帝的伪事奉

惟一真正的宗教所包含的无非是法则，即这样一些实践的原则，我们能够意识到它们的无条件的必然性，我们因此而承认它们是由纯粹的理性启示的（不是经验性的）。只是为了一个教会——一个教会可能有各种各样的同样好的形式——的目的，才可能有规章即被看做神圣的规定，它们对于我们纯粹的道德判断来说，是任意的和偶然的。认为这种规章性的信仰（它充其量局限于一个民族，不能包含普遍的世界宗教）对于一般地事奉上帝是根本性的，并且把它当做使上帝喜悦人的最 〔168〕

高条件，这是一种**宗教妄想**。①奉行这种妄想就是一种**伪事奉**，即对上帝的这样一种自以为是的崇敬，由于它，人们与真正的、由上帝自己所要求的事奉恰好背道而驰。

一、论宗教妄想的普遍主观根据

人们在关于上帝及其本质的理论表象中，几乎无法避免神人同形同性论，此外，神人同形同性论（只要它不影响到义务概念）又毕竟不足以造成危害。但就我们与上帝的意志的实践关系而言，以及对于我们的道德性本身来说，它是极其危险的。因为在这里，**我们为自己创造了一个上帝**。②我们相信轻

① 妄想是错觉，即把一件事物的纯然表象与事物本身视为等同的。例如一个守财奴就会产生吝啬的妄想，他把只要自己愿意就可以使用一下自己的财产这种表象，视为自己从不使用这些财产的十足的替代品。荣誉妄想重视他人的赞扬，而他人的赞扬其实只不过是对他的（也许内心根本没有的）敬重的外在表象而已，本来他只应该把这种看重放在对他的敬重本身之上。属于此类的还有对头衔和勋章的追求，因为这些东西也只不过是一种对别人拥有优越地位的外在表象罢了。因此，甚至**疯狂**也有这一称谓，因为它惯于把（想象力的）纯然表象，当做事物本身在场那样来评价。——关于拥有一种达到某个目的的手段的意识（在使用那个手段之前），只不过是在表象中拥有那个手段罢了。因此，满足于这种意识，就好像它真能代替对手段的拥有似的，这是一种实践的妄想。这里所谈的仅仅是这种妄想。

② 说每一个人都为自己**创造**一个**上帝**，甚至必须根据道德概念（再加上无限伟大的属性，这些属性属于在这个世界上体现一个与那些道德概念相符合的对象的能力），自己为自己创造一个这样的上帝，以便在他身上崇敬那个创造他的人，这听起来固然令人忧虑，但却绝不是应受谴责的。因为一个存在者无论以什么方式被另一个存在者宣布和描述为**上帝**，即使是这样一个存在者出现在他面前（如果可能的话），

而易举地就可以争取他为我们谋利益，从而免除那种对我们的道德意念的内核有影响的艰辛而又无止境的烦劳。人通常为了 〔169〕 这种关系给自己制定的原理是：借助于我们仅仅为了让神灵喜悦所做的一切（即使它们丝毫无助于道德性，只要它们不那么直接违背道德性就行），我们作为顺从的，并且恰恰因此也是上帝所喜悦的臣民，而向上帝证明了我们的事奉意愿，从而也就（in potentia［潜在地］）事奉了上帝。

使人相信作出了对上帝的这种事奉的，可以不必总是牺牲。就连庆典，甚至公众的娱乐，例如在希腊人和罗马人那里，也常常都必须用在这方面，而且还用来使神灵对一个民族变得仁慈，甚至根据该民族的妄想，对单个的人变得仁慈。然而，牺牲（忏悔、苦行、朝圣等诸如此类的东西）在任何时候都被看做是更为有力、对上天的神恩更有影响、更适用于涤罪的，因为它们有助于更强烈地证明对上天意志的无限制的（尽管不是道德上的）臣服。这样的自虐越是无用，越是不以人在道德上的普遍改善为目的，就越是显得圣洁。因为正是由于它们在这个世界上毫无用处，却又耗费气力，才显得是仅仅以证明对上帝的献身为目的的。

人们说，尽管上帝在此并没有通过这样的行为在任何方面受到事奉，但他却在其中看到了善的意志，看到了虽然在遵循他的道德诫命方面过于软弱，但却通过证明自己在这方面的热忱而弥补了这一缺陷的心灵。在这里，表现出对一种做法的倾向，这种做法自身没有任何道德价值，而只能作为手段把感性的表象能力提高到伴有理智的目的，或者当这种能力可能与理

他都必须把这一表象首先与他的理想加以对照，以便判断他是否有权把它视为和崇敬为神灵。仅仅从启示出发，不**事先**把那个概念按照其纯粹性作为基础，当做试金石，就不可能有任何宗教，所有对上帝的崇敬都将是**偶像崇拜**。

〔170〕 智的目的理念背道而驰时对它作出压抑。① 然而，我们却根据自己的意见，赋予这种做法以目的自身的价值，或者换句话说也一样，我们赋予接受献身于上帝的意念的心情（被称做虔诚）以这种意念自身的价值。因此，这种做法只不过是一种宗教妄想，这种妄想可能会采取各种各样的形式，在其中的一种形式上，它可能会显得比在另一种形式上更近似于道德。但是，无论在什么样的形式上，它都不只是一个无意中的错觉。相反，它甚至还是一个准则，即把自在的价值不是赋予目的，而是赋予手段。而由于这一准则，这一妄想在所有的形式中都同样是背谬的，并且作为欺骗的隐秘偏好，都是应受谴责的。

二、与宗教妄想相对立的宗教的道德原则

我首先把如下命题当做不需要任何证明的基本原则：**凡是**

① 对于那些凡是在感性因素与理智因素的区分对他们不太熟悉的地方，却认为发现了纯粹理性批判与理性自身相矛盾的人，我在这里要说明，如果谈到促进（纯粹的道德意念的）理智因素的感性手段，或者谈到感性手段用来对抗理智因素的障碍，那么，两种如此不同类别的原则的这种互相影响，就必须永远不被设想为**直接的**。也就是说，我们作为感性存在者，只能在**理智原则的显象**上，即我们的自然力量受行动中显露出来的**自由任性**所决定方面，才能去违背或者有利于法则，以至原因和结果在行动中被设想为是同类的。但是，就超感性的因素（我们心中的道德性的主体原则，它隐秘地蕴涵在自由的不可理解的属性中），例如就纯粹的宗教意念而言，除了其法则之外（不过这已经够了），我们看不出任何东西涉及人心中的因果关系。也就是说，我们不能从人的道德性质出发，为自己**解释**作为感性世界的事件的行动的可能性，把它们解释为归因于道德性质的，这恰恰是因为它们是自由的行动，而所有事件的解释根据都必须从感性世界得出。

人自认为为了让上帝喜悦，除了善的生活方式之外还能够做的事情，都是纯然的宗教妄想和对上帝的伪事奉。我之所以说人认为能够做的事情，乃是因为在**我们**能够做的所有事情之上，〔171〕是否还可能有存在于最高智慧的奥秘中的事情，它是只有**上帝**为了使我们成为他所喜悦的人才能够做的事情，这一点并没有由此而被否认。然而，如果教会要宣称这样一种奥秘是启示出来了的，认为**信仰**像《圣经》故事给我们叙述的这种启示，并（无论是内在地还是外在地）**认信**这种启示，本身就会是我们让上帝喜悦自己所凭借的东西，这种意见毕竟将会是一种危险的宗教妄想。其原因在于，这种信仰作为对固执地视妄想为真的内在认信，确确实实是一种由恐惧逼迫出来的**行为**，以至一个正直的人宁可接受其他任何条件，也不接受这一条件。因为他在做其他任何强制性事奉时，所做的至多只是某种多余的事情，而在这里却要在一种他并不相信其真实性的声明中做某种与良知相冲突的事情。因此，他说服自己认信这一点，即这本身（作为对一种送上门来的善的接纳）就可以使他让上帝喜悦。这种认信是某种他自以为在遵循尘世中应该实施的道德法则时的善的生活方式之外还能够做的事情，因为他想凭借自己的事奉直接面向上帝。

首先，理性使我们不致由于缺乏自己的（在上帝面前有效的）正义①而毫无慰藉。它宣布，谁为了（至少在向完全符合法则的不断接近中）履行自己的责任，而以真诚的、奉献于义务的意念做他力所能及的事情，他就可以希望最高的智慧**以某种方式**（这种方式能够使这种不断接近的意念成为始终不渝的）补上他力所不能及的事情。但理性并不强求规定这种方

①《罗马书》，第3章，第21～24节；第10章，第3节。——科学院版编者注

式，也不强求知道这种方式存在于何处。这种方式很可能会如此神秘，以至上帝充其量有可能在一种象征性的表象中把它启示给我们。在这种表象中，惟有实践的东西才是我们可以理解的，而在理论上，即使上帝愿意给我们揭示这样一种奥秘，我们也根本不能把握上帝与人的这种关系自身是什么，并且把它与概念结合起来。——现在，假定某个教会宣称，确定无疑地知道上帝弥补人类的那种道德缺陷所采取的方式，并且同时判处所有这样一些人永受谴责，因为他们不知道那种以自然的方
〔172〕式不为理性所知的释罪手段，从而也没有接受它和认信它，把它当做宗教的原理。那么，这样一来，谁在这里是真正的不信仰者呢？是那种信赖，但却不知道自己所希望的东西如何发生的人，还是那种想要知道人从恶中解脱出来的这种方式，否则就会放弃对此的一切希望的人呢？——其实，后一种人恰好并不那么重视对这种奥秘的知识（因为他的理性已经告诉他，知道某种他不能有所作为的事情，对他来说毫无用处）。相反，他知道这些，只是为了能够（哪怕只会内在地发生）使自己从对所有这些被启示的东西的**信仰**、接受、认信和赞颂当中，产生一种对上帝的事奉，这种事奉能够在为一种善的生活方式花费自己的任何力量之前，因而也就是白白地就给他争取到上天的神恩，完全以超自然的方式造成一种善的生活方式，或者当他的行动违背这种生活方式时，至少能够补偿这种越轨行为。

其次，只要人稍稍偏离上述准则，那么，对上帝的伪事奉（迷信）就再**没有任何界限**了。因为超出了这一准则，所有的一切（只要不直接违背道德）就都是任意的了。从他不费吹灰之力的口头上的牺牲①，到本来可以更好地用于人们的福利的

① 参见《希伯来书》，第 13 章，第 15 节。——科学院版编者注

自然财产的牺牲，直到由于他（作为隐士、苦行僧、修士）自绝于世而造成的他自己的人格的牺牲，他向上帝奉献了一切，惟独没有奉献他的道德意念。而当他说还奉献了自己的心时，他所理解的并不是一种让上帝所喜悦的生活方式的意念，而是一种衷心的愿望，即希望那些牺牲将被接受为那种意念的代用品（natio gratis anherans，multa aendo nihil agens. ——Phaedrus. [一个徒劳无功、碌碌无为的民族。——斐德鲁斯][①]）。

最后，一旦人们转向一种自以为使上帝喜悦自己的、必要时也使他息怒的、但并非纯粹道德上的事奉的准则，那么，在仿佛机械式的事奉方式中，就不存在使一种方式优于另一种方式的本质区别了。就价值（或者宁可说无价值）而言，它们全都是一路货色。凭借**更为精巧地**偏离真正崇敬上帝的惟一的理智原则，就自以为比那些允许自己犯下一种据说是**更粗劣地**堕 〔173〕 落到感性的罪过的人优秀些，这纯粹是忸怩作态。无论是信徒按照规章加入**教会**，还是他前往**劳莱托**或者巴勒斯坦的圣地朝圣，无论他是用**双唇**还是像西藏人那样用一种**经转子**把自己的祈祷定式送达天庭（西藏人相信，这些愿望也能够以书面的形式写下，只要借助于某种东西推动，例如写在旗帜上借助于风推动，或者写在一个密封的盒子中作为转动机械的借助手推动，就可以同样达到其目的），无论在道德上事奉上帝的代用品是什么样的，所有这些都是一路货色，其价值没有什么两样。——在此，关键并不在于外在形式的差别，而是一切都取决于接受还是背离那个惟一的原则，即要么是当道德意念在作

① 《寓言》，Ⅱ，5。康德的引文系缩写；他在《实用人类学》中也引用了这段话（《康德全集》，第Ⅶ卷，148 页 [参见《康德著作全集》，第 7 卷，140 页。——译者注]）。——科学院版编者注

为它的显象的行动中活生生地体现出来时，就仅仅凭借道德意念使上帝喜悦，要么是凭借虔诚的娱乐行为或者无所事事来使上帝喜悦。①不过，就没有一种超越于人的能力界限之上，与卑躬屈膝的宗教妄想可以并列在自我欺骗这个总类之下的、令人头晕目眩的德性妄想吗？没有！德性意念关注的是某种**现实的**、自身就使上帝喜悦的、与世上的至善一致的东西。尽管它可能伴有自负的妄想，自认为符合自己的圣洁义务的理念，但这毕竟只是偶然的。把最高的价值放在这一理念中，这并不是妄想，不像教会的祈祷活动中的妄想那样，而是更纯粹地为促进世上的至善作出贡献。

此外还有一种惯例（至少是教会的惯例），即：把人凭借
〔174〕德性原则能够做到的称做**本性**，把只是用来补偿人的各种道德能力的缺失的，并且由于道德能力的充足也是我们的义务因而只能想望，或者也可以希望和祈求的东西称做**神恩**，把二者一起看做一种足以导致上帝所喜悦的生活方式的意念的作用因，但又不仅仅把二者相互区分开来，而是干脆把二者截然对立起来。

劝人相信可以把神恩的作用与本性（德性）的作用区分开来，或者干脆可以在自身中造成神恩的作用，这是一种**狂热**。因为我们既不能在经验中根据某种东西认识超感性的对象，也更不可能对它产生影响，把它降低到我们的层次。尽管在心灵

① 在一个必须信仰的规章性因素少一点的教派中，信徒由此觉得自己变得高贵了，感到自己的头脑更清晰，这是一种心理学现象；虽然他们还保留了足够多的规章性信仰，不可以（像他们实际上所做的那样）从他们自认为的纯洁性的高处轻蔑地俯视他们那些还处在教会妄想之中的弟兄。这种现象的原因在于他们认为，无论多么不起眼，自己毕竟由此而更为接近一些纯粹的道德宗教。尽管他们始终还沉溺于那种妄想，即想要借助于只带有一点消极理性的虔诚戒律，来补充纯粹的道德宗教。

中有时也发生一些影响道德的活动，我们也无法解释它们，被迫承认对它们无知。“风随着意思吹，你听见风的响声，却不晓得从哪里来，往哪里去”①。要在自身中**感知**上天的影响，这是一种疯狂，它里面甚至也可能包含有方法（因为那些自认为内在的启示，也还必须始终附属于道德理念，从而也附属于理性理念），但它却总还是一种危害宗教的自我欺骗。要相信可能有，而且为了弥补我们德性追求的不完善性，还必须有**神恩的作用**，这就是我们对此所能够说的一切。此外，我们没有能力就神恩作用的特征规定任何东西，更不用说为导致神恩的作用做某些事情了。

凭借宗教上的崇拜活动，在面对上帝释罪方面有所作为，这种妄想是宗教上的**迷信**。同样，想凭借追求一种自以为的与上帝的交往而达到这种作为，这种妄想则是宗教上的**狂热**。想凭借每一个人都能够做，但无须他是一个善人的那些行动使上帝喜悦（例如凭借认信规章性的教义、遵循教会的戒律和礼仪等诸如此类的东西），是一种迷信的妄想。但是，它之所以被称做迷信的，乃是因为它仅仅选择了自然的（不是道德的）手段，而这些手段本身对非自然的东西（即道德上的善）却绝对不可能有任何影响。不过，当甚至想象出来的手段是超感性的、并不是人所能支配的，即使不考虑由此预期的超感性目的是无法达到的，这时的一种妄想也叫做狂热的。因为最高存在〔175〕者直接临在这种情感，以及这种情感与其他任何一种情感——包括道德情感——的区分，是对一种直观的接受能力，而人的本性中并没有进行这种直观的感官。由于迷信的妄想包含着对某种人来说是既适用，同时也可能的手段，至少能用来抵制对

①《约翰福音》，第3章，第8节。——科学院版编者注

一种让上帝所喜悦的意念的障碍。因此，它就此而言，与理性倒是接近的，只是偶尔由于把仅能作为手段的东西当做直接让上帝喜悦的对象而应受谴责。相比之下，狂热的宗教妄想是理性在道德上的死亡，而没有理性就根本不可能有宗教。因为和所有的道德性一样，宗教一般必须建立在一些基本原则之上。

因此，一种教会信仰补救或者预防一切宗教妄想的基本原则是：除了它迄今为止不能完全缺少的那些规章性信条之外，它在自身中还必须包含一种原则，即把善的生活方式的宗教作为真正目的引进来，以便有朝一日能够不要那些信条。

三、论对善的原则的伪事奉中作为一种管理制度的教权制♀①

孤立无助的人受自然的、建立在对自己的无能的意识之上
〔176〕的畏惧所迫，崇敬强大的、不可见的存在者，这并不是与一种宗教同时开始的，而是从对上帝（或者偶像）的一种奴性的事奉开始的。当这种事奉获得了某种公开的法定的形式时，它就是**对寺庙的事奉**。只有在这些法则逐渐地与人的道德教化结合起来时，才成为一种**对教会的事奉**。二者都以一种历史性的信

① 这一仅仅表明一个神父（παππα）的权威的名称，只是由于一种精神专制的附属概念，才包含某种谴责的意思。在所有的教会形式中，无论它们怎样宣布自己是简朴的和大众化的，都可以发现这种精神专制。因此，绝不可以认为我好像是要在各教派的对比中，想让一个教派凭借其习俗和规定来相对地轻视另一个教派。所有的教派，就它们的形式都是可怜的凡人在尘世将上帝之国感性化的尝试而言，都理应得到同样的尊重；但如果它们把（在一个可见的教会中）体现这一理念视为事情本身，就都理应受到同样的责难。

仰为基础，直到人们最终**开始**把历史性的信仰仅仅视为临时性的，并把它看做一种纯粹的宗教信仰的象征性体现和促进手段为止。

我们应该相信，从一个通古斯**萨满**直到同时治理教会和国家的欧洲**高级教士**，或者（如果我们不考虑首脑和领袖，而是仅仅考虑那些信徒自己的思维方式）在一大早把一张熊皮的爪子顶在头上，简短地祈祷“别杀死我”的完全感性的**乌古伦人**和**康涅狄格州**的高贵的**清教徒**、公理会教徒之间，虽然有**风格**上的巨大差异，但却没有**原则**上的巨大差异。因为就这一点来说，他们统统属于同一个等级，即他们在本身并不造就出一个更善的人的那种事情中（在对某些规章性信条的信仰中，或者在对某些任意的戒律的履践中）放进了自己对上帝的事奉。惟有那些认为只能在一种善的生活方式的意念中发现对上帝的事奉的人，才通过超越到一种截然不同的、远远高于前者的原则而与上述的人区别开来。他们通过这一原则而认信一个（不可见的）教会，这个教会囊括了所有思想正派的人，就其根本性质而言，惟有它才是真正的、普遍的教会。

把支配人们命运的不可见的力量引导向人们的利益，这是所有的人们都怀有的意愿。只不过如何开始，人们却见仁见智。如果人们把那种力量视为一种有理智的存在者，因而赋予它一种意志，那么，他们的追求就在于仅仅选择一种方式，即自己这样一些服从它的意志的存在者，怎样才能凭借自己的所作所为使它喜悦？如果人们把它设想为道德的存在者，那么，他们凭借自己的理性就会轻而易举地相信，获得它喜悦的条件必须是自己在道德上善的生活方式，尤其是作为这种生活方式的主观原则的纯粹意念。但是，最高的存在者也许在此之外还愿意以这样一种方式被事奉，这种方式是我们单凭理性所不能 〔177〕
认识的。也就是说，要凭借这样一些行动，我们虽然从这些行动本身看不出任何道德的东西，但它们却或者是由最高的存在者所要求的，或者是仅仅为了证明我们对它的顺从而由我们任意地采取的。在这两种行事方式中，如果它们构成了系统地安排好的各种活动的一个整体，那么，这些行动就在根本上建立起了对上帝的一种**事奉**。如果二者应当结合在一起，那么，就必须假定，要么每一种方式都直接是让上帝喜悦的方式，要么一种方式作为另一种方式——对上帝的真正事奉——的手段而是让上帝喜悦的方式。对上帝在道德上的事奉（officium liberum［自由的事奉］）直接地让上帝喜悦，这是不言而喻的。但是，如果有酬报的事奉（officium mercenarium［计酬的事奉］）可以被看做**单由自身**就让上帝喜悦的，那么，对上帝在道德上的事奉就不能被承认为一切喜悦在人身上的最高条件（一切喜悦已经包含在道德性的概念之中了）。因为在这种情况下，没有人会知道，在眼前的事件中，为了据此对自己的义务作出判断，什么样的事奉是更有价值的；或者，它们是如何相互补充的。因此，自身没有任何道德价值的那些行动，只是就它们作为手段用来促进在行为中直接善的因素（促进道德性）而言，即**为了在道德上事奉上帝的缘故**，才必须被认定为是上帝所喜悦的。

如果一个人的行动自身不包含让上帝喜悦的因素（道德的因素），他却将这些行动当做争取上帝对自己的直接喜悦、并从而实现自己的愿望的手段来使用，那么，他就处于这样一种妄想之中，以为他拥有一种通过完全自然的手段来造成超自然的作用的技艺。诸如此类的尝试，我们通常称做**魔术**。但是，我们却要把这个词（由于它自身带有与恶的原则结合的附属概念，相比之下，那些尝试却可以被设想为另外出自善的道德意图因误解而作出的）换作**物神化**这个在其他情况下已被认识到的词。不过，一个人只是由于自以为对上帝起作用，并把上帝
〔178〕当做手段来使用，以便在这个世界上产生一种作用，他的超自然作用才会是一种他可以想象的作用。而对于这一点来说，他

的力量，甚至他对这种作用是否也会让上帝喜悦的洞见，都是不够用的。单是在他的概念中，这就包含着一种悖论。

但是，如果一个人除了凭借直接使他成为上帝喜悦的对象的东西（凭借一种善的生活方式的积极意念），还试图借助某些仪式来使自己**配得上**一种超自然的帮助对他的无能的弥补，并且出自这一意图认为可以凭借一些虽然没有任何直接的价值、但却可以作为手段来促进那种道德意念的戒律，来使自己对于达到自己善的道德愿望的客体只不过**易于**接受一些，那么，他虽然为了弥补自己的自然无能而指望某种**超自然**的东西，但却不是指望某种由**人**（通过影响上帝的意志）**造成的**东西，而是指望某种**接受到的**的东西，某种他可以希望、但却不能造成的东西。

不过，如果那些就我们所知自身不包含道德因素、不包含让上帝所喜悦的因素的行动，在一个人看来仍然可以充当某种手段、甚至充当期待直接由上帝来维护他的愿望的条件，那么，他必定处于这样一种妄想之中，即，尽管他对于这种超自然的东西既没有自然的能力，也没有一种道德上的接受能力，但是，他却可以凭借**自然的**、自身与道德性毫不相干的行动（采取这些行动不需要任何上帝所喜悦的意念，因而最恶的人也能够与最善的人同样好地采取这些行动），凭借祈祷定式、凭借认信一种有酬报的信仰、凭借教会的戒律等诸如此类的东西来造成它，就仿佛是**用魔术召来**神灵的帮助似的。因为在纯粹自然的手段和一种道德上的作用因之间，根本没有一种按照可以由理性设想的、根据它就可以想象前者决定后者达到某些结果的某种法则的结合。

因此，谁把遵循规章性的、需要有一种启示的法则，作为宗教所必需的，并且不是仅仅作为道德意念的手段，而且还作为由此直接让上帝喜悦的客观条件置于前面，把对善的生活方

式的追求置于这种历史性的信仰之后（而不是认为这种遵循作
〔179〕为只能**有条件地**让上帝喜悦的东西，必须以惟一**绝对**让上帝喜悦的善的生活方式为准则），他就把对上帝的事奉转化为一种纯然的**物神化**，实行了一种伪事奉。这种伪事奉将使趋向于真宗教的一切修行化为乌有。当我们要把两个好的东西结合起来时，我们用来结合它们的那种次序竟是如此重要！然而，真正的**启蒙**就存在于这种区分之中。对上帝的事奉由此才成了一种自由的，从而也是道德上的事奉。但是，如果我们背离了这一点，那么，加之于人的就不是上帝的儿女的自由①，而是一种法则（规章性法则）的轭具；这种法则由于无条件地迫使人们信仰某种只能历史地认识，从而并非对每一个人来说都是有说服力的东西，所以是一种对于有良知的人们来说可能比加给人们的虔诚戒律的全部废物还沉重得多的轭具②；对于这些戒律

① 参见《罗马书》，第8章，第21节。——科学院版编者注

② “这轭具是柔和的，担子是轻松的”（《马太福音》，第11章，第30节。——科学院版编者注）。在这里，每一个人都负有的义务可以被看做由他自己，并且是通过他的理性加给他自己的。因此，他是自愿地给自己加上这轭具的。但具有这种特性的只有作为上帝诫命的道德法则。关于这些法则，惟有纯粹的教会的缔造者才可以说：“我的诫命并不难守”（《约翰壹书》，第5章，第3节。——科学院版编者注）。这一表述只不过是要说，它们之所以不**难守**，乃是因为每一个人都从自身看到了遵循它们的必要性，从而没有任何东西由此强加给他。相比之下，专制地颁布命令的，虽然是为我们的福利（但并不是通过我们的理性）加给我们的，我们却看不出有什么好处的规定，则仿佛是人们被迫屈从的折磨（苦工）。但是，就其来源的纯粹性来看，由那些道德法则所要求的行动本身，恰恰是人感到最难的行动。如果可以用极重的虔诚的苦工来抵偿这样的行动，那么，他宁可做这样的苦工也不采取那样的行动。

来说，人们只要执行它们，以便与一个建立起来的教会共同体保持协调，这就够了。用不着某人内在地或者外在地宣称认信这个教会共同体的信仰，把它看做是**由上帝确立**的秩序；因为这样一来，就会真正地给良知加上重负。

因此，**教权制**是这样一个教会的制度，在它里面，占统治地位的是一种**物神崇拜**。凡在不是由道德的原则，而是由规章性的诫命、教规、戒律构成了教会的基础和本质的地方，都可以发现这种物神崇拜。虽然有一些教会形式，物神化在其中如此多种多样，如此机械呆板，以至它看来排挤了所有的道德 〔180〕
性，从而也排挤了宗教，取代了它们的地位，并且非常接近于异教的边缘了。但是，当价值或者无价值建立在具有最高约束力的原则的性质之上时，问题的关键并不在于量上的多少。如果这个原则加给人的不是应对道德法则抱有的**最高的**自由敬重，而是作为强制性事奉，顺从地屈服于某种规章，那么，无论加给人们的戒律多么少，只要它们被宣布为无条件地必须的，就都足以成为一种物神信仰。它操纵群众，并通过对一个教会（不是对宗教）的顺从而剥夺了他们的道德自由。无论教会的体制（教阶制）是君主制、贵族制，还是民主制，这都仅仅涉及组织；教会的宪章在所有这些形式中都是，并且始终是专制的。如果信仰的规章被归入宪章的法则，那么，实行统治的就是**教士阶层**，它相信可以完全用不着理性，甚至也用不着《圣经》学问；因为它作为不可见的立法者的意志的惟一有资格的维护者和诠释者，有独自掌管信条的权威，并且由于具有这种权威，可以不是说服，而是**仅仅发布命令**。——由于在这个教士阶层之外，其余的一切都是**平信徒**（就连政治共同体的首脑也不例外），所以，教会最终也统治了国家，不完全是凭借权势，而是凭借对心灵的影响，此外还凭借佯称国家据说可以从精神训导本身已经使民众的**思维**习惯了的一种无条件的顺从中得到的好处。但是在这里，这种虚伪的习惯不知不觉地葬送了臣民的正直和忠诚，使他们变得乖巧起来，甚至在公民义务中也成为假事奉，并且和所有错误地设定的原则一样，造成的恰恰是预期的东西的反面。

※　　　※　　　※

但是，所有这一切都是惟一造福于人的宗教信仰的两个原则初看起来似乎并不令人担心的易位所造成的必然结果。因为关键在于，人们应该把两个原则中的哪一个置于首位，承认为
〔181〕最高的条件（另一个原则是从属于这个条件的）。必须公平合理地承认，并不只是“按着肉体有智慧的”①，即学者或智者，才被委任在自己的真实得救方面进行启蒙——因为整个人类都应该能够接受这种信仰——，而是“世上愚拙的”②，甚至无知的或者最缺乏概念能力的人，也必须能够要求得到这样一种教化和内在的确信。虽然听起来似乎是，一种历史性的信仰，尤其是当它为了理解福音所需要的概念完全是人类学的、是很符合感性的时，就正属于这种类型。因为还有什么比理解和彼此传达这样一种适合感性的、纯朴的叙述，或者关于奥秘却重复那些根本不必与一种意义结合的语词更容易的呢？这种信仰，尤其是由于它预示着巨大的利益，要找到普遍的赞同该是多么容易。而对这样一种建立在长期以来被承认真实可靠的文件之上的叙述的真实性的信仰，该是多么根深蒂固。因此，这样一种信仰当然也是适合最平凡的人类能力的。不过，虽然无论是这样一种事件的宣示，还是对建立在它上面的行事规则的

①《哥林多前书》，第1章，第26节。——科学院版编者注
② 同上书，第27节。——科学院版编者注

信仰，都不会正好为了或者主要为了学者或者世俗智者才被给予的，但毕竟也没有把他们从中排除。因此就产生了如许的疑问，有的是关于它的真实性，有的是关于应在什么意义上陈述它，把这样一种受到如此多（自以为真诚的）争议的信仰当做一种普遍的、惟一造福于人的信仰的最高条件，这是人们所能够设想的最荒唐无稽的事情。——但是，有这样一种实践的知识，虽然它仅仅以理性为基础，不需要任何历史学问，但对每一个人，即便是头脑最简单的人，都是如此易于理解，就好像它是逐字逐句地写在他的心中似的。这就是这样一种法则，人们需要提到它，只是为了对它的权威马上与每一个人取得一致，它在每一个人的意识中都具有**无条件**的约束力，它就是道德性的法则。不仅如此，这种知识或者单凭自己就已经导致对上帝的信仰，或者至少单凭自身就把上帝的概念规定为一个道德上的立法者的概念，从而，它引导人们达到一种不仅为每一 〔182〕
个人所理解，而且也为每一个人所极其崇敬的纯粹的宗教信仰。它引导人达到这里是如此自然，以至只要人们试一试就会发现，完全可以从每一个人那里鞫问出这种宗教信仰来，即使他在这方面没有受过任何教育。因此，不仅由纯粹的宗教信仰开始，让历史性的信仰与它协调一致地跟随其后是明智的举动，而且我们的义务也是把它当做最高的条件，惟有在这一条件下，我们才能希望分享一种历史性的信仰总是要向我们预示的永福，以至只有根据纯粹的宗教信仰给这种历史性的信仰提供的诠释，我们才能够或者才允许承认历史性的信仰是有普遍约束力的（因为它包含着普遍有效的教诲）。同时，就道德上的信仰者认为历史性的信仰有助于振奋自己纯粹的道德意念而言，他毕竟对历史性的信仰也是开放的。惟有采取这样一种方式的信仰，才具有一种纯粹的道德价值，因为它是自由的，不为任何威胁所强迫（因为那样的话，它就绝不可能是真诚的)。

但是,即使在一个教会中,对上帝的事奉主要集中于根据为一般人性规定的法则而纯粹在道德上崇敬上帝,我们也还是可以问:在这种事奉中,是否总是只有**虔敬教义**,还是也有纯粹的**德性教义**,各自不同地构成了宗教陈述的内容?前一个名称,即**虔敬教义**,也许在客观的意义上最好地表达了 religio [宗教] 这个词的涵义(就像当今所理解的那样)。

虔敬包含了在与上帝的关系中对道德意念的两个规定:对上帝的**敬畏**就是在出自**应尽的**(臣民的)义务,即出自对法则的尊重而遵循上帝的诫命时的这种意念;而对上帝的**爱**则是出自自己的**自由选择**和出自对法则的喜悦(出自子女的义务)。因此,二者在道德性之上还包含着一个超感性存在者的概念。这个存在者具有为了使借助道德性所要达到的,但却超出了我们的能力之外的至善得以完成所需要的一些属性。如果我们超出了这个存在者的理念与我们在道德上的关系,关于它的**本性**的概念,就总是会陷入这样一种危险之中,即我们会以神人同形同性论的方式,从而常常是以直接危害我们的道德基本原则的方式来进行设想。因此,它的理念并不能自身存在于思辨的
〔183〕理性本身当中,而是把自己的起源,甚至还有自己的力量,都完全建立在与我们的以自身为基础的义务规定的关系之上。在青年最初的训诲中,甚至在布道词中,什么是更为自然的呢?是在虔敬教义之前要讲德性教义,还是在德性教义之前(甚至根本不提德性教义)要讲虔敬教义呢?显而易见,二者之间有必然的联系。但是,它们并不是**一回事**。所以,必须只把其中的一个设想为目的,把另一个仅仅设想为手段,并且也这样来宣讲,这种结合才是可能的。不过,德性教义是由自己而自存的(甚至也不需要上帝的概念),而虔敬教义却包含了一个我们自己设想的对象的概念。我们设

想它与我们的道德性相联系，是我们在道德的终极目的方面的无能的补偿性原因。因此，虔敬教义不能独自构成道德追求的终极目的，而是只能被用作加强那本身构成一个更善的人的东西的手段，即加强德性意念的手段。这种加强作用在于，虔敬教义为德性意念（作为对善，甚至对圣洁性的一种追求）预示和保证了对终极目的的期望，这是德性意念所无法做到的。相反，德性概念出自人的灵魂。尽管德性概念还没有展开，但人已经在自身中完全拥有了它，并且不可以把它像宗教概念那样，凭借推理玄想出来。在德性概念的纯粹性中，在对那种意识——意识到一种我们通常从未猜测到的、能够制伏我们里面的最大障碍的能力——的唤醒中，在人类的尊严——人在自己的人格以及那种为了使人格实现而追求着的人格规定性中必须敬重这种尊严——中，蕴藏着某种升华灵魂，并导向神明本身的东西，这种神明只有凭借其圣洁性和作为德性的立法者，才是值得崇拜的。其结果是，即使在人远未给予这个概念以影响自己的准则的力量的时候，他也并非不愿意从这个概念吸取营养，因为他感到自己通过这个理念，已经在某种程度上变得高尚了；然而，一个把这种义务变成我们的诫命的世界统治者的概念，离他还有很大一段距离。而且如果他以这概念为开端，还会挫败他那（参与构成德性本质的）勇气，使他陷入把虔敬转化为在一种专制地发布命令的权势面前阿谀奉承、奴颜婢膝地屈从的危险之中。这种独立自主的勇气本身，甚至通过接踵而至的和解教义，将得到加强，因为这种教义把不可改变的东西设 〔184〕
想为解决了的，并且为我们开启了一条通向一种新的生活方式的小道，而不至于在以这种教义为开端时，由于白费力气地想使已经发生了的事情得到挽回（赎罪），由于对这种白费力气的奉献而产生的害怕，由于想象我们根本没有能力达到善，以

及由于对堕回到恶的恐惧，而不得不消磨掉人的勇气①，把人

① 各民族的不同信仰类型，逐渐地也赋予它们一种外在地呈现在公民关系之中的性格；这种后来附加给它们的性格，就好像完全是气质特性似的。例如，**犹太教**由于其最初的那种想借助一切可以想象出来的、在有些地方令人难堪的戒律，把一个民族同其他所有民族隔离开来，并防止他们与这些民族有任何混杂的制度，就招来了**仇视人类**的责难。**穆罕默德教**的与众不同之处就在于**骄傲**，因为它不是在奇迹中，而是在对许多民族的战胜和奴役中找到了其信仰的证明，而它的虔诚习俗全都具有勇敢无畏的性质♀。**印度教**信仰由于同穆罕默德教截然相反的原因，而赋予其信徒以**怯懦**的性格。——如果由于那些最真心诚意地对待基督教信仰，但却以人的堕落为出发点而怀疑任何德性，因而把自己的宗教原则仅仅放在**虔诚**（它被理解为鉴于上界力量所期待的虔敬而采取消极态度的基本原则）之中的人们，能够对基督教信仰作出类似的责难，那么，问题肯定不在于基督教信仰的内在性质，而是在于它接近人们心灵的方式，因为这些人从未在自身中确立一种信赖，而是在持久的恐惧中寻求一种超自然的援助，甚至在这种自卑（自卑并不是谦恭）中自认为拥有一种能够赢得神恩的手段。这种状况的外在表现（无论是在敬虔主义中还是在伪虔诚中），都显露出一种奴性十足的心态。

♀这种值得注意的现象（一个虽然聪慧，但却无知的民族为自己的信仰而骄傲）也可能根源于创始人的那种自负，似乎惟有他才又在世界上恢复了上帝及其超感性本性的统一的概念。假如可以说他有功绩的话，那就是这一概念使他的民族从圣像崇拜和多神论的无政府状态中解放出来而变得高尚了。——至于第三类，即以误解了的谦恭为基础的宗教会众的性格，由于考虑到法则的圣洁性而在评估自己的道德价值时降低自负，就不应该造成自卑，倒是应该造成一种决心，要按照我们里面的这种高贵的禀赋，越来越接近于符合那种圣洁性，而不是把本来存在于造成这种决心的勇气之中的德性，当做一个已经有自负之嫌的名称推给异教，反过来却赞扬那种奴颜婢膝的邀恩。——伪虔诚（bigotterie，devotio spuria［偏执狂、假虔诚］）是一种习惯，它不是把虔诚的锻炼放在（在履行所有的人类义务方面）

置入一种长吁短叹的道德上的消极状态，在这种状态下，做不成任何伟大的和善的事情，而是把一切寄望于等待。——在涉及道德意念的事物中，一切都取决于人们使自己的义务隶属的那个最高概念。假如对上帝的**崇敬**是首要的，人们因而把德性隶属于它，那么，这个对象就是一个**偶像**，也就是说，它被设想为一个我们不是凭借在世上的道德善行，而是凭借祈祷和阿谀奉承就可以希望使它喜悦的存在者。但在这种情况下，宗教也就是偶像崇拜。因此，虔敬不是德性的代用品，以至可以缺少德性；相反，它是德性的实现，以便能够为最终达到我们的所有善的目的的希望加冕。 〔185〕

四、宗教事务中良知的引导

这里的问题不是良知应当如何被引导（因为良知不需要引导者，有良知就够了），而是怎样才能把良知本身用做最令人忧虑的道德决定中的引导。

良知是一种自身就是义务的意识。但是，由于对我们所有的表象的意识仅仅在逻辑观点上，从而仅仅有条件地，即当我们想澄清自己的表象时，才显得是必然的，因而也就不能无条件地是义务，所以，怎样才可能设想这样一种良知呢？

这是一个不需要任何证明的道德基本原理：**切勿冒不义的风险做任何事情**（quod dubitas，ne feceris！——Plinius.［凡是你怀疑的事情，就不要去做。——普林尼］）。因此，“**我要**

上帝所喜悦的行动中，而是放在通过表现出敬畏而直接与上帝交往之中。在这种情况下，这种锻炼就必须被看做强制性事奉（opus operatum，因功生效），只不过要成为迷信，它还需要加上自以为具有超感性的（上天的）情感这种狂热的妄想罢了。

〔186〕 **采取的**行动是正义的”这种**意识**是无条件的义务。而一个行动一般来说是正义的还是不义的，对此作出判断的是知性而不是良知。对于所有可能发生的行动都知道它们是正义的还是不义的，这也不是绝对必要的。但是，对于**我**要采取的行动，我不仅必须作出判断，表明态度，而且还必须确知它不是不义的。这种要求是良知的一种公设，而盖然说①，即“仅仅认为一个行动可能是正义的，就足以使人采取该行动”这种基本原则，是与良知的这种公设截然对立的。——我们也可以这样定义良知：它是**自己对自己作出裁决的道德判断力**。只是这一定义，还极需对其中包含的概念先行作出说明。良知并不是把行动当做隶属于法则之下的案例来裁决的。因为这样做的是理性，理性是主观实践的（因此是 casus conscientiae [良知的案例]，亦即作为良知的辩证论的一种类型的诡辩）。相反，在此是理性对自己作出裁决，尽管它事实上是极其慎重地对行动作出那种判断的（即它是正义的还是不义的）。而且，它还把人自己推上**起诉自己**或者**辩白自己**的证人席，证实这种情况是发生了还是没有发生。

举例来说，有一个异端审判官，他固执地墨守自己的规章性信仰的惟一性，甚至到了必要时以身殉道的地步。他要对一个被指控犯有不信罪的所谓异端（在其他情况下是一个好的公民）作出判决。在此我要问：如果他判决这个异端死刑，那么，人们是能够说，他是按照自己的（尽管是误入歧途的）良

① 由耶稣会士和至圣救主会士在方法上予以完善。盖然说的经典语式在1577年已经由多米尼克修会会士 Bartholomäus de Medina 提出，即：Si est opinio probabilis, licitum est eam sequi, licet opposita est probabilior [如果一种意见是值得称许的，那么，遵循它就是合法的，哪怕对立的意见更值得称许]。——科学院版编者注

知作出判决的，还是不论他是弄错了还是有意做出了不义的行为，都可以指摘他完全丧失了良知呢？因为人们可以当面指摘他在这样一个案例中，根本不能确定自己的所作所为不会有不义的可能。虽然他也许坚信，一种超自然地启示出来的上帝意志（或许是根据 compellite intrare［勉强人进来］① 那句箴言）允许他——即使不是把这作为他的义务——把所认为无信仰连同不信者一起彻底灭绝。但是，他难道真的如此相信这样一种启示出来的教义及其意义，以至于达到胆敢杀死一个人所需要求的程度吗？因为一个人的宗教信仰而夺去他的生命，这毫无疑问是不义的，除非（极而言之）一种例外地为他所知的上帝 〔187〕
意志作出了别的安排。但是，说上帝曾经表现出过这种可怕的意志，这是以历史文件为基础的，并且绝不是不容争辩地确定的。他毕竟只有通过人才能够获得启示，而且启示也是由人给他解释的。如果在他看来启示也是来自于上帝自身的（就像下达给亚伯拉罕的命令，要他把自己的儿子当做羊羔杀死那样②），那么，至少毕竟有可能在这里出现了某种失误。但这样一来，他就会冒着做出某种极其不义的事情的危险，而他在这里的行动正好就是没有良知的。对于一切历史性的信仰和现象性信仰来说，情况都是如此。也就是说，总是还留下了在其中发现某种错误的**可能性**。因此，不顾这种信仰所要求或者所允许的事情也许是不义的这种可能性，也就是冒着违反一种自身确定无疑的人类义务的危险而去接受这种信仰，这是没有良知的。

① 参见《路加福音》，第 14 章，第 23 节。奥古斯丁就已经把这个词（coge intrare）用于证明国家的义务，即借着针对偶像崇拜、异教和教会分立论者的强制措施来为教会服务：第 93 封和第 185 封信。——科学院版编者注

② 参见《创世记》，第 22 章。——科学院版编者注

不仅如此，即使一个由这样一种积极的（被认为是积极的）启示法则所要求的行动本身是允许的，问题仍然在于，教会的上层或者导师是否可以根据自己自以为的确信来责成民众把它当做信条认信（哪怕有损于他们的地位）呢？由于确信除了历史的证据之外，自身没有别的证据，但在这民众的判断中（只要它稍稍反省一番自己），总是还有一种也许由此或者在他们对经典作诠释时产生错误的绝对可能性，所以，神职人员就会强迫民众至少是在内心中，就像他们信仰一个上帝，即仿佛是面对上帝那样，认信某种他们毕竟并不确切地知道其为真的东西是真实的。例如，承认指定某一个日子定期公开地增进虔敬之心，是由上帝直接规定的宗教节日，或者认信某种他们根本不理解的奥秘为自己坚信的。这时，他们的教会上层就会是在违背良知行事，是在强迫别人信仰某种他自己也绝不可能完全确信的东西。因此，他应该公平地想一想他所做的事情，因为他必须为从这样一种强制性的信仰中产生的滥施强暴负责。——因此，在被信仰的东西中可能有真理，但在信仰中（或者甚至在对它的只是内心的认信中），也同时可能有不真实性，而这不真实性本身就是该诅咒的。

〔188〕 尽管如上所说，仅仅刚刚开始自由思维的人①，由于他们

① 我承认，我确实不能苟同于一些聪明人也使用的下述说法：某个（正在探讨一种合法的自由的）民族对于自由是不成熟的；一个庄园主的农奴们对于自由还不成熟；此外还有，一般人对于信仰自由还不成熟。按照这样一种前提条件，自由就永远不会出现。因为我们如果不事先被置于自由之中，对于自由就不可能**成熟起来**（为了能够在自由中合目的地运用自己的力量，我们就必须是自由的）。当我们还必须服从他人的命令，但又处于他人的关照之下的时候，最初的尝试当然是不成熟的，通常还与一种更为困难、更为危险的状况结合在一起。然而，不借助**自己的**尝试（要想做这些尝试，我们就必须是自

过去处在一种信仰的奴隶桎梏之中（例如新教徒），马上就认为仿佛自己越是不被迫信仰（信仰实证的东西和由教士规定的东西），就越是变得高尚了。然而，对于那些还没有能够或者不愿意作出这种尝试的人来说，情况则截然相反；因为他们的基本原则是：在信仰上最好是宁多毋少；因为做的比应做的更多，起码没有什么坏处，也许还会有所助益。——宗教事务中的所谓安全准则（argumentum a tuto［出自安全理由］），就是建立在把宗教认信中的不诚实作为基本原则这种妄想之上的（由于宗教又弥补了每一种错误，因而也弥补了不诚实的错误，人们就更容易采取这种妄想了）。如果我关于上帝所认信的东西是真的，那么我就碰中了；如果它不是真的，此外也没有什么自身不容许的东西，那么，我信仰它只不过是多余的，它虽然没有必要，但也只不过是给我加上了一种并非罪过的负担。从自己的装模作样的不诚实性中产生的危险；**对良知的违背**；在上帝面前谎称某种东西是确定无疑的；而自己又明明知道，它并不具有能够以无条件的信赖加以保证的性质；所有这一 〔189〕
切，**在伪君子看来都无关紧要**。——真正的、惟一能够与宗教相统一的安全准则恰恰是相反的准则：作为永福的手段和条件，凡是不能凭借我自己的理性，而是只能凭借启示为我所知，并且仅仅借助于一种历史性的信仰才能为我认信，但除此

由的），我们永远也不能以其他方式在理性方面成熟起来。我并不反对那些手中握有权力的人，为情势所迫把甩脱这三种桎梏的时代推得远之又远。但是，说自由根本不适宜于那些一度隶属于他们之下的那些人，说人有权利在任何时候都让这些人远离自由，把这当做基本的原则，这就侵犯了把人创造成为自由的那个神明的特权。当然，如果能够贯彻这样一种基本原则，则在国家中、在家庭中、在教会中实行统治，的确是更惬意的。然而，这难道也更正义吗？

之外与纯粹的道德基本原则并不矛盾的东西，我虽然不能相信并且保证它是确定无疑的，但也不能把它当做肯定错误的东西予以拒斥。不过，虽然就这方面而言并未规定什么，但我仍然期望其中能够包含着某种能为人降福的东西。如果我不由于缺乏对一种善的生活方式的道德意念而使自己不配享它，它就会给我带来好处。在这一准则中，蕴涵着真正的道德上的安全，即面对良知的安全（对一个人不能要求更多的东西）。与此相反，最大的危险和不安全，是由要狡猾地避开不认信给我带来的不利后果、并由于同时讨好双方而与双方交恶这种自作聪明的手段带来的。

一部信经的作者，或者一个教会的导师，甚至每一个人，——就他据说在内心中向自己承认确信一些信条是上帝的启示而言——如果他扪心自问：你敢在知人心者的临在中，冒着丧失所有你认为宝贵和圣洁的东西的危险，来担保这些信条的真实性吗？那么，我将必须对人的（至少不是完全无能为善的）本性形成一个很糟糕的概念，才不会预见到，即便是最大胆的信仰导师，也必然在这里不寒而栗。♀①但如果真是这
〔190〕样，那么，它与那种公事公办的态度是多么一致啊！这种态度仍然要求对信仰作这样一种不允许任何限制的解释；甚至把这

① 就是说，如果一个人胆敢说“谁不相信这个或者那个历史性教义是一个可贵的真理，**他就该受诅咒**”，那么，他也必须能够说：“如果我在这里向你们讲述的东西不是真的，**我就该受诅咒**”。——如果有某人提出这样一种可怕的要求，那么，我将建议，可以按照波斯人关于一个**哈吉**（指曾去过麦加朝圣的伊斯兰教徒。——译者注）的那句谚语来对待他：如果某人（作为朝圣者）去过一次麦加，那么，你就迁出他与你共住的那座房子；如果他去过两次，那么，你就迁出他所在的那个街道；但如果他去过三次，那么，你就干脆离开他居留的那座城市，甚至离开那个国家。

样一种胆大妄为的保证本身，冒充作义务和对上帝的事奉，但由此也就把道德方面的一切东西（诸如此类的东西也就是接受一种宗教）上所绝对要求的人们的自由完全弃之于地，甚至连在此说“我信。但我信不足，求主帮助”①的善良意志，也不给留下容身之地了。♀②

总的附释

凡是人按照自由律能够独立地做出的善行，与只有借助超自然的帮助才使他可能达到的那种能力相比而言，我们都可以称之为**本性**，以便有别于**神恩**。这并不是说，好像我们借助前

①《马可福音》，第9章，第24节。——科学院版编者注

② **啊，正直**！你这从地上逃逸到天上的阿斯特赖亚，我们怎样才能把你（良知的基础，因而也是一切内在的宗教的基础）从那里重新拉回到我们这里呢？尽管非常令人痛心，但我还是可以承认，在人的本性中找不到襟怀坦白（说出知道的全部真理）。然而，我们却必然可以要求每一个人**正直**（凡是说出来的东西，都是真诚地说出来的）；而如果就连正直的禀赋也不存在于我们那仅仅是疏于培植的本性中，那么，人类即便是在自己的眼中也必定会是一个极度受蔑视的对象。但是，所要求的那种心灵特性是这样一种特性，它备受诱惑，且要求作出某些牺牲，因此也要求道德上的力量，即德性（德性必须是获得的），但必须比其他任何一种特性都更早地受到监护和培植。因为如果我们让相反的倾向扎下根来，那就极难再彻底铲除。——我们可以把这与我们的教育方式进行比较，尤其是在宗教问题上，或者确切地说，在教义问题上。在这里，不用考虑认信的可靠性（对此从来也不能加以检验），单是回答涉及它们的问题时记忆的可靠性，就被认为足以造就出一个对他所保证是圣洁的东西一窍不通的信徒，而我们也将不再对由于缺乏正直所造成的真正内心的伪君子这种事感到惊讶了。

一个术语所理解的是一种自然的、有别于自由的属性似的。我们之所以使用它，仅仅是因为我们至少认识了这种能力的**法则**（**德性**的法则），因为理性对于它——作为一个**自然的类似物**——也有一个自己可见的、可把握的导线；与此相反，**神恩**
〔191〕是否以及什么时候在我们里面起作用，以及起什么作用和起多大作用，对我们来说仍然完全是隐秘的。而理性在这方面，就像在一般的超自然事物（道德性作为**圣洁性**就属于此列）那里一样，对于它的发生所遵循的法则一无所知。

对我们道德上虽然是有缺陷的能力，甚至对我们履行自己的所有义务时的不完全纯净的，至少是薄弱的意念加上的一种超自然帮助的概念，是超验的，是一个纯然的理念，没有任何经验能够向我们保证它的实在性。但是，即便是把这个理念假定为仅仅实践意图上的理念，这也是很冒险的，与理性很难统一的。因为凡是作为道德上的善的行为而应该归功于我们的，都必然不是借助外来的影响，而必须是仅仅借助于尽可能正确地运用我们自己的力量而发生的。不过，这方面的（二者并行不悖的）不可能性也是同样不能证明的，因为自由本身虽然在其概念中不包含任何超自然的东西，但就其可能性而言，仍然和人们为了代替对自由的自身主动的，但不充分的规定而假定的超自然事物一样，是我们所不能理解的。

但是，由于我们关于自由至少还能够知道用来规定它的那些法则（道德法则），但关于一种超自然的帮助，无论是在我们里面察觉到的某种道德力量是否确实是由此产生的，还是在什么样的场合以及在什么样的条件下可以期待这种力量，我们都一无所知。所以，除了普遍地假定：凡是本性在我们里面不能造成的，只要我们尽可能地运用我们的本性（即我们自己的力量），神恩就将会造成它，此外，我们对这个理念就不能做任何别的利用了，无论是我们如何（除非不断追求善的生活方式）争取它的协助，还是我们如何确定在什么样的场合我们可以期望得到它都不行。这一理念完全是超越的。此外，把它当做一种神圣的东西，对它敬而远之，以免我们由于自己制造奇迹的妄想，或者在自己里面感知到奇迹的妄想，而使自己不适宜于任何理性运用，或者听凭自己惰性的诱惑，在消极的悠闲中，期待我们本应该在自身中寻求的东西从天上掉下来，这是有益的。

因此，**手段**也就是人为了用来实现某种意图**所能够支配的**中间原因；而为了配得上上天的帮助，这里也只有（也不可能有别的什么东西）认真努力地尽可能改善自己的道德性质，由此使自己易于接受本来不为自己所支配的、使这些道德性质符合上帝的喜悦方面的完善，因为他所期待的那种上帝的帮助自身，本来就仅仅是以他的道德性为目的的。但是，不纯洁的人不是在这里，而是宁可在某些感性的活动中（他虽然能够支配这些活动，但这些活动自身并不能造就任何更善的人，而这里却要以超自然的方式造成这一结果），这倒是我们已经可以先验地预料到的事情，而且事实上也的确发生了。一种所谓的**邀恩手段**的概念，虽然它（根据以上所说）是自相矛盾的，但在这里却充当了自欺的手段，而自欺是既庸俗又对真宗教有害的。 〔192〕

作为属于上帝之国的臣民，但同样（遵照自由律）作为上帝之国的公民，信仰者对上帝必须作出的真正的（道德上的）事奉，虽然就像上帝之国自身一样是不可见的，即是一种**心的事奉**①（用心和诚实的事奉），并只能存在于把所有真正的义务作为上帝的诫命来遵守的意念之中，不能存在于仅仅为了上

① 参见《约翰福音》，第 4 章，第 23 节。——译者注

帝而规定的行动之中。然而在人这里，不可见的东西却需要借助某种可见的东西（感性的东西）来体现。进一步说，为了实践的事物起见，需要有某种可见的东西来伴随，并且尽管它是理知的，却需要仿佛被（根据某种类比）直观化。虽然这种东西是仅仅为说明我们在事奉上帝方面的义务的一种事实上不可缺少的手段，但同时也是一个颇有被误解的危险的手段，它通过一种对我们起蒙蔽作用的妄想，而极容易被视为**对上帝的事奉**本身，并且通常也是这样被称谓的。

这种对上帝的所谓事奉，如果回溯到它的精神实质和它的真实涵义，即一种专注于在我们里面和在我们之外的上帝之国的意念，那么，它本身可以借助理性划分为对义务的四种遵循方式。但是，某些与它们并没有必然联系的仪式，也被一一对
〔193〕应地配置给它们了。因为这些仪式在用做它们的图型，从而在唤醒和保持我们对真正地事奉上帝的注意力方面，自古以来就被当做好的感性手段。它们全都立足于促进道德上的善这个意图：(1) **在我们自身里面坚定地**确立这种善，并且反复地在心灵中唤起它的意念（私下默祷）；(2) 通过在法定的礼拜日公共聚会来**向外扩展**这种善，以便让人在那里宣读宗教教义、表达愿望（以及诸如此类的意念），并且普遍地相互传达这些东西（前往教堂）；(3) 通过把新加入的成员接纳入信仰团契，而把这种善**灌输**给后代，这也是使他们在其中受到教导的义务（在基督教中就是**洗礼**）；(4) 通过反复举行的公共仪式**维护这个团体**，这些公共仪式使这些成员们结成一个伦理实体的那种联合，也就是按照彼此之间权利平等和共享道德上善的成果的原则的那种联合得以存续（领圣餐）。

宗教事务中的任何开端，只要人们不是纯然在道德上作出的，而是把它当做**本身**就让上帝喜悦的、从而通过上帝来满足我们的所有愿望的手段，就都是**物神信仰**。它是这样来说服人

们的：无论是按照**自然**法则还是按照道德上的理性法则，都不能造成任何效果的东西，却可以这样来造成人们所期望的东西，即，只要人们坚定地相信它能够造成诸如此类的东西，并把某些仪式与这种信仰结合起来。甚至在这里的一切都取决于只能从行动中产生的道德上的善这种意念已经深入人心的地方，感性的人还要为自己寻找避开那种困难条件的秘密路径。也就是说，即使他履行的仅仅是**方式**（形式），上帝也会把它当做行动本身来接受。这当然必须被称做上帝的一种超验的神恩，如果不是反倒会成为在懒惰的信赖中梦见的神恩，或者干脆是一种虚伪的信赖本身的话。这样，人就在所有的公共信仰方式中，都把某些习惯自己设想为**邀恩手段**，尽管它们并不是在所有的信仰方式中都像在基督教中那样，与实践的理性概念以及与之相符合的意念相关（例如在穆罕默德教的信仰方式中，有五种重要的诫命：净礼、祈祷、斋戒、施舍、赴麦加朝 〔194〕
圣。其中惟有施舍，如果它是出自真正的、对人类义务既是道德上的也是宗教上的意念作出的，并且由而确实值得被看做一种邀恩手段的话，就理应被当做例外。但在这里情况则相反，由于这种手段按照该信仰甚至可以同时从别人那里强夺以穷人的身份祭献给上帝的东西，它就不应当被当做例外）。

也就是说，可以有三种**妄想信仰**有可能使我们在超自然事物（按照理性法则，它既不是理论运用的对象，也不是实践运用的对象）方面逾越我们理性的界限。**首先**是这样一种信仰，即凭借经验能够认识某种我们自己也能够认为按照客观的经验规律不可能发生的事情（对**奇迹**的信仰）；**其次**是这样一种妄想，即必须把我们自己凭借理性并不能形成任何概念的事物，当做我们在道德上的至善所必需的而接纳在我们的理性概念之下（对**奥秘**的信仰）；**最后**是这样一种妄想，即凭借运用纯粹自然的手段能够造成一种对我们来说是奥秘的结果，也就是说，造成上帝对我们的道德的影响（对**邀恩手段**的信仰）。——关于前两种人为的信仰方式，我们在本书上两篇的《总的附释》中已经讨论过了。因此，现在我们有必要对邀恩手段加以讨论（它与**神恩作用**♀①，即超自然的道德上的影响，还是有区别的。对于后者，我们只是容忍，但对它的自以为的经验，却是一种纯然属于情感的狂热妄想）。

一、**祈祷**被设想为对上帝的一种**内在的、按照程式的**事奉，从而被设想为邀恩手段，它是一种迷信的妄想（一种物神化）。因为它纯然是对一个存在者**宣告出来的愿望**，而这个存在者却不需要对愿望者的内在意作出任何宣告。因此，这里也就没有做出任何事情，没有履行作为上帝的诫命我们必须履行的任何义务，因而也没有真正地事奉上帝。让上帝喜悦我们的一切所作所为这样一种衷心的愿望，即伴随我们的一切行动、
〔195〕就好像这些行动是在对上帝的事奉中发生的那样来从事这些行动的意念，是**祈祷的精神实质**，它能够而且应该"不住地"②在我们里面出现。但是，用语词和定式来表达这种愿望（即使这纯粹是在内心中进行的）③充其量也只能具有反复地在我们里

① 参见**第一篇**的《总的附释》。

② 参见《帖撒罗尼迦前书》，第5章，第17节。——科学院版编者注

③ 在一个作为祈祷的精神实质的愿望中，人只是试图对自己产生作用（借助**上帝的理念**振奋自己的意念）。但在这种愿望中，当它借助语词，从而也就是向外宣告的时候，却是试图对上帝产生作用。在前一种意义上，尽管人并不强求自己甚至能够毫无疑问地保证上帝的存在，但祈祷却可以是以充分的真诚进行的。在第二种作为**致辞**的形式中，他认定这个最高的对象是亲自临在的，或者至少是（甚至在内心中）仿佛他是从这个对象的临在引出的意见那样，认为即使事实并非如此，至少也没有什么坏处，毋宁说还会给他带来好处。因此，在后一种（字面上的）祈祷中，不能像在前一种祈祷中（在祈祷的纯

面振奋那种意念的一种手段的价值，与上帝的喜悦没有任何 〔196〕

然精神中）那样完满地发现真诚。——每一个人，如果他自认为是一个虔诚的、有善良意愿的人，都会认为上述附释的真理性已经得到了证明。但如果他是除此之外还自以为是在这样一些提纯了的宗教概念方面所知有限的人，别人就会对他感到惊异了。我指的不是在大声的祈祷方面，而是仅仅在把这种祈祷显示出来的举止方面。不用我说，人们自己就会预料那个人在这方面会陷入混乱或者尴尬，就好像这是一种他会为自己感到羞愧的状态。但是，为什么会是这样呢？一个人被发现在大声地自言自语，这显然会使他被怀疑有点发神经。同样，如果我们在他独处的时候，发现他正在做出只有当一个人看到有人在自己面前时才会做出的活动或者表情，我们也会对他作出这样的判断的（这并非全无道理）。但是，在上述假定的例子中，情况并不是这样。——然而，福音的导师用某种措辞十分精彩地表达了祈祷的精神实质，这种措辞不仅使祈祷，而且由此也使它自身（作为字面上的东西）成为多余的了。在这种措辞中，我们发现的无非是趋向善的生活方式的决心，它与意识到我们的脆弱性相结合，包含着一种持久的愿望，即成为上帝之国中一个合格的成员。因此，它不是真正地祈祷某种上帝根据自己的智慧也可能会拒绝给予我们的东西，而是这样一个愿望，如果它是认真的（积极的），它就会自己造成自己的对象（成为一个让上帝所喜悦的人）。甚至对我们某一天维持生存的手段（面包）的愿望，由于它并不是明确地针对生存的延续的，而是一种被感觉到的纯然动物性需求的结果，所以与其说是对**人**想要的东西的特别深思熟虑的祈祷，倒不如说是对我们里面的**自然**想要的东西的表白；这类祈祷就会是对他日的面包的祈祷，这种情况在此也十分清楚地被排除了。——这样一种发生在道德的（仅仅凭借上帝的理念振奋起来的）意念之中的祈祷，由于它作为祈祷在道德上的精神实质是自己造成自己的对象（成为上帝所喜悦的）的，因而只能发生在**信仰**中；而信仰也无非就是认为，自己的祈祷**能被满足**是有保障的；不过，只有我们里面的道德性才具有这样的性能。因为即使在祈求仅仅涉及今日的面包的情况下，也没有人能够认为，祈祷会得到满足是有保障的，即满足他的祈求与上帝的智慧是必

〔197〕 直接的关系，正因为此也不是每一个人的义务。因为一种

然地结合在一起的。也可能，让他今天死于这种匮乏更能与上帝的智慧一致。凭借死缠硬磨的祈求来试探是否能使上帝（为了我们眼前的利益）偏离其智慧的计划，这也是一种既荒唐无稽又大胆妄为的妄想。因此，我们不能确信任何有一种并非道德的对象的祈祷是能够被满足的，即不能在**信仰**中祈求这样的东西。甚至，即便对象是道德的，但却只能借助超自然的影响才是可能的（或者至少，我们之所以期望这样的对象，不过是因为我们不愿自己为此费力劳神；例如思想改变、穿上新衣、再生），毕竟也很难确定，上帝是否会认为以超自然的方式，弥补我们的（自负其责的）缺陷是符合他的智慧的。毋宁说，我们有理由预期相反的东西。因此，人不能在信仰中祈求这些东西。——由此也就可以解释一种制造奇迹的信仰（它总是与一种内在的祈祷结合在一起的）会是什么样的情况了。由于上帝不能赋予人超自然地发挥作用的任何力量（因为这是自相矛盾的），由于人在自己这方面不能按照自己从世上可能的善的目的形成的概念，来规定上帝的智慧在这方面会作出什么判断，因而不能凭借在自己里面，并由自己产生的愿望来把上帝的力量用于自己的意图，所以，一种奇迹的赐予，即人能否拥有它完全取决于人自己（"你们若有信心像一粒芥菜种"［《马太福音》，第17章，第20节；《路加福音》，第17章，第6节。——科学院版编者注］，等等）的那种奇迹的赐予，从字面上看是不可思议的。因此，这样一种信仰，如果它在任何地方都要意味着某种东西，就不过是关于人的道德性质——假如人在自己全部让上帝喜悦的完善（然而，人却永远达不到这种完善）中拥有这种道德性质的话——的重要性，超越上帝在其最高智慧中拥有的其他一切动因的重要性的一个理念，从而也是这样一个根据，它使人能够信赖，如果我们**完全**是或者一旦成为我们应该是，并且（在不断的接近中）能够是的那种样子，自然本性必然会顺从我们的愿望，而我们的愿望在这种情况下也决不会是不智的。

但是，就通过前往教堂所期望获得的**陶冶**而言，公共的祈祷在这里虽然也不是邀恩手段，但却是这样一种伦理的庆典，它或者通过合唱信仰的赞美诗，或者也通过按照规定借助神职人员之口代表全体会众

手段只能规定给为了某种目的而**需要**它的人，但远远不是每一个人都需要这种（在自己里面，事实上也就是**同自己**，但却伪称更可理解为**同上帝**交谈的）手段。毋宁说，每一个人都必须通过对道德意念连续不断的净化和提高来达到这样一种地步，即惟有祈祷的精神实质在我们里面能够得到充分的振奋，而祈祷（至少是为我们自己的利益所作的祈祷）的条文则能够最终被略去。因为这种条文毋宁说像所有间接地指向某个目的的东西一样，削弱了道德理念（从主观上来看，它叫做**虔敬**）的作用。在最渺小的事物上考察上帝创世的深刻智慧，在伟大的事物上考察这种智慧的威严——它自古以来就已经能够为人们认识到，但在近代却扩展为极大的惊赞——，这种考察具有这样一种力量，它不仅把心灵沉入到那种深沉的，仿佛把人在自己的眼睛中消灭掉的那种情调，人们称之为**崇拜**，而且如果考虑到人自己的道德上的规定性，其中也包含着一种升华灵魂的力量，以至相比之下，语词，即便是身为国王的祈祷者大卫（他

向上帝所作的**致辞**进行。这致辞把人的一切道德事务都包括在自身中，由于它把这些道德事务表现为公共事务，在这里每一个人的愿望都应该表现为是与所有人的愿望联合为一个目的（建立上帝的国）的。所以，它不仅能够把感动提高到道德上的鼓舞（而不像私下默祷那样，由于私下默祷是在缺少这种崇高的理念的情况下作出的，它通过习惯逐渐地完全丧失了对心灵的影响），而且还比私下默祷更多地包含着把构成祈祷的精神实质的道德愿望穿上正式的致辞外衣的理性根据。但它在这里并没有把最高存在者设想为临在的，或者把这种演说形态固有的特有力量设想为一种邀恩手段。因为在这里有一个特殊的目的，即通过一种外在的、体现出那种在对上帝之国的共同愿望中**所有人大联合**的庆典，来更多地调动每一个人的道德动机。除了通过向这个国的主宰致辞，就好像他特别地在某个地方临在一样之外，不可能以更好的方式进行这件事了。

很少知道所有那些奇迹）的语词，也必然像空洞的声响一样消逝掉。因为出自从对上帝之手的这样一种直观的情感是说不出来的。——此外，由于人们虽然其心灵倾向于宗教，但却很乐
〔198〕意把所有本来只与他们自己的道德改善相关的东西，转化为对宫廷的事奉。而在对宫廷的事奉中，谦卑和赞颂越是词汇丰富，通常也就越是很少被人在道德意义上感受到。所以，倒是哪怕在最初给还需要条文的孩子们安排祈祷练习时，就有必要小心翼翼地再三叮嘱他们，言语（即便是在内心中说出的言语，甚至是使心灵适合于把握上帝理念的尝试，据说这种理念是接近于一种直观的）在这里没有什么自在的价值，而只是被用来振奋趋向一种上帝所喜悦的善的生活方式的意念。那种言语只不过是想象力用来这样做的一种手段罢了。因为若不然，所有那些谦恭敬畏的证明都将带来一种危险，即所造成的仅仅是对上帝的虚伪崇敬，而不是对上帝的一种实践上的事奉，这种事奉并不是仅仅存在于情感之中的。

二、**前往教堂**，它被设想为在一个教堂中隆重举行的、**对上帝的外在事奉**。鉴于它是信徒团契的一种感性体现，它不仅是一种对每个**个人**而言**陶冶**① 自身的值得推荐的手段，而且对

① 如果我们要为这一表述寻找一个合适的涵义，那么，也许只能这样来规定它，即它被理解为**由虔敬在主体身上产生的道德上的结果**；这一结果，虽然大多数自以为虔敬的人（因此也可以称他们为**虔敬之士**）把它建立在感动之中，但它却并不在于感动（感动已经包含在虔敬之中了）。因此，**陶冶**这个词必须意味着由虔敬在人的现实改善方面造成的结果。然而，要使这种改善成功，人们就必须有系统地进行工作。按照正确理解的概念，把确定的基本原则深深地植入人心，在此之上建立起各种意念，去和这些基本原则所关系到的、诸般义务的各种不同的重要性程度相符合，提防和维护它们免受偏好的侵袭，仿佛是**陶冶**出一个新人，作为**上帝的圣殿**。（参见《以弗

于**整体**而言，这也是就他们作为必须在这尘世中体现出来的、上帝之国的公民义不容辞的义务。其前提是，这个教会并不包含可能导向偶像崇拜的，并从而使良知背上沉重负担的仪式。〔199〕例如，在上帝处于一个人的名义之下的无限仁慈的人格中而对上帝所作的某些崇拜。因为以感性的方式描绘上帝，就违背了理性的那个诫命：**"不可为自己雕刻偶像"**①，等等。但是，想把它本身当做**邀恩手段**来使用，就好像是由此直接事奉了上帝，好像上帝把特殊的**神恩**与这种庆典的庄重性（只不过是宗教的**普世性**的一种感性的体现）联结在一起了似的，这是一种妄想，它虽然与一个**政治共同体**的好**公民**的思维方式和外部体面是一致的，但作为**上帝之国中的公民**，这种妄想不仅不能对他的品质有所增益，而且还会败坏它，用炫目的色彩在他人眼前，甚至在他自己的眼前，掩饰其意念的道德上恶劣的内容。

三、加入教会团契的一次性的庄重**典礼**，即最初被接纳为**一个教会的成员**（在基督教中是通过**洗礼**），是一种很有意义的庆典。它要么使加入者（如果他能够自己来认信自己的信仰），要么使他的保证人（他们自愿负责前者在信仰方面的教育）承担起重大的责任，并且是以某种神圣的东西（把一个人塑造为神圣国家的公民）为目的的。但是，它自身却不是其他

所书》，第2章，第21—22节；《彼得前书》，第2章，第5节。——科学院版编者注）人们很容易看出，这一建筑物只能慢慢地进展；但是，至少也应该看到有些什么**已经建立起来了**。然而，虽然人们相信自己（通过听，或者读和唱）已经受到了相当的**陶冶**，但却没有任何东西被建立起来，甚至连着手开始建造也没有。也许这是因为，人们希望那座道德的建筑物将像忒拜城的城墙那样，凭借叹息和急切愿望的音乐就自己耸立起来吧。

①《出埃及记》，第20章，第4节。——科学院版编者注

那些人的一个神圣的行动，或者不是在这个人身上造就出圣洁性和接受神恩的能力的行动，因而也不是什么**邀恩手段**。尽管它在最初的希腊教会中也曾有过如此被夸大的威望，似乎能够一下子涤清所有的罪过。由此，这种妄想与一种几乎更多的是异教的迷信之间的亲缘关系，也就大白于天下了。

四、根据**平等**的法则为庆祝**这个教会团契的复兴、存续和传播**，而反复多次举行的**庆典（领圣餐）**。必要时还可以按照这样一个教会的创始人的榜样（同时也是为了纪念他），通过在同一张餐桌旁共享的仪式来举行这种庆典包含着某种伟大的东西，这种东西把人们狭隘的、自私的和难以共处的思维方式——尤其是在宗教事务中——扩展成为一种世界公民的**道德**
〔200〕**团体**的理念。而且，这种庆典也是振奋一个团契，使它达到在其中体现的兄弟之爱的道德意念的一种好手段。但是，称颂说是上帝把特殊的神恩与这种庆典的庄重性结合在一起，并且把认为那本来只不过是一种教会活动的庆典又可以是一种**邀恩手段**的命题接纳入信条，这就是宗教的一种妄想了。它所能够起的作用恰恰只不过是与宗教的精神实质背道而驰。——这样一来，从根本上来说，**教权制**就会完全是神职人员通过装出一副独占邀恩手段的样子而篡夺的对心灵的统治。

※　　※　　※

所有诸如此类的在宗教事务上人为的自欺，都有一个共同的基础。在上帝所有的道德方面的属性——圣洁、神恩和正义——中，人习惯性地转向了第二种，以便避开符合第一种的要求这一令人生畏的条件。作一个好的**仆人**，这是费力劳神的（在此总是只听到说义务）。因此，他宁可作一个**宠儿**，这时，他的许多事情都可以得到宽恕，或者，即便他过于严重地违背了义务，也可以凭借某一个在最高的程度上蒙恩的人的调解来补偿一切。而同时，他始终还是他曾经是的那个任性的奴仆。

但是，为了在他的这种意图的可行性方面以一些假象满足自己，他把自己关于一个人（连同其缺陷）的概念，像通常那样套用到神灵身上。并且，就像即使在**我们族类**最好的**统治者**身上，立法的严明、仁慈的恩宠和一丝不苟的公正，也不是（像其应该的那样）每一个都单独地、独立地致力于对臣民的行动产生道德影响，而是在人类的领袖作出决定时，在他的思维方式中**混合**在一起，因而人们只可以尝试去掌握这些属性中的一种，即人类意志的脆弱智慧，使另外两个屈从于它那样，他也希望由此而在上帝那里发现这种情况，仅仅转向了**神恩**（因此，借助一个三重位格的理念，把上帝的上述诸般属性，或者毋宁说把上帝与人的诸般关系分离开来，对于宗教来说曾经是具有重要意义的。应当参照这个理念设想出那种分离，使每一种属性或者关系都得到特殊的标明）。为此目的，他尽力参与一切能想象出来的仪式，以此想要显示他是多么**崇敬**上帝的诫命，以至于没有必要来**遵守**它们了。为了能用他那些不付诸行动的愿望来补偿他对这些诫命的逾越，他喊着："主啊！主啊！"只是为了不必"遵行天父的旨意"①。这样，他把用某些手段振奋真正实践意念的庆典，理解为邀恩手段本身，伪称相信这些庆典是邀恩手段，这本身就是宗教的一个本质部分（平庸的人甚至把它看做宗教的全部）。至于由此使自己成为一个更善的人，他完全听凭上帝仁慈的垂顾。他致力于**虔诚**（对上帝的法则的一种消极的崇敬），却不致力于**德性**（把自己的力量运用于自己所崇敬的义务），而毕竟惟有后者**与前者相结合**，才能构成人们在**虔敬**（真正的宗教意念）这个词中所理解的那个理念。——如果这种自以为的天之宠儿的妄想发展成为狂热 〔201〕

①《马太福音》，第7章，第21节。——科学院版编者注

的自负，认为在自身中感受到特别的神恩作用（甚至狂妄地相信自以为与上帝有隐秘的**交往**），那么，德性最终就会干脆使他感到厌恶，成为他蔑视的对象。因此，如果有人公然抱怨宗教始终很少有助于人的改善，抱怨那些蒙恩的人的（放在斗底下的①）内在的光，不愿通过善功向外照耀，也就是说（正如人们按照他们的这样一种伪称可能会要求的那样）并不比其他那些自然可敬的人们**优秀**，那些人简明扼要地接受宗教不是为了取代，而是为了促进积极地显现在一种善的生活方式之中的德性意念，那么，这也是毫不稀奇的。尽管如此，福音的导师还是把外部经验的这些外在证据作为试金石交给了人们。凭借这种试金石，也就是凭借这种外部经验的结果，人们就可以认识那些蒙恩的人，而且每一个人都可以认识自身。然而，人们还没有看到，那些自以为特别蒙恩的人（拣选出来的人），至
〔202〕少有一点胜过我们在交往中、在事业中、在急难中能够信赖的自然可敬的人。毋宁说，他们总的来看经不起与自然可敬的人比较。这也就证明了，从蒙恩前进到德性并不是正确的道路，正确的道路毋宁说是从德性前进到蒙恩。

①《马太福音》，第5章，第15节。——科学院版编者注

伊曼努尔·康德

1797年

道德形而上学

1797 年

道德形而上学

伊曼努尔·康德著

张　荣　李秋零　译

科学院版编者导言

保罗·纳托尔普（Paul Natorp）

关于《道德形而上学》的产生史，人们认为材料绝大多数已在《实践理性批判》的导言中（《康德全集》，第Ⅴ卷，489页以下①）汇聚。由此得出，这部著作的计划虽然一直回溯到60年代，但其实施却一再推迟，因为一部奠基性的纯粹（理论的和实践的）理性批判这个更重要的任务必须先完成。但是，在完成了两部批判之后，新产生的《判断力批判》的计划，其相对快的实施，就完全占用了哲学家后来时间（直到1790年）的工作。终于，该轮到完成久已准备好和应许过的《道德形而上学》了。我们也听到，有人确信无疑地期待它在1791年的博览会出现（基塞维特尔致康德，1791年6月14日②）。但是，还在此后的两年里，康德甚至在信中称这部著作为在手头的或者现在的工作（1792年12月21日致艾哈德；1793年5月12日致费希特③）。即便这时，事情也进展缓慢；《纯然理性界限内的宗教》（出版于1793年）和更多的小作品的撰写挤进了这中间。就连内容上的困难也似乎阻碍了这部著作的完成。席勒在1794年10月28日写信告诉艾哈德："产权的推导现在是很多思想者研究的问题，关于康德本人我有所耳

① 参见李秋零译注：《实践理性批判》（注释本），科学院版编者导言，北京，中国人民大学出版社，2011。——译者注

②《康德全集》，第Ⅺ卷，[253] 265页。

③ 同上书，[384] 399页、[419] 434页[参见《康德书信百封》，195页、202页，上海，上海人民出版社，2006。——译者注]。

闻，我们应当在他的《道德形而上学》中有所期待。但同时我听说，他对自己在这方面的想法不再满意，因而眼下搁置了出版。”① 最终在 1796 年夏天，《法权论》完成付印。据说它是在 1796 年米迦勒节博览会出版，并且被不同的报纸说成是在这个日期出版的。但实际上，它似乎是 1797 年 1 月才发行的。因为虽然耶舍在 11 月 4 日的一封信中称这部著作“刚刚出版”②（基塞维特尔在 9 月 23 日还在热切盼望其出版③），但是在 12 月 7 日，雅各布还是一再热切地期待着这本书，它“被预告为已完成，但很可能印刷尚未结束”④。而且在 1797 年 1 月 16 日，艾哈德“尚未收到”⑤。但相应地，在 1797 年 1 月 19 日星期四的《哥尼斯贝格学术和政治报》第 6 期的副刊上，这本书被称为刚刚在弗里德里希·尼科洛维那里出版。⑥

根据已提到的雅各布的信，康德在 1796 年 12 月初已经在写《德性论》。它应当在 1797 年复活节博览会出版（罗伊斯致康德的信，1797 年 4 月 21 日⑦），但只是在夏季的时间里才完成。因为作为书信残篇由雷克发表的 1797 年 7 月 29 日的记录⑧只能与这本书相关⑨，其中康德写道：**由于对文字上的**

①《约纳斯》，第Ⅳ卷，46 页。
②《康德全集》，第Ⅻ卷，［105］106 页。
③ 同上书，［96～97］96～97 页。
④ 同上书，［134］134 页。
⑤ 同上书，［144］144 页。
⑥ 参见瓦尔达：《老普鲁士月刊》，第 41 卷，132～133 页。那里也据此纠正了《康德全集》第Ⅻ卷［186］187～188 页涉及《法权论》稿酬的书信残篇的错误日期。
⑦《康德全集》，第Ⅻ卷，［159］160 页。
⑧ 同上书，［377］187～188 页。
⑨ 同样请参见瓦尔达的文章（133 页注）。至于残篇是否可以被视为一个“康德有意写的，也许考虑到尼科洛维而删去的前言结尾”，我想存而不论。

“我的”和“你的”的可能要求，在其或早或迟出版后，我还要说明：手稿早在复活节博览之前就已经完整地交给了出版商先生，其印刷必定在这个时间前后完成，但出自我不知道的原因，一直拖到现在。只是1797年8月28日星期一的《哥尼斯贝格学术和政治报》第69期的副刊，才公布这本书刚刚出版；9月8日，雅各布手中才有。① 《法权论》是在莱比锡索尔布里希那里印刷的；在我手头的（3本）样书中在235页有说明；据瓦尔达说，在其他样书中就没有这个说明。与此相反，在《德性论》中，则根本没有其如何出版的一个相应附注；铅字不同于《法权论》。

两部作品一次是分别出版的：《法权论的形而上学初始根据》，伊曼努尔·康德著，哥尼斯贝格，弗里德里希·尼科洛维出版，1797（Ⅻ页，前言；然后是235页，其中双重的导论即《道德形而上学导论》和《法权论导论》的页码是Ⅰ～LⅡ，又被置入罗马数字，下面的页码则被置入阿拉伯数字；在最后未编码的一页有勘误表），和《德性论的形而上学初始根据》，伊曼努尔·康德著，哥尼斯贝格，弗里德里希·尼科洛维出版，1797（Ⅹ页加190页，以及一个勘误表）；另一次是合起来，书名为《道德形而上学》，分两部，伊曼努尔·康德著，哥尼斯贝格，弗里德里希·尼科洛维出版，1797。这个大标题被同样地置于两部作品的每一部前面；然后是各自的标题：《道德形而上学》，伊曼努尔·康德著，第一部分：《法权论的形而上学初始根据》，哥尼斯贝格，弗里德里希·尼科洛维出版；以及相应地，第二部分：《德性论的形而上学初始根据》。在这个双重的标题之后，多余地也还跟着上面所说的各

① 《康德全集》，第Ⅻ卷，[195] 197页。

自版本的标题。看来，新的双重标题是事后加在与标题一起完成的两本书上的。

关于《法权论》，在这期间已经出现了书评，其中一篇发表在 1797 年的《格廷根信息》上，Ⅰ，第 28 期，2 月 18 日，康德觉得它值得予以详细答复。这样一个答复是在 1797 年 7 月 10 日致许茨的信中允诺的①，而更为确定的，是作为他的著作的附录在 10 月 13 日致蒂夫特隆克的信中允诺的②。但是，由于在 1798 年，《法权论》的一个第二版已经成为必要，康德在 1798 年 5 月 9 日致尼科洛维的一封信中作出了如下安排：**“关于《法权论的形而上学初始根据》的第二版，我还要说明的是：这里必须使用两种标题，第一种标题只用附加上‘第二版’字样，但第二种标题则必须是《对法权论的形而上学初始根据的解释性附释》，伊·康德著；这样，已经有前一本书的读者，就只需要买后一本了。”**③这里所指的只能是：所说的附录应当作为单独的文字以自己的标题付印，而且这个小册子只是附在《法权论》的第二版上的，但除此之外，特别对于第一版的拥有者来说也可以单独购买。但是，执行起来却不符合这种安排。附录虽然单独以在信中所说的标题出版（哥尼斯贝格，弗里德里希·尼科洛维出版，1798 年，31 页；论及这部作品的不同印本以及异文），但它却不是以同一种形态，以特殊的标题和特殊的编码附在《法权论》的第二版上的，而是以统一的编码（159～187 页），插入著作的中间，即第一卷和第二卷之间，并非放在最后。至于这不可能是康德所愿，且不说上面所引的那封信中明确的话，可以从事情自身看出：附

①《康德全集》，第Ⅻ卷，[180] 181 页以下。
② 同上书，[206] 207 页。
③《康德全集》，第Ⅺ卷，[241] 244 页 [参见《康德书信百封》，238 页。——译者注]。

录——在标题中明确地被称为《法权论的形而上学初始根据》的附录——由此而已经错误地处在两卷即“私人法权”和“公共法权”之间；此外，附释的一个部分涉及公共法权，甚至其中引用了属于公共法权这一卷的第49节。因此，这种不合理的插入只能要么是出版商自己做的，要么是印刷商做的，也许只是因为一种误解。① 因此，我毫不犹豫地重新确立了附录在《法权论》的结尾的实际上惟一正确的、符合康德的明确安排的位置。同样不能让康德为此负责的是，第二版在标题中并未像在信中明确地规定的那样，简单地被称之为“第二版”，而是被称之为“以解释性附释和补充的附录增补的第二版”。由于“和补充”（und Zusätze）这几个字既没有出现在被置入《法权论》的附录的标题中，也没有出现在该附录的单行本标题中，所以它指的大概是 und Zusätzen② （亦即以补充增补）。就连这也肯定不符合康德的意图，因为第二版除了惟一一处大概同样由《格廷根书评》引起的改动（249页）之外，不包含针对第一版的任何补充或者实际上的改动。但是，康德根本不可能参与第二版（Ⅻ页加266页，哥尼斯贝格，弗里德里希·尼科洛维出版，1798）的文体的、正字法的和其他外部改动。这一点，无论如何也适用于在1803年出版的《德性论》“第二修订版”（Ⅹ页加235页，目录在未编码的书页上）所指出的4处较大的改动。关于翻印本，有《法权论》的一个翻印本，

① 很可能是这样的安排，即附录本应当在第一部——亦即《道德形而上学》的第一部——之后，却错误地与《法权论》的第一卷联系起来了［这里汉译的“部”和“卷”在德文中是同一个词“Teil”，出版商的误解可能就是由此产生的。——译者注］。

② 词尾增加了字母“n”，这个单词就成为第三格，从而与“附录”并列；而没有字母“n”，这个单词就是第二格，与“附释”并列，从属于“附录”。——译者注

法兰克福和莱比锡，1797（Ⅻ页加235页）；一个《德性论》的翻印本，大致地称之为第二版，克罗伊茨纳赫，路德维希·克里斯蒂安·凯尔出版，1800年、1803年再次印刷（248页）；还有《解释性附释》的一个第二次印刷本，哥尼斯贝格，1800（32页），我有一本出自沃尔姆斯的保罗博物馆的图书室的样书，由于没有注明出版社，大概可以称之为翻印本。

第一部
法权论的形而上学初始根据

〔205〕

前言

继《**实践**理性批判》之后的，应当就是《**道德**形而上学》这一体系，它分为**法权论**的形而上学初始根据和**德性论**的形而上学初始根据（作为已提交的《**自然科学**的形而上学初始根据》的一个姊妹篇），为此，下面的导论介绍二者中的体系形式，并部分地使之直观化。

现在，法权论①作为道德论的第一部分，被要求有一个从理性中产生的体系，人们可以把这个体系称为**法权形而上学**。但是，既然法权概念是一个纯粹的，却被建立在实践（出现于经验之中的事例上的运用）上面的概念，因而一个**法权形而上学体系**在其划分上也必须考虑那些事例的经验性的多样性，以便使划分完备（这对于建立一个理性体系来说是必不可少的要求），但对**经验性的东西**进行划分的完备性是不可能的，而且

① 康德所使用的法学术语总的来说不需要任何说明，因为在正文中所说的东西就足以使人理解了。它们几乎全部取自阿亨瓦尔（Gottfried Achenwall，1719—1772，德国启蒙时代历史学家和法学家，其《自然法权原理》是德国新教大学普遍采用的教科书。——译者注），对这些事物的任何更仔细的研究都首先要追溯到他。蒂夫特隆克的大部头诠释（《为解释和评判伊曼努尔·康德教授先生的〈法权论的形而上学初始根据〉而对私人法权和公共法权的哲学研究》，2卷本，哈勒，1797和1798）多数情况下只是对在康德本人那里已有的东西给出一种详细的说明。L. H. 雅各布在《哲学编年史》上提供了康德法权论的一个值得注意的批判，第3卷，13～58页，1797；也请参见雅各布于1797年9月8日致康德的信（《康德全集》，第Ⅻ卷，［196］197页）。——科学院版编者注

在人们尝试获得这种完备性时（至少是为了接近它），这样的概念不能作为不可缺少的部分进入体系，而是只能作为实例进入说明，所以，对于道德形而上学第一部分唯一恰当的表述就是**法权论的形而上学初始根据**；因为鉴于运用的那些事例，能够指望的只是接近体系，而不是体系本身。因此，对于这些初始根据来说，就像对于（先前的）自然科学的形而上学初始根据一样，这里也给予偏爱；也就是说，把属于先天地拟订的体系的那些法权放在正文中，但把与特殊的经验事例相关的那些法权放在部分地详尽的附释中，因为若不然，在这里是形而上 〔206〕
学的东西就不能与是经验性的法权实践的东西很好地区别开来了。

人们常常指责我的哲学陈述晦涩难解，甚至根本就是一种故意的、要造成见解深刻的外表的模棱两可，除了我心甘情愿接受**伽尔韦**先生，一个真正意义上的哲学家，给每个作家，尤其是给从事哲学思维的作家所规定为义务的东西之外，我不可能更好地先发制人或者纠正这种责难了，而且我在自己这方面把这种要求仅仅限制在这样的条件上，即只在必须予以纠正和扩大的那门科学的本性所许可的范围内去遵循这种要求。

这个睿智的人（在他冠名为《**杂文集**》[①]的著作的第352页以下）合理地要求，任何一种哲学学说，如果学者不应当甚至落入其概念晦涩难懂的嫌疑之中的话，就必须能够**通俗化**

① 1796年版。紧接着所引用的这段话（在《论讲授的通俗性》一文中），伽尔韦抱怨说："自一段时间以来，出自康德学派的不同作家都把一种轻蔑的附带意思与一个通俗哲学家的名称联结起来"。因此，康德所引用的评论即便不是与康德本人，也毕竟与他的学派有清晰的联系。——科学院版编者注

（一种足以普遍传达的感性化）。我很乐意承认这一点，只不过对理性能力本身的一种批判的体系以及所有只能经由对批判的这种规定来证明的东西是例外，因为它是把我们知识中感性的东西与超感性的，但仍然是理性职权范围内的东西区分开来所需要的。这一点绝不能通俗化，正如一般而言任何形式的形而上学都绝不能通俗化一样；尽管它的结果对于健康理性（一个不知道这一点的形而上学家的健康理性）而言完全能够使之变得明白易懂。这里不要去想什么通俗性（大众语言），倒是必须坚决要求学究气的一丝不苟，哪怕这种一丝不苟被指责为吹毛求疵（因为这是**学术语言**），因为只有这样，才可能使鲁莽的理性达到在其独断的命题面前首先理解自己的地步。

但是，如果**学究们**自诩能够用一些完全适用于学校的人为术语（在讲台上或通俗作品中）对公众讲话，那么，这不能归咎于批判的哲学家，就像不能把咬文嚼字者（logodaedalus）的无法理解归咎于语法学家一样。在此，只能讥笑这个人，但不能讥笑科学。

断言在批判哲学出现以前还根本不曾有过任何哲学，这听起来狂妄自大、自以为是，而且对那些尚未放弃他们的旧体系的人来说，是不屑一顾的。——为了能够否定这种表面上的
〔207〕
僭妄，关键是如下问题：**是否真的能够有一种以上的哲学**。为了在此之上或多或少成功地建立一个体系，不仅已经有过不同方式的哲学思维和向最初的理性原则的回溯，而且必定有过许多这种方式的尝试，它们中的每一种也都对当前的尝试有贡献；但是，既然客观上来看毕竟只能存在**一种**人类理性，所以，也不可能存在多种哲学，也就是说，只有**一种**从原则出发的真正哲学体系才是可能的，哪怕人们对同一个命题也进行过如此多种多样的、经常是相互矛盾的哲学思考。

于是乎，**道德主义者**有理由说：只有**一种**德性和德性论，也就是说，只有一个体系，它通过一个原则把一切德性义务结合起来。**化学家**有理由说：只有**一种**化学（依据**拉瓦锡**①的化学）；**药学家**有理由说：对于疾病划分体系来说只有一个原则（依据**布劳恩**②），却并没有因为**新的体系**排斥其他一切体系而贬低（道德主义者、化学家和药学家的）旧的体系的贡献；因为，如果没有这些旧的体系的发现甚或失败的尝试，我们也不会在一个体系中达到整个哲学的真正原则的那种统一性。——因此，如果某人宣布一个哲学体系是他自己的产品，那么，这就恰恰等于他好像在说：在这种哲学之前还根本不曾有别的哲学。因为如果他愿意承认，曾经有一种别的（并且是真正的）哲学，那么，关于同样的对象，就会有过两种真正的哲学，这是自相矛盾的。——所以，如果批判哲学宣布自身就是这样一种哲学，在它之前任何地方都还没有过任何哲学，那么，批判哲学所做的，无非就是所有那些按照自己的计划设计一种哲学的人已经做过、将要做和必须做的事情。

然而，说一个使这种哲学在根本上与众不同的部分并不是这种哲学自己的产物，而或许是从另一种哲学（或者数学）借来的，这种指责的意义**不大**，但却并非完全不重要：这种指责

① 拉瓦锡（Lavoisier，1743—1794），在（普利斯特里，1774）发现了氧气之后，马上提出了对燃烧过程的正确解释，由此，并由于他的进一步发现，排除了斯塔尔的燃素说，把化学建立在一个新的基础之上。——科学院版编者注

② 布劳恩（Brown，1735—1788），参见《实用人类学》，《康德全集》，第Ⅶ卷，255页[26]［参见《康德著作全集》，第7卷，250页，论及布劳恩体系。——译者注］。——科学院版编者注

是一个蒂宾根的评论家[①]自称作出的发现，而且关涉《纯粹理

① 极有可能是康德在《实践理性批判》前言中已经不得不反对过的同一个评论家（参见《康德全集》，第Ⅴ卷，505～506 页［参见李秋零译注：《实践理性批判》(注释本)，科学院版编者导言，15～16 页，北京，中国人民大学出版社，2011——译者注］，亦即蒂宾根教授 J. Fr. 弗拉特。他在《蒂宾根学术通讯》上评论过出自和关于康德及其学派的很多著作，而且就像在他自己的作品中那样，以不断翻新的措辞特别地重复这样的指责，即康德的学说在其自己甚为重视的地方没有新颖之处。这样，他自称在萨穆埃尔·维伦菲尔斯那里（《蒂宾根学术通讯》，620 页，1789），然后在兰贝特那里（《蒂宾根学术通讯》，89 页，1790）找到了分析判断和综合判断的区分；他满意地报道了他的志同道合者斯图加特教授施瓦布的发现，即古人（普鲁塔克：《驳科罗底》，1119—1120，与斯蒂波的命题相联系，即只有同一判断）就已经知道了这种区分（《蒂宾根学术通讯》，410 页，1794）。如今，在 J. C. 耶林的一篇在埃尔兰根出版的数学博士论文的书评中（《蒂宾根学术通讯》，815 页，1795）说道："就这条或者那条曲线的**构造**而言，作者先生还有理由提醒说，并不必然由此就理解了一种力学的描述，因而这种描述不需要任何实践的正确性，因为现在，一切都必须用**康德**的语言来表述，这样，他就把一个量的构造称为**通过纯直观来展现**"。为了证明仅仅语言而绝非概念是新颖的，评论者要从豪森的《几何学原理》的前言中取一段话，那里关于几何学的构造说道："De actuali…est"（由康德在上面 208 页$_{33\sim35}$引用的话［即紧接着的康德自注中的话。——译者注］)，然后继续说："据尼古莱先生在一部新作品中说，是很快就有一个新的养蜂人又斥责经院哲学术语的滥用的时候了，我们德国活泼的语言被它们败坏，哲学并没有被改善"。虽然在这里，如人们看到的那样，直接遭到指责的只是康德的术语被不必要地用做一个简单的、每个数学家都常用的区分的表述；但毫无疑问，康德不无根据地在这里预设着附带意图，即再一次让他的学说的一个重要的点表现为一件早已为人熟知的事情，康德就像被埃贝哈德及其党派，特别是经常被匿名的，但又著名的格廷根评论家所诟病的那样，只是不必要地为它引入了一种新"语言"

性批判》的作者冒充为他自己的并非无关紧要的成果，但早在很多年前就已经被另一个人几乎以同样的表述作出过的那个一般哲学的定义。① 我且让每个人去评判，intelectualis quaedam constructio est［是某种理智的构造］这几个词是否已经能够产生**在一个先天直观中展示一个被给予的概念**的思想，由于它，哲学一下子就被完全确定地与数学分离开来。我确信，**豪森**② 本人会拒绝承认对他的术语的这种解释，因为一种先天直观的可能性，以及空间就是这样一种先天直观，而且并不排除彼此外在的杂多的一种仅仅被给予经验性直观（知觉）的并存（如沃尔夫对空间的解释那样③），已经有理由会使他退避三舍 〔208〕

而已。人们可能会感到奇怪，遇到神学家和哲学家弗拉特是一篇数学博士论文的评论家。但弗拉特实际上是一个多面手。他的《杂文集》就除了法哲学、教义神学、解经神学和历史神学以及宗教哲学的文章之外，也包含着一篇论减法概念的文章。大概那篇数学论文的广告对他来说只是又一次对康德及其胜利挺进的学派发泄怒气的一个受欢迎的诱因罢了。——科学院版编者注

① Porro de actuali constructione hic non quaeritur, cum ne possint quidem sensibiles figurae ad rigorem definitionum effingi; sed requiritur cognitio eorum, quibus absolvitur formatio, quae intelectualis quaedam constructio est［同样，这里不问实际的构造，因为感性形象不能被想象成严格的定义，而是追问对被去除了其形成的那些事物的认识，这种形成是某种理智的构造］。C. A. 豪森：《数学原理》，第一部分，86 页，1734。

② 豪森（Hausen，1693—1745），莱比锡数学教授。参见《实用人类学》，《康德全集》，第Ⅶ卷，213 页26［参见《康德著作全集》，第 7 卷，207 页。——译者注］。——科学院版编者注

③《第一哲学或本体论》，第 588 节：Si ad simulaneorum A, B, C, D etc. coexistentiam attendentes modum, quo A coexistit ipsi B, distinguimus a modo, quo ceteris C et D coexistit etc., et similiter modum,

了，因为他由此感到自己被卷入了浩瀚无边的哲学研究。**这种仿佛通过知性**作出的展示对敏锐的数学家来说，所指的无非就是按照一个概念（经验性地）**画一条线**。在画线时所重视的只是规则，但操作时不可避免的偏离却被抽掉了；就像人们在几何学中也能够从方程式的结构上觉察到这一点那样。

但是，就这种哲学的精神而言，**最没有**意义的大概就是这种哲学的一些模仿者利用一些词语的胡作非为了，这些词语在《纯粹理性批判》本身中不好用别的流行词语来替代，也不必在它之外用于公共的思想交流。上述胡作非为当然应予惩治，就像**尼古莱**先生① 所做的那样，虽然他满足于在他们特有的领域内对这种哲学的完全缺乏，似乎处处只是暗藏的思想贫乏不下判断。——然而，讥笑**不通俗的学究们**，与讥笑**非批判的无**

quo B coexistit ipsi C, a modo, quo ceteris A et D coexistit etc., quatenus tali ordine iuxta se invicem collocantur, ut distantia inter A et C sit diversa a distantia inter idem A et D etc., notionem spatii habemus. Patet propositionis veritas per **experientia**, si ad obiecta quaevis nobis proxima attendamus… ［如果我们留意同时的 A、B、C、D 等等的并存，把 A 自身与 B 并存的方式同它与其他的 C 和 D 等等并存的方式区分开来，并且同样地把 B 自身与 C 并存的方式与其他的 A 和 D 等等并存的方式区分开来，以至于它们按照那种秩序彼此被安置，使得 A 和 C 的距离不同于同一个 A 和 D 等等的距离，我们就有了空间的知识。如果我们这样留意我们身边的客体，这个题材的真理就通过**经验**而展开……］。参见《关于上帝、世界和人的灵魂的理性思想》，第 45、46 节。——科学院版编者注

① 事关《一个胖子的故事》，1794。其中对于把哲学的，特别是康德的术语学究式地滥用为日常事物的称谓做了不太幽默的嘲讽。也请参见《德国和瑞士游记》，第Ⅺ卷，1796，183 页注。康德的评论可能是因蒂宾根评论家援引尼古莱而发（参见 207 页33~34 的编者注）。——科学院版编者注

知者相比，当然要更有趣得多（因为事实上，死死地抓住其体系不放、不把任何批判放在心上的形而上学家可以归入后面这一类，尽管他只是有意**不认识**他无法容忍的东西，因为它不属于他的更陈旧的学派）。但是，如果按照**沙夫茨伯利**的论断①，这是一种学说（尤其是实践学说）之真理性的一块不可忽视的试金石，如果这种学说经得起嘲笑，那么，有朝一日，必定要轮到批判哲学家**最后**来笑，而且也笑得**最好**；如果他看到那些长期以来大言不惭的人们的纸糊体系先后倒塌，而这些体系的所有追随者们一哄而散的话：这是他们无法避免地要面对的命运。

在本书结尾处，有几章我处理得不够详细，不及人们与前面几章相比所可能期待的：部分是因为我觉得它们可以轻而易举地从前面几章推论出来，部分也是因为后面（有关公共法权的）几章恰恰现在有如此之多的讨论，尽管如此又如此重要，它们可以很好地说明把决定性的判断推迟一些时间的理由。

我希望不久就能够提交**德性论的形而上学初始根据**。

①《人、风俗、意见和时代的特征》，第Ⅱ卷，《共通感：论机智和幽默的自由》（1709），第Ⅰ节（在第3段）："真理……要经受一切光照；而那些主要的光照之一……就是**嘲笑**自身。……至少，在所有于某个时间诉诸这一**标准**的人那里，全都是允许的……"——科学院版编者注

〔211〕

道德形而上学导论

一、人的心灵的能力与道德法则的关系

欲求能力就是通过自己的表象而成为这些表象的对象之原因的能力。一个存在者按照自己的表象去行动的能力就叫做**生命**。

首先，与欲求或憎恶相结合的，任何时候都是**愉快**或者**不快**，人们把对它们的感受性称为**情感**；但并不总是反过来说。因为可能有一种愉快，它根本不与对对象的欲求，而是已经与人们关于一个对象所形成的纯然表象（表象的客体存在与否都无所谓）相联结。**其次**，对欲求对象的愉快或者不快也并非总是先行于欲求，而且不可以每次都被视为欲求的原因，而是也能够被视为欲求的结果。

但是，人们之所以把鉴于一个表象而有愉快或者不快的能力称做**情感**，乃是因为二者所包含的，是我们表象的关系中的**纯然主观的东西**，根本不是为了对象的可能知识（甚至不是我们的状态的知识）而与一个客体的关系①；通常在这里，甚至

① 人们可以通过我们的一般表象的主观东西来解释感性；因为知性首先把表象与一个客体联系起来，就是说，惟有它才借助表象**思维**某种东西。现在，我们表象的主观东西可能要么是这样的，即它也能够被与一个客体为了对该客体的认识而联系起来（按照形式或者质料，在前一种场合叫做纯粹直观，在后一种场合叫做感觉）；在这一场合，感性，作为上述表象的感受性，也就是**感官**。要么表象的主观东西根本不可能成为知识成分，因为它**仅仅**包含表象与**主体**的关系，不包含任何为客体的**知识**可用的东西；在这种情况下，表象的这种感受性就叫做情感，它包含表象（无论这表象是感性的或者理智的）对主体的作用并且属于感性，虽然表象本身可以属于知性或者理性。

各种感觉，除了由于主体的性状而附着于它们的性质（例如红 〔212〕
色、甜味等等）之外，毕竟还作为知识成分被与一个客体联系起来，但（对红色或者甜味的）愉快或者不快则绝对不表示客体上的任何东西，而是仅仅表示与主体的关系。愉快和不快自身，确切地说正是由于上述理由的缘故，而不能进一步解释，相反，我们充其量只能指出它们在某些关系中有什么样的后果，以便使它们在应用中可以被认识。

人们可以把与欲求（对其表象如此刺激人的情感的那种对象的欲求）必然相结合的那种愉快称为**实践的愉快**：不论它是欲求的原因还是结果。反之，人们可以把与对象的欲求并不必然相结合的，因而在根本上并不是对表象的客体之实存的愉快，而是仅仅附着于表象的那种愉快称为纯然沉思的愉快或者**无为的愉悦**。我们把后一种愉快的情感称为**鉴赏**。所以，在一种实践哲学中所谈的鉴赏，不是一个**本土的**概念，而充其量只是**插入的**。但是，涉及实践的愉快，那么，这种愉快作为原因就必须必然地先行于对欲求能力的规定，这种规定在狭义上成为**欲求**，而习惯性的欲求就叫做**偏好**，而且由于愉快与欲求能力的结合，只要这种联结被知性按照一个普遍的规则（充其量也只是对主体而言）判定为有效的，就叫做**兴趣**，所以，在这一场合实践的愉快就叫做一种偏好的兴趣，相反，如果愉快只能继欲求能力的先行规定而起，那么，它将必须被称为一种理智的愉快，对象上的兴趣就必须被称为一种理性兴趣；因为如果兴趣是感性的，不仅仅基于纯粹的理性原则，那么，感觉就 〔213〕
会必然与愉快相结合，并能够这样来规定欲求能力。尽管在必须仅仅假定一种纯粹的理性兴趣的地方，我们不能把偏好的兴趣强加给它，但是，为了方便语言的应用，我们却可以承认对只能是一种理智愉快之客体的东西的偏好有一种源于理性兴趣的习惯性欲求，在这种情况下，偏好就不会是这后一种兴趣的原因，而是它的结果了，而且我们可以把它称为**不受感官约束的偏好**（propensio intellectualis［理智的偏好］）。

还应当把**情欲**（心血来潮的欲望）与欲求本身区别开来，情欲是规定欲求的诱因。情欲任何时候都是一种感性的、但尚未达到欲求能力的任何行动的心灵规定。

从概念上看，如果使欲求能力去行动的规定根据是在其自身里面，而不是在客体里面发现的，那么，这种欲求能力就叫做一种**根据喜好有所为或者有所不为**的能力。如果它与自己产生客体的行为能力的意识相结合，那它就叫做**任性**。但是，如果它不与这种意识相结合，那么，它的行为就叫做一种**愿望**。如果欲求能力的内在规定根据，因而喜好本身是在主体的理性中发现的，那么，这种欲求能力就叫做意志。所以，意志就是欲求能力，并不（像任性那样）是与行动相关来看的，而是毋宁说与使任性去行动的规定根据相关来看的，而且意志本身在自己面前真正说来没有任何规定根据，相反，就理性能够规定任性而言，意志就是实践理性本身。

就理性能够规定一般欲求能力而言，在意志之下可以包含**任性**，但也可以包含纯然的**愿望**。可以受**纯粹理性**规定的任性叫做自由的任性。而只能由**偏好**（感性冲动、stimulus［刺激］）来规定的任性则是动物的任性（arbitrium brutum）。相反，人的任性是这样的任性：它虽然受到冲动的**刺激**，但不受它**规定**，因此本身（没有已经获得的理性技能）不是纯粹的，但却能够被规定从纯粹意志出发去行动。任性的**自由**是它不受感性冲动**规定**的那种独立性。这是它的自由的消极概念。积极的概念是：纯粹理性有能力自身就是实践的。但是，这只有通过使每一个行动的准则都服从它适合成为普遍法则这个条件才是可能的。因为作为纯粹理性，运用于任性而无视它的这个客体，它作为原则的能力（而且在此是实践原则的能力，因而是

〔214〕

作为立法的能力）就可能由于缺少法则的质料，只是使任性的准则对普遍法则本身的适应性的形式成为任性的至上法则和规定根据，而且既然人出自主观原因的准则并非自动地与那些客观的原因相一致，所以，它只能绝对地把这个法则当做禁令或者戒律的命令式来颁布。

与自然法则不同，这些自由法则叫做**道德的**。就这些法则仅仅涉及纯然外在的行动及其合法则性而言，它们叫做**法学的**；但是，如果它们也要求，它们（法则）本身应当是行动的规定根据，那么，它们就是**伦理的**。这样一来人们就说：与前者的一致叫做行动的**合法性**，与后者的一致叫做行动的**道德性**。与前一些法则相关的自由只能是任性的外在应用的自由，而与后一些法则相关的自由则不仅是任性的外在应用的自由，而且也是其内在应用的自由，只要它是由理性法则规定的。于是，人们在理论哲学中说：在空间中只有外部感官的对象，而在时间中则有一切对象，既有外部感官的对象，也有内部感官的对象；因为两者的表象毕竟都是表象，而且就此而言都属于内部感官。同样地，无论是在任性的外在应用中，还是在其内在应用中来考察自由，其法则作为一般自由任性的纯粹实践理性法则，都毕竟必须同时是这任性的内在规定根据，虽然它们并非总是可以在这种关系中来考察。

二、一种道德形而上学的理念和必要性

对于涉及外部感官之对象的自然科学来说，人们必须有一些先天原则，而且把这些原则的一个体系以一种形而上学的自 〔215〕
然科学的名义置于被运用到特殊经验上的自然科学亦即物理学之前，是可能的，甚至是必要的，这一点，在另一个地方已经证明过了。只有后一种科学才可能（至少当它致力于让错误远

离自己的命题时）认为一些根据经验的见证的原则是普遍的，虽然这种原则如果应当是在严格的意义上普遍有效的，就必须是从先天根据中推导出来的，正如牛顿①曾认为的，在物体的相互影响中作用与反作用相等的原则就建立在经验之上，而且尽管如此还把这个原理扩展到整个物质自然界。化学家走得更远，他们把关于物质通过其自己的力量进行结合与分离的最普遍法则完全建立在经验之上，并且仍然如此信赖其普遍性和必然性，以至于在以这些法则所做的实验中，他们根本不担心发现错误。

然而，道德法则却是另一种情况。仅仅就它们能够被**看出**是有先天根据的和必然的而言，它们才作为法则有效，甚至关于我们自己和我们的所为所不为的概念和判断，如果它们包含着仅仅可以从经验中学到的东西，那就根本就没有任何道德的涵义了，而且，如果人们会受到蛊惑，让来自经验源泉的某种东西成为道德原理，那么，人们就陷入最严重、最有害的错误的危险之中了。

如果道德论只是一种幸福理论，那么，为了这种幸福理论而去寻求先天原则，就会是件荒唐的事情了。因为哪怕这一点是如此显而易见，即理性还在经验之前就能够看出，人们通过哪些手段能够达到真正的生活喜悦的持久享受，但毕竟人们对此先天地教导的一切，都要么是同义反复，要么是毫无根据的假设。只有经验才能教导，什么会给我们带来喜悦。对食、色、静、动的自然欲望和（在发挥我们的自然禀赋时）对荣誉、对扩大我们知识等诸如此类事物的欲望，独自就能够，而

① 实际上牛顿为他的第三定律仅仅诉诸“各种各样的经验”（见《自然哲学的数学原理》导论：公理或运动的定律，第三定律，与公理的系论在一起）。——科学院版编者注

且能够让每一个人以自己特殊的方式认识到，他应当把那些喜悦设定在哪里，同样这些欲望也能够教会他用来**寻找**那些喜悦的手段。在这里，一切表面上的先天玄想，说到底无非是通过归纳上升到普遍性的经验，这种普遍性（secundum principia 〔216〕 generalia，non universalia［根据共有的而非普遍的原则］）对此还是非常欠缺的，以至于人们不得不允许每一个人有无限多的例外，以便使其生活方式的那种选择与他的特殊偏好和他对享乐的感受性相适应，并且最终只是通过他的或者别人的损失变得聪明罢了。

然而，各种道德论却是另一种情况。它们对每个人都提出要求，却不顾他的偏好，只因为并且只要他是自由的而且具有实践理性。它们的法则中的教诲不是取自对他自己和他心中的兽性的观察，不是取自对世事的知觉，即发生了什么以及如何对待它（虽然德语 Sitten 这个词和拉丁语 mores 这个词一样，都只是行事风格和生活方式的意思），而是理性要求人们应当如何应对，即使还没有发现这样做的任何榜样，理性也丝毫不考虑这样做会给我们产生的利益，这种利益当然只能由经验教导给我们。因为虽然理性准许以一切对我们来说可能的方式谋求我们的利益，此外立足于经验的见证，理性很可能也能够指望，遵守它的命令，尤其是当明智地遵守时，一般要比违背理性命令更有益处，但是，毕竟不是作为**命令**的理性规范的权威建立在这上面，而是理性把这些规范（作为劝告）仅仅当做一个对反面误导的制衡来使用，以便预先弥补实践评判中的一个有偏袒的天平的错误，并在这种情况下首先保证这种按照一个纯粹实践理性的先天根据的重要性而作出的评判起到决定性的作用。

因此，如果一个出自纯然概念的先天知识体系叫做**形而上学**，那么，一种不是以自然，而是以任性的自由为对象的实践哲学就将预设并且需要一种道德形而上学，也就是说，**拥有**这样一种道德形而上学甚至是**义务**。每个人心中也都拥有这种形而上学，虽然通常只是以模糊的方式拥有；因为他怎么可能没有先天原则就相信自己心中有一种普遍的立法呢？可是，正如在自然形而上学中必然也存在着把那些关于一个一般自然的普〔217〕遍的最高原理应用到经验对象上去的原则一样，也不能让一种道德形而上学缺少这样的原则，而且，我们将经常不得不以人的仅仅通过经验来认识的特殊**本性**为对象，以便在它上面**指明**从普遍的道德原则得出的结论，但这样做并没有使后者的纯洁性有所损失，同样并没有使其先天的起源受到怀疑。——这要说的恰恰是：一种道德形而上学不能建立在人类学之上，但却可以被应用于它。

与道德形而上学相对的部分，作为一般实践哲学的划分的另一个分支，将会是道德的人类学，但是，道德人类学将会只包含人的本性中**贯彻**道德形而上学法则的主观条件，既包含阻碍性的也包含促进性的条件，即道德原理的产生、传播、增强（在教育中，在学校教导和民众教导中）以及其他这类基于经验的学说和规定，而且道德人类学可能是不可缺少的，但绝对不必被置于道德形而上学之前或者与之混淆；因为那样一来，人们就会冒产生虚假的或者起码是可通融的道德法则的危险：这些道德法则把未被达到的东西冒充为不可达到的，而它之所以未被达到，仅仅是因为法则还没有在其纯粹性上（法则的力量也在于这种纯粹性）被看出和被陈述，或者，根本不纯正的和不纯粹的动机被使用到本身合义务的、善的东西上去，而这些动机无论是对于评判的引导还是对于心灵在遵循义务方面的训练来说都没有留下任何可靠的道德原理，义务的规定本来绝对只能由纯粹理性先天地提供。

不过，关于现在刚提到的这种划分所从属的那种高级的划分，即哲学划分为理论哲学和实践哲学，以及实践哲学只能是道德的世俗智慧，我已经在别的地方（《判断力批判》）作出了说明。一切根据自然法则而可能的实践的东西（真正的艺术活动），按其规定完全依赖于自然理论；只有根据自由法则的实践的东西才可能具有不依赖任何理论的原则，因为超出自然规定以外就不存在任何理论。所以，哲学不能把实践的部分（与理论的部分相邻）理解为**技术实践的**学说，而只能理解为**道德** 〔218〕
实践的学说，而且，如果遵循自由法则与自然相对立的任性的技巧在这里也应当被称为**艺术**，那么，它就会必须被理解为这样一种艺术，它使一个自由的体系像一个自然的体系一样成为可能；如果我们能够借助于这种艺术也完全执行理性给我们规定的东西，并使这种理念付诸实施，那么，它真的就是一门属神的艺术了。

三、道德形而上学的划分①

对于任何立法（它可以是内在的或者外在的行动，而且这些行动要么先天地通过纯然的理性，要么通过另一个人的任性来作出规定）来说，都需要两个部分：**首先**是**法则**，它把应当

① 一个体系的划分的**演绎**，就是说：不仅要证明划分的**完备性**，而且要证明划分的稳定性，亦即在细划分的整个序列中不经过跳跃（divisio per saltum [经过跳跃的划分]）便从被划分的概念过渡到划分的环节，这对一个体系的建筑师而言，是最难实现的条件之一。甚至**最高的、被划分的概念**对于划分来说是**允许的还是不允许的**（aut fas aut nefas），也是令人疑虑的。这是一般**自由任性**的行为。就像本体论的教师们在最上面从**某物**和**虚无**开始，而没有注意到，这已经是一种划分了的诸环节一样，为此还缺乏被划分的概念，这个概念不能是别的，只能是关于一个一般**对象**的概念。

发生的行动**在客观上**表现为必然的，就是说，它使行动成为义务；**其次**是动机，它把对这种行动的任性的规定根据**在主观上**与法则的表象联结起来；所以，第二个部分就是：法则使义务成为动机。通过第一部分，行动被表现为义务，这就是对任性的可能规定亦即实践规则的一种纯然理论认识；通过第二部分，如此行动的责任就在主体中与一般任性的一个规定根据结合起来。

因此，任何立法（它也可以就它使之成为义务的行动而言
〔219〕与另一种立法一致，例如行动在所有场合都可以是外在的行动）就其动机而言毕竟可能是不同的。使一种行为成为义务，同时使这种义务成为动机的立法是**伦理学的**。而在法则中不连同包括后者，因而也准许另外一个与义务本身的理念不同的动机的立法，是**法学的**。就后一种立法而言，人们很容易看出，这种与义务的理念不同的动机，必定是从偏好和反感这种任性的**病理学**规定根据，而且在偏好和反感中间是从后一种方式的规定根据取得的，因为这应当是一种立法，而不是一种诱惑，前者是强制性的，后者是邀请性的。

人们把一个行动不考虑其动机而与法则的纯然一致或者不一致称为**合法性**（合法则性），但把其中出于法则的义务理念同时是行为的动机的那种一致或者不一致称为**道德性**（合道德性）。

遵循法学立法的义务只能是外在的义务，因为这种立法并不要求这种内在的义务理念自身就是行动者的任性的规定根据，而且既然这种内在义务毕竟需要一种适合于法则的动机，所以，只有外在的义务才能和法则相结合。相反，伦理的立法虽然也使内在的行动成为义务，但是绝不排除外在的行动，而是一般而言关涉一切是义务的东西。不过，正因为伦理的立法也把行动的内在动机（义务的理念）一起包含在其法则之中，这样的规定绝对不必进入外在的立法，所以，伦理的立法不可能是外在的立法（甚至不是一个属神意志的立法），尽管它把

基于另一种立法，亦即外在的立法之上的义务作为**义务**接纳进它的立法，使之成为动机。

由此可以看出，一切义务只因为是义务才同属于伦理学；但是，义务的**立法**却并不因此而总是被包含在伦理学中，许多义务的立法就在伦理学之外。于是，伦理学要求，我必须兑现在一个契约中作出的承诺，尽管契约的另一方不能马上强迫我这么做：只有伦理学才把出自法权论的法则（pacta sunt servanda [约定的东西应受维护]）和与法则相应的义务假定为被给予的。所以，被接受的许诺必须遵守，这立法不是在伦理学 〔220〕 中，而是在法学中。据此，伦理学只教导说，即便去除法学立法使之与那种义务相结合的动机，即外在的强制，仅仅义务的理念也已经足以充当动机了。因为如果不是这样，立法本身不是法学的，因而来源于立法的义务不是真正的法权义务（和德性义务不同），那么，人们就会把忠诚的履行（依照他在一个契约中的诺言）与善意的行动和使这些行动成为义务归为一类，而这根本就不可以。遵守诺言不是德性义务，而是一种法权义务，对于这种法权义务，可以强制人们来履行。但是，在不可以**执行**强制的地方，如果也遵守诺言，那倒是一种有德性的行为了（德性的证明）。因此，法权论和德性论相互有别，不是因其不同的义务，而毋宁说是因立法的差异，是立法使一个动机或者另一个动机与法则联系起来。

伦理的立法（义务或许也可能是外在的义务）是那种不**可能**是外在的立法，法学的立法则是那种也可能是外在的立法。这样，遵守依照契约的诺言就是一种外在的义务；但是，仅仅因为它是义务而不考虑其他动机就遵守它的命令，只属于**内在的**立法。所以，不是作为特殊性质的义务（人们负有责任的一种特殊性质的行动）——因为无论在伦理学中还是在法权中都有一种外在的义务，——而是由于上述场合中的立法是一种内在的立法，而且不可能有外在的立法者，责任才被归给伦理学。出自同样的理由，善意的义务，尽管它们是外在的义务（外在行动的责任），毕竟被归给伦理学，因为其立法只能是内在的。——伦理学当然也有其特殊的义务（例如对自己本身的义务），但毕竟也与法权共有一些义务，只不过不共有**承担责任**的方式罢了。因为仅仅由于是义务就采取行动，而且不论义务来自何处，都使其本身的原理成为任性的充足动机，这是伦
〔221〕理立法的独特之处。因此，虽然有许多**直接伦理的**义务，但内在的立法却也使其他义务统统成为间接伦理的义务。

四、道德形而上学的预备概念

(Philosophia practica universalis［一般实践哲学］)

自由概念是一个纯粹的理性概念，正因为如此，它对理论哲学而言是超验的，也就是说，它是这样一个概念，不可能在某种可能的经验中给它提供任何恰当的例证，因此，它并不构成一种对我们而言可能的理论知识的任何对象，绝对不能被视为思辨理性的一个建构原则，而只能被视为范导原则，确切地说只是纯然否定的原则。但在理性的实践应用中，它的实在性却通过实践的原理得到了证明，实践原理作为法则，独立于规定任性的一切经验性条件（一般而言的感性东西），证明了纯粹理性的一种因果性，证明了我们心中的一种纯粹意志，道德概念和法则的起源就在于这种纯粹意志。

在这一（实践方面的）积极的自由概念之上，建立起无条件的实践法则，这些法则就叫做**道德的**；就我们而言，由于我们的任性受到感性的刺激，而且这样一来不是自行去适合纯粹的意志，而是常常与之矛盾，这些法则就是**命令式**（命令或者禁令），确切地说是定言的（无条件的）命令式，由此它们就

与那些任何时候都只是有条件地下命令的技术的法则（技艺的规定）区别开来，按照它们，某些行动是**允许的**或是**不允许的**，即在道德上是可能的或不可能的，而这些行动中的一些，或者其对立面，则在道德上是必要的，亦即有责任的，由此对那些行为来说就产生了一种义务的概念，遵守还是违背这种义务虽然也与特殊性质的愉快或者不快（一种道德**情感**的愉快或者不快）相结合，但对这种愉快或者不快，我们在理性的实践法则中却根本不予考虑［因为它不可能涉及实践法则的**根据**，而只能涉及在通过那些实践法则规定任性时心灵中的主观**作用**，并且（无须对它的那种有效性或者影响客观地，即在理性的判断中添加或消除某种东西）可能因主体的不同而不同］。

下述概念对道德形而上学来说在其两个部分中是共有的。〔222〕

责任是服从理性的定言命令式的一个自由行动的必然性。

命令式是一条实践规则，通过它，就自身而言偶然的行动被**变成**必然的。它与一条实践法则的区别在于，实践法则虽然表现一个行动的必然性，但却不考虑这个行动就自身而言是已经**内在地**必然寓于行动主体（例如一个神圣的存在者）之中，还是（例如对人来说）偶然的，因为在有前者的地方，就不出现命令式。所以，命令式是一条规则，其表象使主观偶然的行动**成为**必然的，因此把主体表现为一个必然被**强迫**（使之不得不）与这条规则相一致的主体。——绝对的（无条件的）命令式是这样的命令式，它绝不是间接地、通过一个凭借行动能够达到的**目的**的表象，而是通过这个行动本身（其形式）的纯然表象，因而是直接地把该行动设想为客观必然的，并使之成为必然的；例如，只有规定责任（道德责任）的实践学说才能提出这类命令式。一切别的命令式都是**技术的**，全都是有条件的。但是，定言命令式的可能性的根据就在于：它们与任性的任何其他规定（通过这种规定就可能给任性加上一种意图）都没有关系，而只与任性的**自由**有关。

允许的是一个并不违背责任的行动（licitum［被允许的东西］）；而这种不受相反命令式限制的自由就叫做权限（facultas moralis［道德能力］）。由此，什么是**不允许的**（illicitum），就不言而喻了。

义务是某人有责任采取的行动。因此，义务是责任的质料，而且，义务（在行为上看）可能是同样的义务，尽管我们可能以不同的方式有责任。

定言命令式由于表示就某些行动而言的一种责任，所以是
〔223〕一条道德实践的**法则**。但是，由于责任不只包含实践的必然性（这类东西表示一个一般的法则），而且还包含**强制**，因此，上述命令式要么是要求的法则，要么是禁止的法则，根据做还是不做被表现为义务而定。一个既不被要求也不被禁止的行动，就只是**允许的**，因为就这种行动而言，根本就不存在任何限制自由（权限）的法则，而且也没有任何义务。这样一种行动叫做道德上无关紧要的（indiffferens，adiaphoron，res merae facultatis［无关紧要的东西、中性物、完全有可能的事情］）。人们会问：是否有这样的行动呢？如果有这样的行动，那么，某人可以随便按照自己的喜好做或不做某种事，对此在要求的法则（lex preaeceptiva，lex mandati［指令性的法则、嘱托的法则］）和禁止的法则（lex prohibitiva，lex vetiti［制止的法则、禁止的法则］）之外就还要求有一个许可的法则（lex permissiva［允许的法则］）？如果是这样，那么，权限就会不总是涉及一个无关紧要的行动（adiaphoron［中性物］）；因为对于这样一种行动来说，如果人们按照道德法则来看它，将会不

需要任何特殊的法则。

一个行动叫做**行为**，如果它服从责任法则的话，因而也是如果行动中的主体被按照其任性的自由来看的话。行动者由于这样一个行为被视为结果的**事主**。而且这结果连同行动本身都可以**归责**于他，如果人们事先了解使他承担一种责任的法则的话。

人格是其行为能够归责的主体。因此，**道德上的**人格性不是别的，就是一个理性存在者在道德法则之下的自由（但是，心理学的人格性只是意识到其自身在其存在的不同状态中的同一性的那种能力）。由此得出，一个人格仅仅服从自己（要么单独地，要么至少与其他人格同时）给自己立的法则。

物品是一个不能归责的事物。自由任性的每一个客体，本身缺乏自由，所以叫做物品（res corporalis［有形之物］）。

一般而言**正当的**或者**不正当的**（rectum aut minus rectum）是一个行为，如果它是合乎义务的或者不合乎义务的（factum licitum aut illicitum［允许的行为或者不允许的行为］）；义务本身可以在内容或者来源上随便是什么性质的。一 〔224〕
个与义务相悖的行为就是**违背**（reatus）。

一种**并非蓄意的**违背，仍然可以被归责，但只叫做过失（culpa）。一种**蓄意的**（亦即与它是违背这种意识相结合的）违背就是**犯罪**（dolus）。① 按照外在法则来看正当的事情，就叫做**公正的**（iustum），若不然，就叫做**不公正的**（iniustum）。

① reatus 毋宁说叫做被告地位。康德在对这个词的偏离使用上追随阿亨瓦尔（《自然法权》，第17节），在对 culpa 和 dolus 的理解上也一样。参见《纯然理性界限内的宗教》，《康德全集》，第Ⅵ卷，38页［参见《康德著作全集》，第6卷，37～38页。——译者注］。——科学院版编者注

种种义务的冲突（collisio officiorum s. obligationum［种种义务或者责任的冲突］）就会是它们之间的关系，通过这种关系，其中一个（全部或者部分地）取消另一个。——但是，既然义务和责任一般而言都是表述某些行动的客观的和实践的**必然性**的概念，而且两条彼此对立的规则不能同时是必然的，而是如果根据其中一条规则去行动是义务，那么根据相反的规则去行动就不仅不是义务，而且甚至是有悖义务，所以，**义务**和责任的**冲突**就是根本无法想象的（obligationes non colliduntur［责任不能互相冲突］）。但是，这很可能是责任的两个**根据**（rationes obligandi［责任的根据］），它们的这一个或者那一个不足以使人承担义务（rationes obligandi non obligantes［责任的根据不能使人承担责任］），它们在一个主体中或者在主体给自己制定的规则中结合起来，此时有一个不是义务。——如果这样两个根据彼此冲突，那么，实践哲学所说的就不是：较强的责任占了上风（fortior obligatio vincit［较强的责任取胜］），而是较强的**使人承担义务的根据**保持着这位置（fortior obligandi ratio vincit［较强的使人承担责任的根据取胜］）。

对于赋予责任的法则而言，一种外在的立法是可能的，一般而言这些法则就叫做外在的法则（leges externae）。在这些法则中间，有一些法则，对它们的责任即便没有外在的立法也能被理性先天地认识，它们虽然是外在的法则，但却是**自然的**法则；与此相反，离开了现实的外在立法就根本不赋予责任的法则（因此，它们离开后者就会不是法则），则叫做**实证的**法则。所以，可以设想一种全然包含实证的法则的外在立法；但这样一来，就必须有一种自然的法则先行，它为立法者的权威（亦即通过他的纯粹任性约束其他人的权限）提供根据。

〔225〕使某些行动成为义务的原理是一种实践法则。行动者出自

主观的根据使之成为自己的原则的规则，叫做他的**准则**；因此，即便法则相同，但行为者的准则却可能大相径庭。

一般而言，仅仅表示什么是责任的定言命令式就是：按照一个同时能够被视为一条普遍法则的准则行动！——因此，你必须首先按照其主观的原理来看待你的行动，但是，这条原理是否也是客观有效的，你只能根据下面一点来认识：由于你的理性使它经受这样的检验，即通过它同时把你自己看做普遍立法的，所以它就取得了这种普遍立法的资格。

这一法则与可能由此得出的重大且众多的结论相比较，它的简单性，此外显然不带有一个动机就提出要求的威望，当然一开始就必定使人惊奇。但是，如果人们在对我们理性通过一个准则取得一条实践法则的**普遍性**的资格的纯然理念来规定任性的一种能力的惊赞中被教导说：正是这些实践法则（道德法则）最先表明任性的一种属性，思辨理性无论是出自先天的根据还是通过某种经验都猜测不到这种属性，而且即使它猜测到这种属性，也不能在理论上通过任何东西来阐明其可能性，但那些实践法则却还是无可争议地阐明了这种属性，亦即自由；那么，发现这些法则像数学公设那样虽然**不可证实**但却**无可置疑**，同时看到在自己面前开放了实践知识的整个领域，其中理性以同样的自由理念，甚至以其在理论事物中超感性东西的理念的任何一个，都必然发现一切都在该理念面前封闭起来了，这也将不怎么令人奇怪。一个行为和义务法则的一致就是**合法则性**（legalitas［合法性］）。——行为准则和法则的一致就是行为的**道德性**（moralitas）。但是，**准则是主观的**行动原则，主体自己使这原则成为自己的规则（也就是说，它想如何行动）。反之，义务的原理是理性绝对地，因此客观地要求于主体的东西（它**应当**如何行动）。

所以，道德论的最高原理就是：按照一个同时可以被视为 〔226〕

普遍法则的准则行动。——任何不具备上述资格的准则，都是与道德相悖的。

法则来自意志，准则来自任性。任性在人里面是一种自由的任性；仅仅与法则相关的意志，既不能被称为自由的也不能被称为不自由的，因为它与行动无关，而是直接与为行动准则立法（因此是实践理性本身）有关，因此也是绝对必然的，甚至是不**能够**被强制的。所以，只有**任性**才能被称做**自由的**。

但是，任性的自由不能通过遵循或者违背法则来行动的选择能力（libertas indifferentiae［无区别的自由］）来界定——如一些人可能就有过这种尝试——，虽然任性作为**现象**在经验中提供着这方面的一些常见的例子。因为我们只知道自由（正如我们通过道德法则才能够认识的那样）是我们的一种**消极的**属性，即不受任何感性的规定根据的**强制**而去行动。但是，作为**本体**，也就是说，按照纯然作为理智的人的能力来看，正如它就感性的任性而言是**强制的**那样，因而按照其积极的性状来看，我们**在理论上**却根本不能展示它。我们只能清楚地看出这一点：尽管人作为**感官存在者**，按照经验来看，表现出一种不仅**遵循**法则，而且也**违背**法则作出选择的能力，但毕竟不能由此来**界定**他作为**理知存在者**的自由，因为显象不能使任何超感性的客体（毕竟自由的任性就是这类东西）得以理解。而且，自由永远不能被设定在这一点上，即有理性的主体也能够作出一种与他的（立法的）理性相冲突的选择；尽管经验足够经常地证实这种事曾经发生（但我们却无法理解发生这种事的可能性）。——因为承认一个（经验的）命题是一回事，而使之成为（自由任性的概念的）**解释原则**并且成为普遍的区分标志（与 arbitrio bruto s. servo［动物的或者奴性的任性］相区分）
〔227〕则是另一回事：因为前者并没有断定这标志**必然**属于概念，但

这却是后者所必需的。——与理性的内在立法相关的自由本来只是一种能力；背离这种立法的可能性就是一种无能。但是，前者如何才能通过后者得到解释呢？这是一个定义，它在实践的概念之上还附加了它的如经验所教导的**实施**，是一个在错误的光照下展示这个概念的**混血的解释**（definitio hybrida [混合的定义]）。

法则（一个道德实践的法则）是一个包含定言命令式（命令）的命题。通过一个法则下命令者（imperans）就是**立法者**（legislator）。他是根据法则的责任的创作者（autor），但并不总是法则的创作者。在后一种情况下，法则就会是实证的（偶然的）和任意的。先天地和无条件地通过我们自己的理性约束我们的法则，也可以被表述为产生自最高立法者的意志，亦即产生自一个只有法权而没有义务的立法者的意志（因而是属神的意志）。但是，这仅仅指的是一个道德存在者的理念，其意志对所有人而言都是法则，不过无须把它设想为法则的创作者。

归责（imputatio）在道德的意义上就是使某人被视为一个后来叫做**行为**（factum）并受法则支配的行动之事主（causa libera [自由因]）的**判断**；这判断如果同时带有出自这一行为的法权后果，那么，它就是一种具有法权效力的归责（imputatio iudiciaria s. valida），否则就会只是一种**评判性的**归责（imputatio diiudicatoria）。——有权作出具有法权效力的归责的（自然的或道德的）人格叫做法官，或者也叫法庭（index s. forum）。

某人按照义务所做的**多于**遵照法则能够迫使他所做的，就是**有功德的**（meritum）；他所做的刚好**符合**法则，就是**本分**（debitum）；最后，他所做的**少于**法则所要求的，就是道德上的**缺失**（demeritum）。一种缺失的**法权**后果便是**惩罚**（poena），一个有功德的行为的法权后果便是**奖赏**（praemium）（前提是：这种在法则中已经预告的奖赏是动因）；行事与本分
〔228〕 相符便完全没有法权后果。——善有善报（remuneratio s. repensio benefica）与行为根本没有**法权关系**。

一个本分行动的好的或者坏的后果——同样，放弃一个有功德的行动的结果——不能被归责于主体（modus imputationis tollens［取消归责的尺度］）。

一个有功德的行动的好的后果——同样，一个不合法的行动的坏的后果——可以被归责于主体（modus imputationis ponens［设立归责的尺度］）。

在主观上，行动的可归责性（imputabilitas）的程度可以根据此时必须被克服的障碍的大小来估量。——自然障碍（感性的障碍）越大，道德上的障碍（义务的障碍）越小，**善的行为**就越是被算做功德；例如，当我付出很大牺牲把一个我完全不认识的人从危难中救出的时候。

反之：自然障碍越小，出自义务的理由的障碍越大，违背（作为过失）就越被归责。——因此，心灵状态，即主体是感情用事还是深思熟虑地行事的，在归责中将造成具有后果的区别。

法权论导论 〔229〕

第一节 什么是法权论

可能有一种外在立法的那些法则的总和叫做**法权论**（Ius）。如果这样一种立法是现实的，那么，它就是**实证法权**的学说，而这种学说的法学家或者法权学者（Iurisconsultus）就叫做**有法权经验的**（Iurisperitus），尽管他是外在地，亦即在其运用于经验时发生的事例中了解外在的法则的，这种学说仍可以成为**法权机智**（Iurisprudentia），但如果没有二者的结合，就依旧是纯然的**法权科学**（Iurisscientia）。后一个称谓应归于自然的法权论（Ius naturae）的**系统**知识，尽管法学家必须在后一种学说中为了一切实证的立法而提供不可改变的原则。

第二节 什么是法权

对于**法权学者**来说，如果他不想以同义反复来行事，或者不想没有给出普遍的解答却让人去看法律在某个国家某个时候想要的是什么，那么，这个问题会同样使他尴尬，就像"**什么是真理?**"这个合理的要求使逻辑学家尴尬一样。什么是合法的（quid sit iuris），亦即法律在某时某地说些什么或者说过什么，他还是能够清楚说明的，但是，它们想要的东西是否也是正当的，以及人们能够据以认出正当和不正当（iustum et iniustum）的那个普遍的标准，对他来说大概还是隐蔽的，如果

〔230〕他没有长时间离开那些经验性的原则，仅仅在理性中寻求那些判断的源泉（虽然对他来说那些法则为此可以出色地充当主导思想），以便为一种可能的实证立法奠定基础的话。一种纯然经验性的法权论是（就像斐德鲁斯的寓言中那个木制的头颅一样）一颗可能很美，只可惜没有脑子的头颅。

法权的概念，就它和一个与自己相对应的责任相关而言（亦即法权的道德概念），**首先**，只涉及一个人格对另一个人格的外在的，确切地说实践的关系，如果他们的行动作为行为能够（直接地或者间接地）互相影响的话。但是**其次**，法权概念并不意味着任性与他人愿望（因此也与纯然的需要）的关系，例如在行善或者冷酷的行动中，而仅仅意味着与他人的**任性**的关系。**第三**，在任性的这种交互关系中，也根本不考虑任性的**质料**，亦即每个人以他所想要的客体而当做意图的目的，例如不问某人就他为了自己的生意从我这里购买的货物而言是否也能得到好处，而是只问双方任性的关系中的**形式**，只要这种任性被看做自由，以及通过行动，双方中的一方是否可以与另一方的自由按照一个普遍的法则保持一致。

所以，法权是一个人的任性能够在其下按照一个普遍的自由法则与另一方的任性保持一致的那些条件的总和。

第三节　法权的普遍原则

“任何一个行动，如果它，或者按照其准则每一个人的任性的自由，都能够与任何人根据一个普遍法则的自由共存，就是**正当的**”。

因此，如果我的行动，或者一般地说我的状况能够与任何人根据一个普遍法则的自由共存，那么，阻碍我行动的人对我
〔231〕所做就不正当；因为这种障碍（这种阻抗）不能与根据普遍法

则的自由共存。

由此也得出：不能要求这个一切准则的原则本身又是我的准则，也就是说，我使它**成为我的**行动的**准则**；因为每个人都可以是自由的，即便我对他的自由全然不关心，或者即便我内心里很想破坏他的自由，只要我通过自己的外在行为并没有损害他的自由。使依法行动成为我的准则，这是伦理学向我提出的一个要求。

所以，普遍的法权法则："如此外在地行动，使你的任性的自由应用能够与任何人根据一个普遍法则的自由共存"，虽然是一条赋予我一种责任的法则，但却根本就没有指望，更没有要求我完全为了这种责任而应当把我的自由限制在那些条件**本身**上，而是理性仅仅说，我的自由在其理念上被限制在这上面，而且事实上它也可能受到他人的限制；而且理性把这说成是一个根本无法进一步证明的公设。只要意图不是教人德性，而是仅仅阐明什么是正当的，那么，人们甚至不可以也不应当把那个法权法则表现为行动的动机。

第四节　法权与强制的权限相结合

与一种作用的障碍相对立的阻抗，就是对这种作用的促进，而且与之相一致。于是，一切不正当的东西，都是根据普遍法则的自由的一种障碍，但是，强制就是自由所遭遇的一种障碍或者阻抗。因此，如果自由的某种应用本身就是根据普遍法则的自由的一个障碍（亦即不正当的），那么，与这种障碍相对立的强制，作为对一个**自由障碍的阻碍**，就与根据普遍法则的自由相一致，亦即是正当的，所以，按照矛盾律，与法权相联结的同时有一种强制损害法权者的权限。

〔232〕 ## 第五节 严格的法权也可以被表现为一种与每个人根据普遍法则的自由相一致的普遍交互强制的可能性

这个原理要说的正是：法权不可以被设想为由两个部分，亦即根据一个法则的责任和一个通过其任性约束另一个人的人来强制此人这样做的权限复合而成的，相反，人们可以把法权的概念直接设定在普遍的交互强制与每个人的自由相联结的可能性中。也就是说，就像一般的法权仅仅以行动中外在的东西为客体一样，严格的法权，即不掺杂任何伦理性因素的法权，就是除了外在的规定根据之外不要求任性的其他任何规定根据的法权；因为这样一来，它就是纯粹的、不掺杂任何德性的规定。所以，一种**严格的**（狭义的）法权，人们只能称之为完全外在的法权。现在，这种法权虽然基于每个人根据法则的责任意识，但据此来规定任性，如果它应当是纯粹的，它就不可以也不能够依据这种作为动机的意识，而是因此就立足于一种外在的、与每个人根据普遍法则的自由都能够共存的强制之可能性的原则之上。——所以，如果说，一个债权人有一种法权要求债务人偿还其债务，这并不意味着：他能够使债务人记住，是理性本身责成他这样做，而是一种强迫每个人这样做的强制，完全能够与每个人，因而也能够与他自己根据一个普遍的外在法则的自由共存；因此，法权和强制的权限是同一个意思。

在普遍自由这一原则下一种与每个人的自由必然相一致的交互强制的法则，仿佛就是那个概念的**构造**，也就是说，在一个纯粹的先天直观中，按照物体在**作用与反作用相等**这个法则下的自由运动之可能性的类比来展示这个概念。就像我们在纯
〔233〕

粹数学中不能直接从概念中推出，而只能通过概念的构造来发现其客体的属性一样，不但法权的**概念**，而毋宁说被置于普遍的法则之下和法权的概念相一致的普遍交互的，使得那个概念的展示得以可能的强制，亦复如是。可是，由于这个力学的概念还以纯粹数学（例如几何学）中的一个纯然形式的概念为基础，所以，理性所关心的是：为了法的概念的构造，为知性尽可能多地提供先天直观。——直（rectum）作为**直线**，一方面与**曲线**相对立，另一方面与**斜线**相对立。前者是一条具有如下性质的线的**内在性状**，即在两个已知的点之间只能有一条**唯一的**直线，但后者就是两条相交的或相切的**线的状况**，具有如此性质的也只能有一条**唯一的**（垂直）线，这条线倾向于一边并不多于另一边，而且它把两边的空间均分，按照这种类比，甚至法权论也要（以数学的精确性）知道每一个人被规定**属于他自己的东西**，这在德性论中是不可以指望的，德性论不能拒绝给例外以某种空间（latitudinem）。——但是，不用涉入伦理学领域，就存在着两种要求作出法权裁决，但却不可能找出裁决人的情况，它们仿佛是属于伊壁鸠鲁的 intermundia［星际空间］。——我们首先必须把这些情况从真正的、我们马上就要讨论的法权论中清理出去，以免它们的摇摆不定的原则对真正法权论的坚实原理产生影响。

附录　论有歧义的法权（Ius aequivocum）

任何**狭义**的法（Ius strictum）都结合有强制的权限。不过，人们还想到一种广义的法权（ius latum），在那里，强制 〔234〕
的权限不可能由任何法则来规定。——这些真正的或者所谓的法权有两种：**公道**和**紧急法权**；其中前者假定一种没有强制的法权，后者假定一种没有法权的强制，而人们也不难察觉，这种歧义真正说来乃是基于，存在着一个受怀疑的法权的各种情况，推举不出任何法官对它们作出裁断。

一、公道

公道（客观地看）绝不是只向他人的伦理义务（他人的善意和仁爱）提出要求的一个根据，相反，从这一根据出发要求某种东西的人，乃是基于他的**法权**，只不过他缺乏对于法官来说所必需的条件，根据这些条件，法官就能够规定，此人的要求有多少或者以何种方式能被满足。一个商业公司关注利益的平等，某人尽管如此在其中却比别的成员**做事**更多，但由于事故而比别的成员**损失**更多，**按照公道**，他可以向公司要求比仅仅与其他成员平分秋色更多的东西。然而根据真正的（严格的）法权，由于即便人们在他的事例中设想一位法官，这个法官也没有任何确定的提示（data［材料］）来澄清按照合同他应当得到多少，所以他的要求就会被驳回。一个家丁，被付给他直到年终才发的工资，而给的却是在这段时间内贬值了的货币，他用这笔钱已经办不到当初签合同时可以办到的事情了，数值虽然相同，但货币价值却不同，所以，他就不能根据自己的法权来保证自己不因此而受损失，而是只能呼唤公道来作根据（一个不可能被听到的沉默的神灵），因为对此合同中没有任何规定，但一个法官不可能根据未规定的条件来作出判决。

由此也得出：（在他人关于自己的法权的争论中的）一个**公道法庭**自身就包含着一个矛盾。只有在涉及法官自己的法权的地方，在他能够凭自己的人格处置的事情上，他才可以并且〔235〕应当倾听公道的呼声，例如，当王室自己承担他人在其效力时所蒙受的，并且恳求王室予以补偿的损失时，尽管按照严格的法权，王室可以借口他们是自担风险地承受这些损失的，而拒绝这种要求。

这样，**公道的格言**（dictum）虽然是“最严格的法权是最大的不法”（summum ius summa iniuria），但是这种灾祸却不可能沿着法权途径来消除，虽然这涉及法权要求，因为这种要求只适用于**良知法庭**（forum poli［上天的法庭］），相反，任何法权问题都必须诉诸**公民法权**（forum soli［地上的法庭］）。

二、紧急法权（Ius necessitatis）

这种想当然的法权① 应当是一个权限，即在我自己有丧命危险的情况下剥夺另一个丝毫没有加害我的人的生命。很显然，这里必定包含着法权论的一种自相矛盾——因为这里说的不是一个不正当地袭击我的生命的人，对这样的人，我可以通过剥夺他的生命而先发制人（ius inculpatae tutelae［正当防卫的法权］），节制（moderamen）的劝告甚至不属于法权，而只属于伦理学，相反，这里说的是允许对一个不曾对我实施任何暴力的人实施暴力。

很明显，这种主张不应当客观地、按照一个法则会规定的东西来理解，而只能主观地、按照法庭上会作出的判决去理解。也就是说，不可能存在这样的**刑法**，它判处这样一个人死刑：在船沉时此人和另外一个人一起在同样的危险中漂浮，他为了自己活命而把那个人从其曾经赖以活命的木板上推开。因为，法律所威胁的惩罚毕竟不可能比这个人丧命的惩罚更大。于是，这样一种刑法根本不可能具有预期的作用；因为以一个

① 参见《论俗语：这在理论上可能是正确的，但不适用于实践》（第Ⅱ节的结论）［参见《康德著作全集》，第 8 卷，303～304 页。——译者注］。——科学院版编者注

尚**不确定的**灾祸（由法官判决而来的死亡）来威胁，不可能胜过对**确定的**灾难（亦即淹死）的恐惧。所以，暴力的自我保存的行为绝不应当被评判为**无可指摘的**（inculpabile），而只能
〔236〕 被评判为**无法惩罚的**（imopunibile），而且这种**主观的**免于惩罚由于一种奇特的混淆，被法权学者们看做一种**客观的**免于惩罚（合法性）。

紧急法权的格言是："事急无法"（necessitas non habet legem）。尽管如此，却不可能存在任何紧急状况使得不正当的事情成为合法的。

可以看出，在两种法权评判（根据公道法权和根据紧急法权）中，**歧义**（aequivocatio）来源于法权实施的主观根据和客观根据（面对理性和面对法庭）的混淆。因为这样一来，某人有充分的理由认为对自己而言正当的东西，在一个法庭面前就得不到证实，而他本人必然评判为不正当的事，倒能够获得同一个法庭的谅解，因为法权的概念在这两个场合并不是在同一个意义上使用的。

法权论的划分

一、法权义务的一般划分

人们完全可以按照乌尔皮安①的方法进行划分，只要我们给他的公式加上一层虽然他自己可能没有思考清楚，但这些公式却允许从中引申出来或者添加进去的意思。这些公式如下：

1. **做一个正派的人**（honeste vive［正派地活着］）。**法权上的正派**（honestas iuridica）在于：在和他人的关系中维护自己作为一个人的价值的那种价值，这种义务是由如下命题来表述的："不要让你自己成为他人的纯然手段，要对他们来说同时是目的。"在下文中，这项义务将被解释为出自我们自己人格中的人性**法权**的责任（Lex iusti［正当的法则］）。

2. **不要对任何人做不正当的事**（neminem laede［不要伤害任何人］），此外，你也应当摆脱与他人的一切干系，必须避免一切社交（Lex iuridica［司法的法则］）。

3. **进入**（如果你无法避免社交）与他人的社交，在其中 〔237〕
要能够维护每个人他自己的东西（suum cuique tribue）。——这最后一个公式，如果翻译成"给每个人他自己的东西"，就会是胡说八道了；因为人们不能给予任何人他已经拥有的东

①《公民法典》，D. 1,$_1$，10,$_1$，Ⅰ.1,$_{1,3}$［乌尔皮安又译乌尔比安，被称为罗马五大法学家之一，其著作构成了罗马皇帝查士丁尼的《法学汇编》的三分之一，其在法学史上的地位在于第一次区分了公共法权和私人法权。——译者注］。——科学院版编者注

西。因此，如果它要有意义，那就必须是：“**进入**一种状态，在其中能够针对每一个他人来保证每个人他自己的东西”(Lex iustitiae［正义的法则］)。

因此，以上三个经典公式同时是法权义务体系的划分原则，即划分为内在的、外在的义务，以及包含着通过归摄而从前者的原则推导出后者的义务。

二、法权的一般划分

1. 作为系统的**学说**，法权划分为**自然法权**和**实证法权**，前者建立在全然的先天原则之上，后者则来自于一个立法者的意志。

2. 作为使他人承担义务的（道德的）**能力**，亦即作为对他人的一个法律根据（titulum）的法权，其最高划分就是划分为**生而具有的**法权和**获得的**法权，其中前者是那种不依赖于一切法权行为而应天生归于每个人的法权；后者则是需要这样一种法权行为的法权。

生而具有的“我的”和“你的”也可以被称为**内在的**“我的”和“你的”(meum vel tuum internum)，因为外在的“我的”和“你的”在任何时候都必须是获得的。

生而具有的法权只有一种

自由（对另一个人的强制任性的独立性），就它能够与另一个人根据一个普遍法则的自由并存而言，就是这种惟一的、源始的、每个人凭借自己的人性应当具有的法权。——生而具有的**平等**，亦即除了人们也能够相互赋予责任的事情之外、不在更多的事情上被他人赋予责任的独立性；因而人做**自己主人**（sui iuris［自主］）的品质，此外一个由于在一切法权行为之前没有对任何人做过不正当的事情而是正直的人（iusti）的品质；最后还有对他人做就自身而言无损于他们的事情的权限，哪怕他们不想关注这样的事情；这类事情只是向他人传达自己的思想，给他人讲述或者许诺什么，无论是真实的和诚实的，还是不真实的和不诚实的（veriloquium aut falsiloquium［真话还是假话］），因为他们是否愿意相信他，仅仅取决于他们自己①；——所有这些权限都已经包含在生而具有的自由的原则之中了，而且实际上（作为在一个更高的法权概念之下的划分的环节）与自由也没有区别。 〔238〕

人们之所以把这样一种划分引入自然法权体系（就它与生而具有的法权有关而言），其意图在于：一旦对获得的法权发生了争执，出现了问题，谁有责任作出证明（onus probandi［证明的责任］），要么证明一个受到怀疑的事实，要么当这个事实被澄清时，证明一个受到怀疑的法权，否定自己具有这种

① 有意地，虽然只是以轻率的方式说出不实之词，虽然习惯上常常被称做**谎言**（mendacium），因为至少就忠实地复述这种不实之词的人作为一个轻信者成为他人的笑柄而言，它也可能是有害的。但在法权的意义上，人们还是要只把在另一个人那里直接损害其法权的那种不实之词称为谎言，例如虚假地伪称一个和某人签订的合同，为的是使那个人失去自己应得的东西（falsiloquium dolosum［阴险的假话］），而对一些非常接近的概念做这种区分并非是没有根据的，因为在仅仅解释自己的思想时，永远是听任别人如其所愿地接受这种解释的，尽管“此人是这样一个人，他的话人们不能相信”这种有根据的毁谤如此接近称他是说谎者这种谴责，以至于分界线只不过正是把属于法学的东西与属于伦理学的东西区别开来罢了。

责任的人，就可以在方法上像依据不同的法权条文那样援引他生而具有的自由法权（这种法权现在就根据其不同的关系而被专门化了）。

既然就生而具有的，因而内在的“我的”和“你的”而言，没有诸多法权，而只有一种法权，所以，这种最高的划分就可以作为由两个在内容上极不相同的部分组成的东西被抛入导论中，而法权论的划分则只能与外在的“我的”和“你的”相关。

一般道德形而上学的划分

〔239〕

一

一切义务，要么是**法权义务**（officia iuris），亦即对这样一些义务来说，一种外在的立法是可能的；要么是**德性义务**（officia virtutis s. ethica［德性的或者伦理的义务］），对这样一些义务来说，一种外在的立法是不可能的。——但是，后一些义务之所以不能隶属于外在的立法，只是因为它们关涉一个**目的**，这个目的（或者拥有这个目的）同时也是义务；而预先设定一个目的，这不可能通过任何外在的立法来办到（因为这是心灵的一个内在行为）；虽然可能要求一些导致它的外在行动，但毕竟主体并不使它们成为自己的目的。

但是，道德论（道德）为什么通常（尤其被**西塞罗**①）冠以**义务**论，而不也冠以法权论的名称呢？因为前者毕竟是与后者相关的。——根据在于：我们惟有通过**道德命令式**才知道我们自己的自由（一切道德法则，进而甚至一切权利和义务都是由这种自由出发的），道德命令式是一个要求义务的命题，随后从这个命题中可以展开使他人承担义务的能力，亦即法权的概念。

二

既然在义务论中，人按照其完全超感性的自由能力的属

［① 其著作《论义务》。——科学院版编者注］

性，因而也仅仅按照其**人性**，可以并且应当被表现为独立于物理学规定的人格性（homo noumenon［作为本体的人］），与同一个被表现为受那些规定所累的主体的人（homo phaenomenon［作为现象的人］）不同，所以，法权和目的又在这种二重属性上与义务相关，将给出如下的划分。

〔240〕 **按照法则与义务的客观关系的划分**

	对自己的义务		对他人的义务
完全的义务	1. 我们自己人格中的人性的法权	（法权）义务	2. 人的法权
不完全的义务	3. 我们人格中的人性的目的	（德性）义务	4. 人的目的

〔241〕 三

既然就诸主体而言要思考法权与义务的一种关系（不论允许还是不允许），诸主体准许有不同的关系，所以，也可以在这种意图中作出一种划分。

按照赋予义务者和承担义务者的主观关系的划分

1.

人与既没有法权也没有义务的存在者的法权关系。

阙如

因为这是些无理性的存在者，它们既不赋予我们责任，我们也不能被它们赋予责任。

2.

人与既有法权也有义务的存在者的法权关系。

实有

因为这是一种人与人的关系。

3.

人与只有义务却没有法权的存在者的法权关系。

阙如

因为这会是些没有人格性的人（农奴、奴隶）。

4.

人与一个只有法权却没有义务的存在者（上帝）的法权关系。

阙如

也就是说在纯然的哲学中阙如，因为这不是可能经验的对象。

因此，只有在第二种场合，才存在着法权与义务之间的一种**实在**关系。之所以在第四种场合也没有发现这种关系，理由在于那会是一个**超验的**义务，也就是说是这样一种义务，不可能与它相应地**给出**任何外在的赋予义务的主体，因此，从理论上看，这里的关系仅仅是**观念上的**，也就是说，是与一个思想物的关系，这个思想物是我们自己给自己**制造**出来的，但却不是通过其完全空洞的概念，而是通过与我们自身及内在道德准则相关，因而在实践的内在意图上富有成果的概念制造出来的，在这方面，我们全部**内在的**（可以履行的）义务仅仅在于 〔242〕
这种纯然设想出来的关系。

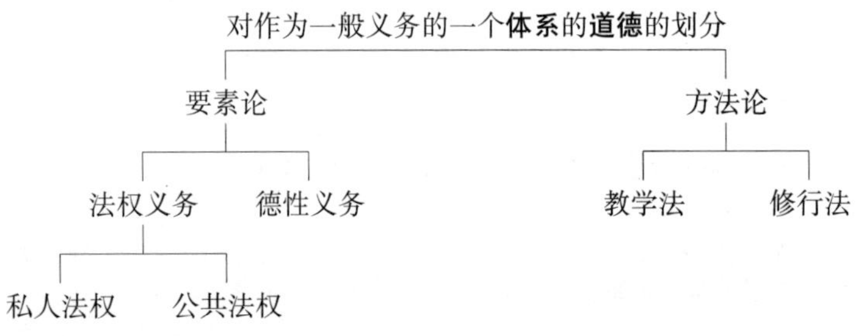

等等，一切不仅包含一个科学的道德论的质料，而且包含其建筑术形式的东西；如果形而上学的初始根据完备地找出普遍的原则的话。

※　　※　　※

自然法权的最高划分不能（像偶尔发生的那样）是划分为

自然的法权和**社会的**法权，而是必须划分为自然的法权和**公民的**法权：其中前者被称为**私人法权**，后者被称为**公共法权**。这是由于与**自然状态**相对立的不是社会状态，而是公民状态，因为在社会状态中虽然完全可能存在社会，但是惟独没有**公民**社会（通过公共法律保障“我的”和“你的”的社会），所以自然状态中的法权叫做私人法权。

第一卷 〔245〕
私人法权

第一篇
将某种外在的东西作为自己的来拥有的方式

第1节

法权上的"我的"（meum iuris）是这样的东西，我与它如此结合在一起，以至于一个他人未经我的许可而使用它就会伤害我。使用的可能性的一般主观条件就是**占有**。

但是，某种外在的东西只有当我可以假定下述情况有可能时才会成为"我的"，即**我并不占有一个物品**，尽管如此一个他人对它的使用仍然会伤害我。——所以，把某种外在的东西作为自己的来拥有是自相矛盾的，如果占有概念不能有不同涵义，亦即**感性的**占有和**理知的**占有的不同涵义，而且前者可以被理解为对同一个对象的**有形的**占有，后者可以被理解为对它的**纯然法权的**占有的话。

但是，"一个对象**在我之外**"这个表述可能要么只是意味着：它是一个仅仅与我（主体）**有别的**对象；要么也意味着：它是处于空间或时间中**另一个地方**（positus）的对象。只有从第一种意义上看，占有才能被设想为理性占有。但在第二种意义上，占有就会必须叫做一种经验性的占有。——一种**理知的**占有（如果这样一种占有是可能的）是一种**无须持有**（deten- 〔246〕
tio［占用］）的占有。

第 2 节　实践理性的法权公设

把我的任性的任何一个外在对象作为我的来拥有，这是可能的；也就是说，按照一个准则，如果它是法则的话，任性的一个对象**就自身而言**（客观上）必然会成为**无主的**（res nullius［无主之物］)，那么，这个准则就是有悖法权的。

因为我的任性的一个对象，就是我**在物理上**有权使用的某种东西。如果对它的使用毕竟**在法权上**不属于我的权限，也就是说，不能和每个人根据一个普遍法则的自由并存（是不正当的)，那么，自由就会剥夺自己在其任性的一个对象方面对任性的任何使用，因为它把**可使用的**对象置于**使用**的一切可能性之外了，也就是说，在实践的角度上毁灭了这些对象并使之成为 res nullius［无主之物］；虽然从形式上看，任性在使用物品时与每个人根据普遍法则的外在自由是一致的。——现在，既然纯粹实践理性仅仅把任性使用的形式法则奠定为基础，因而不考虑任性的质料，即不考虑客体**当它只是任性的一个对象时**的其余性状，所以，就这样一个对象而言，纯粹实践理性就不可能包含使用该对象的任何绝对禁令，因为这种禁令将会是外在的自由与自身的一个矛盾。——然而，我的**任性**的一个对象就是我有物理能力随意去使用、我有权（potentia）使用的东西；与此还必须区别开来的是，我以强制权拥有同一个对象 (in potestatem meam redactum［被迫落入我的控制的东西］)，后者不仅预设了一种**能力**，而且预设了任性的一个**行为**。但是，为了把某种东西仅仅**设想**为我的任性的对象，我意识到我有权拥有它，这就够了。——所以，实践理性的一个先天前提就是：把我的任性的每一个对象都当做客观上可能的“我的”或“你的”来看待和对待。

人们可以把这个公设称为实践理性的许可法则（lex permissiva），它给予我们一个权限，这个权限是我们无法从一般法权的纯然概念中得出来的：这就是把一个责任强加给所有其他人的权限，这些人本来并没有这个责任，即放弃使用我们的任性的某些对象，因为是我们最先把这些对象纳入了我们的占有。理性希望：这个法则作为原理生效，更确切地说，作为**实践**理性生效，实践理性就是凭借这个先天公设来扩展自己的。〔247〕

第 3 节

一个人想声称一个物品是自己的，就必须处在对一个对象的占有中；因为如果他并不处在这种占有中，那么，他就不可能因为另一个人未经他的许可就使用这个对象而受到损害；因为如果是在他之外的、与他根本没有在法权上结合起来的某种东西侵袭了这个对象，那么，它不可能侵袭到他本人（主体），而且不可能对他行不义。

第 4 节　外在的“我的”和“你的”之概念的阐明

我的任性的外在对象只能有三种：1. 在我之外的一个（有形体的）**物品**；2. 另一个人作出一个确定的行为的**任性**（praestatio［担保］）；3. 另一个人与我相关时的**状态**；这依据的是我和外在对象之间根据自由法则的**实体性**、**因果性**和**共联性**三个范畴。

（1）我不能把**空间**中的一个对象（一个有形体的物品）称为“我的”，除非是：**虽然我不处在对它的有形占有中**，但我仍然可以断言处在对它的另外一种现实的（因而不是有形的）

占有中。——于是，我把一个苹果称为“我的”，并不是因为我在手里拿着它（有形的占有），而是只要我能够说：即便我从手中丢掉它，无论丢到哪里去，我仍然占有它；同样，关于我在其上安营扎寨的土地，我不能因我在其上安营扎寨就说它是“我的”；而是只有当我可以断言，即便我离开了这个地方，它也永远还在我的占有中时，我才能这样说。因为在第一种场
〔248〕合（经验性占有的场合）想从我手中夺下苹果，或者想将我从自己的营地拖走的人，虽然就**内在的**“我的”（自由）而言当然伤害了我，但就外在的“我的”而言却没有伤害我，如果我不是也能够断言自己无须持有就占有一个对象的话；所以，我也不能把这些对象（苹果和营地）称为“我的”。

(2) 我不能把通过另一个人的任性所**成就**的某种东西称为“我的”，如果我只能说，这种成就是与他的承诺**一起**（pactum re initum [以物立的约]）处在我的占有中的，而是只有当我可以断言我处在对他人的任性的占有（为这成就而规定他人）之中时才能这样称谓，尽管取得成就的时间应当才刚刚到；因此，后者的承诺属于财产（obligatio activa [主动的债务]），并且我可以把它们算作“我的”，但不仅是当我已经占有**被许诺的东西**（如在第一种场合那样）时，而且即便我还没有占有它们时也是这样。所以，我必须能够设想自己不依赖于受时间条件限制的占有，因而不依赖于经验性的占有，毕竟已经占有这个对象。

(3) 我之所以可以把一个**妻子**、一个**孩子**、一个**仆役**以及一般而言一个别的人格称为“我的”，不是因为我现在把他们当做隶属于我的家室的人来命令，或者强制、控制和占有他们，而是在即便他们挣脱了强制，因而我并没有（经验性地）占有他们，我却仍然可以说，我仅仅通过我的意志占有他们，无论他们在何时何地实存，因而是在**纯然法权上**占有他们时，

才能这样称谓；所以，当且仅当我能够断言后一种情况时，他们才属于我的财产。

第 5 节 外在的“我的”和“你的”之概念界定

名称解释，即仅仅足以把客体与其他所有客体**区别**开来、从对概念的一个完备而确定的**说明**产生出来的解释，将会是：外在的“我的”就是在我之外的东西，妨碍我随意地使用它，就会是伤害（对我的可以与每个人根据一个普遍法则的自由并存的自由的损害）。——但是，对这个概念的**实际解释**，亦即也足以**演绎**这个概念（对象的可能性的认识）的解释，现在就是：外在的“我的”就是这样的东西：干扰我使用它就会是伤害，**尽管我并没有占有它**（不是它的持有人）。——如果外在的对象应当叫做**“我的”**，那么，我就必须处在对该对象的某种占有中；因为否则的话，违背我的意志侵袭这个对象的人，就不会同时侵袭我，因而也不会伤害我。所以，根据第 4 节就必须预设一种**理知的占有**（possesio noumenon [作为本体的占有]）是可能的，如果应当存在一种外在的“我的”或“你的”的话；这样一来，经验性的占有（持有）就只是**显象**中的占有（possesio phaenomenon [作为现象的占有]），虽然我所占有的**对象**在此并非像先验分析论中所做的那样被看做显象，而是被看做物品自身；因为在那里，理性所关心的是对事物的本性的理论认识，以及这种认识能达到什么程度，而在这里，理性关心的则是根据**自由**法则对任性的实践规定，而不管对象是可以通过感官来认识，还是只能通过纯粹知性来认识的，而且，**法权**就是自由法则之下的任性这样一个纯粹实践**理性概念**。

正因为如此，按理人们也不应当说：对这个或那个对象拥

〔249〕

有一个法权，而毋宁说，是**纯然在法权上**占有它；因为法权已经是对一个对象的一种理智占有，而占有一个占有，就会是一个没有意义的表述。

第 6 节　对一个外在对象的纯然法权上的占有（possesio noumenon［作为本体的占有］）之概念演绎

一种外在的“我的”和“你的”是如何可能的？这个问题现在就转化为这样一个问题：一种**纯然法权上的**（理知的）占有是如何可能的？而这个问题再次转化为第三个问题：一个先天**综合的**法权命题是如何可能的？

一切法权命题都是先天命题，因为它们都是理性法则（dictamina rationis）。就**经验性占有**而言的先天法权命题是**分**
〔250〕**析的**；因为它所说的并不多于根据矛盾律从经验性占有中得出来的东西，也就是说，如果我是一个物品的持有者（因此与它有形地结合起来），那么，违背我的许可侵袭它（例如把我手中的苹果夺走）的人，就会侵袭、减损了内在的“我的”（我的自由），因而在其准则中与法权的公理正好相矛盾。所以，关于一个经验性的合法权的占有的命题，并没有超出一个人格就其自身而言的法权。

反之，关于占有一个**在我之外的**物品的可能性的命题，在剥离空间和时间中的经验性占有的一切条件（因此是预设一种possesio noumenon［作为本体的占有］的可能性）之后，就超出了那些限制性的条件，而且由于它把一种甚至无须持有的占有也规定为对于外在的“我的”和“你的”这一概念来说必然的，所以它是**综合的**，而现在，能够充当理性的课题的，就是指明：这样一个使自身扩展到经验性占有之外的先天命题是如何可能的。

以这样的方式，例如，占有一块孤立的土地就是私人任性的一个行为，但毕竟不是**专横的**。占有者所依据的是对土地的与生俱来的**共同占有**和先天地与之相应的、在同一块土地上的一种被允许的**私人占有**的普遍意志（因为闲置的物品通常就自身而言并且根据一个法则会被变成无主之物），而且占有者通过第一次占有而原初地获得一块确定的土地，因为他有权（iure）抗拒任何会妨碍他私自使用这块土地的他人，尽管在自然状态下他不是出自法权（de iure）而抗拒的，因为在这种状态下还不存在一种公共的法则。

尽管一块土地会被看做或者解释为**无人占有的**，亦即对每个人的使用都开放的，但人们毕竟不能说：土地天生地和**源始地**、在一切法权行为之前就是无人占有的，因为就连这也会是一种与物品，亦即与拒绝任何人占有它的土地的一种关系；相反，这是由于土地的这种无人占有对任何人来说都会是一项不得使用的禁令；为此，对土地的一种共同占有就是必需的了，而这种共同占有若离开契约就不可能发生。但是，一块只有通过这种契约才可能无人占有的土地，实际上必然处在所有（结合在一起的）交互禁止或中止使用它的人们的占有中。

土地及其上面的物品的这种**源始的**共联性（communio 〔251〕
fundi originaria）是一个具有客观的（法权上实践的）实在性的理念，完全不同于那种虚构出来的**初始的**共联性（communio primaeva）；因为后者必须是一种建立起来的共联性，而且必须产生自契约，通过契约所有人都放弃了私人占有，而且每个人都通过把自己的占有和每一个别人的占有联合起来而使私人占有转变为共同占有，对此历史必定会给我们一种证明。可是，把这样一种程序视为**源始的**占有，以及说每个人的特殊占有能够并且应当以此为基础，则是一种自相矛盾。

与占有（possessio）不同的还有住所（sedes），而且和有朝一日获得这块土地的意图中对土地的占有不同的，还有**移民**、定居（incolatus），后者是对一个位置的持续的私人占有，它取决于主体在这个地方的在场。这里说的不是作为可能继占有之后的或者也可能完全停止的第二次法权行为的移民，因为移民就会不是源始的占有，而是从他人的同意派生出来的占有。

对土地的纯然有形的占有（持有）已经是在一个物品中的法权，尽管肯定还不足以把土地看做“我的”。与他人有关，这种占有作为（就我们所知的）第一次占有，与外在自由的法则相一致，而且同时包含在源始的共同占有之中，后者先天地包含着一种私人占有的可能性的根据；因此，妨碍一块土地的第一个持有者使用这土地，就是一种伤害。所以，第一次占有本身就有法权根据（titulus possessionis［占有的合法要求］），这个根据就是源始的共同占有，而“占有者是有福的！”因为没有人有责任去查明他的占有，这个命题就是自然法权的一条原理，它把第一次的占有确立为获得的一个法权根据，每个第一次占有者都能够以此为据。

因为在一个**理论的**先天原理中，（根据《纯粹理性批判》）
〔252〕必须给被给予的概念配上一个先天直观，因而必须给对象之占有的概念**添加**某种东西；然而在这种实践的原理中，程序正好相反，给经验性占有奠定基础的一切直观条件必须**被排除**掉（对它们视而不见），以便把占有概念扩展到经验性占有之外并且能够说：任性的每一个外在对象，我无须处在对它的占有中就能控制它（并且也仅仅就我能控制它而言），都可以被算做法权上的“我的”。

这样一种占有的可能性，从而一个非经验性的占有的概念演绎建立在实践理性的法权公设之上：“要这样对待他人，使得外在的（可使用的）东西也能够成为任何一个人的‘他的’，这是一项法权义务。”同时，这演绎与后一个概念的阐明相关，这个概念使外在的“他的”仅仅建立在一种**非物理的**占有之上。然而，后一种占有的可能性绝不能被单独地证明或者看出（正因为它是一个不可能被给予任何直观与之相应的理性概念），而是来自被设想的公设的一个直接后果。因为，如果遵循那个法权原理来行动是必然的，那么，（一种纯然法权上的占有的）理知的条件也就必须是可能的。——任何人都不要感到诧异的是：外在的“我的”和“你的”的**理论**原则沉迷在理知的东西之中，而且并不表现任何扩展了的知识，因为这些原则所凭依的自由概念无法对这种占有可能性进行理论演绎，只能从作为同一个理性的行为的理性实践法则（定言命令式）中推论出来。

第7节　外在的“我的”和“你的”的可能性原则在经验对象上的运用

一种纯然法权上的占有的概念不是经验性的（依赖空间和时间条件的）概念，但它仍然具有实践的实在性，也就是说，〔253〕
它必须可以运用到经验对象上去，对这些对象的认识依赖于那些条件。——鉴于作为可能的外在的“我的”和“你的”这些条件而对法权概念的处理如下：仅仅处在理性之中的法权概念，不能**直接**被运用于经验客体、运用到一种经验性的**占有**的概念，而是必须首先被运用于一种一般**占有**的纯粹知性概念，以至于所思考的不是作为占有的一个经验性表象的持有（detentio），而是不考虑一切空间和时间条件的**拥有**的概念，而且只是对象**在我控制之中**（in potestate mea positum esse）这一点；这样一来，**外在的东西**这一表述所指的，就不是在与我所在的地方不同的**另一个地方**的存在，或者不是我的意志决定和假定像建议的假定那样在另外一个时间中的存在，而仅仅是一个和我有别的对象。现在，实践理性通过其法权法则所要的是：我在对象的运用中不是根据感性条件，而是由于这涉及根据自由法则对任性的一种规定，所以撇开这些条件来思考“我的”和“你的”及其占有，因为惟有一个**知性概念**才能被归摄在法权概念之下。所以我将说：我占有一块土地，虽然它是一个与我实际所在完全不同的场所。因为这里所说的只是与对象的一种理智关系，只要我能控制它（占有的一个独立于空间规定的知性概念），而对象是**“我的”**，乃是因为我那自己规定自己去随意使用的意志并不与外在自由的法则相抵触。**撇开**对我的任性的这个对象在显象中的占有（持有），实践理性要知道，占有是按照知性概念，不是按照经验性概念，而是按照能够先天地包含着占有的条件的这样一些概念来思考的，关于占有的这样一个概念（possessio noumenon［作为本体的占有］）作为一种普遍有效的立法，其有效性的根据恰恰就在这里；因为这样一种立法就包含在“这个外在的对象是我的”这一表述之中，这是由于在这种情况下，所有其他人就被强加上一种他们本来并不具有的责任，即放弃对这个对象的使用。

所以，把外在于我的某种东西当做我的来拥有，其方式是
〔254〕主体的意志和那个对象纯然在法权上的结合，不依赖与对象在空间和时间中的关系，遵循的是一种理知的占有的概念。——地球上的一个场所并不因为我以自己的肉体占领了它（因为这里只涉及我的外在的**自由**，因而只涉及对我自己的占有，不涉及在我之外的任何东西，所以只是一种内在的法权）而成为一种外在的“我的”；而是当我尽管离开了那个地方而去了别处，我还占有它时，它才成为一种外在的“我的”，只有在这种情况下才涉及我的外在法权，而且一个要使通过我的人格对这个

场所的持续占据成为把它当做“我的”来拥有的条件的人，必须要么宣称，把某种外在的东西当做自己的来拥有是根本不可能的（这和第二节的公设是相抵触的）；要么他要求，为了能够这样做，我同时在两个地方；但这就等于说：我应当在一个地方又不在一个地方，这样他就自相矛盾了。

这也可以被运用于我接受了一个承诺时的情况；因为这时我对所承诺的东西的拥有和占有并不因为承诺者在一个时间说“这个物品应当是你的”，但在此后的一个时间他关于同一件物品却说“我现在要说这个物品不应当是你的”而被取消。因为这样一些理智关系的情况是这样的，似乎承诺者无须他的两次意志声明之间的一个时间就来说“它应当是你的”和“它不应当是你的”，这是自相矛盾的。

这同一种说法也适用于一个属于主体之财产的人格（他的妻子、孩子、仆役）在法权上的占有的概念，因为这种家庭共同体及其所有成员状态的彼此占有并不因为**处所上**彼此分离的权限而被取消，因为联结他们的是一种法权关系，而这里外在的“我的”和“你的”正如在上述几种情况中一样，完全基于一种无须持有的纯粹理性占有的可能性这一前提条件。

对于外在的“我的”和“你的”概念中的法权实践理性的批判来说，这种理性真正说来由于关于这样一种占有之可能性的命题的一种二论背反而被迫，也就是说，只是由于一种无法避免的辩证法，其中正论和反论双方对两个彼此冲突的条件的有效性提出同样的要求，理性也在其实践的（有关法权的）应 〔255〕
用中而被迫，在作为显象的占有和仅仅可以通过知性来思维的占有之间作出区分。

命题：把某种外在的东西当做“我的”来拥有是**可能的**，虽然我并不处在对它的占有中。

反命题：把某种外在的东西当做“我的”来拥有是**不可能的**，如果我并不处在对它的占有中的话。

解决：两个命题都是真的：第一个命题，如果我把这个词理解为经验性的占有（possessio phaenoumenon［作为现象的占有］)，另外一个命题，如果我把它理解为纯粹理知的占有（possessio noumenon［作为本体的占有］）的话，它们就都是真的。——但是，一种理知的占有，从而也是外在的“我的”和“你的”的可能性是看不出来的，而是必须从实践理性的公设中得出，此时还特别值得注意的是：这种实践理性不需要直观，甚至不需要一个先天直观，仅仅通过自由法则所授权的对经验性条件的**排除**来扩展自身，这样就能够提出先天综合的法权命题，这些命题的证明（正如马上就应当指明的那样）可以随后在实践方面以分析的方式进行。

第 8 节　把某种外在的东西当做自己的来拥有，这惟有在一种法权状态中、在一种公共立法的强制权之下，亦即在公民状态中，才是可能的

如果我（用语词或者通过事实）宣布：我希望某种外在的东西应当是“我的”，那么，我就是在宣布每个他人都有责任放弃我的任性的对象：这是一种没有任何人会无须我的法权行为就拥有的责任。但是，在这种非分要求中同时就承认：就外在的“他的”而言每个他人彼此间都有责任作出同等程度的放弃；因为责任在这里出自外在法权关系的一个普遍规则。所以，我并没有责任不动用他人外在的“他的”，如果不是每个
〔256〕他人也都向我保证，就我的东西而言他将会遵守同样的原则来行事的话；这种保证根本就不需要一个特别的法权行为，而是已经因普遍性而包含在一个外在的法权上的承责的概念之中，

因而也出自一个普遍的规则而包含在责任的交互性之中。——现在，就一个外在的，因而偶然的占有而言的单方面的意志不能用做对每一个人的强制法则，因为这样的强制法则会损害根据普遍法则的自由。所以，只有一个赋予每个其他人以责任的，因此是集体普遍的（共同的）和掌握权力的意志，才是能够向每个人提供那种安全的意志。——但是，在一个普遍的、外在的（亦即公共的）、伴有权力的立法之下的状态就是公民状态。所以，惟有在公民状态下，才能有一种外在的“我的”和“你的”。

结论命题：如果把一个外在的对象当做自己的来拥有在法权上必须是可能的，那么，就必须也允许主体**强迫**关于这样一个客体发生“我的”和“你的”之争执的每个其他人与他一起进入一种公民宪政。

第 9 节 在自然状态中毕竟可能有一种现实的，但仅仅暂时的外在的“我的”和“你的”

一种公民宪政中的**自然法权**（亦即对这种宪政来说能够从先天原则中推导出来的东西）不能由于这种状态的章程性法则而蒙受损害，于是，这个法权原则依然有效：“遵循一个准则行事的人，如果按照该准则，把我的任性的一个对象当做我的来拥有是不可能的，那么，他就是在伤害我”；因为只有公民宪政才是这样一种法权状态，通过它，每个人的“他的”都得到了保障，但真正说来并没有得到澄清和规定。——所以，一切担保都已经在预设某人的“他的”（某人的“他的”得到了保障）。因此，在公民宪政之前（或者**不考虑**它），必须假定一种外在的“我的”和“你的”是可能的，同时假定一种法权，即强迫每一个我们可能以某种方式与之打交道的人与我们一起进入一个可以确保那种东西的状态。——在对只能被建立在共 〔257〕

同意志的一个法则之上，因此与这种共同**意志**的可能性相一致的这样一个状态的期望和准备之中的占有，就是一个临时的法权上的占有，与此相反，在这样一种**现实的**状态中遇到的占有，会是一种**永久**的占有。——在进入主体所乐意进入的这种状态之前，主体有权反对那些不想下决心进入这种状态并且想干扰他的临时占有的人，因为除了他本人之外，所有其他人的意志都想强加给他一种放弃某种占有的责任，这种意志仅仅是**单方面的**，因而为反对而具有的法律力量（与惟有在普遍意志中才发现的法律力量相比）与他为了维护所具有的法律力量一样少，但他毕竟在赞同和建立一个公民状态方面具有优势。——一言以蔽之，**在自然状态中**把某种外在的东西当做自己的来拥有的方式，是一种有形的占有，这种占有自身具有法权上的**假定**，即通过在一种公共的立法中与所有人的意志相一致而使这种占有成为一个法权上的占有，而且在期待中**相对而言**被视为一种法权上的占有。

按照**占有者有福**（beati possidentes）的公式出自经验性占有状态的这种法权特权并不在于：由于他具有一个**法权上的人**的假定，他不必去证明自己合乎法权地占有某种东西（因为这只在有争议的法权中适用），而是在于，由于按照实践理性的公设，任何人都应当具有能力把他的任性的一个外在对象当做自己的来拥有，因而任何持有都是一个其合法权性基于那个由先行意志的一个行为而来的公设的状态，而且这种状态在没有另一个人对同一个对象更早的占有与此相悖的情况下只是暂时的，所以按照外在自由的法则，任何不想和我一起进入一个公共合法的自由之状态的人，都有权利阻止这样一个对象的使用的一切僭妄，为的是按照理性的公设而使一个要不然会在实践上被毁灭的物品服从于他的使用。

第二篇 〔258〕

获得某种外在的东西的方式

第10节 外在的获得的普遍原则

如果我使得（efficio）某种东西成为“我的”，我就获得了它。——源始的“我的”是即便没有一个法权行为也是“我的”的那种外在的东西。但是，一种获得源始地就是那种并非从一个他人的“他的”中派生出来的获得。

没有任何外在的东西源始地就是“我的”；但它却完全可以源始地，亦即无须从任何一个别人的“他的”中派生出来，而被获得。——“我的”和“你的”的共联性（communio）的状态绝不能被设想为源始的，而是必须（通过一个外在的法权行为）被获得；虽然对一个外在对象的占有只能是源始地共同的。即使人们（或然地）设想一种**源始的**共联性（communio mei et tui originaria［“我的”与“你的”源始的共联性］），它也毕竟必须与**初始的**共联性（communio primaeva）区别开来，后者被假定为是在人们中间有法权关系的最初**时间**建立起来的，并且不像前者那样能够建立在原则上面，而是只能建立在历史上面，此时，后者毕竟总是必须被设想为获得的和派生的（communio derivativa［派生的共联性］）。

外在的获得的原则是：某种东西，我（按照外在**自由**的法则）把它置于我的**控制**之中，并且有能力（按照实践理性的公设）把它当做我的任性的对象来使用；归根结底，我（按照一个可能联合起来的**意志**的理念）**要**使它成为“我的”，这种东西就是“我的”。

因此，**源始的**获得的因素（attendenda［值得注意的东西］）

是：1. 对一个对象的**占领**，该对象不属于任何人，否则这种占领就会与别人根据普遍法则的自由相冲突。这种**占领**就是在空间和时间中对任性的对象的占有；因而是我把自己置于其中的占有（possessio phaenomenon［作为现象的占有］）。2. **标明**（declaratio［宣布］）对这个对象的占有和我的任性阻止任何别
〔259〕人占有该对象的行为。3. **归己**（appropriatio［适己］），作为一个外在普遍地立法的意志的行为（在理念中），通过这个行为，每个人都有责任与我的任性保持一致。——获得的最后一个因素，作为外在对象是“**我的**”这个结论所依据的，其有效性，亦即占有作为一种**纯然**法权上的占有（possessio noumenon［作为本体的占有］）是有效的，乃是基于：由于所有这些行为都是**法权上的**，因而都出自实践理性，故而在什么是正当的这一问题上可以排除占有的经验性条件，所以，外在的对象是“我的”这一结论就被从可感的占有正确地引向理知的占有。

对任性的一个外在对象之源始的获得就是强占（occupatio），而且只能发生于有形体的事物（实体）之上。于是，在发生这样一种获得的地方，作为经验性占有的条件，它就需要对于每个想强占一个物品的他人在时间上的在先（qui prior tempore potior iure［时间上在先者在法权上更有力］）。获得作为源始的，也只是**单方面的**任性的后果；因为如果为此需要的是一个双方面的任性，那么，这种获得就是从两个（或多个）人的契约中，因而从他人的“他的”中派生出来的。——任性的这样一种行为，作为那种占有，如何能够为每个人的“他的”提供根据，这并不是容易看出的。——不过，**第一次的**获得并不因此马上就是**源始的**获得。因为通过把所有人的意志联合成为一个普遍的立法而对一个公共的法权状态的获得，会是这样一种获得：任何获得都不能先于它发生，而它却毕竟是从每个人的特殊意志中派生出来的，并且是**全面的**，因为一

种源始的获得只能从单方面的意志中产生出来。

外在的“我的”和“你的”这种获得的划分

1. 根据**质料**（客体），我要么获得的是一个有形体的**物品**（实体性），要么是一个他人的**成就**（因果性），要么是这另一个**人格**本身，也就是说，这另一个人格的状态，只要我得到一个支配这种状态的法权（与这个人格的交往关系）。

2. 根据**形式**（获得方式），这要么是一个**物品法权**（ius reale），要么是一个**人身法权**（ius personale），要么是把另一个人格当做一个物品来占有（虽然不是使用）的一个物人法权（ius realiter personale [采用物的方式的人身法权]）。〔260〕

3. 根据获得的**法权根据**（titulus）；这真正说来并不是法权划分的一个特殊环节，但毕竟是实施这种划分的方式的一个因素：要么是通过一个**单方面的**任性的行为，要么是通过一个**双方面的**任性的行为，要么是通过一个**全面的**任性的行为（facto，pacto，lege [行为、契约、法律]），由此某种外在的东西被获得。

第一章 物品法权

第11节 什么是物品法权？

对**在一个物品中**的法权（ius reale，ius in re）的习惯解释：“它是**反对该物的任何占有者**的法权”，是一个正确的名词定义。——但是，是什么在这里使得我能够由于一个外在的对象而与该对象的每个持有者打交道，并（per vindicationem [通过索回]）强迫他让我又占有这个对象的呢？我的任性的这种外在法权关系也许是与一个有形体的事物的一种**直接的**关系吗？设想自己的法权不是直接与人格相关，而是与物品相关的人，当然就必定会（虽然只是以模糊的方式）这样想象：也就是说，由于与一方面的法权相应的是另一方面的义务，所以外在的物品尽管已经不在第一个占有者手中了，但毕竟始终对他**负有义务**，就是说，它拒绝任何别的僭妄的占有者，因为它已经对前一个占有者负有责任。而且就这样，我的法权就像是一个陪伴着物品、保护它不受任何外来侵袭的**守护神**一样，总是把外来的占有者指引向我。所以，设想一个人格对物品的责任，以及反过来设想，都是荒唐的，尽管在必要时可以允许通过这样一个形象使法权关系直观化，并这样作出表述。

因此，实际的定义就会必须这样来说：**在一个物品中的法**
〔261〕**权**就是对我和所有别人都处于其（源始的或者建立起来的）共同占有之中的一个物品的私人使用的法权。因为后者是惟一的条件，惟有在这个条件下，我才能够阻止任何其他占有者私自使用该物品（ius contra quemlibet huius rei possessorem [反对该物品的任何占有者的法权]），因为不预设这样一种共同占有，就根本无法设想，毕竟并不处于对该物品的占有之中的我，如何会受到其他处于对该物品的占有之中并且使用它的人的伤害。——通过单方面的任性，我不能使任何别人承担责任放弃对一个物品的使用，他本来对此没有任何义务，因此，我惟有通过所有人在一个共同占有中联合起来的任性才能这样做。若不然，我就会必须这样来设想在一个物品中的法权，就好像该物品对我有一种责任似的，并且首先从中推导出反对该物品的任何占有者的法权；而这是一个荒唐的表象方式。

此外，物品法权（ius reale）这个词不仅被理解为在一个物品中的法权（ius in re），而且被理解为涉及物的“我的”和“你的”的一切法则的总和。——但显而易见，世上一个完全独处的人真正说来根本不能把一个外在的东西当做“他的”来拥有或获得，因为在作为人格的他和作为物的所有其他外在物品之间根本没有责任的关系。所以，在本真的和字面的意义上来理解，在一个物品中也就不存在任何（直接的）法权，而只有反对一个与所有其他人（在公民状态下）处于共同占有中的人格而应当归于某个人的东西，才能被这样称谓。

第 12 节　对一个物品的第一次获得只能是对土地的获得

土地（被理解为一切可以居住的陆地），就它上面一切可活动的东西而言，可以被视为**实体**，但后者的实存则只能被视为**依存**，而且就像在理论意义上偶性不能在实体之外实存一样，在实践意义上，土地上可活动的东西也不可能是某人的“他的”，如果此人不是事先被假定为处于对它（作为此人的“他的”）的法权上的占有之中的话。

因为如果假定土地不属于任何人，那么，我将能够为了占 〔262〕
领土地本身而把它上面的任何可活动的物品从其位置上推开，直至它们完全消失，而不会因此损害任何其他此时正好不是其持有者的人的自由；但是，一切可能被破坏的东西，一棵树、一座房子等等，都是（至少从质料上看）可活动的，而如果人们把不破坏其形式就不能被移动的物品称为**不动产**，那么，在那个物品中的“我的”和“你的”就不是被理解为对实体的，而是被理解为对依存于它的东西的，后者并不是物品本身。

第 13 节　任何一块土地都能够被源始地获得，而这种获得的可能性的根据是一般土地的源始的共联性

就第一部分而言。这个命题基于实践理性的公设（第 2 节）；第二部分则基于如下证明。

所有人都源始地（就是说，在任性的一切法权行为之前）

处于对土地的合乎法权的占有之中，也就是说，他们有权处于自然或者偶然（无须他们的意志）把他们置于的地方。这种与作为一种随意的，因而是获得的、**持续的**占有的那种驻地（sedes）不同的占有（possessio），是因作为球面的地球表面的一切场所的统一性而有的一种**共同的**占有；因为如果地球表面是一个无边无际的平面，人们就可能在上面如此走散，以至于他们根本就无法进入任何彼此之间的共联性，因而这种共联性就不会是他们在世上存在的一个必然后果。——世上一切人的、先行于其一切法权行为的（由大自然本身建立的）的占有是一种**源始的共同占有**（communio possessionis originaria），其概念不是经验性的，不依赖于时间条件，如同虚构出来的，但永远无法证明的一种**初始的共同占有**（communio primaeva）的概念那样，而是一个先天地包含原则的实践理性概念，惟有按照这原则，人才能根据法权利用世上的场所。

〔263〕

第 14 节　这种获得的法权行为就是强占（occupatio）

占领（apprehensio），作为对空间中一个有形体物品的持有（possessionis physicae［有形的占有］）的开端，惟有在时间方面**在先**这一条件下，亦即惟有作为本是任性的一个行动的**第一次**占有（prior apprehensio），才与每个人的外在自由的法则协调一致（因此是先天的）。但是，“物品（因而也是世上一个确定的被划分开来的场所）应当是‘我的’”这种意志，亦即归己（appropriatio），在一种源始的获得中只能是**单方面的**（voluntas unilateralis s. propria［单方面的或者个别的意志］）。通过单方面的意志对任性的一个外在的对象的获得就是**强占**（occupatio）。所以，对一个外在对象，因此也是对一块有尺寸的土地的源始的获得，只能通过强占来进行。

以这种方式来获得，其可能性是以任何方式都无法看出，也不能通过根据来阐明的，相反，它是出自实践理性公设的直接后果。但是，这同一个意志却毕竟只能就它包含在一个先天地联合起来的（亦即通过把一切可能进入一个相互之间的实践关系中的人的任性联合起来的）、绝对颁布命令的意志中而言，才授权一种外在的获得；因为单方面的意志（就连双方面的，但毕竟是**特殊的**意志，也属于此列）不能把一种就自身而言偶然的义务强加给每一个人，相反这需要一个**全面的**意志，不是偶然的，而是先天地，因而必然地联合起来的，仅仅因此而立法的意志；因为只有按照这种意志的原则，每一个人的自由任性和每个人的自由的一致，因而一种一般而言的法权，从而甚至一种外在的“我的”和“你的”，才是可能的。

第 15 节 只有在公民宪政中，某物才能被永久获得，反之，在自然状态下，某物虽然也能被获得，但只能被暂时获得 〔264〕

虽然公民宪政的现实性在主观上是偶然的，但这种宪政在客观上，亦即作为义务，却仍然是必然的。所以，就这种宪政及其建立而言，存在着一种现实的自然法权法则，一切外在的获得都服从这一法则。

获得的**经验性资格**曾是建立在土地的源始共联性之上的有形占领（apprehensio physica），由于只能把一种显象中的占有配给根据法权的理性概念的占有，所以，就必须有一种理智的占领（借助排除空间和时间中的一切经验条件）的资格与前一个资格相应，这种理智的占领建立了如下命题：“凡是我按照外在自由的法则置于我的控制之中并要它应当是‘我的’的东西，就成为‘我的’。”

但是，获得的**理性资格**只能存在于所有人的一个先天联合起来的（必然要联合起来的）意志的理念中，这一理念在这里是作为绕不过去的条件（conditio sine qua non［必不可少的条件］）而默默地预设的；因为通过单方面的意志并不能强加给他人一种他们自身通常不会具有的责任。——但是，一个为了立法而普遍现实地联合起来的意志的状态，就是公民状态。因此，只有与一个公民状态的理念相符合，亦即就公民状态及其造就而言，但在这种状态实现以前（因为若不然，获得就会是派生的了），因而仅仅是**暂时地**，某种外在的东西才能被**源始地**获得。——永久的获得只发生在公民状态中。

然而，那种暂时的获得仍然是一种真实的获得；因为按照法权实践理性的公设，无论人们在何种状态中并存（因而哪怕是在自然状态中），获得的可能性都是私人法权的一个原则，按照这个原则，每个人都有权利行使强制，惟有通过强制，人才能走出那种自然状态并进入公民状态，而惟有公民状态才使一切获得成为永久的。

〔265〕问题是：占据一块土地的权限伸展到多远？与将它置于自己的控制之中的能力一样远，也就是说，和他想将之据为己有时能够捍卫的范围一样远；就好像土地在说：如果你们不能保护我，你们也就不能对我发号施令。因此，关于海洋是**开放的**还是**封闭的**，其争论也必须据此来裁决；例如，在大炮的射程之内，任何人都不可以在已经属于某个国家的陆地岸边从事捕鱼，从海底采琥珀等诸如此类的事情。——此外：土地的耕种（开垦、耕耘、排水等诸如此类的事情）对于获得土地来说是必然的吗？不！因为既然这些形式（特殊化的形式）只是偶性，它们也就不构成一种直接占有的客体，只是就实体事先就被承认为主体的“他的”而言才能属于主体的占有。如果关键在于第一次获得的问题，那么，耕种就仅仅是占据的一个外在

符号，人们可以拿很多其他不费多少力气的符号来取代它。——此外：人们可以阻止某人的占据**行为**，以至于双方中任何一方都分享不到在先的法权，这样土地就永远不属于任何一方而闲置着吗？这种阻止**完全**不可能发生，因为为了能够这样做，他人自己就必须也处身于某一块比邻的土地上，所以他本人在那里就可能受到阻止，因此，一种绝对的阻止就会是一个矛盾；但**鉴于**某一块（处在中间的）土地，让它作为**中立的**、为把两块比邻的土地分离开来而闲置不用，那将会和强占的法权完全一致了；但这样一来，这块土地就真的为双方所共有了，而且不是**无主的**（res nullius［无主之物］），这恰恰是因为它被双方所**使用**，以便把他们彼此分离开来。——此外，在一块土地上，其中没有任何部分是某人的"他的"，人们可以把一个物品当做自己的来拥有吗？可以，例如在蒙古，每个人都可以把他所拥有的行李放下来，或者把他已经走失了的马当做自己的而纳入自己的占有，因为整个土地应当归于民族，故而其使用应当归于每个个人；但是，某人可以把一个他人的土地上的一个可活动的物品当做自己的来拥有，这虽然是可能 〔266〕
的，但却惟有通过**契约**。——最后问题是：两个比邻而居的民族（或者家族）可能在采用某种方式使用一块土地上彼此冲突，例如狩猎民族与游牧民族或者农民，或者农民与种植园主等彼此冲突吗？当然；因为他们究竟想怎样在土地上**定居**，如果他们持守在自己的边界之内的话，其方式纯然是喜好的事情（res merae facultatis［纯然是能力的事情］）。

最后还可以问：如果既不是自然，也不是偶然，而纯然是我们自己的意志把我们置入与一个民族的相邻关系中，而这个民族并没有预示出与它结成一种公民关系的任何前景，那么，我们是否就无权有意去建立这种关系并把这些人（野蛮人）置于一种法权状态（例如对美洲的野蛮人、霍屯督人、新荷兰人)，也许用暴力，或者用（这好不了多少）欺骗性的收购来建立殖民地，成为他们土地的占有者，并且不顾他们的第一次占有而利用我们的优势呢？尤其看来是自然本身（当它厌恶空虚时）如此要求的，若不然，就文明居民而言其他大陆那些现在人丁兴旺的广阔地带就依然是荒无人烟，甚至必然永远是荒无人烟，这样创世的目的就会落空吗？然而，人们很容易就看穿为了善的目的而批准一切手段这种不义（耶稣会教义）的面纱；所以，这种获得土地的方式是应当谴责的。

可外在地获得的对象无论在量方面还是在质方面的不确定性，使得这个课题（惟一源始的外在获得的课题）成为所有课题中最难解决的。但尽管如此，毕竟必然存在着外在东西的某种源始的获得；因为不可能所有的获得都是派生的。因此，人们也不能把这个任务当做不可解决的和本身不可能的而予以放弃。但是，即使它通过源始的契约得到解决，如果这个契约不延伸到整个人类的话，获得也毕竟永远只是暂时性的。

〔267〕

第 16 节　土地的源始获得之概念的阐明

所有的人都源始地处在对整个地球上的土地的共同占有（communio fundi originaria [土地的源始共联性]）之中，具有天生应归于他们的意志（每一个人的意志）来使用这土地（lex iusti [公正法则]），由于一个人的任性与另一个人的任性天然不可避免地对立，如果不是这意志同时包含着任性的法则，按照这法则能够给每一个人规定在共同的土地上的一种**特殊的占有**（lex iuridica [司法法则]）的话，这意志就会取消对这土地的一切使用。但是，每个人在土地方面的“我的”和“你的”这种分配法则，按照外在自由的公理，只能产生自一个**源始地**和先天地联合起来的意志（意志为了这种联合并不以一个法权行为为前提条件），因而只能在公民状态中产生（lex iustitiae distributivae［分配的正义法则］），惟有这个意志才规定，什么是正确的，什么是法权的，什么是正当的。——但在这种状态中，亦即在建立这种状态之前而毕竟有意于这种状态时，也就是说**暂时地**、按照外在获得的法则行事，是意志的义务，从而也是意志的一种法权能力，即让每个人都承担责任，承认占据和归己的行为是有效的，哪怕它是单方面的；所以，土地的一种暂时的获得连同其一切法权后果都是可能的。

但是，这样一种获得，就法权上可能的占有本身的界限规定而言，需要而且也具有法律的一种许可（lex permissiva［许可的法则］），因为它先行于法权状态，而且只是作为这种状态的前奏，还不是永久的，但这种许可仅仅延续到别人（参加者）同意建立这种法权状态，而在别人反对进入这种状态（公民状态）时，而且只要反对还在继续，这种许可就带有一种合乎法权的获得的一切效果，因为这种结局是基于义务的。

第17节 源始获得之概念的演绎 〔268〕

我们已经在土地的一种源始的共联性中，因而在一种外在占有的空间条件下找到了获得的**资格**，但**获得的方式**却是在占领（apprehensio）的经验性条件中发现的，与之相结合的是把外在的对象当做自己的对象来拥有的意志。现在，还有必要对获得本身，亦即对从两个被给予的部分得出的外在的“我的”和“你的”，也就是对对象的理知占有（possessio noumenon［作为本体的占有］），按照其概念所包含的东西，从纯粹法权实践理性的原则出发作出阐明。

外在的“我的”和“你的”的**法权概念**，就其是实体而言，在涉及**“外在于我”**这个词的时候，不可能意味着一个与我所在不同的地方：因为它是一个理性概念；而是由于能被归摄在它下面的只是一种纯粹的知性概念，这个法权概念仅仅意味着某种**与我不同**的东西，而且不是意味着一个经验性的占有（仿佛是持续占领）的概念，而是仅仅意味着外在对象**在我控制之中**（占有与作为使用的可能性之主观条件的我的联结）的概念，这是一个纯粹知性概念。现在，去除或不考虑（抽离）作为人格与没有责任的**对象**之关系的占有这些感性条件，无非就是一个人格与多个人格之关系，即在物品的使用上通过前者的**意志**约束所有的后者，只要前者的意志符合外在自由的公理，符合这个被先天地设想为联合起来的意志之能力的**公设**和普遍**立法**；所以，这是一种对物品的**理知占有**，亦即一种通过纯然法权的占有，尽管对象（我所占有的物品）是一个感官对象。

对一块土地的第一次耕种、划界，或者一般而言对它的**塑形**，并不能充当该土地的获得的资格，就是说，偶性的占有不能充当实体的法权占有的一个根据，而是毋宁说反过来，“我的”和“你的”按照规则（accessorium sequitur suum princi-
〔269〕pale［附属的东西服从其基本的东西］）必须是从实体的所有物中得出，而且一个在并非此前已经属于自己的土地上辛勤劳作的人，对这块土地白白浪费自己的辛苦和劳动，这一点自身就如此明显，以至于人们很难把那种如此古老并且还在广泛流传的意见归于别的原因，只能归于暗中起支配作用的欺骗，亦即使物品人格化，而且就好像某人通过在物品上付出的劳动就能够使物品对自己负有责任，除了他之外不为任何别人所使用，并且自认为对它们**直接**拥有一种权利似的；因为人们很可能也不会如此轻易地忽略（上面已经提及的）自然而然的问

题："一个物品中的法权是如何可能的？"因为对一个物品的每一个占有者的法权，仅仅意味着特殊的任性使用一个客体的权限，只要该任性能够被设想为包含在综合普遍的意志之中，并且与该意志的法则相一致。

涉及一块已经属于我的土地上的物体，如果它们本来就不是别人的，那它们就属于**我**，我为了这个目的并不需要一个特别的法权行为（不是 facto［凭借行为］，而是 lege［根据法则］）；也就是说，因为它们可以被看做依存于实体的偶性（iure rei meae［根据我的物品的法权］），甚至一切与我的物品如此相结合的东西都属于此列，以至于一个别人不改变"我的"本身（例如镀金，把一种属于我的材料与其他物质相混合，毗邻的河床的沉积甚或改道以及由此发生的我的土地的扩展等等），就无法把该物品与"我的"分开。但是，可获得的土地是否能够扩展到陆地之外，亦即甚至超出一段海底（还在我的岸边捕鱼、采集琥珀等的法权），这必须按照同样的原理来评判。就我从自己的**驻地**具有机械能力保证我的土地不受他人侵犯而言（例如，就岸上的大炮的射程所及而言），土地属于我的**占有**，而且海洋到此为止是封闭的（mare clausum［领海］）。但是，由于在宽阔的海面上甚至不可能有一个驻地，所以，占有也不可能一直被扩大到那里，而开放的海洋是无人占有的（mare liberum［公海］）。但是**搁浅**，无论是人们还是属于人们的物品，作为意外，不能被海滩的所有者归为获得的法权；因为它不是伤害（甚至根本不是行为），而且落在一块毕竟属于某个人的土地上的物品，也不能被当做 res nullius［无主之物］来处理。相反，一条河，就它的河岸的占有所及而言，恰如每一块土地一样，在上述限制之下，可以被占有两岸的人源始地获得。 〔270〕

※　　※　　※

外在对象在实体上是某人的“他的”，它就是这个人的**财产**（dominium），在这个物品中的一切法权（就像实体的偶性那样）都依存于它，因而所有者（dominus）可以随便支配这个物品（ius disponendi de re sua［支配自己的物品的法权］）。但由此自行得出：这样一个对象只能是一个有形体的物品（人们对它没有任何责任），因而一个人能够是他自己的主人（sui iuris），但不能是**他自己**的所有者（sui dominus，可以随意支配自己），更不用说是别人的所有者了，因为他对自己的人格中的人性负责；虽然这一点属于人性的法权，而不属于人身法权，在此并没有其特有的位置，仅仅是为了更好地理解刚刚所说的东西而顺便提及。——另外，对同一个物可能有两个完全的所有者，却没有一个共同的“我的”和“你的”，而只是作为那本是“**他的**”而仅仅属于**一个人**的东西的共同占有者，如果所谓的共同所有者（condomini）中归于一方的只是全部占有而没有使用，归于另一方的则是对物品的一切使用连同占有，因而前者（dominus directus［直接的所有者］）只是把后者（dominus utilis［使用的所有者］）限制在不断支付的条件上，并不限制他的使用的话。①

〔271〕

第二章　人身法权

第 18 节

对他人任性的占有，作为通过我的任性规定他人任性去采取某种行为的能力（就一个他人的因果性而言的外在的“我的”和“你的”），是一种法权（我对同一个人格或者对他人可

① 阿亨瓦尔：《自然法权》，第 162 节。例子：领主和封臣，地主和世袭佃户。

能拥有多种这样的法权）；但我据以能够处在这种占有之中的法则的总和（系统），则是人身法权，它只是一种独一无二的法权。

对一种人身法权的获得决不能是源始的和专横的（因为这样一种获得会不符合我的任性的自由与每个人的自由相一致的原则，因此是非法的）。同样，我也不能通过另一个人的**违法**行为（facto iniusto alterius）来获得；因为即使我本人遭遇到这种伤害，而且我可以正当地要求他人作出赔偿，由此毕竟只是一分不少地保存下“我的”，但却没有获得任何超出我事先拥有的东西。

因此，通过一个他人的行为，即我按照法权法则规定他作出的行为的获得，在任何时候都是从这个他人的“他的”派生的，而且这种派生作为法权行为，不可能通过这种作为**消极**行为的行为，亦即**离弃**的行为，或者一种对“他的”作出的**放弃**（per derelictionem aut renunciationem［通过离弃或者拒绝］）的行为来实现，因为这样一来，只是一个人或者其他人的“他的”被取消了，但没有获得任何东西，——相反，它只能通过**转移**（translatio）来实现，而转让惟有通过一个共同意志才是可能的，借助这种意志，对象总是落入这一个人或者另一个人的控制之中，随后，一个人放弃了自己对这种共联性的份额，这样客体就通过接受这个份额（因而通过任性的一个积极行动）而成为“他的”。——自己的**所有物**转移给一个他人就叫**转让**。一般而言一个人的“他的”通过两个人格联合起来的任性的行为而过渡给他人，这种行为就是**契约**。

第19节 〔272〕

在任何契约中，都有任性的两个**作准备的**和两个**建构性**

的法权行为；前两个行为（**谈判**的行为）是**提议**（oblatio）和**赞同**（approbatio），后两个行为（即**签订**的行为）是**承诺**（promissum）和**接受**（acceptatio）。——因为一项建议不能叫承诺，除非我事先作出判断，即所建议的东西（oblatum）是某种能够让受承诺者感到**惬意**的东西；这一点通过前两种申明显示出来，但仅仅通过这两种行动还没有获得任何东西。

但是，既不是通过承诺者的**特殊**意志，也不是通过受承诺者（作为接受者）的特殊意志，而是只有通过二者**联合起来的意志**，因此只是就二者的意志**同时**被申明而言，前者的"他的"才过渡给后者。但现在，这一点凭借必须是必然地在时间中前后相继，而绝非同时的经验性申明行为是不可能的。因为如果我承诺了，而另一个人想接受，那么，在这中间的时间里（无论它如何短暂），我可能会感到懊悔，因为我在接受之前还是自由的；就像另一方面接受者同样因此也可以认为并不受自己紧接着承诺作出的响应声明所约束一样。——签订契约时的外在仪式（solennia），诸如击掌，或者折断两个人手握的一根秸秆（stipula）①，以及一切时而发生的对自己先前声明的重申，毋宁说证明了这些缔约者的窘境：他们想怎样并且以何种方式把这些总是仅仅前后相继的声明表现为在一个瞬间**同时**存在的东西，但他们毕竟没有成功，因为这始终只是在时间中前后相继的行为，在这里，当一个行为存在时，另一个行为要么**尚未**存在，要么**不再**存在。

① 古罗马的 Stipulatio［折断秸秆立约］。——阿亨瓦尔没有对财产转让的持久性进行细致入微的研究（在讲课时比做运动中的持久性，对通常并不那么流行的术语 pactum re initum（273 页$_{6}$、275 页$_{7,22,34}$）也一样）。——科学院版编者注

但是，惟有对通过契约的获得这一概念的先验演绎才能消除所有这些困难。在一种外在的法权关系中，我对一个他人的任性的占有（并且如此交互地占有），作为这个他人采取一个行动的规定根据，虽然首先是经验性地通过双方中任何一方在时间中进行声明和响应声明，被设想成占有的感性条件，在这里两个法权行为始终只是前后相继的，因为那种关系（作为一 〔273〕
种法权关系）是纯粹理智的，通过作为一种立法的理性能力的意志，那种占有作为借助抽掉那些经验性条件的一种根据自由概念的理知占有（possessio noumenon［作为本体的占有］），被表象为"我的"或者"你的"；在那里，两个行为，即承诺和接受，不是被表现为前后相继的，而是（恰恰作为 pactum re initum［以物立的约］）被表现为从一个惟一的**共同**意志中产生的（这用"**同时**"这个词来表达），而对象（承诺）则通过去除经验性条件而按照纯粹实践理性的法则被表现为获得的。

这就是对通过契约的获得这一概念的真正的、惟一可能的演绎，这一点，由法权研究者（例如莫色斯·门德尔松在他的《耶路撒冷》① 中）为了证明那种可能性而作出的费神的，却总是徒劳的努力得到了充分的证实。——问题曾是：我**为什么应当**遵守我的诺言？因为我**应当**这样做，每一个人都自行这样理解。但是，还对这个定言命令式作出一个证明，这是绝对不可能的；正如对于几何学家来说不可能用理性推论证明，我为了

① 1783年。也曾在《论俗语：这在理论上可能是正确的，但不适用于实践》中引用（第Ⅲ节）。那里（29页以下）研究了强制法权的起源和契约的有效性［参见《康德著作全集》，第8卷，314～317页。——译者注］。——科学院版编者注

画一个三角形就必须画出三条线（一个分析命题），但其中两条线之和必定大于第三条线（这是一个综合命题，但两个命题都是先天的）一样。这是纯粹的（在涉及法权概念时不考虑空间和时间的所有感性条件的）理性的一个公设，而且抽掉那些条件、其占有并不因此被取消的可能性的学说，本身就是通过契约的获得这个概念的演绎；就像前一节中关于通过强占外在物品而获得的学说一样。

第20节

但是，我通过契约所获得的外在东西是什么呢？既然它仅仅是他人的任性在向我承诺的成果方面的因果性，所以，我由此直接获得的就不是一个外在的物品，而是他人的一个行为，
〔274〕通过这种行为那个外在的物品被置于我的控制之中，以便我使它成为“我的”。——所以，通过契约我获得另一个人的承诺（而非所承诺的东西），但毕竟有某种东西添加在我的外在的财富上了；我通过获得一种积极的责任而在他人的自由和才能方面变得更富有了（locupletior）。——但是，我的这种法权只是一种**人身法权**，亦即对一个**确定的**自然人格的法权，确切地说是影响其因果性（其任性），给我提供某种东西，而不是对那个**道德上的人格**的一种**物品法权**，道德上的人格无非是**所有人格先天地联合起来的任性**的理念，而且惟有这样，我才能获得一种**对这种任性的每个占有者的法权**，就像在**一个物品中**的所有法权都在于此一样。

“我的”通过契约而转让，是根据持续性法则（lex continui［连续律］）进行的，也就是说，对象的占有在这个行动期间没有任何片刻中断，否则，我在这个状态中就会获得一个

作为某种不曾有任何占有者的东西（res vacua［闲置之物］）的对象，因而是源始地获得它的；这和契约概念是矛盾的。——不过，这种连续性导致：不是双方（promittentis et acceptantis［承诺者和接受者］）中的一方的特殊意志，而是其联合起来的意志，把“我的”转让给他人；所以，转让不是以这种方式进行的：承诺者首先为他人的利益而放弃（derelinquit）自己的占有，或者放弃自己的法权（renunciat），另一方随后进入这种法权，或者反之亦然。所以，转让是这样一种行为，在其中对象有一瞬间共属于双方，就像在一个被抛出的石头的抛物线轨迹中，该石头在其最高点有一瞬间可以被视为同时处在上升和降落之中，这样才从上升过渡到降落。

第21节

在一个契约中，一个物品并不是通过**接受**（acceptatio）承诺，而只是通过**交付**（traditio）被承诺的东西而被获得。因为任何承诺都涉及**履行**，而且如果所承诺的东西是一个物品，那么，履行就只能通过一个行为来完成，通过这个行为，〔275〕接受承诺者被承诺者置于对该物品的占有中，也就是说，是通过交付来完成的。所以，履行在交付和接受之前还没有发生。物品还没有从一个人过渡到另一个人，因此没有被另一个人获得，所以，出自一个契约的法权仅仅是一种人身法权，只有通过交付才变为一个**物品法权**。

交付直接继之而起的契约（pactum re initum［以物立的约］）排除缔结和履行之间的任何中间时间，而且不需要任何特殊的，尚需期待的行动，来使一个人的“他的”被转让给另一个人。但是，如果在那两者之间还允许有一个（确定的或者不确定的）时间段以供交付，那就要问：物品是否在这交付之前就已经通过契约成了接受者的“他的”，而且后者的法权是否就是一个物品中的法权？或者是否还有一个特殊的，只涉及交付的契约必须补充上来，因而由这种纯然的接受而来的法权仅仅是一种人身法权，要通过交付才成为一种物品中的法权？——事情的确如后者所说，这一点，从以下所说可以看出：

如果关于一个物品，例如关于一匹我要获得的马，我签订一项契约，而且同时把它牵到我的马厩里来，或者以其他方式把它纳入我的有形占有，那么，它就是我的（vi pacti re initi［根据以物立的约的效力］），而我的法权就是一个物品中的法权；但是，如果我把马留在卖主的手中，和他并没有特殊约定，在我占有（apprehensio）之前，因而在占有变迁之前，这个物品应当由谁有形占有（持有），那么，这匹马就还不是我的，而我所获得的法权则只是对一个确定的人格，即对卖主的法权，即由他**被置于占有之中**（poscendi traditionem［要求交付］），作为对这匹马的一切任意使用之可能性的主观条件，也就是说，我的法权仅仅是一种人身法权，即要求卖主**履行**让我占有物品的承诺（praestatio［保证］）。现在，如果契约（作为 pactum re initum［以物立的约］）**不同时**包含交付，因而在缔结契约和占有获得的东西之间有一段时间流逝，那么，
〔276〕在这段时间里，我就只有通过采取一个特殊的法权行为，即占有行为（actum possessorium），才能达到占有，这个行为构成了一个特殊的契约，而这个契约就是：我说，我将让人把物品（马）取走，卖主对此表示同意。因为此人（卖主）将为了另一个人的使用而冒着自己的风险去保管这个物品，这并不是不言而喻的，而是为此需要一个特殊的契约，根据这个契约转让

自己的物品的人在**一定的时间**内还一直是所有者（而且必须承担物品可能遇到的一切风险），但获得者却只有当他对这段时间犹豫不决时，才可能被卖主视为好像该物品已经提交给他了似的。所以，在这种占有行为之前，所有通过契约获得的东西都只是一种人身法权，而接受承诺者则惟有通过交付才能获得一个外在的物品。

第三章　采用物的方式的人身法权

第 22 节

这种法权就是占有**作为一个物品**的外在对象，并使用**作为一个人格**的该对象的法权。——根据这种法权的“我的”和“你的”，就是**家庭的**“我的”和“你的”，而在这种状态中的关系就是自由存在者的共联性的关系，这些自由存在者通过交互影响（一个存在者的人格对另一个存在者的影响）按照外在自由的原则（**因果性**）构成由一个整体的诸成员（处在**共联性**之中的各人格）组成的社会，这个整体就叫做**家庭共同体**。——这种状态以及在这种状态中的获得方式，既不是通过专横的行为（facto），也不是通过纯然的契约，而是通过法则（lege）发生的，法则由于不是一个物品中的法权，也不仅是对一个人格的法权，而同时也是对一个人格的占有，所以必须是一种超出任何物品法权和人身法权之上的法权，亦即是我们自己人格中的人性的法权，这种法权以一种自然的允许法则为结果，通过它的许可，这样一种获得对我们来说就是可能的。

〔277〕

第 23 节

根据这种法则的获得按照对象有三种：**男人**获得一个**妻子**，**夫妻**获得**孩子**和**家庭**获得**帮工**。——所有这些可获得的，都同时是不可转让的，这些对象的占有者的法权是**最具人格性的**法权。

家庭社会的法权之第一款：婚姻的法权

第 24 节

性关系（commercium sexuale）是相互的使用，即一个人使用另一个人的性器官和能力（usus membrorum et facultatum sexualium alterius），而且要么是一种**自然的**使用（由此能够生育出其同类），要么是**非自然的**使用，而且后一种使用要么是在同性的一个人身上，要么是在一个与人类不同的物种的动物上；这种对法则的违背、非自然的恶习（crimina carnis contra naturam［反自然的肉体罪恶］），也是难以名状的，作为对我们自己人格中的人性的伤害，根本不可能通过任何限制和摒除，使之从彻底的扭曲中得到拯救。

自然的性关系要么是遵循纯然的动物本性的性关系（vaga libido，venus volgivaga，fornicatio［无序的情欲、不稳定的情爱、私通］），要么是遵循**法则**的性关系。——后者就是婚姻（matrimonium），即两个不同性别的人格的结合，以便终生彼此占有其性属性。——生育和教育子女的目的可能永远都是自然的一个目的，自然为了这个目的而培养两性彼此的倾慕；但是，结婚的人的这种结合的合法性，并不要求他**必须**把这个目的强加给自己；因为若不然，一旦生育停止，婚姻就会同时自行解体。

也就是说，即便为了彼此使用其性属性而以快乐为前提，婚约也不是任意的契约，而是通过人性的法则而必然的契约，〔278〕亦即如果**男人**和女人愿意按照其性属性而彼此享受，那么，他们就**必须**不可避免地结婚，而且这是按照纯粹理性的法权法则而必然的。

第25节

因为一个性别对另一个性别的性器官的自然使用，是一种**享受**，为了这种享受一方委身于另一方。在这一行为中，一个人自己使自己成为物品，这是与其自己人格中的人性法权相抵触的。只有在惟一的条件下，这种情况才是可能的，即当一个人格被另一个人格**同时当做物品**而获得时，这个人格又反过来获得了那个人格；因为这样一来，这个人格就重获自身并且重建了自己的人格性。但是，获得人身上的一个肢体同时就是获得整个人格，——因为人格是一个绝对的统一体；——因此，委身和为了另一个性别的享受而接受一个性别，不仅在婚姻的条件下是准许的，而且只有在这种条件下才是可能的。但是，这种人身法权毕竟同时是**采用物的方式**的，这是因为：一旦夫妻的一方走散了，或者投身到另一个人的占有中了，另一方在任何时候都有权不容争辩地把他当做物品一样重新纳入自己的控制。

第26节

出自同样的理由，夫妻双方的关系是一种**平等**占有的关系，既平等占有彼此交互占有的人格（因此只发生在**一夫一妻**

制中，因为在多配偶制中，委身的人格所获得的只是其把自己完全托付给的那个人的一个部分，并且因此使自己成为纯然的物品)，又平等占有物质财富。然而在这方面，夫妻双方都有权利放弃对一部分财富的使用，尽管这只有通过一个特殊的契约才行。

非婚同居不能具有合法持久的合约，尽管很少是为了一次性的享受而出让一个人格（pactum fornicationis［私通的契约］），这是从上述理由得出的。因为就后一种契约而言，每个
〔279〕人都将承认，订立这种契约的人格一旦后悔，就不能在法权上要求他履行自己的承诺；而且这样一来，第一种契约，即非婚同居的契约，（作为 pactum turpe［可耻的契约］）也就被废除，因为这种契约会是出让的合约（locatio-conductio［出租—承包］），确切地说是出让一个器官供另一个人使用，因而鉴于一个人身上各器官不可分割的统一性，这个人格就会把自己本身当做物品而委身于另一个人的任性；所以，任何一方只要愿意，都可以终止自己和另一方已经订立的契约，而另一方则不能有根据地抗议自己的法权受到了伤害。——同样的道理也适用于门户不相当的婚姻，这种婚姻利用双方地位的不平等，以便一方更有力地控制另一方；因为事实上，按照纯然的自然法权，这种婚姻与非婚同居没有什么分别，并不是真正的婚姻。——因此如果问题是：当法律说，一个与妻子处于这种关系之中的男子应当是你的主人（他是命令的一方，她是服从的一方），这是否也与夫妻平等本身自相矛盾呢？那么，如果这种控制仅仅以在造就家庭共同体的共同利益方面男人的能力对女方的自然优势以及建立在这上面的命令法权的自然优势为根据的话，这就不能被视为与一对夫妻的自然平等相冲突，因此，这甚至也能从就目的而言的统一和平等的义务中推导出来。

第27节

婚姻契约只有通过**婚内同居**（copula carnalis［肉体的结合］）来**实现**。不同性别的两个人格的契约，如果秘密商定或者放弃肉体关系，或者明知一方或双方没有这种能力，这个契约就是**假冒的契约**，建立不起婚姻；这个契约也可以被双方中的任何一方随意解除。但是，如果无能只是后来出现的，那么，那种法权就不能因为这种无辜的偶然情况而受到损害。

因此，**获得**一个妻子或者丈夫，并不是仅仅 facto［依据事实］（通过同居）而无须先行的契约，也不是 pacto［根据契约］（通过纯然的婚姻契约而无须随之而来的同居），而是仅仅 lege［根据法律］做到的，也就是说，作为出自责任的法权后果进入一种性的结合，仅仅是借助于两个人格的相互占有，这种占有只有通过同样的相互使用其性属性才得以实现。〔280〕

家庭社会的法权之第二款：父母的法权

第28节

正如从人对自己的义务，亦即对人自己人格里面的人性的义务中，产生出两性作为人格以物的方式通过婚姻彼此互相获得的法权（ius personale［人身法权］）一样，从这种关系里面的**生育**中得出了一种意在其**成果**的抚养和照料的义务，也就是说，子女作为人格由此同时拥有一种源始的和与生俱来的（不是继承来的）要求其父母抚养，直至他们能够自己养活自己为止的法权；更确切地说，是通过法律（lege）直接拥有的，也就是说，为此不需要一个特殊的法权行为。

因为既然被生产者是一个**人格**，而且不可能对通过一种物

理的程序生育出一个赋有自由的存在者形成一个概念①：所
〔281〕以，在**实践方面**，这就是一个完全正确的，也是必要的理念，即把生育看成这样一种行为，我们通过这种行为把一个人格未经其同意就置于世界中，而且是专横地把他带到世界上来；对于这种行动，父母现在也背负一个责任：尽其所能使他对自己的这种状态感到满意。——父母不能把自己的孩子仿佛当做自己**制造的产品**（因为这样一个产品不可能是赋有自由的存在者），与自己的私有财产一样予以毁坏，或者让他听天由命，因为在这个孩子身上，被置入一种状态的不仅是一个尘世存在者，而且还是一个世界公民，按照法权概念，他们不能对这个世界公民漠不关心。

① 甚至对于**上帝**如何可能**创造**自由的存在者也不能形成一个概念；因为在这里，看起来自由存在者的一切未来行动都由那第一个行为预先规定，包含在自然必然性的链条中，因而不会是自由的。但是，他们（我们人）毕竟是自由的，这是道德实践意图中的定言命令式证明了的，例如通过理性的绝对命令，但是理性毕竟不能在理论意图中使人理解一种原因与结果的这种关系的可能性，因为两者都是超感性的。——人们在这里惟一能够要求理性的，仅仅是它去证明，在**自由的存在者的创造**这个概念中没有矛盾；而这一点完全可以如此做到，即指出：只有当借助因果性范畴，在与感官对象的关系中不可能避免的**时间条件**（亦即一个结果的根据先行于该结果）同时被越界置入超感性事物彼此间的关系中（如果理论意图中的那个因果概念应当得到客观实在性，这种情况确实必定发生）时，矛盾才会发生，但是，当在道德实践的意图中，因而在非感性的意图中，纯粹范畴（无须一个配给它的图型）被使用到创造概念上时，它——矛盾——就会消失。

哲学的法权教师不会声称，这种直达先验哲学最初要素的探究在一种道德形而上学中是不必要的、迷失于毫无目的的幽暗之中的苦思冥想，如果他考虑到这项有待解决的任务的困难，当然也考虑到在这里满足法权原则的必要性的话。

第29节

从这种义务中，也必然产生父母**监护**和塑造孩子的法权，只要孩子还不能自己运用其肢体，同样不能运用其理智，即除了要养活和照料孩子外，还要教育孩子，既有**实用的**教育，以便他将来能够自己养活自己继续活下去，也有**道德的**教育，因为若不然，其疏于管教的罪责就会落在父母头上，——这就是塑造孩子；这一切一直要到离家（emancipatio）的时候，那时父母才能既放弃下命令的父权，也放弃在费用上对回报他们迄今的照料和操劳的一切要求，对此，而且在完成教育之后，父母能够指望孩子们（对父母）的责任只是纯然的德性义务，即感激。

从孩子的这种人格性也得出：既然孩子绝不能被视为父母的私有财产，但毕竟属于父母的“我的”和“你的”（因为孩子像物品一样处在父母的占有中，可以被父母从任何他人的占有中重新置入自己的占有，哪怕违背孩子的意志），所以，父母的法权不是纯然的物品法权，因此是不可转让的（ius personalissimum［最具人格性的法权］），但却不是一种纯然人身的法权，而是一种采用物的方式的人身法权。 〔282〕

因此，这里显而易见的是，在法权论中除物品法权和人身法权之外还必须再加上一种**采用物的方式**的人身法权的条款，所以迄今那种划分是不完备的，因为如果说到父母对作为家庭一部分的孩子的法权，那么，当孩子逃跑时，父母就不仅可以援引孩子的义务有权把他们领回来，而且还有权可以把他们当做物品（迷失的家畜）强行抓回来和关起来。

家庭社会的法权之第三款：家长的法权
第 30 节

与父母一起组成一个**家庭**的家生孩子，甚至无须任何宣告解除他们迄今的依赖性的契约，仅仅通过达到其自养的能力（这一方面是作为自然的成熟一般而言按照自然的普遍进程，另一方面按照其特殊的自然性状出现的）就成为**成年的**（maiorennes），就是说，成为他们自己的主人（sui iuris），并且不需要特殊的法权行为，因而只是通过法律（lege）就获得这种法权，——他们不为自己的教育欠父母任何东西，就像另一方面父母也以相同的方式摆脱了自己对他们的责任一样，借此双方都获得或者重获了自己的自然的自由，——但是，那个按照法律曾是必不可少的家庭社会，从现在起就解体了。

现在，双方事实上可以维持同一个家庭共同体，但却是以
〔283〕另一种承担义务的形式，亦即家长与帮工（家中的男仆或者女仆）的联结，从而维持同一个家庭社会，但现在是把它作为**家长制的**社会（societas herilis）通过一个契约来维持的，家长通过契约与已经成人的孩子，或者如果一个家庭没有孩子就与（家庭合作社的）另外的自由人组建一个家庭社会，这个社会将会是一个不平等的社会（**下命令者**或者主人和服从者亦即仆人的社会，imperantis et subiecti domestici）。

现在，帮工属于家长的“他的”，确切地说，就形式（**占有状况**）而言像按照一种物品法权一样；因为如果帮工逃跑了，家长就可以通过单方面的任性把他置于自己的强制力之下。不过就质料而言，亦即就他可以怎样**使用**他的这个家庭成员而言，他绝不能表现为这个成员的所有者（dominus servi），因为后者只是通过契约才被置于他的强制力之下，但是，通过

一个契约，一方为了另一方的利益而放弃其全部自由，从而不再是一个人格，因此也没有遵守一个契约的义务，而是仅仅承认了强制力，这个契约就是自相矛盾的，亦即无效的（在此不说对因为犯罪而丧失其人格性的人的财产法权）。

所以，家长与帮工的这种契约不可能具有这样的性状，即对帮工的**使用**会是一种**滥用**，但对此的判断不仅应归于家长，而且也应归于仆人（因此仆人绝不能是农奴）；因此，这种契约的签订不能终生有效，而是充其量只能在不确定的时间内有效，在这个时间内，一方可以对另一方宣布解除关系。但是，孩子（甚至一个由于犯罪而成为奴隶的人的孩子）在任何时候都是自由的。每个人都是生而自由的，因为他还没有犯法，而且直至他成年的教育费用也不能作为一个他必须偿还的债务算到他头上。因为奴隶如果有能力就也必须教育其孩子，不能与孩子结算这方面的费用；所以，奴隶的占有者在奴隶没有这种能力的时候便要替奴隶承担责任。

※　　※　　※ 〔284〕

因此这里也与前两款一样，可以看出有一个采用物的方式的人身法权（对帮工的支配法权），因为人们可以把他们要回来，并且作为外在的“他的”从任何占有者那里索回他们，甚至在可以审查使他们能够这样做的理由和他们的法权之前。

一切可以从契约中获得的法权的独断划分

第 31 节

关于一种形而上学的法权论，可以要求它先天地就完备而又确定地列举出划分的各个环节（divisio logica［逻辑的划分］），并这样来建立一个真正的划分**体系**；相反，一切**经验性的划分**都纯然是**残缺不全的**（partitio［分配］），而且不能确定是否还有更多的环节是为解释被划分的概念的全部范围所需要的。——人们可以把按照一个先天原则进行的划分（与经验性的划分相对立）称做**独断的**。

任何契约就自身而言，亦即**客观上**来看，都是由两个法权行为组成的：承诺和接受承诺；通过后者的获得（如果它不是一种要求交付的 pactum re initum［以物立的约］的话）不是契约的一个**部分**，而是契约的一个法权上的必然**后果**。——但**主观上**来看，就是说，作为对那种在理性看来必然的后果（它**应当**就是**获得**）是否也将真的**发生**（是**有形的**后果）这一问题的回答，对此我通过接受承诺还不能**保证**。所以这种接受，作为外在地属于契约之模态的，即属于通过契约的获得之**确定性**的，是达到契约之意图亦即获得的手段之完备性的一个补充部分。——为了这个目的而出现了三个人格：**承诺者、接受者和担保者**；通过担保者及其与承诺者的特殊契约，接受者虽然就客体而言并不多获得任何东西，但却获得了得到"他的"之强制手段。

〔285〕 按照逻辑的（理性的）划分的这些原理，现在真正说来只有三种简单的和**纯粹的**契约方式，但是那些混合的和经验性的契约方式还给按照纯然的理性法则的"我的"和"你的"之原则添加了一些章程性的和约定的原则，它们有无数种，但它们处于形而上学的法权论的范围之外，在此应当描画的只是形而上学的法权论。

也就是说，一切契约：一、要么以**单方面的**获得（行善契约）为目的；二、要么以**交互性的**获得（承责契约）为目的；三、要么根本不以任何获得，而是仅仅以**"他的"**之**安全**为目的（这种契约一方面可能是行善的，但另一方面毕竟也可能同时是使人承责的）。

一、**行善契约**（pactum gratuitum［无偿契约］）。

1. **保管**被托管的财物（depositum［寄存物］）。

2. **出借**一个物品（commodatum［出借物］）。

3. **捐赠**（donatio［赠送］）。

二、**承责契约**。

1. **转让契约**（permutatio late sic dicta［广义的交换］）。

a. **交换**（permutatio stricte sic dicta［狭义的交换］）。

以货易货。

b. **买与卖**（emtiomai venditio［买卖］），以钱易货。

c. **借贷**（mutuum），转让一个物品，以重新获得同类①物品为条件（例如，借粮还粮，借钱还钱）。

2. **出让契约**（locatio conductio［出租、承包］）。

a. **出让我的物品**给另一个人供其使用（locatio rei［出租物品］），如果该物品可以拿同类的物品偿还，那么，这种出让作为承责契约也可能和生息相结合（pactum usurarium［有息契约］）。

b. **薪酬契约**（locatio operae［出租劳动］），就是

① 毋宁说同种［这里的“类”译自拉丁文的 species，其词根为动词 specio，即“看”，因而 species 更多的是抽象概念意义上的“类”；而“种”译自拉丁文的 genus，其词根为动词 geno 或者 gigno，即“生”，因而 genus 更多的是同源同宗意义上的“种”。——译者注］。阿亨瓦尔在第 219 节中是对的。与此相反，同类归还是在第 210 节的贷款那里。整个“独断划分”取材自阿亨瓦尔，体系自身是康德的所有物。——科学院版编者注

说，准许另一个人以一定的价格（merces［薪酬］）使用我的力量。根据这种契约的工人就是雇工（mercennarius［雇来的仆人］）。

c. **委托契约**（mandatum［委托］），代替他人和以他人的**名义**经营，经营如果仅仅是代替他人，而不同时以他人（被代理人）的名义进行，它就是**无委托的经营**（gestio negotii［业务的执行］）。但如果它是以他人的名义进行

〔286〕 的，就叫**委托**，在此，委托作为出让契约就是一个承责契约（mandatum onerosum［承责的委托］）。

三、**担保契约**（cautio［担保］）。

1. **抵押**和**担保**在一起（pignus［典当］）。
2. 为他人的承诺**担保**（fideiussio［诚信担保］）。
3. **人身担保**（praestatio obsidis［人质担保］）。

在将“他的”转让（translatio）给一个他人的所有方式的这个表中，有这种转让的客体或者工具的概念，这些概念看来完全是经验性的，甚至就可能性来看在一种**形而上学的**法权论中真正说来并没有位置，在这种法权论中必须按照先天原则进行划分，因此必须撇开交往的质料（它可能是约定的）而只考虑其形式，出现在**买**与**卖**的条款中，与其他所有可转让的物品亦即**商品**不同的**货币**概念就是这类概念，或者一本**书**的概念。——然而这却表明：在人与物品交往的所有手段中最重要和最适用的手段的概念，被称为**买**和**卖**（交易），同样地还有一本书的概念，作为最重要的思想交流的手段，却能够转化到纯粹的理智关系中去，这样就不会由于经验性的混杂而使纯粹契约表变得不纯粹了。

一、什么是货币?

货币是一种只有通过**转让**才可能**使用**的物品。这是对货币的一个很好的**名词解释**（根据阿亨瓦尔①），因为它足以把任性的这种对象与其他一切对象区别开来。然而，它并没有向我们说明这样一种物品是何以可能的。但人们毕竟看出：**首先**，这种在流通中的转让并不是以捐赠，而是以（通过一个承责契约）**交互**获得为目的的；**其次**，由于货币是一个（在一个民族中）人人喜欢的纯然交易手段，就自身而言没有任何价值，是与一种作为商品的物品（亦即具有这样一种价值，并且与这个 〔287〕 民族中的这个或者那个人的特殊需要相关的东西）相对立而被思维的，所以，货币便**代表**一切商品。

一桶粮食作为满足人们需要的手段具有极大的直接价值。人们可以用它饲养牲畜，牲畜有助于我们的营养，有助于我们的运动，可以代替我们工作，因此在这种情况下也就是凭借粮食来增加和维持人口。人不仅能够一再生产出那些自然产品，而且还可以通过人工产品来满足我们的一切需要：有助于建造

① 第207节：pecuniae usum praecipuum et ordinarium consistere in alienando [货币最主要的和正规的使用在于转让]。当然，这并不是要作为定义；毋宁说，这样一个定义是在第205节给出的：Et res ista, cuius definita quaedam quantitas physica sumitur pro mensura pretii obiectorum quorumvis aestimandorum, pecunia vocatur [一物，其某种具体的物理性质被用做任何要估价的对象的价值尺度，被称为货币]。但是，早在讲课时，康德就已经使前一个句子成为一个定义：Pecunia est res, cuius usus ordinarius consistit in alienando [货币就是其正规的使用在于转让的事物]。——科学院版编者注

我们的房屋、制衣、满足特别的享受以及工业财富所构成的一切舒适。与此相反，货币的价值只是间接的。人们甚至不能享受它，或者把它当做这样一个东西直接用于某种目的；但是，它毕竟是所有物品中具有最大适用性的手段。

在这上面就可以暂时建立起货币的**实际定义**：货币是**人们彼此交换其努力的普遍手段**，这样，国民财富就其是借助货币获得的而言，真正说来不过是努力的总和而已，人们以努力相互酬报，而努力则由在民众中间流通的货币来代表。

因此，那种应当叫做货币的物品，为了生产它，或者把它也交到他人手中，本身也要花费如此之多的努力，以至于这种努力与（自然产品或者人工产品中的）商品被获得所必须借助的、前者与之交换的那种**努力**是相等的。因为，如果叫做货币的那种材料作为商品更容易搞到，那么，投放市场的货币就会比有待出售的商品还多，而且由于购买者必须比更快速地获得货币的购买者要花费更多的努力于他的商品上，于是，用在制造商品上的努力以及一般的制造业就会随着以公共财富为结果的经营努力一起同时下降和削减。——因此，纸币和汇票不能被看做货币，尽管它们在一段时间里可以代替货币，因为制作它们几乎根本不用花费劳动，它们的价值仅仅建立在今后继续迄今已成功地将它们兑换为**商品**这种做法的见解之上，而一旦
〔288〕意外地发现并不存在大批足以方便稳妥地流通的商品，这种兑换就将突然消失，并使得停止支付成为不可避免的。——于是，在秘鲁和新墨西哥开采金矿和银矿的人，尤其在寻找矿脉时付出的努力往往是徒劳的，尝试往往是失败的，他们的获利努力可能要比在欧洲用于制造商品的努力更大，而且由于这种努力得不到酬报，从而自行减弱，如果不是欧洲人的努力正好受到这些原料的刺激，同时成正比地扩大，以便通过向他们提供奢侈商品来使他们开矿的兴致始终保持活跃的话，那些国家

就会很快陷于贫困。这样，就总是有努力与努力相互竞争。

但是，起初曾是商品的东西，最后却变成了货币，这是怎么可能的呢？如果一种物质的一个强大的、有权势的消费者，起初只是把它用做自己的（宫廷）仆人的装饰而使其耀眼生辉（例如金、银、铜，或者是一种漂亮的贝壳，即货贝，或者像在刚果是一种席垫，被称为**里库塔**，或者像在塞内加尔是铁棒，在几内亚海岸甚至是黑奴），也就是说，如果一国之主要求他的臣民以这种材料（作为商品）纳税，并且以同样的东西按照他们中间以及与他们（在市场上或者在交易所中）进行交换的一般规定，而酬报在置办这些东西时被鼓动起努力的臣民的。——惟有这样，（在我看来）一种商品才能成为臣民彼此之间交换努力，因而也是交换国家财富的一个合法手段，即**货币**。

因此，货币的经验性概念所隶属的理智概念是关于这样一个物品的概念，该物品在占有的流通（permutatio publica [公共的流通]）中来理解，规定着其他一切事物（商品）的**价格**，其中甚至包括科学，只要科学不是被无偿地教授给他人，所以，货币在一个民族中的集量构成了该民族的财富（opulentia）。因为价格（pretium）就是对一个物品与作为相互交换**努力**（流通）的普遍代表性手段的东西之成比例的集量相关的**价值**（valor）所作的公共判断。——因此，在大量贸易交往的地方，无论是**金**还是铜都不被视为真正的货币，而是仅仅 〔289〕
被视为商品，因为金子太少，而铜却太多，不能方便地进入流通，尽管如此却仍然被铸成如此小块，用以在极小的买卖中置换商品或者一批商品所必需。所以，**银**（或多或少掺入铜）在世界上的大量贸易交往中被当做货币真正的材料，而且当做计算所有价格的尺度；其余金属（因此更多地还有非金属材料）只能出现在一个贸易交往少的民族中。——前两种金属在不仅被确定重量，而且被铸上印记，亦即被打上一个它们应当价值几许的符号时，它们才是法定的货币，亦即**铸币**。

“因此，货币（在**亚当·斯密**看来①）是这样的物体，它的转让是人们和各民族相互之间借以从事贸易交往的手段，同时亦是其努力的尺度。”——这种解释由于仅仅注意承责契约中的相互偿付的形式（而忽视了它们的这种质料），把货币的经验性概念引导到理智的概念，从而引导到“我的”和“你的”一般的交换（commutatio late sic dicta［广义的交换］）中的法权概念，为的是适当地把一种独断的先天划分，从而把法权的形而上学的上述表格表现为一个体系。

二、什么是一本书？

一本书是一部著作（无论是用笔写的还是用打字机打的，篇幅是长还是短，在此都无关紧要），它表现出某人用可见的语言符号向公众发表的演说。——以自己的名义向公众**讲话**的人叫**著作者**（autor）。通过一部著作以另一个人（作者）的名义公开说话的人，就是**出版者**。出版者如果是经作者的许可这样做的，那就是合法的出版者。不过，他如果未经许可就这么做，那就是非法的出版者，即**翻印者**。原著（样书）的所有复制品的总和就是版次。

① 在这里，也只是康德才给予作者的一般思想以定义的形式。斯密只是说（《国富论》，第Ⅰ卷，第Ⅳ章）：“货币……成为一切文明国商业上的通用媒介。通过这媒介，一切货物都能进行买卖，都能相互交换”，而另一方面（第Ⅴ章）教导说，能够据以衡量和比较一切时代和一切地方的一切货物之价值的最终的和真实的（据另一处地方：普遍的）尺度就是劳动；在康德所表述的定义中“努力”这个词保持着对此的记忆。——科学院版编者注

书籍的翻印被依法禁止[①]

著作不是对一个**概念**的直接描述（例如，一幅铜版画作为**肖像**，或者一尊石膏塑像作为半身像表现一个特定的人），而是对公众的一个**演说**，就是说，著作者通过出版者公开**讲话**。——但后者，亦即**出版者**（通过他的技师，即 operarius［工人］、印刷者）讲话，却不是以他自己的名义（因为若不然，他就会假冒为作者），而是以著作者的名义，所以他只有通过著作者授予他的**全权**（mandatum［委托］）才有权力这么做。——现在，翻印者通过擅自出版，虽然也以著作者的名义讲话，但却没有为此获得著作者的授权（gerit se mandatarium absque mandato［必须授权的东西没有授权而发生］）；因此，他就对作者委托的（所以是惟一合法的）出版者犯下了盗窃后者从其法权的应用中能够并且希望得到的利益的罪行（furtum usus［使用赃物］[②]）；因此，**书籍的翻印被依法禁止**。 〔290〕

一种像书籍的翻印这样第一眼就如此强烈地引人注目的不义，却有合法的表面，其原因在于：书籍一方面是一种有形的人工产品（opus mechanicum［机械的产品］），这种产品是可以仿制的（被合法占有该书一个原件的人仿制），因而在这上面有一种**物品法权**；但**另一方面**，书籍也只是出版者对公众的一个演讲，出版者未经作者委托是不可以公开跟着说的

① 以下参见论文《论书籍翻印的不合法性》，载《柏林月刊》，1785［参见《康德著作全集》，第8卷，83～92页。——译者注］。——科学院版编者注

② 非所有者使用一件仅仅属于所有者的物品的非分要求；例如：典当商穿典当给他的大衣。——科学院版编者注

(praestatio operae［劳动的付出］)。这里就有一种**人身法权**，而如今错误在于把两种法权混为一谈。

※　　※　　※

人身法权和物品法权的混淆在另一个属于出让契约的情况（二，2，a）中，即在**承租**契约（ius incolatus［居住权］）中，还是一个有争议的话题。——亦即问题是：所有者如果把他租给某人的房子（或者他的土地）在出租期满之前卖给另一个人，那么，他有责任在购买合同上附上继续出租的条件吗？或者人们可以说：购买使出租中断（毕竟是在一个由使用来规定的解除契约的时间里）了吗？——在第一种情况下，房子实际上有一种建立在自身之上的**承责**（onus［责任］），有一个在该
〔291〕物品中的法权，它是承租者在这个物品（房子）上获得的；这也是很可能发生的（通过把租赁合同登记在房子上），但这样一来，就不会是纯然的租赁合同了，而且还必须补充一个另外的契约（对此没有多少出租者愿意这么做）。所以，"购买中断出租"①这个命题有效，也就是说，在一个物品中的完全法权（所有权）压倒一切不能与它并存的人身法权；但在这里，承租者依然可以从人身法权的理由提出控诉，因出自撕毁契约的损失而要求得到补偿。

插入章　对任性的一个外在对象的观念性获得

第 32 节

我把不包含时间中的因果性，因而只以纯粹理性的理念为根据的获得称为**观念性的**。它仍然是**真正的**，并非想象出来的

① 不是根据阿亨瓦尔第 217 节。康德的阐述是罗马法对此有效的条款的精确复述。——科学院版编者注

获得，之所以不叫做实在的，只是由于获得的行为不是经验性的，因为主体是从另外一个人那里获得的，这个人或者**尚未**存在（关于那个人，人们只假定他存在的可能性），或者因为这个人刚刚**停止存在**，或者如果他**不再**存在的话。所以，达到这种占有只不过是理性的一个实践理念而已。——这里有三种获得方式：1. 通过**时效**；2. 通过**继承**；3. 通过**不朽的功勋**（meritum immortale），就是说，要求死后有一个好名声。所有这三种方式虽然只有在公共的法权状态中才能有效果，但却不仅基于这种法权状态的建立和专断的法规，而是也先天地存在于自然状态中，确切地说必然在此之前就可以设想，以便此后据此在公民宪政中确立法律（sunt iuris naturae [它们合乎自然法权]）。

一、通过时效的获得

第 33 节

我仅仅通过**长期占有**而获得一个他人的财产（usucapio [根据时效的获得]）；这不是因为我可以合法地**预设**他同意我这样做（per consensum praesumtum [经过同意而预先使用]），也不是因为既然他不反对，我就能假定他放弃了自己的物品（rem derelictam [被放弃的物品]），而是因为，即便有一个真正的、作为所有者对这个物品提出占有要求的人（提出要求者），我毕竟仍然可以仅凭自己长期的占有而**排除**他，无视他迄今的存在，而且根本就像是他在我占有期间仅仅作为一个思想物而存在一样行事，尽管我后来不仅会被告知他的现实性，而且会被告知他的要求的现实性。——人们并不完全正确地把这种获得的方式称为通过**时效**（per praescriptionem）的获得；因为排除只能被视为那种获得的后果，获得必须是先行的。——以这种方式获得的可能性现在就应当予以证明。 〔292〕

谁不把一个外在的物品作为自己的而实施一种持久的**占有行为**（actus possessorius），他就有理由被视为一个（作为占有者）根本就不实存的人；因为只要他没有使自己有权得到一个占有者的头衔，他就不能抱怨自己受到了侵害，而且即便他在事后，在已经有另一个人占有了此物时，宣布自己对此有权，他所说的毕竟也只是，他以前曾经是所有者，而不是他现在仍是所有者，而且这种占有无须一种连续的法权行为而仍然不被打断。——因此，这只能是一个法权的、确切地说是一个连续地保持自己的和有文件证明的占有行为，通过这种行为他在长期不使用时仍然确保这种“他的”。

因为如果假定：对这种占有行为的疏忽不会导致一个他人把一种正当持久的占有（possessio irrefragabilis［不可否认的占有］）建立在他的合法的、清白的占有（possessio bonae fidei［信誉良好的占有］）之上，把处于他的占有之中的物品视为自己获得的，那么，根本就不会有什么获得是最终的（有保障的），而是一切获得都仅仅是暂时的（临时性的），因为历史文件不能把其探究一直追溯到第一个占有者及其获得行为。所以，根据时效的获得（usucapio）所依据的假设不仅作为**猜测**是**合乎法权的**（允许的，iusta），而且作为根据强制性法律的预设（suppositio legalis［法律的预设］）也是法权上的（praesumtio iuris et de iure［法权的和出自法权的假设］），谁疏忽了用文件证明自己的占有行为，谁就丧失了其当下占有者的资
〔293〕格，此时疏忽的时间长短（根本不能也不可以被确定下来）仅仅是为了这种放弃的确定性才被提及。但是，一个迄今不为人知的占有者，如果其占有行为（也可能他是无辜的）被中断了，却总是能够重新获得（要求归还）物品（dominia rerum incerta facere［使得物品的占有不确定］），这与法权实践理性的上述公设相矛盾。

但现在，如果他是一个共同体的成员，亦即在公民状态中，国家就完全能够（代表他）为他保留他的占有，尽管这种占有作为私人占有被中断了，而且现在的占有者既不可以把自己的获得资格一直证明成为最初的获得，也不可以建立在通过时效的获得的资格上。但在自然状态中，后者是合乎法权的，即不是真正地借此获得一个物品，而是即便没有一个法权行为也保持对这个物品的占有，对要求的这样一种摆脱在这种情况下通常也被称为获得。——因此，更早的占有者的丧失时效属于自然法权（est iuris naturae）。

二、继承（Acquisitio haereditatis［遗产的获得］）

第34节

继承是经过双方意志的协调一致，一个将死的人的财产转让（translatio）给还活着的人。——**继承者**的获得（haeredis instituti［继承人的决定］）和**遗赠者**（testatoris）的放弃，亦即“我的”和“你的”的这种交替，是在一个瞬间（articulo mortis［死亡的关节点］）发生的，亦即在后者刚刚停止存在时发生的，因而真正说来不是在经验性意义上的转让（translatio），这种转让以两个前后相继的行为为前提条件，即一方先放弃自己的占有，然后另一方进入占有；相反，这是一种观念性的获得。——由于继承在自然状态中离开遗嘱（dispositio ultimae voluntatis［最后意志的安排］）是无法想象的，而且是一个**继承契约**（pactum successorium），还是**单方面的遗产指定**（testamentum［遗嘱］），取决于一个问题，即“我的”和“你的”的过渡是否并且如何恰好是在主体停止存在的那一瞬间而可能的，所以，通过继承的获得方式如何可能 〔294〕
这一问题，必须独立于其实施（这种实施仅仅发生在一个共同体中）的众多可能形式来探究。

“通过遗产指定而获得是可能的。”——因为遗赠者**卡尤斯**作出承诺，并在他的最后遗愿中对丝毫不了解这承诺的**提修斯**宣布，他的财产在死时应当转交给提修斯，因此，只要他还活着，他就仍然是其财产的惟一所有者。现在，虽然通过纯然单方面的意志没有任何东西能够转交给他人，而是在承诺之上还要求另一方的接受（acceptatio）和一个同时的意志（voluntas simultanea），这意志毕竟在此还不存在；因为只要卡尤斯还活着，提修斯就不能为了由此获得而明确接受：因为卡尤斯只是就他死亡这种情况作出了承诺（否则，财产有一瞬间就是共同的，而这不是遗赠者的意志）。——但是，提修斯毕竟不知不觉地获得了一项作为物品法权的对遗产的特有法权，亦即独一无二地接受它（ius in re iacente［在遗物上的法权］）。因此，这种遗产在所说的那个时间点上就叫做 haereditas iacens［留下的遗产］。现在，既然每个人必然地接受（因为他由此或许有所得，但绝不会有所失），因而也是不知不觉地接受了这样一项法权，而且提修斯在卡尤斯死后就处于这种情况，所以，他就可以通过接受承诺而获得遗产，而遗产在这时也绝不是完全没有主人的（res nullius［无主之物］），而仅仅是**闲置的**（res vacua［闲置之物］），因为惟有他才拥有选择的法权，是要把遗留下来的财产变成他自己的财产，还是不这样做。

所以，遗嘱即便根据纯然的自然法权也是有效的（sunt iuris naturae[①]）；但是，这种主张应当这样来理解：它们能够

① 与此相反，阿亨瓦尔在第240节说：testamenta non esse iuris naturalis［遗嘱不属于自然法权］。——科学院版编者注

而且值得在公民状态中（一旦在某个时候出现了公民状态）被采用和核准。因为只有这种状态（在这种状态中的普遍意志）才在遗产还在接受和拒绝之间摇摆、真正说来不属于任何人的时候保证对它的占有。

三、一个死后好名声的遗产 〔295〕

(Bona fama defuncti［死者的好名声］)

第 35 节

认为死者在死后（因此当他不再存在时）还能够拥有某种东西，这种想法是荒谬的，如果他遗留的是一件物品的话。但是，**好名声**却是一种天生的外在的，尽管是观念性的“我的”或者“你的”，它依附于作为一个人格的主体，关于这个人格的本性，它是随着死亡而完全停止存在，还是永远还作为这样的人格存留下来，我可以而且必须撇开不问，因为我在与其他人的法权关系中仅仅根据其人性来看待每一个人格，因此实际上是把他看做 homo noumenon［作为本体的人］，这样，任何在他死后对他加以恶毒诽谤的试图都永远是令人忧虑的；即便对他的一种有根据的指责完全成立（因而 de mortuis nihil nisi bene［只说死人好话］这一原理是不正确的），因为对一个无法为自己辩护的缺席者散布种种责难，如果这些责难没有极大的确定性，就起码是不够大度的。

人通过其无可指责的一生和结束这种生命的死亡，在他作为 homo phaenomenon［作为现象的人］不再实存时，获得一种（负面的）好名声，作为存留给他的“他的”，而且还活着的人（无论是亲属还是陌生人）有权利也在法权面前为他辩护（因为在死亡时，由于相似的遭遇，那些不实的指责把他们统统置于危险中），我要说他能够获得这样一种法权，这是把自己的命令和禁令也扩展到生命界限之外的先天立法理性的一个特殊的，尽管是无法否认的现象。——如果有人散布会使一个死者在生之时名誉扫地，或者哪怕只是贬低他的一种罪行，那么，任何一个能够证明这种谴责是蓄意捏造和撒谎的人，都可以公开宣布，诽谤死者的人是一个恶意中伤者，因而使他本人名誉扫地；他本来是不可以这样做的，如果不是他有理由预设，死者即使死了也会由此而受伤害，而且即使他不再存在了
〔296〕也要通过那种辩解来补偿他的话。① 他也不可以证明自己有权扮演死者的辩护人的角色；因为每个人都不可避免地自以为拥有这种权限，就好像它不仅属于德性义务（在伦理上看），而是甚至属于一般人性的法权似的，而且为了使死者的朋友和亲属们有权作出这样一种斥责，并不需要特别的，由于死者身上的这样一个污点可能给他们带来的亲身损失。——所以，这样一种观念性的获得以及人死后对还活着的人的一种法权是有根据的，这一点不容辩驳，尽管这种法权的可能性是无法演绎的。

① 但在这里，人们并不是在幻想中推论对一种未来生活的预感和与已故灵魂的不可见的关系，因为这里说的只不过是也在生活中出现在人们中间的纯粹道德的和法权的关系，通过在**逻辑上除去**，亦即**抽掉**一切物理的东西（属于其空间和时间中的实存的东西），人们是作为理知存在者处在这种关系之中的，但并不是说除去了他们的这种本性，而让他们成为精神，在这种状态中他们就感觉到通过中伤者而来的伤害。——百年之后编造我坏话的人，现在就已经在伤害我；因为纯粹的法权关系完全是理智的，在它里面，一切物理条件（时间）都被抽除了，而毁誉者（诽谤者）同样应当受惩罚，就像他在我有生之年做过这事似的；只不过不是通过刑事判决，而只是通过按照报应的法权由公共舆论让他受到他曾加之于他人的同样的名誉损失罢了。——甚至一个作家对死者的**剽窃**，即使并没有玷污死者的名誉，而是仅仅盗窃了他的名誉的一个部分，也仍然有理由被当做对死者的伤害（绑架）而受到制裁。

第三篇

通过一种公共的司法权的判决而来的主观上有条件的获得

第 36 节

如果自然法权只是被理解为非法规的，因而仅仅是先天地可以为每个人的理性认识的法权，那么，不仅诸人格之间在其 〔297〕 彼此的相互交往中生效的正义（iustitia commutativa［交换正义］），而且进行分配的正义（iustitia distributiva［分配正义］），都将同样属于自然法权，正如根据其法则，可以先天地认识到，分配正义必须作出自己的判决（sententia）一样。

主管正义的道德人格就是**法庭**（forum），在它履行职责的状态中就是**审判**（iudicium）：这一切都仅仅是先天地按照法权的条件来设想的，而不考虑这样一种宪政实际上应当如何建立并组织起来（法规、因而经验性的原则属于此列）。

所以，这里的问题并非仅仅是：什么是**就自身而言正当的**，亦即，每个人对此应当如何独自作出判断？而是：什么是在法庭面前正当的，也就是说，什么是根据法权的？在此有**四种**情况：其中两个两个的判断其结果是不同的而且是对立的，但仍然可以彼此并存：因为它们是从两个不同的、从两方面看都是真实的视角出发作出的，有两个是根据私人法权，另两个是根据公共法权的理念；——它们是：1. **捐赠契约**（pactum donationis）。2. **借贷契约**（commodatum）。3. **重新获得**（vindicatio）。4. **宣誓**（iuramentum）。

法权教师们有一个**偷换概念**的习惯性毛病（vitium subreptionis)，即把一个法庭为了自己的目的（因此在主观的意图上）有权利，甚至为了对每一个“他的”作出应有的判决和裁定而有责任接受的法权原则，也在客观上视为就自身而言正当的东西；因为前者毕竟与后者有很大的区别。——因此，使人认清并注意这种类属的差异是十分重要的。

一、捐赠契约

第37节

我借以将“我的”、我的物品（或者我的法权）**无偿地**(gratis）转让出去的这个契约（donatio［捐赠］），包含着我
〔298〕这个捐赠者（donans）和一个他人即受赠者（donatarius）根据**私人法权**的一种关系，通过这种关系，“我的”通过后者的接受就过渡到他头上了（donum［捐赠品］）。——但是，不可假定我在这里指的是被迫遵守我的承诺，因此也白白地放弃我的自由，仿佛要抛弃我自己似的（nemo suum iactare praesumitur［无人被假定抛弃他自己］），这倒是有可能按照法权发生在公民状态；因为在这里，应当受赠者可以**强迫**我履行自己的承诺。所以，如果事情出现在法庭上，亦即按照一种公共的法权，那就必须要么假定捐赠者同意这种强制，而这是荒谬的；要么假定法庭在他的判决（宣判）中根本就不在意捐赠者是否想保留放弃承诺的自由，而是着眼于确定的东西，亦即承诺和接受承诺者的接受。所以，正如可以猜测的那样，尽管承诺者已经想到，如果在履约前他还在后悔自己已经作出了承诺，那么，人们就不能使他受这承诺的约束，但法庭却毕竟假定：他本来必须明确地对这一点作出保留，而既然他不曾这样做，就可以被强迫履行这一承诺，而且法庭之所以假定这一原则，乃是因为若不然，就会使它的判决无限困难，或者根本不可能。

二、借贷契约

第 38 节

在我借以允许某人无偿使用我的东西的这种契约（commodatum［借贷］）中，如果这是一件物品，那么，立约双方就会在这一点上达成一致，即这个人要把**同一个**物品重新置于我的控制中，在这里，接受借贷物的人（commodatarius［借贷方］）就不能同时假定，借贷物的所有者（commodans［贷方］）也承担由于他把该物品交给借贷者占有而可能产生的物品或者物品对他有用的性状之可能损失的一切风险（casus）。因为所有者除了同意借贷接受者使用他自己的物品（对该物品与使用不可分割的损坏）之外，也免除了对由于他使之离开自 〔299〕
己的保管而可能产生的一切损失的**担保**，这并不是不言而喻的；相反，对这一点必须订立一个特殊的契约。所以问题只能是：双方，即贷方和借贷方，谁有责任明确地给借贷契约加上承担物品可能遭遇的风险的条件，或者如果没有这样做，人们就会**假定**是谁**同意**为贷方的财产（通过归还该物品或者一个等价物）担保？不是贷方，因为人们不可能假定，他无偿地同意多于对该物品的纯然使用的东西（亦即此外也不能假定他为财产的安全承责），但可能是借贷方，因为他在这时所提供的，并不多于刚好在契约中所包含的。

例如，如果我在倾盆大雨中走进一个人家，并请求借我一件雨衣，但雨衣却也许由于从窗户不小心倒出的染料彻底弄脏了，或者由于我把它放在我所走进的另一户人家而被偷了，那么，对任何人来说，我的下述主张都必定是荒谬的：我只需把雨衣照样归还回去，或者只是通报一下发生了的盗窃事件；或许，鉴于这种损失向所有者表示一下惋惜，还是一种礼貌，因为他从自己的法权出发不能要求任何东西。——如果我在请求这种使用时鉴于物品在我手里万一出事的情况而事先请求也承担这种风险，因为我很穷，无力赔偿损失，那就是完全不同的事情了。没有人会认为后者是多余的和可笑的，除非贷方是一个公认有钱并且乐善好施的人，因为在这种情况下，不假定他会慷慨地免除我在这一事例中的债务，差不多就会是侮辱了。

※　　※　　※

现在，既然对于出自借贷契约的“我的”和“你的”，如果（就像这种契约的本性所带有的那样）对物品会遭遇的可能变故（casus 风险）没有约定任何东西，因而由于那种同意仅仅是假定的，这个契约是一个不确定的契约（pactum incer-
〔300〕tum），那么对此的判断，亦即谁必须承受那种不幸的裁决，不可能从契约本身的条件出发作出，而是只能像它**仅仅面对一个法庭**那样作出，这个法庭永远只关注那个契约中确定无疑的东西（在这里就是对作为财产的物品的占有），所以，在**自然状态**中的，亦即根据物品的内在性状的判断就将是：因一件被借出的物品出了事故而产生的损失由**借入方**承担（casum sentit commodatarius［借贷者承担损失］）；反之，在**公民状态**中，因而面对一个法庭，判决的结果将是这样：损失由**借出方**承担（casum sentit dominus［物主承担损失］），确切地说它因如下理由而与纯然健康理性的判决不同，即一个公共的法官不可能考虑关于这一方或者那一方可能想到的东西的假定，而是不曾要求通过一个特殊的附加契约来避开在借贷物品上的所有损失的一方，必须自己承担这些损失。——所以，在纠正法权判断的时候，像法庭必须作出的那种判断和每个人的私人理性独自就有资格作出的判断之间的区别，是一个绝对不可忽视的问题。

三、重新获得（追回）所失去的（vindicatio［索回］）

第 39 节

一件物品本就是我的，它在持续存在时就还是我的，尽管我并不处在对它的持续持有中，而且即便没有一个法权行为（derelictionis vel alienationis［放弃或者转让］），它也自行不停地是我的，而我应当有在这个物品中的一项法权（ius reale［物品的法权］），因而反对任何持有者，而不仅是反对一个特定的人格（ius personale［人身法权］），这一点，从以上所说便可明白。但是，如果我**只是没有放弃**这项法权，而物品却处在一个他人的占有中，那么，这项法权是否也必定被**每个他人**看做一个独自持续的所有权，这却是一个问题。

如果一个物品从我手中丢失（res amissa［丢失的物品］），并这样被一个他人**真诚地**（bona fide）当做一个想当然的捡拾之物，或者通过以所有人自居的占有者的正式转让，而回到我手中，尽管这个占有者不是真正的所有人，那么问题就是：既然我不能从一个**非所有人**（a non domino）那里获得一个物品，那么，我是否由于他而被取消了在这个物品中的一切法权，从而只保留反对非法占有者的一项人身法权。——很明显，后者就是这种情况，如果仅仅是按照其内在的授权根据（在自然状态中），而不是根据一个法庭的习惯来评判获得的话。 〔301〕

因为任何可转让的东西都必须能够被某个人获得。然而，获得的合法性却完全基于一个他人所占有的东西过渡到我头上或者被我接受所依据的形式，亦即基于物品的占有者和获得者之间的交换（commutatio）的法权行为的形式，而我不能追问：此人是怎样得到它的，因为这样问就会是冒犯（quilibet praesumitur bonus，donec etc. [任何人都被假定为善的，直到等等])。假定后来发生了这样的情况：那个人并不是所有者，而是一个他人，那么我就不能说，所有者能够径直与我打交道（就像也不能与任何可能是该物品的持有者的他人打交道一样）。因为我并没有窃取他任何东西，而是例如按照法律（titulo emti venditi [买卖的法律条款]）买了一匹在公共市场上正待出售的马，因为从我这方面讲，获得的资格是无可争议的，但我（作为购买者）没有责任去追究他人（出售人）的占有资格，甚至连这样做的权利也没有，因为这种追究会没完没了地持续下去。所以，通过这种正当的有资格的购买，我不是马的纯然**被假定的**所有者，而是其真正的所有者。

但是，出现了不利于此的下列法权根据：一切来自一个并非物品所有者的人（a non domino）的获得，都是毫无意义的。我从一个他人的“他的”引渡到我头上的，不能多于他自己合法地拥有的，而且就获得的形式（modus acquirendi）而言，如果我买的一匹在市场上正待出售的马是被人偷来的，则尽管我是完全合法地行事，但毕竟缺乏获得的资格，因为马不是真正的出售者的“他的”。我尽可以始终是这匹马的**诚实的**所有者（possessor bonae fidei），但我毕竟只是一个**自命的**所有者（dominus putativus [被假定的所有者]），而真正的所有
〔302〕 者具有**重新获得**（rem suam vindicandi [索回他的物品的]）的法权。

如果有人问，（在自然状态中）人们中间按照其彼此交换的正义原则（iustitia commutative [交换正义]），在获得外在物品方面什么是**就自身而言**正当的？那么，人们必定承认：谁想这么做，谁就完全有必要再探究一下，他想获得的物品是不是已经属于一个他人了；就是说，即便他已经仔细考察从另一个人的“他的”中引渡该物品的形式条件（在市场上按部就班

地购买一匹马），他所能获得的充其量仍然只是就一个物品而言的一种**人身法权**（ius ad rem［占有物品的法权］），只要他还不清楚，另一个人（作为卖主）是不是该物品的真正所有人；以至于，如果出现一个人，他能用文件证明他对该物品的先行所有权，那么，对于想当然的新所有者来说，就一无所有了，除了作为诚实的占有者直到这一刻曾经合法地享受他迄今从中得出的好处。——现在，既然在一系列相互导出其法权的自命的所有者中间，不可能找出绝对最初的所有者（原始所有者），所以，以外在物品进行的任何交换都无法保障一种可靠的获得，即便它可以与这种正义（iustitia commutativa［交换正义］）的形式条件充分保持一致。

※　　　※　　　※

在这里，法权的立法理性又伴随着**分配正义**的原理出现，即把占有的合法性当做占有的准绳来接受，不是如其**就自身而言**在与每个人的私人意志的关系中（在自然状态中）被判决那样，而是仅仅如其**面对一个法庭**在一个通过普遍联合起来的意志而产生的状态中（在公民状态中）被判决那样：这样一来，在这种状态中，与获得的那些就自身而言只是说明了人身法权之理由的形式条件的一致，就被公设为足以代替质料性根据（这些质料性根据说明了从一个先行提出要求的所有者的“他的”导出的理由），而一种**就自身而言的**人身法权，**被带到一个法庭面前**，就被视为一种物品法权，例如在公共的、由督察法律维持秩序的市场上有待出售给每个人的马，如果严格遵循买卖的所有规则，成为我的财产（但毕竟真正的所有者依然有因自己更早的、并未丧失的占有而要求是卖方的法权），而我本来的人身法权就转变为物品法权，根据它，无论我在哪里发现“我的”，我都可以把它取回（索回），而不关心卖方如何得到它的方式。 〔303〕

所以，这仅仅是为了在一个法庭前的判决（in favorem iustitiae distributivae［出于对分配正义的赞许］）而发生的，即就一个物品而言的法权不是**如其就自身而言是怎样**（作为一种人身法权），而是如其怎样才能**被最简便、最可靠地判决**（作为物品法权），而被按照一个纯粹先天原则来接受和讨论的。——而此后的各种法规性法则（法令）都建立在这种原则之上，这些法则目的在于确立一种获得方式惟有在其下才应当有法权效力的那些条件，**以使法官**可以**最容易**和**最无疑虑地**判定每个人的“他的”，例如，在“购买使租赁中断”这一命题中，按照契约的本性，亦即就自身而言是一种物品法权的东西（租赁）被视为一种纯然的人身法权，而反过来，如上述情况中，就自身而言仅仅是人身法权的东西被视为一种物品法权；如果问题是：一个公民状态中的法庭，为了在其有关每个人应得的法权的判决中最可靠地行事，应当给它指定哪些原则。

四、通过宣誓而获得保障（Cautio iuratoria［宣誓的保障］）

第 40 节

人们不能给出任何别的、能够在法权上赋予人责任的理由，使人**相信**并承认存在着一些神灵，除非是这样的理由，即为了让他们发誓，并能够被对一个无所不知的、他们在自己的证词虚假的时候不得不郑重地召唤其报复的至上权力的恐惧所迫使，在作证词时真实无妄，在承诺时信守诺言。在这里，人
〔304〕们所考虑的不是这两件事的道德性，而仅仅是它们的一种盲目迷信，这从下面这一点就可以看出，即人们并不指望他们在法权事务上面对法庭**仅仅**作出**郑重的**证词就具有可靠性，虽然诚实的义务在事情取决于只有在人中间才可能的最神圣的东西（取决于人的法权）的场合里对每个人来说是如此清楚，因而是

纯然的童话构成了动因：例如在苏门答腊岛上一个异教民族**雷简人**中的童话，据**马斯登**[①]的见证，他们在自己死去亲人的尸骨旁发誓，尽管他们根本就不相信还会有死后的生命，或者**几内亚黑人**对着他们的偶像，也许是一根鸟羽起誓，他们认为这鸟羽会折断他们的脖子，等等。他们相信，一种看不见的力量，无论是否有理智，都已经在其本性上具有这种魔力，这魔力将通过这种呼唤付诸实施。——这样一种信仰名为宗教，真正说来应当叫做迷信，但却是司法不可缺少的，因为如果不指靠它，**法庭**就不能充分地查明被掩盖的事实并作出判决。所以，一条约束人这样做的法律显而易见只是为了审判的权力而订立的。

但现在的问题是：人们有什么根据认为，某人在法庭上应当有责任把一个他人的誓言当做其陈述之真实性的合法有效的、结束一切争执的证明根据来接受？也就是说，是什么在法权上使我有责任去相信，另一个人（起誓的人）一般说来拥有宗教，以至于让我的法权为他的誓言而冒险？同样反过来问：一般而言我可以被赋予责任去发誓吗？这两者就自身而言都不是正当的。

但与一个法庭相关，因而在公民状态中，如果人们假定，除了誓言就没有任何别的方法在某些情况下探明真相，那么，人们就不得不预设每个人都拥有宗教，以便为了一个**法庭上**的司法程序而把它当做一个应急手段（in casus necessitates［在必要的情况下］）来使用，法庭把这种精神强制（tortura spiritualis［精神上的折磨］）看做揭示秘密的一个更为便利的、更适合于人的迷信癖好的手段，并认为自己有权利使用这种手段。——但是，立法权赋予司法权这种权限，在根本上是行事

① 马来各民族，特别是苏门答腊的语言的研究者（1754—1836）。——科学院版编者注

〔305〕 不当：因为即便在公民状态中，强制起誓也是有悖不可失去的属人自由的。

就职誓言通常是**承诺性的**，亦即人们有合乎义务地履行职责的真正决心，如果它们被转变成**断定性的**，即职员在一年（或者多年）结束时会有责任为在这期间忠于其职守而起誓，那么，这种誓言就会比那种承诺誓言更能打动人的良知，承诺誓言事后还总是留下内在的借口，人们即使决心坚定，也不曾预见到只是后来在履行职责时才会经历的困难，而且对义务的违背，如果其积累通过留意的人而彰显的话，则由于受谴责而引起的忧虑，也甚于它们一个接一个地受到谴责（此时前面的已经被忘记了）。——至于**信仰**（de credulitate）的起誓，这是根本不能向一个法庭提出的要求。因为首先，这本身包含着一个矛盾：这种意见和知识之间的中间物，人们可能敢用它**打赌**，但绝不可能敢对它**发誓**。其次，法官为了查明某种和他的意图有关、假定甚至是公共福利的东西，而无理要求当事人作出信仰誓言，就严重违背了起誓者的认真，这一方面是由于这种誓言诱导人轻率行事，由此法官就使他自己的意图破灭，另一方面是由于一个人必定会感到良心受谴责，因为他今天从某种立场出发来看会认为一件事是很可能的，但明天从另一种立场出发来看会认为这件事完全不可能，因而就伤害了他逼迫作出这样一种誓言的人。

一般而言从自然状态中的“我的”和“你的”向法权状态中的“我的”和“你的”的过渡

第 41 节

法权状态是人们相互之间的一种关系，这种关系包含着一
〔306〕 些条件，惟有在这些条件下，每个人才能分享他自己的法权，

而这种状态的可能性的形式原则，按照一个普遍立法的意志的理念，就是公共的正义，它可以要么与根据法律占有对象（作为任性的质料）的可能性相关，要么与其现实性相关，要么与其必然性相关而被划分为**保护的正义**（iustitia tutatrix）、**交换的正义**（iustitia commutativa）和**分配的正义**（iustitia distributiva）。——法律在这里**首先**只是说明，什么样的行为内在地在形式上就是**正确的**（lex iusti［正当的法则］）；**其次**，什么作为质料还外在地是能够合法的，亦即其占有状况是有法权的（lex iuridica［判决的法则］）；**再次**，什么以及在一个法庭上关于什么的判决在已有法律下的一个特殊案例中是**正当的**（lex iustitiae［正义的法则］），在这里，人们也把那个法庭本身称为一个国家的**正义**，而且可以把是否存在这样一种正义当做所有法权事务中最重要的事务来探询。

非法权状态，亦即其中没有分配正义的状态，叫做自然状态（status naturalis）。与它相对立的，不是可以叫做一种**人为**状态（status artificialis）的**社会**状态（如阿亨瓦尔所认为①），而是处于一种分配正义之下的社会的**公民**状态（status civilis）；因为即便在自然状态中也可能存在合乎法权的社会（例如婚姻社会、父权制社会、一般而言的家庭社会，以及其他随便什么更多的社会），对它们来说，并不适用一种“你应当进入这种状态”的先天法则，就像对于法权状态完全可以说，所有彼此（哪怕不情愿地）能够发生法权关系的人都应当

① 在讲课时也有对阿亨瓦尔把自然法权划分为自然的法权（亦即私人法权）和社会的法权（《自然法权》第1卷和第2卷的开篇）的这种批判（参见上文242页$_{12\sim19}$）。不过，康德在讲课时还是表面上赞同阿亨瓦尔，因为他把婚姻法权和家庭法权当做社会法权的第一章来讲授，然后继之以国家法权和国际法权。——科学院版编者注

进入这种状态那样。

人们可以把第一种状态和第二种状态称为**私人法权**的状态，而把最后一种，即第三种状态称为公共法权的状态。这种公共法权所包含的人的义务并不多于或者不同于在前一种状态中所能想到的；私人法权的质料在两种状态中是同一种质料。所以，后一种状态的法律只涉及其共处的法权形式（宪政），就这形式而言，这些法律必不可免地被设想为公共的。

甚至**公民的联合**（unio civilis）也不能被称做一个**社会**；
〔307〕因为在**统治者**（imperans）和**臣民**（subditus）之间没有合作关系；他们不是伙伴，而是彼此**隶属的**，不是**并列的**，而彼此并列的人，必须因此而相互视为平等的，只要他们是处在共同的法律之下的。所以，那种联合与其说**是**一个社会，倒不如说它在**造成**一个社会。

第 42 节

现在，由自然状态中的私人法权产生出公共法权的公设：你在和所有他人无法避免的彼此共存的关系中，应当从自然状态走出而进入一种法权状态，亦即一种具有分配正义的状态。——其理由可以分析地从在外在关系上与暴力（violentia）相对立的**法权**概念出发来阐明。

任何人都没有责任放弃对他人的占有的干预，除非他人也同样给予他保证，将对他恪守同样的节制。所以，他不可以一直等待，直到他也许通过一种惨痛的经验而得知他人相反的意向；因为应当赋予他责任的东西，首先就是吃一堑长一智，此时他就能在自己身上充分地察觉一般而言人们都有支配他人的偏好（当他们感到自己在力量和计谋上超过他人时，就不重视他人法权的优势），而不必等着现实的敌意；他有权对本性上已经以此威胁着他的人施加强制（quilibet praesumitur malus，donec securitatem dederit oppositi [无论是谁，只要他给敌人提供了安全，就被假定为邪恶的]）。

鉴于要在这种外部无法的自由状态中生活并且维持下去的决心，如果他们相互之间彼此攻击，他们也根本没有**互行**不法；因为适用于一个人的，也交互地适用于另一个人，就像是达成了协议似的（uti partes de iure suo disponunt，ita ius est [他们越是让人分享自己的法权，那就越是法权]）；但在根本上，他们愿意生活并维持在一个状态中，这个状态不是法权状态，在这种状态中任何人都无法面对暴行来确保“他的”，这 〔308〕
却是在最高程度上行不法。①

① 仅仅在形式上不法的事和在内容上也不法的事之间的这种区别，在法权论中有各种各样的使用。敌人在一个被包围的要塞被攻陷时并不老老实实地实施其投降，而是在其撤离要塞时还毁坏它，或者除此之外还撕毁这个条约，则如果他的对手有时也同样地捉弄他的话，他就不能抱怨不正当了。但是，他们一般而言都在最高程度上行为不法，因为他们剥夺了法权概念本身的任何效力，似乎是合法地把一切都交给野蛮的暴力，这样就颠覆了一般而言的人的法权。

第二卷

公共法权

〔311〕 ## 第一章　国家法权

第43节

为产生一个法权状态而需要公之于众的那些法律的总和，就叫做**公共法权**。——所以，公共法权是对于一个民族亦即一群人而言，或者对于一群民族而言的一个法律体系，这些民族处在彼此之间的交互影响之中，为了分享正当的东西而需要在一个把他们联合起来的意志之下的法权状态，需要一种**宪政**（constitutio）。——单个的人在民族中彼此相关的这种状态，就叫做**公民状态**（status civilis），而这些人的整体与其自己的成员相关，就叫做**国家**（civitas），国家由于其形式，作为通过所有人生活在法权状态之中这一共同利益联合起来的，被称为共同体（res publica latius sic dicta［广义的国家］），但与其他民族相关就干脆叫做一种**权力**（potentia），因而就有 **Potentaten**［**当权者**］这个词，这种共同体也由于（自以为）世代相传的联合而自称为种族（gens），这样在公共法权这一普遍概念下使人不仅想到国家法权，而且还想到**国际法权**（ius gentium）；由于大地不是一个无边无际的，而是一个自我封闭的表面，在这种情况下公共法权势必把二者引向一种**多民族的国家法权**（ius gentium）或者**世界公民法权**（ius cosmopoliticum）的理念；以至于在这三种可能的法权状态的形式中，只要有一种缺乏通过法律限制外在自由的原则，那么，所有其余两种形式的大厦就必定会被削弱，最终坍塌。

第44节①

〔312〕

使我们得知人的暴力行为的准则及其在一种外在的权威立法出现之前彼此为敌的恶意的，绝不是经验，因而绝不是一个必然造成公共法权强制的事实，而是不管人们被随意设想得多么温顺与守法，毕竟先天地存在于这样一种（非法权的）状态的理性理念中的是：在达到一个公共的法律状态之前，个别的人、民族和国家永远不可能在彼此之间的暴力行为面前是安全的，确切地说，是根据每个人自己的法权做**他觉得正当和好的事**，而在这方面并不受他人意见的左右；因此，如果他不想放弃所有的法权概念，那么，他必须决定的第一件事就是如下原理：人们必须走出每个人都按自己的想法行事的自然状态，并与所有其他人（他不可能避免与他们陷入彼此影响中）联合起来，服从一种公共法律的外在强制，因而进入这样一种状态，在其中每个人都**在法律上**被规定了他应当得到的东西，并通过充足的**权力**（不是他自己的权力，而是一种外部的权力）去分享它，也就是说，他首先应当进入一种公民状态。

① 对于进入公民状态不是出自纯然经验性的根据，而是先天地必然的这个重要的命题，康德在讲课时联系到霍布斯和卢梭。这里也请参见论文《论俗语：这在理论上可能是正确的，但不适用于实践》，第Ⅱ节（特别是结论）[参见《康德著作全集》，第8卷，303～304页。——译者注]，此处虽然没有提到卢梭，但完全预设了卢梭。——科学院版编者注

虽然他的自然状态并不会因为彼此仅仅根据其强制力的纯然尺度相遇就是一个**非正义**（iniustus）的状态；但是，它毕竟是一种无法权的状态（status iustitia vacuus），在这种状态中，一旦法权有争议（ius controversum），就找不到一个有权威的法官作出有法权效力的判决，而现在每一个人都可以用强制力逼迫他人从这种状态进入一个法权状态；因为尽管按照每个人自己的**法权概念**，某种外在的东西可以通过强行占有或者契约来获得，但只要这种获得本身还没有为自己获得一个公共法律的核准，它就毕竟只是**暂时的**，因为它并没有通过任何公共的（分配的）正义来规定，而且没有通过任何实施法权的权力来保障。

如果人们在进入公民状态之前根本不愿意承认任何获得是有法权的，甚至连暂时承认都不愿意，那么，那种公民状态本身就会是不可能的。〔313〕因为在形式上，关于自然状态中的“我的”和“你的”的法律包含着公民状态中的法律所规定的同样的东西，只要这种公民状态是根据纯粹理性概念来思考的；只不过在后一种状态中，将那些获得（按照分配正义）付诸实施的条件才被提供出来。——所以，既然在自然状态中也不曾暂时有过“我的”和“你的”，也就不会有这方面的法权义务，因而也没有从那种状态走出的命令。

第45节

一个国家（civitas）就是一群人在法权法则之下的联合。就这些法则作为先天法则是必然的，亦即从一般外在法权的概念中自行得出的（不是法规性的）而言，它的形式就是一般国家的形式，亦即**理念**中的国家，就像它按照纯粹的法权原则应当是的那样，这些原则充当着每一种成为一个共同体的现实联合（因而在内心深处）的准绳（norma）。

每一个国家都包含着三种**权力**，亦即在三重人格（trias politica［政治三一体］）中普遍地联合起来的意志：立法者人格中的**统治权**（主权）、治理者人格中（按照法律）的**执法权**和审判者人格中（根据法律判定每个人的“他的”）的**司法权**（potestas legislatoria，rectoria et iudiciaria），就像是一个实践理性推理中的三个命题：大前提，包含着那个意志的**法律**；小前提，包含着依法行事的**命令**，亦即使之归摄到那个意志之下的原则；结论，包含着对当下案例中什么是正当的所作的**宣判**（判决）。

第 46 节

立法权只能归于人民的联合意志。因为既然一切法权都应当出自立法权，立法权就必须绝对不能通过其法律对任何人行不义。现在，如果有人对另一个人发号施令，那么，就总是有可能他由此对此人行了不义，但绝不是在此人关于自己所决定的事情上（因为 volenti non fit iniuria［对自愿者不会有不义］）。所以，只有所有人的一致的和联合的意志，就每个人关 〔314〕
于所有人，并且所有人关于每个人决定同样的事情而言，因而只有普遍联合起来的人民意志，才能是立法的。

这样一个社会（societas civilis［公民社会］），亦即一个国家为立法而联合起来的成员们，就叫做**国家公民**（cives），而国家公民法权上的、与其共同体（作为这样的共同体）不可分离的法律属性，首先是合法的**自由**，即除了他表示赞同的法律外，不服从任何别的法律；其次是公民的**平等**，即就自己而言不承认**人民**中有什么上司，而只承认他在法权上有道德能力赋予其责任的人，就像这人也可以赋予他责任一样；第三是公民的**独立**的属性，即不能把自己的生存与维持归功于人民中另一个人的任性，而是归功于其自己作为共同体成员的法权和力量，因而是公民的人格性，即在法权事务中不可为任何人所代理。

只有表决的能力才构成国家公民的资格；但表决的能力却以国家公民在人民中的独立性为前提条件，国家公民不仅要是共同体的一个部分，而且要是它的一个成员，也就是说，在与其他人的共联性中出自自己的任性是共同体的行动着的部分。但是，后一种性质就使得有必要把**积极的**国家公民与**消极的**国家公民区分开来，虽然消极的国家公民这一概念看起来与一般国家公民的解说相矛盾。——下面的例子可能有助于消除这种困难：在一个商人或者在一个手工艺人那里的帮工，家仆（不是为国家服务的人），未成年人（naturaliter vel civiliter［无论是在生理上还是在市民身份上］），所有女人和一般而言每个不能凭借自己的经营，而是不得不受他人雇用（国家的雇用除外）以维持自己的生存（食品和保护）的人，都缺少公民的人格性，其生存仿佛仅仅是依存。——我为自家院子雇的木工；与可以把自己的劳动产品当做商品公开出售的欧洲木匠或者铁匠相比，带着自己的锤子、铁砧和风箱走街串巷，在那里加工铁器的印度铁匠；与
〔315〕学校教师相比的家庭教师；与租户相比的佃农，等等诸如此类，都只是共同体的帮工，因为他们必然要受其他个人的命令或者保护，因而不具有公民的独立性。

尽管如此，这种对他人意志的依附性和不平等绝对没有违背他们**作为**共同构成一国人民的**人**的自由和平等；毋宁说，只有按照自由与平等的条件，这国人民才能成为一个国家，并且

进入一种公民的宪政。但是，在这种宪政中享有表决权，也就是说，是国家公民，而不仅仅是国家帮工，这并不是所有人都有同样的法权获得的资格。因为从他们能够要求被所有他人按照自然的自由与平等的法则把自己当做国家的**消极**部分来对待这一点，得不出也作为**积极的**成员来对待、组织国家本身或者协助引进某些法律的法权，而是仅仅得出：无论他们所赞同的实证法律是什么方式的，它们都必须不违背自由和所有人在人民中与这种自由相适应的平等的自然法则，亦即使自身从消极状态提升到积极状态。

第47节

国家中所有那三种权力都是**身份**，而且作为根本的权力，是为了建立国家（立宪）而从一个一般国家的理念中必然地产生出来的，是**国家身份**。它们包含着一个总的**元首**（按照自由法则来看，他只能是联合起来的人民本身）与作为**臣民**的人民的分散群体的关系，亦即**命令者**（imperans）与**服从者**（subditus）的关系。——人民借以自己把自己构建成一个国家的那种行为，但真正说来只不过是国家的理念，只有按照这种理念才能设想国家的合法性，这就是**源始的契约**，根据这个契约，**人民**中的所有人（omnes et singuli［所有人和每个人］）都放弃自己的外在自由，以便作为一个共同体，亦即被视为国家的人民的诸成员（universi［统统都有的］）而立刻重新接受这种自由，而且人们不能说：国家、国家中的人为了一个目的而牺牲了其一**部分**与生俱来的外在自由，而是说他完全放弃野蛮的、无法的自由，以便在一种法律的依附性中，亦即在一个法权状态中一点不少地重新获得自己一般而言的自由，因为这种依附性产生自他自己的立法意志。 〔316〕

第 48 节

所以，国家中的三种权力，**首先**是作为三个道德人格相互并列（potestates coordinatae），也就是说，为了国家宪政的完备性而一方是另一方的补充（complementum ad sufficientiam）；但**其次**，它们也是相互隶属的（subordinatae），以至于一方不能同时篡夺另一方所执掌的职能，而是有其自己的原则，就是说，虽然是以一个特殊人格的品质，但毕竟是在一个更高人格的意志的条件下来发布命令；**第三**，是通过二者的联合赋予每个臣民其自己的法权的。

就其身份来看，关于这些权力要说的是：**立法者**（legislatoris）在涉及外在的“我的”和“你的”的事情上的意志是**不容非议的**（irreprehensibel），**最高执政者**（summi rectoris）的执行能力是**不可违背的**（irresistibel），最高**法官**的判决（supremi iudicis）是**不可变更的**（inappellabel）。

第 49 节

国家的**摄政者**（rex，princeps）就是应拥有执行权（potestas executoria）的那个（道德的或自然的）人格，是任命官员、给人民制定规则的国家**代理人**，根据这些规则，人民中的每个人都能够按照法律（通过把一个案例归摄到法律之下）获得某种东西或者保持“他的”。作为道德人格来看，他就叫做**内阁**、政府。他对人民和官员及其负责**国家管理**（gubernatio）的侍臣（部长）的**命令**就是规定、**谕令**（不是法律）；因为它们所关涉的是在一种特殊情况下的裁决，而且是作为可变更的而颁布的。一个**政府**如果同时是立法的，它就可以被称做**专制的**，与**慈父般的**政府相反，但慈父般的政府不是被理解为一种**父权制的**政府（regimen paternale），〔317〕这是所有政府中最专制的政府（把公民当做孩子一样对待），而是被理解为**祖国的**政府（regimen civitatis et patriae［国家和祖国的统治］），在这里，国家本身（civitas）虽然把它的臣民仿佛当做一个家庭的成员来对待，但毕竟同时当做公民来对待，也就是说，根据他们自己的独立性的法则，每个人都自己占有自己，不依附任何在他之外或在他之上的他人的绝对意志。

所以，人民的统治者（立法者）不可能同时是**摄政者**，因为后者服从法律，并因此通过法律而对一个**他者**亦即主权者负有义务。前者也可以剥夺后者的权力，罢免他，或者改造他的管理，但不能**惩罚**它（英国的流行说法所指的就只是这一点：国王亦即最高执法权不能行不义）；因为那样的话，这会又是执法权的行为了，按照法律，执法权应当有最高的**强制**能力，但自身却屈服于一种强制，这是自相矛盾的。

最后，无论国家统治者还是执政者都不能进行审判，而是只能任命法官为官员。人民通过其同国人的那些经由自由选举、作为人民的代表、确切地说为每一种行为而特别任命的人来自己审判自己。因为宣判（判决）是公共正义（iustitiae distributivae［分配正义］）通过一个国家管理者（法官或者法庭）针对臣民，亦即一个属于人民的臣民的一个个别行为，因此，并没有被赋予一种判给（分配给）他“他的”的权力。现在，既然人民中的每一个人按照这种关系（与当局的关系）都仅仅是消极的，所以，前两种权力中的任何一种在对每一个人的“他的”有争议时对臣民所作出的决定上都有可能对其行不义，因为并不是人民自己这样做的，而且无论是**有罪**还是**无罪**，也不是人民对其同国人宣判的；现在，法庭必须把法律运用到对诉讼案件中对事实的那种查明上，并且凭借执法权而拥有司法权，使每个人都能享有“他的”。所以，只有**人民**才能通过自己所委派的代表（陪审团）在法
〔318〕庭上对每个人作出审判，尽管只是间接地。——充当法官，亦即使自己有可能行不义并这样陷入被起诉的案件中，也会有失国家元首的尊严（a rege male informato ad regem melius informandum［使缺乏训练的君王成为训练有素的君王］）。

所以，这就是三种不同的权力（potestas legislatoria，executorial，iudiciaria［立法权、执法权、司法权］），国家（civitas）通过这些权力而拥有自决，亦即按照自由法则自己塑造自己和维护自己。——国家的**福祉**就在于它们的联合（salus reipublicae suprema lex est［国家的福祉是最高的法律］）；人们必须不把这理解为国家公民的**安康**及其**幸福**，因为这种联合（例如卢梭也这么主张）在自然状态中或者甚至在一种专制政府之下也许能够有更适意、更如愿的结果；而是把它理解为宪政与法权原则最大一致的状态，理性**通过一个定言命令式**使我们有责任朝着这个状态努力。

从公民联合体的本性出发关于法权作用的总附释

一

最高权力的起源，对于处在它之下的人民来说，在实践意图上是**无法探究的**，也就是说，臣民**不应当**为这种起源而劳神**玄想**，把它当做一种就对它应有的服从而言还值得怀疑的法权（ius controversum［有争议的法权］）。因为既然为了有法权效力地对最高国家权力（summus imperium）作判断，

人民就必须被视为已经在一个普遍立法的意志之下联合起来，所以，人民就只能也只可以按照当下的国家元首（summus imperans）所希望的那样作判断。——无论在起源上是一个臣服于他的现实契约（pactum subiectionis civilis［公民服从的契约］）作为一个事实已经先行，还是权力先行而法律只是随后出现，或者也应当在这种秩序中跟进，这对现在已然处在公民法律之下的人民而言，是完全没有目的的、却使国家濒临危险的玄想；因为现在对后一种起源绞尽脑汁的臣民，如果要反抗目前占统治地位的权威，那么，他就会按照权威的法则，亦即有充分的理由被惩罚、被消灭，或者（作 〔319〕
为被剥夺公民权的，exlex［法权之外的］）被逐出。——一项法律，它是如此神圣的（不可侵犯的），以至于**在实践上**哪怕只是对它产生怀疑，因而有一刻中止了它的效果，就已经是一种犯罪了，这种法律就被这样来表现，就好像它不是来自人，但却必须是来自某个最高的、无可指摘的立法者似的，而这就是"一切权力来自上帝"这个命题的涵义，这个命题表达的不是公民宪政的一个**历史根据**，而是一个作为实践理性原则的理念：应当服从目前现存的立法权，而不管其来源究竟是什么。

于是由此得出如下命题：国家中的统治者对臣民只有法权而没有（强制的）义务。——另外，即便统治者的机构亦即**摄政者**违背法律行事，例如，违背在分配国家负担上的平等法则来征税、征兵等等，臣民虽然可以对这种不公正提出申诉（gravamina），但却不能反抗。

甚至在宪法中也不能包含任何使得国家中的一种权力有可能在最高执政者违宪的情况下反对他，因而限制他的条款。因为应当限制国家权力的人，毕竟必须具有比被限制者更多的，或者至少是相同的权力，而且作为一个命令臣民反抗的合法统率者，他必须也能够**保护**他们，并且在出现任何情况时都作出有法权效力的判断，因而可以公开指挥反抗。但这样一来，最高执政者就不是前者，而是后者了；这是自相矛盾的。在这种情况下，统治者就是通过其大臣同时作为摄政者行事，因而专制地行事，而且，使人民通过其委托人来扮演限制性权力的假象（因为人民真正说来只拥有立法权）并不能如此掩盖专制，使得专制不从大臣所使用的手段中显露出来。由自己（在国会中）的委托人来代表的人民，在其自由和法权的这些保障人身上拥有了一些人，他们强烈地关切自己及其家庭，以及在陆军、海军和国家官员中对他们
〔320〕的依赖于大臣的照管，而且他们（不是对抗政府的僭妄，对抗的公开宣布本来就需要在人民中已经为此准备好了的一致，但这种一致在和平时期是不能允许的）毋宁说时刻准备着把自己巧妙地交到政府手中。——因此，所谓温和的国家宪政，作为国家的内在法权体制，是不合情理的，而且不是属于法权的，只是一个权宜之计，为的不是尽可能多地使人民法权的那些强大的践踏者为所欲为地影响政府，而是为了在允许人民有一种反对的假象下掩饰这种影响。

因此，对于立法的国家首脑来说，人民没有合法的反抗①；因为只有通过服从国家首脑的普遍立法意志，一种法权状态才是可能的；所以，没有暴动（seditio）的法权，更没有叛乱（rebellio）的法权，尤其是对于作为单个人格（君主）的国家首脑，不能借口他滥用权力（tyrannis）而侵犯其人格，甚至侵犯其生命（monarchomachismus sub specie tyrannicidii

① 这里康德的批判也是特别针对阿亨瓦尔（第203～206节）的，他在论文《论俗语：这在理论上可能是正确的，但不适用于实践》中也引用了他。——科学院版编者注

[借口杀死暴君的君主制])。这方面的极轻微的尝试即是**谋反罪**（proditio eminens［显著的叛逆］)。而且这种方式的叛逆者，作为一个企图**颠覆**自己**祖国**的人（parricida［叛国者］)，起码可以被处以死刑。——人民有义务容忍对最高权力的滥用，即便这种滥用被伪称是无法容忍的也要容忍它，其根据在于：人民对最高立法本身的反抗，永远必须被设想为违法的，甚至被设想为摧毁整个合法的宪政的。因为为了有权反抗，就必须现成有一部公共的法律来允许人民反抗，也就是说，最高立法本身已经包含着一个规定，即它不是最高的立法，而且使作为臣民的人民在同一个判断中成为臣民之上的、人民臣服的统治者；这是自相矛盾的，而且这种矛盾通过下面的问题马上就引起人们的注意：在人民和统治者之间的这种冲突中，究竟谁应当是法官（因为从法权上看，他们毕竟始终是两个不同的道德人格)；这表明的是，人民要在其自己的事情上是法官。①

① 由于**废黜**一个君主毕竟也可以被设想为自愿被免去王冠并借助于把权力归还给人民而放弃权力，或者也可以被设想为一种对最高人格没有任何侵犯，由此将其置于一种私人状态的退位，所以，逼迫这最高人格的人民，其罪行毕竟还至少有**紧急法权**（casus necessitatis）为自己的借口，但是绝没有任何法权因为他亦即首脑从前的执政而惩罚他；因为他从前以一个首脑的身份所做的一切，必须被视为外在地合乎法权的，而且由于他是法律的来源，他自己不可能行不义。在通过叛乱而颠覆国家的所有惨闻中，甚至**谋杀**君主也还不是最糟糕的事情，因为人们还可以想象，谋杀之所以发生，是因为人民**害怕**：如果君主继续活着，他可能东山再起，而且使人民感到自己应受惩罚，因此谋杀不可能是对惩罚正义的使用，而仅仅是对自我保存的使用。正式的**处死**使满怀人权观念的灵魂感到毛骨悚然。每当人们想起这种惊人的事件，例如查理一世和路易十六的命运，

〔321〕 因此，（不完善的）国家宪政的变革有时也许是必要的，但

人们就反复地感到这种毛骨悚然。但是，人们如何为自己解释这种感觉呢？在此，这感觉不是审美的（一种同情、置身于受难者地位的想象力的作用），而是道德的，是所有法权概念被完全颠倒的感觉。它被看做一种永恒存在且绝不可能被根除的罪行（crimen immortale，inexpiabile），看起来与神学家们称为无论在今生还是在来世都不能得到宽恕的罪的那种罪行相似。对人们心灵中这种现象的解释看起来是出自关于自身的以下那些使人们明了国家法权原理的反思。

对法律的任何一种违背都只能且必须这样来解释，即违背来源于罪犯的一个准则（使这样一种罪行成为自己的规则）；因为如果人们从感性动机中引申出这种违背，那么，它就会不是作为一个**自由**存在者的罪犯所犯下的，而且不能被归责于他；但是，主体如何可能采取这样一条有悖立法理性的明确禁令的准则，这却是绝对不能得到解释的；因为只有遵循自然机械作用的事件才能得到解释。于是，罪犯犯下他的罪行，可能要么是根据一个被接受的客观规则（作为普遍有效的）的准则，要么仅仅是作为规则的一个例外（使自己有时不受规则限制）；在**后一种**场合，他**只是**（尽管是蓄意地）**背离**了法律；他可能同时为他自己的违背感到厌恶，而且不是真的不再服从法律，而是只想要回避它；但在**前一种**场合，他却拒绝了法律本身的权威，而他面对自己的理性毕竟不能否认法律的有效性，而且他是把有悖法律而行动当成自己的规则；所以他的准则不是仅仅**以欠缺的方式**（negative［消极地］），而甚至是**以损害的方式**（contrarie［相反地］），或者如人们所说**针锋相对地**、作为矛盾（仿佛是有敌意似的）与法律相对。就我们所能看出，犯下这样一种真正的（完全无益的）恶意的罪行，对人来说是不可能的，但毕竟（尽管是至恶的纯然理念）在一个道德体系中是不可忽视的。所以，在想到一个君王**被他的人民**正式处死时那种毛骨悚然的根据是：**谋杀**只是被看做人民使之成为自己准则的那个规则的**例外**，而**处死**却必须被看做统治者和人民之间关系的那些原则的一种完全**颠倒**（使必须把自己的存在仅仅归功于统治者的立法的人民成为主宰统治者的人），而且暴力行径被这样厚颜无耻地抬高了，并且根据原

这种变革只能由统治者自身通过**改革**来完成，但不能由人民，从而通过**革命**来完成，而且即便革命发生，那种变革所涉及的也只能是**执法权**，而不是立法权。——在一种其性状为人民通过自己（在国会中的）的代表可以合法地对抗执法权及其代表（大臣）的宪政——这种宪政在此情况下叫做有限的宪政——中，仍然不允许人民有任何积极的对抗（任意纠集人民，强迫政府采取某种行动措施，因而甚至是采取执法权的一种行为），而是只允许一种消极的反抗，亦即（在议会中的）**拒绝**：并非总是在执法权借口为国家管理所必需的那些要求上顺从它；毋宁说，如果总是顺从它，那么，这就会是一个确切的信号，即人民已经堕落，其代表可被收买，而政府中的首脑通过其大臣成为专制的，而大臣本人就是人民的背叛者。 〔322〕

此外，一旦革命成功并且建立一种新的宪政，那么，开始并实施这种宪政的不合法性就不能使臣民免除作为好公民顺应事物新秩序的责任。而且臣民们不能拒绝真诚地服从现在掌权的当局。被废黜的君主（经历了那种颠覆而存活下来的君主）不能因为他从前的执政而受苛求，但更不能被惩罚， 〔323〕

理抬高到最神圣的法权之上；这就像一个不容回头地吞噬一切的深渊，作为一个由国家对人民实施的自我谋杀，看起来就是一种不能赎买的罪行。所以，人们可以认为原因在于：对这样的处死的赞同实际上不是出自一个想当然的法权原则，而是出自对也许有一天东山再起的国家对人民进行报复的恐惧，而且采取那种正式的处死，也只是为了赋予那种行为以惩处的色彩，因而赋予一种**司法程序**的色彩（这样的程序就不会是谋杀了），但这样的掩饰是不成功的，因为人民的这种僭越还是甚至比谋杀更可恶，在此这种僭越包含着一个原理，这个原理甚至必然会使得重建一个被颠覆的国家成为不可能的。

如果他重新回归到一个国家公民的状态，宁愿自己和国家和平，而不愿意冒着舍弃公民身份的风险，去作为一个谋求王位者而经受复辟的探险历程的话，无论这是借助秘密策划的反革命，还是依靠其他强权的支持。但是，如果他喜欢后一种情况的话，那么，他这么做的法权并没有被剥夺，因为逼他退位的叛乱是非法的。可是，其他强权是否拥有法权为了这个失败的首脑而结合为一个国家联盟，仅仅为了使人民犯下的罪行不至于不受制裁，甚至把这罪行当做所有国家的耻辱，因而是否有权、有资格借助暴力使一种在任何别的国家**通过革命**完成的宪政退回到其旧的宪政，这属于国际法权。

二

统治者可以被看做（土地的）最高所有者吗？或者，他必须仅仅被看做就人民而言通过法律的最高管辖者吗？由于土地是最高的条件，只有在这条件下才可能把外在的事物当做“他的”来拥有，对它的可能的占有和使用构成首要的可获得的法权，所以，从作为邦君，更准确地说作为最高所有者（dominus territorii）的统治者那里，将必定派生出所有这样的法权。人民作为臣民的集合，也隶属于统治者（人民是他的人民），但他不是所有者（按照物的法权），而是最高的管辖者（根据人的法权）。——但是，这种最高的所有，仅仅是一个公民联合体的理念，为的是表现人民中一切人的私有财产在一个公共普遍的占有者之下必然联合成为对特殊财产的规定，这种联合所根据的不是**聚集**的原理（这种聚集以经验性的方式从部分进
〔324〕展到整体），而是按照法权概念进行**划分**（土地的分配）的必然形式原则。按照法权概念，最高所有者不能对某一块土地拥

有私有权（因为若不然，他就使自己成了私人），这种私有权只属于人民（而且不是在集体的意义上，而是在分配的意义上说的）；不过，一个被统治的游牧民族可以是例外，在他们中间就根本不存在土地的私有。——所以，最高的管辖者不能拥有供私人使用（宫廷的供养）的**领地**，即地产。因为既然在这种情况下，他的地产应当扩大到什么程度，就全凭他自己的喜好，所以，国家就会面临这样的危险，即发现一切土地所有权都落入政府手中，并把一切臣民看做**臣服于土地的**（glebae adscripti［依附于土地的］），他们所占有的往往只是另一个人的财产，所以被剥夺了一切自由（servi［奴隶］）。——关于一个邦君人们可以说：**他不占有任何东西**（作为自己的东西），除了他自己；因为如果他与一个他人一起在国家中拥有某种东西作为自己的，那么，与这个他人就可能发生一种任何法官都无法分解的冲突。但人们也可以说：**他占有一切东西**，因为他有对人民发号施令的法权（让每个人分得“他的”），一切外在的事物（分别地）都属于人民。

由此得出：国家中也不能有任何团体、任何等级和教团，能够作为所有者而把土地为了独家使用（无止境地）传给以后的世代。在任何时候，国家都能够取缔它们，只不过条件是对存活者给予补偿。**骑士团**（作为团体，或者哪怕仅仅是个别的，尤其是有荣誉的人的阶层）、被称为教会的那种**教界**的教团，绝不能通过他们由以受惠的这些特权而获得对土地的一种可以传给后世的所有权，而只能获得对土地的暂时使用权。如果公共舆论出于资金上的考虑，不再通过军功来保护国家以防止在捍卫国家方面的冷漠，或者不再通过弥撒、祈祷和大量指定的牧师来敦促国家里的人们以使他们免受永火之苦，那么，一方面是骑士团辖区，另一方面是教会财产，都可以毫不犹豫地（当然是在前述的条件下）予以取缔。在此卷入改革的人们

〔325〕不能抱怨说他们的财产被剥夺了，因为他们迄今为止占有的根据仅仅在于**人民的舆论**，而且只要这种舆论继续存在，他们的占有就必定有效。但是，一旦这种舆论消失，更确切地说，哪怕只是在由于其功勋而最有资格领导人民的人们的判断中消失了，那种想当然的所有权就必然会终止，就好像这是通过人民向国家提出的一个申诉而发生的似的（a rege male informato ad regem melius informandum［使缺乏训练的君王成为训练有素的君王］）。

最高的管辖者，作为最高的所有者（邦君），其对土地的私人所有制**课税**的法权，亦即要求缴纳土地税、货物税、关税或者劳役（这样的劳役就是服兵役的士兵的地位）的法权，就是建立在这种原初获得的基本所有权之上的；然而这样一来，就是人民自己给自己课税，因为这是在此按照法权法则行事的惟一方式，如果它是通过人民的代表团体来作出的话，哪怕是作为在国家陷入其分崩离析的危险时被迫根据至高法权来（与迄今所形成的法律相背离地）借贷，也是允许的。

建立在这上面的还有国有经济、财政金融和警察的法权，后者所关照的是公共的**安全、舒适**和**体面**（因为体面的情感［sensus decori］作为否定性的趣味，并没有由于乞讨、马路噪音、恶臭、公开的淫欲［venus volgivaga］伤害了道德感而变得麻木不仁，这就减轻了政府在通过法律引导人民方面的工作）。

为了维持国家，还需要第三种法权，亦即**监督**的法权（ius inspecctionis），也就是说，任何能够对社会的公共福利（publicum）产生影响的社团，都不能（由国家的顿悟派或者宗教的顿悟派）向国家隐瞒，而是只要为警察所要求，就不能拒绝公开其章程。但是，搜查每个人的私人住宅的法权，仅仅是警察的一种紧急举措，为此警察必须在每一种特殊情况下通过一个更高的权威机关来授权。

三

最高的管辖者**间接地**，亦即作为人民义务的承担者，应拥有为维持它（人民）自己而向它征收捐税的权利，在这里就是：**贫民院、育婴堂**和**教堂**，通常被称为温馨基金或者慈善基金。〔326〕

也就是说，普遍的人民意志联合成为一个应当不断维持下去的社会，并且为了这一目的而服从内部的国家权力，以便维持社会的那些不能自己维持自己的成员，因此，为了国家的缘故，政府有权强迫富人提供维持那些在最必要的自然需求上不能自己维持自己的人的资金；因为他们的生存同时既是置于保护之下的行为，也是共同体为了他们的存在而必需的预先绸缪，为此，国家如今把自己的法权建立于其上的富人们就使自己有责任为保存他们的同国公民而作出他们自己的贡献。现在，这可以通过向国家公民的私有财产或者其贸易往来征税，或者通过建立基金会及其利息来实现；不是为了国家需要（因为国家是富裕的），而是为了人民的需要，但不只是通过**自愿的**奉献（因为这里说的仅仅是国家对人民的法权），其中有一些奉献是追求赢利的（例如博彩会造成比通常更多的穷人，并且是对公共财富来说危险的穷人，因而是不应当允许的），而是强制性的，是国家捐税。现在的问题是：对穷人的供养是应当通过**当前的**奉献，让每一个时代养活它自己的穷人，还是应当通过逐渐积攒起来的**储备**和一般而言的慈善基金（这类基金就是寡妇救济院、养老院以及诸如此类的设施）来完成，更确切地说，不是通过近乎抢劫的乞讨，而是通过依照法律的定额来完成那件事呢？——前一种规定必须被看成是惟一合乎国家法权的规定，国家不能抛弃任何一个要活下去的人；因为即便这些基金随着穷人的增加而增加，也不会（像应由慈善基金做到的那样）使贫穷成为懒汉谋生的手段，因而也不会是政府加给人民的不公平负担。

说到那些出自贫困或者羞耻而被遗弃，或者很可能因此而被杀害的儿童的抚养，国家有权给人民强加一种义务，不要故意地让国力的这种增长，尽管是不受欢迎的增长丧失。但是，〔327〕这一点是可以通过向那些毕竟对此负有责任的单身男女（这指的是**富有的**单身）征税，凭借为此建立的孤儿院来进行，还是可以有理由以其他方式进行（但很难会有防止那种事情的其他手段），迄今为止还是一项其解决尚未能既不违背法律又不违反道德而完成的任务。

既然就连必须与作为内在意向完全处在公民权力的作用范围之外的宗教仔细区别开来的**教会**（作为人民公共**侍奉上帝**的机构，侍奉上帝的发祥地也是人民，无论是意见还是信念）也成为一种真正的国家需要，即把自己看做一种至高无上的**不可见**权力的臣民，臣民们必须崇奉这种权力，而且它可能经常与公民权力陷入一种力量非常悬殊的冲突，所以，国家就有法权，绝对不是内部的制宪立法法权，即根据自己的意思，如他觉得有利的那样建立教会，给人民规定或者命令信仰和礼拜仪式（ritus，因为这种法权必须完全留给人民自己给自己选择的教师和首领），而只是**消极的**法权，即防止那些公共教师对**可见的**政治共同体产生可能对公共的安宁有害的影响，从而在有内部冲突或者不同的教会彼此之间有冲突时使公民的和睦不陷入危险之中，因此这是一种警察法权。至于一个教会必须有某种信仰以及有什么样的信仰，或者它必须一如既往地保持其信仰，并且不可以自己对自己进行改革，这些都是当局的权力有失身份的干预；因为当局的权力在这种作为学院口角的事情上让自己与自己的臣民平起平坐了（君主使自己成了教士），而臣民则完全可能对它说，它在这方面一窍不通，尤其是就后者，即禁止内部的改革而言；——因为全体人民对自己不能作出决定的事情，立法者也不能对人民作出决定。但现在，没有哪个国家的人民能够作出决定，在自己有关信仰的洞识（启蒙）上永远不再前进，因而也在教会方面永不改革；因为这会有悖于人民自己人格中的人性，从而有悖于人民的最高法权。所以，即便是当局的权力，也不能对人民作出决定。——但是，说到维持教会的费用，出于同 〔328〕
样的理由，这些费用也不能由国家来负担，而是必须由人民的那个皈依一种或者另一种信仰的部分，亦即只能由信众来承担。

四

国家中最高的管辖者的法权也涉及：1. **职位**的分配，这些职位是与薪水相结合的业务管理；2. **尊荣**的分配，这些尊荣作为无须金钱而对地位的提高，也就是说，作为就地位低的人（他们虽然是自由的，并且只受公共法律的约束，但预先注定应当服从地位高的人）而言给地位高的（注定下命令的）人授予等级，仅仅以荣誉为基础。——3. 除了这种（尊重的和善意的）法权外，还涉及**惩罚的法权**。

就公民职位而言，这里出现的问题是：统治者有权凭着自己的喜好又褫夺他已经授予一个人的职位（即便此人这方面没有任何罪过）吗？我的回答是：不！因为人民的联合意志对其公民官员永不作出决定的事情，国家首脑也不能对这个意志作出决定。现在，人民（人民应当承担雇用一个官员对它产生的费用）毫无疑问希望这位官员完全胜任他那委托给他的工作；但是，这只能通过对这项工作历经足够时间的不断准备和学习才能实现，为此他耽误了本来他可以用来学习另外一种谋生工作的时间；因此，职位一般会被交给没有获得为此所必需的技能和通过训练达到的成熟判断力的人，这是有悖于国家的意图的，为了这个意图甚至要求每个人都必须能够从较低的职位升迁到较高的职位（否则较高的职位就会全然落入不合适的人手中），因而也必须能够指望生计的供养。

说到**尊荣**，不仅一个职位本身可能带有的尊荣，而且还有使占有者甚至无须特殊的服务就成为一个较高阶层的成员的尊荣，就是**贵族**，贵族与人民所处的公民阶层有别，遗传给男性
〔329〕后裔，也可以通过这些男性后代遗传给非贵族出身的女性后代，只不过贵族出身的女性不能反过来把这种等级传递给她们的丈夫，而是使自己回到纯然公民的（人民的）阶层。——现在的问题是：统治者是否有权在他和其他国家公民之间建立一个贵族阶层，作为一个**可继承的**中间阶层？在这个问题上关键并不在于：把一个虽然自身是臣民，但就人民而言却天生是管辖者的人（起码是有特权的人）的阶层提高到人民之上，鉴于统治者和人民的利益，这是否符合统治者的智慧？而仅仅在于：这是否符合人民的法权？——对这个问题的回答，在这里与前面一样，乃是出自如下原则："人民（臣民的整个集合）不能对自己及其同伴作出决定的事情，统治者也不能对人民作出决定"。现在，一种**世袭的**贵族就是一个先行于功德，甚至使人毫无理由对功德抱有希望的等级，因此是一个没有任何现实性的思想物。因为即便一个祖先有功德，他也毕竟不能把这种功德遗传给他的后代，相反后代永远必须自己为自己挣得功德，因为大自然并没有如此刻意安排，以至于使得有可能为国家建功立业的才能和意志也可以**遗传**。

由于不能假定任何人将抛弃自己的自由，所以普遍的人民意志不可能赞同这样一种毫无根据的特权，因而统治者也不能使之生效。——然而，虽然这样一种不正常现象曾经在一个古代政府（几乎完全具有战争性质的采邑制）的机制中蔓延，一些臣民想不仅仅是国家公民，亦即想是天生的官员（例如一个世袭教授），但国家却只能通过停止和不分配位置来逐渐地重新修正他自己犯下的违法授予世袭优先权这一错误，这样国家就暂时有权在名义上延续这种尊荣，直到甚至在公共舆论中，统治者、贵族和人民的划分让位于统治者和人民的惟一自然的划分为止。

在国家中不可能有一个人没有任何尊荣，因为他起码有国家公民的尊荣；除非他由于自己的**犯罪**丧失了它，因为在这种情况下，他虽然维持着生命，但却成了一个他者（或者是国〔330〕家、或者是另外一个国家公民）的任性的纯然工具。谁是这后一种情况（但他只有通过判决和法权才能是这种情况），就是一个**农奴**（servus in sensu stricto［严格意义上的奴隶］），成为一个他者的财产（dominium），因而这个他者不仅是他的主人（herus），而且是他的**所有者**（dominus），可以把他当做物件来转让和随意（只要不是为了卑鄙下流的目的）使用，并且支配他的劳动力，尽管不能随意支配（处置）他的生命和肢体。没有人能够通过一个契约使自己受制于这样一种依附关系，这样一来他就不再是人格了；因为只有作为人格他才可以订立契约。于是，虽然看起来一个人能够通过一个承租契约（locatio conductio）使自己对一个他者负有某些在质上被许可，但在程度上**未被规定的**（对于工资、膳食或者劳保来说）服务的义务，而且他由此只是成为仆从（subjectus），而不是成为奴隶（servus）；然而，这毕竟只是一个错误的假象。因为如果他的主人有权随意使用其仆从的力量的话，那么，他也可以把这仆从的力气榨干（就像甘蔗种植岛上黑人的情况那样），直到其死亡或者绝望，而且仆从确实已经把自己当做财产交给他的主人了；而这是不可能的。——所以，他只能在质上和程度上按照确定的劳动出让自己：要么作为按天计酬的临时工，要么作为定居的仆从；在后一种情况下，他部分地为了不拿按天计酬的工资而使用其主人的土地，而在同一块土地上提供劳役，部分地为了自己对该土地的使用而按照一个租赁合同缴纳一定赋税（租金），而不使自己沦为**庄园的仆从**（glebae adscriptus），那样的话他就会失去自己的人格性，从而他就能建立一种定期佃权或者世袭佃权。但现在，他尽可以由于自己的犯罪而成为一个**人格上的**仆从，但这种仆从性毕竟是不能**遗传**给他的，因为他只是通过他自己的过错而招致这种仆从性的，而对一个奴隶所生育的人，同样不能因为他造成的教育费用而向他提出要求，因为教育是父母的一项绝对的自然义务，而如果父母是农奴，那么，教育就是主人绝对的自然义务了，主人由于占有他的仆从，也就承担着他们的义务。

〔331〕

五、惩罚的法权和赦免的法权

1

惩罚的法权是管辖者对付卑下者的法权，让后者因自己的罪行而遭受一种痛苦。因此，国家中的至高者不能受惩罚，而是只能摆脱他的统治。——对公共法律的违背使得作出这种违背的人不能再是国家公民，这种违背就叫做不折不扣的犯罪（crimen），但也叫公共犯罪（crimen publicum）；因此，前者（私人犯罪）被交给民事法庭，后者则被交给刑事法庭。——**侵吞**，亦即贪污被托付用来交易的金钱或者货物，买卖中在他人的眼皮底下诈骗，这就是私人犯罪。与此相反，制造假币或者伪造汇票、偷盗或者抢劫等等诸如此类的事情就是公共犯罪，因为是共同体，而不仅是个别的人由此受到了伤害。——它们可以被划分为卑鄙性情的犯罪（indolis abiectae）和暴力性情的犯罪（indolis violentae）。

司法的惩罚（poena forensis）有别于**自然的惩罚**，恶习就是通过自然惩罚自己的，立法者根本不予考虑，司法的惩罚永远不能仅仅作为促进另一种善的手段而为了罪犯本人或者为了公民社会来实行的，而是在任何时候都必须仅仅是因为罪犯**犯了罪**而施加于他的；因为人绝不能仅仅作为手段被用于一个他者的意图，被混同于物的法权的对象，他与生俱来的人格性保护他免受这种待遇，尽管他完全可能被判决失去公民人格。在人们还想到从这种惩罚中为他本人或者他的同国公民得出一些好处之前，他必须被认定是应受惩罚的。刑法是一条定言命令，凡是爬行通过幸福学说的羊肠小道，为的是寻找通过其所许诺的好处使自己免于惩罚，或者哪怕是免除一种程度的惩罚的人，按照法利赛人的格言，即“一个人的死胜过全体人民的堕落”，他就要倒霉了！因为如果 〔332〕 正义消失了，人活在尘世上就不再有任何价值了。——因此，对于如下的建议，即如果一个死刑犯同意在他自己身上进行一项危险的试验，而且试验如此幸运地成功了，以至于医生由此获得了一种新的、对共同体有益的教训，那就保存他的生命，人们应该怎样看待呢？一个法庭会轻蔑地拒绝提出这种建议的医学院；因为如果正义为某种价格出卖自己，那正义就不再是正义了。

但是，是哪种方式的惩罚和什么程度的惩罚使得正义成为原则和准绳呢？不是别的，就是平等的原则，即（在正义的天平上指针的状态中）不偏不倚。所以：你使人民中的一个他者遭受什么无辜的灾祸，你就把它加给了你自己。你辱骂他，就是在辱骂你自己；你偷窃他的东西，就是在偷你自己；你打他，就是在打你自己；你杀死他，就是在杀你自己。只有**报复法权**（ius talionis［罪罚相等的法权］），但听好了，是在法庭面前（而不是在你的私人判断中）的报复法权，才能明确地规定惩罚的质和量；其他一切法权都是摇摆不定的，而且由于其他种种干预性的考虑，不能与纯粹的和严格的正义之判决相符合。——于是，虽然看起来阶层的区别不允许以怨报怨的原则；但是，尽管这不是按照条文可能的，但它毕竟在结果上，或者更准确地说，在更高贵者的感觉方式上可能总是有效的。——例如，由于口头侮辱而罚款与侮辱完全没有关系，因为有钱人也许可能为了取乐而出口侮辱人；但是，对一个人的求名欲的侮辱毕竟能够与对另一个人的高傲的伤害匹敌：如果通过判决和法权强迫后者不仅公开地道歉，而且尽管前者的地位更低，或许同时还要吻前者的手的话。同样，如果一个粗暴的高贵者由于打了地位低但却无辜的国家公民而被判罚除了道歉之外，还有孤独且辛苦的禁闭的话，因为这样一来，除了不
〔333〕舒适之外，肇事者的虚荣心也遭受了痛苦的打击，而这样他就通过这种羞耻被以怨报怨了。——但是，“你偷窃他的东西，就是在偷你自己”，这是什么意思呢？无论谁偷了东西，就使得所有其他人的财产都不安全；因此，（根据报复的法权）他就剥夺了自己所有可能的财产的安全；他一无所有，而且他也不可能获得任何东西，但他毕竟想活着；而这惟有别人养活他才是可能的。但是，由于国家是不会白白这样做的，所以他必须把自己的力量出让给国家，从事对国家来说任意的工作（劳改或者监禁劳动），而且在一定时间里或者根据情况甚至永远都沦落到奴隶的境地。——但是，如果他杀了人，他就必须**死**。这里没有任何抵偿物来满足正义。在一种

哪怕如此忧愁的生命和死亡之间没有任何**相似性**，因此也不存在犯罪和报复的相等，只有依法院判决对凶手执行死刑，但不能有任何虐待，虐待会使承受的人格中的人性变得令人憎恶。——即便是公民社会以所有成员的赞同要解体（例如，住在一个岛屿上的人民决定分手并分散到世界各地），也必须先把监狱里的最后一名杀人犯处决掉，以便每个人都亲历他的行为所应得的，并且不使血债铭记在人民心头，人民并不坚决要求这种惩罚：因为人民可以被看做对正义的这种公开侵犯的同谋。

惟有通过法官按照严格的报复法宣判死刑才有可能的惩罚相等，清楚地表现在：只有通过这种方式，对一切罪犯的死刑判决才与罪犯的**内在恶意**成比例地表达出来（即便这涉及的不是一种谋杀，而是另外一种只有用死刑才能清偿的叛国罪）。——假定：就像在最近一次苏格兰的反叛①中，鉴于这次反叛的不同参与者（如**巴尔默里诺**和其他人）相信通过其暴动所做的无非是履行对斯图亚特王室应尽的义务，与此相反其他人则怀着私人的意图，所以由最高法庭作出判决就会是这样：每一个人都应当具有在死亡和劳改之间作出选择的自由；这样我就说：正直的人选择死亡，而无赖选择劳役；这是人类 〔334〕
心灵的本性使然。因为前者知道他甚至比生命还要更重视的某种东西：亦即**名誉**；后者却毕竟总是把一种被耻辱玷污的生命看得比根本不存在更好（animam praeferre pudori［舍荣誉而

① 詹姆斯二世之孙查尔斯·爱德华·斯图亚特复辟苏格兰王位的失败尝试。巴尔默里诺勋爵在不得不为其参与反叛而付出生命代价的人们中间因英勇顽强而出类拔萃，大概就是因此而在这里被特别强调。参见舒伯特在《法权论》的导言中的论述，《著作集》，第Ⅸ卷，ⅩⅢ页。——科学院版编者注

求生①］。——尤维纳利斯)。于是，前者之该受惩罚，毋庸置疑要少于后者，而这样的话，他们由于判处所有人死刑而受到的惩罚就是完全相称的，前者会觉得是轻判，后者会觉得是重判；与此相反，如果统统被判处劳改，那么，前者就会被判罚太重，而后者就其卑鄙无耻而言则会被判罚太轻；这样，即便是在对由密谋纠集起来的一群罪犯的判决中，公共正义面前的最佳清算者也是死刑。——此外，从来没听说一个因谋杀而被判处死刑的人会抱怨，这对他来说太过分，因而不公正；如果他这样说的话，每个人都会嘲笑他的。——否则，人们就必须假定，虽然罪犯按照法律并没有受到不公正的对待，但国家中的立法权却毕竟没有资格判处这种惩罚，而它如果这么做了，就会陷入自相矛盾。

所以，有多少谋杀者实施了谋杀，或者哪怕是指令谋杀，或者是参与谋杀，就必须也有多少谋杀者承受死刑；这是作为遵循普遍的、先天建立的法则的司法权之理念的正义所希望的。——但是，如果参与这样一个行为的共犯（correi）如此之多，以至于国家可能为了不要这样一些罪犯就会导致再也没有任何臣民，而且国家毕竟不想解体，也就是说，它不想过渡到更恶劣的、缺乏任何外在正义的自然状态（尤其是不想通过刑场的喧闹使人民的情感麻木不仁），那么，统治者也必须有权在万不得已的情况下（casus necessitatis）自己充当（扮演）法官并且作出判决，给罪犯以另外的惩罚来代替死刑，使人民

［①《讽刺诗集》，Ⅲ，8，83；这是一句康德喜欢引用的话（《实践理性批判》，《康德全集》，第Ⅴ卷，158～159页；《纯然理性界限内的宗教》，《康德全集》，第Ⅵ卷，49页27［参见《康德著作全集》，第5卷，166页；第6卷，345页。——译者注］）。——科学院版编者注］

群众得以保全，这样的惩罚就是流放；但是，这本身不是遵循一种公共的法律，而是通过一个政令，即通过一个至高法权的行动，这种行动作为赦免只能永远在个别情况下采用。

与此相反，**贝加里亚**伯爵①从一种矫揉造作的人道的同情性多愁善感（compassibilitas）出发，提出他的一切死刑均**不合法**的主张：因为在源始的公民契约中不可能包含有死刑。而如果那样的话，人民中的每个人就都必须同意，一旦他真的杀了（人民中的）一个他人，他就要偿命；但是，这种同意是不可能的，因为没有人能够支配自己的生命。全然是诡辩和对法权的歪曲。 〔335〕

有人遭受惩罚不是因为他想要惩罚，而是因为他想要一种**应受惩罚的行动**；因为如果有人得到了他想要的，那就不是惩罚，而**想要**被惩罚是不可能的。——说我想要在我谋杀了某人时被惩罚，这就等于是说：我与其他所有人一起服从法律，这些法律在人民中有罪犯的时候自然就将成为刑法。我作为制定**刑法**的共同立法者，不可能是作为臣民按照法律受惩罚的同一个人格；因为作为这样一个臣民，亦即作为罪犯，我不可能在立法中有选举权（立法者是神圣的）。所以，如果我起草了一

①《论犯罪与刑罚》，1764。在讲课时，就同一件事引用了贝加里亚，确切地说是与从社会契约的同样前提条件引出相反结论的卢梭相对立。在这里可能引人注目的是，被称为贝加里亚的前提条件的是如下命题："一切法律都必须这样来看待，就好像它们都出自人民的一致意志似的"（参见下文）。然而，贝加里亚可能只是从卢梭前不久（1762）出版的《社会契约论》中接受的这个前提条件。但是，看法大概是，这是两位法哲学家共同的前提条件，就连康德也赞同这二位。至于原初并且主要是卢梭的前提条件，作为已知，不需要特别地予以说明；但是，就连贝加里亚也是从这同一个前提条件出发论证的，却在实际上是值得一提的。——科学院版编者注

部针对作为罪犯的我自己的刑法，那么，在我心中就是纯粹的、法权的和立法的理性（homo noumenon［作为本体的人］）使我自己作为一个有犯罪能力的人，从而作为另一个人格（homo phaenomenon［作为现象的人］）与一个公民联合体中的所有其他人一起去服从刑法。换句话说，不是人民（人民中的每一个人），而是法庭（公共的正义），从而是另一个作为罪犯的人，在操纵着死刑，而在社会契约中根本不包含让人惩罚自己并如此处理自己及其生命的承诺。因为如果惩罚的权限必须以犯罪者的一个**想要**让人惩罚自己的**承诺**为基础，那么，认为自己是可以惩罚的，这一点就也必须听凭于他，而罪犯就会成为他自己的法官。——这个诡辩的错误的要害（πρωτον ψευδος）就在于：人们把罪犯自己的判决（人们必须相信他的**理性**必然作出这种判决），即必须丧失生命，视为**意志**的一个决断，即取消自己的生命，并由此想象法权的实施与法权的判决在同一个人格中结合在一起。

然而，却有两种应得死刑的犯罪，就它们而言，**立法**是否
〔336〕有权限对它们处以死刑，还是有疑问的。诱人犯这两种罪的是荣誉感。一种是**家族的荣誉**，另一种是**战争的荣誉**，确切地说这是真正的荣誉，是这两类人中的每一类都应承担的义务。一种犯罪是母亲**杀婴**（infanticidium maternale）；另一种是**谋杀战友**（commilitionicidium），即决斗。——既然立法不能去除非婚生育的耻辱，同样不能抹去一个下级军官出自贪生怕死之嫌疑的污点，如果他不以自己不怕死的力量来抵制轻蔑的待遇，这种嫌疑就会落到他头上，所以看起来，这些场合中的人是处在自然状态之中的，在这种情况下甚至不必叫做**谋杀**（homicidium dolosum）的**杀人**（homicidium），在这两种场合中固然是应受惩罚的，但却不能由最高权力以死刑来惩罚。非婚来到世界的婴孩是在法律（因为这就叫做婚姻）之外，因而

也是在法律的保护之外降生的。他仿佛是偷偷溜进共同体的（与违禁的商品一样），以至于共同体可以对他的生存（因为公道地讲，他本来就不应该以这种方式生存下来），从而也对他的毁灭置若罔闻，而且一旦母亲的未婚生育败露，那她的羞耻便是任何规定都无法除去的。——被任命为下级军官的军人受到辱骂，他同样发现自己由于他那个阶层的同伴的公共舆论，而被迫设法获得侮辱者的赔罪，而且就像在自然状态中一样获得对侮辱者的惩罚，他这样做不是通过法律诉诸一个法庭，而是通过使他自己也面临生命危险的**决斗**，以便证明自己的战斗勇气，他那个阶层的荣誉在根本上就基于这种勇气，哪怕这样做也是与**杀死**对手结合在一起的，在这种公开并且经过双方同意、但毕竟也是不情愿地发生的战斗中，杀死对手真正说来并不能被称为谋杀。——这样，在上述两种（属于刑事正义的）场合里什么是正当的呢？——在此，惩罚正义完全陷入了窘境：要么通过法律宣布荣誉概念（它在这里并不是妄念）是无效的，并由此以死刑来惩罚，要么免去罪犯应得的死刑，而这样就要么是残暴的，要么是宽纵的。这个死结的解法是：惩罚正义的定言命令（违法杀害他人必须以死刑来惩罚）依然存在，但立法本身（因此也是公民宪政）只要还是野蛮的和不文明的，就对如下情况负有责任，即荣誉的动机在人民中（主观上）不想与（客观上）符合其意图的规章相契合，以至于公共的、从国家出发的正义就出自人民的正义而言成为一种不义。〔337〕

2

对罪犯的**赦免法权**（ius aggratiandi），要么是减轻惩罚，要么是完全减免惩罚，大概是统治者的所有法权中最有漏洞的法权了，本为了显示其威严的光辉，却因此而极大地行了不义。——在**臣民们**彼此之间的犯罪方面，统治者绝对不应当行使赦免权；因为在此免除惩罚（impunitas criminis）是对臣民最大的不公正。所以，只有当**他本人**受伤害（crimen laesae maiestatis）时，他才能使用这种法权。但是，甚至在由于不予惩罚而人民自己在其安全方面可能遇到危险时，也不能使用这种法权。——这种法权是惟一配被称为君王法权的法权。

公民与祖国以及与外国的法权关系

第50节

一片**疆域**（territorium），其居民通过安居，亦即不必实施一个特殊的法权行为（因此仅仅通过出生）就已经是同一个共同体的共同成员，这片疆域就叫做**祖国**；没有上述条件他们就不能居住的疆域则叫做**外国**。而如果外国构成疆域统治本身的一个部分，那它就叫做**行省**（在罗马人使用这个词的意义上），行省由于毕竟不作为同国公民的住处而构成帝国（imperii）的一个联结起来的部分，而是仅仅作为一个**别院**构成帝国的一个**领地**，所以必须把统治国的土地当做**母国**（regio domina［作为女主人的国土］）来崇敬。

〔338〕 1. **臣民**（也被视为公民）有移居国外的法权；因为国家不能把他当做自己的财产来加以阻拦。不过，他只能带走其动产，不能带走不动产，但是，如果他有权变卖他迄今为止占有的土地并且把所得款项随身带走的话，那么后者还是可以的。

2. **国主**拥有庇护外人（殖民者）移居入境和定居的法权，尽管他的子民会对此侧目而视；只要后者在这块土地上的私人财产不被减少。

3. 在臣民犯罪败坏了同国公民为了国家而与他的所有联系的情况下，国主也有把他放逐到国外一个行省的法权，在那里他不享有一个公民的任何法权，也就是说，国主有**流放**的法权。

4. 国主也有一般的驱逐出境的法权（ius exilii），把他遣送到遥远的世界去，也就是说，遣送到一般而言的外国（在古德语中被称为**Elend**［不幸］）；由于国主如今不再给予他任何保护，这就等于是说在国主的疆界内剥夺了他的公民权。

第51节

从一个一般的**共同体**（res publica latius dicta［广义上的国家］）的概念产生的国家中的三种权力，只不过是联合起来的、先天地源自理性的人民意志的三种关系，是关于一个国家首脑的纯粹理念，这个理念具有客观的实践实在性。但是，这个国家首脑（统治者）就其还缺乏一个表现最高的国家权力，并使这个理念获得对人民意志的影响力的自然人格而言，仅仅是一个（表现全体人民的）**思想物**。这样，最高的国家权力和人民意志的关系可以以三种不同的方式来设想：要么是**一个**人在国家中统率一切人；要么是一些彼此平等的人联合起来统率所有其他人；要么**一切**人共同统率每个人，因而也统率自己本身，也就是说，**国家的形式**要么是**独裁制的**，要么是**贵族制的**，要么是**民主制的**。（**君主制的**而不是**独裁制的**，这个表述并不适合人们在此所想说的概念，因为**君主**是拥有**最高**权力的 〔339〕
人，而**独裁者**或者**专制者**则是拥有**一切**权力的人。后者是统治者，前者只是代表统治者而已。）——不难看出，独裁制的国家形式是**最简单的**国家形式，亦即是一个人（国王）与人民的关系，因此这里只有一个人才是立法者。贵族制的国家形式已经是由两种关系**复合**而成的，亦即贵族（作为立法者）相互之间的关系，为的是做统治者，然后是这个统治者与人民的关系；但民主制的国家形式是最复杂的，亦即首先把所有人的意志联合起来，为的是从中形成人民，其次把国家公民的意志联合起来，为的是形成一个共同体，再次为这个共同体任命统治者，他就是这种联合起来的意志本身。[①] 说到国家中法权的**运用**，当然最简单的运用也同时是最好的运用，但就**法权**本身而言却是对人民来说考虑到它极易导致的专制主义而是最危险的运用。简单化虽然在通过强制法律把人民联合起来的机制中是合理的准则，也就是说，如果在人民中所有人都是被动的并且服从一个在他们之上的人的话；但是，这并不提供作为**国家公民**的臣民。至于人民应当借以满足自己的这种空话，亦即君主制（真正说来这里指的是独裁制）是最好的国家宪政，**如果君主好的话**（也就是说，他不仅有意志，而且有这方面的见识），这属于同义反复的智慧格言，它所说的无非是：最好的宪政就是使国家管理者成为最好的执政者的宪政，也就是说，最好的宪政就是最好的宪政。

第52节

探究这种机制的历史证物是徒劳的，也就是说，人们不可能达到公民社会开始的时刻（因为野蛮人并没有设立他们服从法律的任何工具，而且从原始人的天性也可以看出，他们是以暴力开始的）。但是，在或许以暴力方式改变现行宪政的意图
〔340〕中进行这种研究，是应予惩处的。因为这种改变必须通过聚众造反的人民来进行，因而不是通过立法来进行；但是，在一种

① 关于这些形式由于未经准许的掌权者的闯入而发生的失真（**寡头政体**和**暴民政体**），同样地，关于所谓**混合的**国家宪政，我在这里一点也没有提及，因为那会走得太远。

已经现存的宪政中造反，就是对一切公民的法权关系的颠覆，因而是对一切法权的颠覆，也就是说，它不是公民宪政的改变，而是它的解体，而在这种情况下向更好的宪政的过渡就不是形变，而是需要一个新的社会契约的再生，从前的（现今被废除了的）契约对此没有任何影响。——但是，毕竟统治者必须在现行的国家宪政不能与原始契约的理念相一致的情况下有可能修改它，同时却使本质上属于人民构成一个国家的那种形式保持下去。于是，这种改变不可能在于国家把自己从这三种形式的一种建构成另两种形式的一种，例如，贵族们一致同意服从独裁政体，或者愿意融合进一个民主政体，反之亦然；就好像统治者想让人民服从哪种宪法，这基于统治者的自由选择和爱好似的。因为即便他决定改变成为民主政体，他也毕竟可能对人民行不义，因为人民自己可能讨厌这种宪政，而且可能认为其余两种宪政中的一种对自己更为有利。

国家形式只是公民状态中源始立法的**字面**（littera），因此，它们尽可能一直存在下去，只要它们作为属于国家宪政机制的，被古老而悠久的习惯（所以只是主观上）认为是必要的。可是，那种源始契约的**精神**（anima pacti originarii）却包含着制宪权的责任，亦即使**政府性质**适合那个理念，而且即便不能一下子完成，也要把政府性质逐渐地和不断地改变下去，直至它与惟一合法的宪政，亦即一个纯粹的共和国的宪政**在效果上**协调一致，而那些只是用来造成人民**顺从**的古老的和经验性的（法规的）形式融入到源始的（理性的）形式中去，只有这种形式才使得**自由**成为原则，甚至成为一切**强制**的条件，强制是国家本义上的法权宪政所必需的，并且即便在字面上也被最终引导到这种宪政。——这是惟一常驻的国家宪政，在它里 〔341〕
面**法律**是专断的，不依附任何特殊的人格；一切公共法权的最终目的就是这个状态，只有在这种状态中，才能**永久地**给予每个人他自己的东西；然而，只要那些国家形式在字面上应当表现同样多不同的被授予最高权力的道德人格，那么，就只能承认一种**暂时的**内在法权，而不是公民社会的绝对的法权状态。

但是，任何真正的共和国都是并且只能是人民的一个**代议制**系统，为的是以人民的名义，通过所有的国家公民联合起来，借助其议员（代表）来照管国家公民的法权。但是，一旦一个国家首脑在人格上（无论是国王、贵族阶层，还是全体人民、民主制的联合体）也可以被代表，那么，联合起来的人民就不是仅仅**代表**着统治者，而就是统治者本身；因为在它（人民）上面原初就有最高权力，作为纯然的臣民（充其量作为国家官员）的个人的一切法权都必须从这种最高权力中派生出来，而从这时起建立起来的共和国就不再必须放弃对政府的控制，把它重新交给那些从前进行这种控制，而现在可能通过绝对的任性又否定一切新的法规的人。

因此，我们这个时代一个强有力的统治者的判断力的一个重大错误就是：要以如下方式使自己摆脱由于巨大的国家债务而陷入的窘况，即委托人民按照其自己的愿望承担和分摊这种负担；这时人民自然就不仅在向臣民征税方面，而且就政府而言都把立法权掌握在自己手中：亦即阻止政府别通过浪费或者战争造成新的债务，因而君主的统治权就完全消失了（不仅仅被解除了），并且转移给人民，这时每一个臣民的“我的”和“你的”就服从于人民的立法意志。人们也不能说：在这里必须接受国民议会的一个默默的，但却是合乎契约的承诺，即不
〔342〕是为了最高统治权而成立，而仅仅是管理这种最高统治权的工作，但在完成这种工作后，再将摄政的控制交到君主手中；因为这样一种契约就自身而言是空洞的、毫无意义的。共同体中最高立法的法权不是一种可以转让的法权，而是最具人格性的

法权。拥有这种法权的人，只能通过人民的全体意志来支配人民，但不能支配全体意志本身，全体意志是一切公共契约的始基。一个使人民有义务重新归还其权力的契约就不会归于作为立法权的人民所有，但却会使人民承担责任，按照没有人能够伺候两个主人的定理，这是一个矛盾。

第二章 国际法权 〔343〕

第53节

构成一个人民的人们，可以按照生自一个共同的祖先的类比，被设想成同胞（congeniti［一起生长的］），虽然他们并非真的如此，但仍然在理智的和法权的意义上如此，被设想成由一个共同的母亲（共和国）所生，仿佛构成一个家族（gens，natio），其成员（国家公民）是出身相同的，而且并不自甘下贱地与在他们之外愿意生活在自然状态的人混杂，虽然这些人（野蛮人）在自己那方面又由于他们所选择的无法无天的自由而觉得自己更高贵，他们同样构成一个部落，但却不是国家。各国在彼此关系中的法权〔这在德语中被不完全正确地称做**Völkerrecht**，而毋宁说应当叫做 Staatenrecht（ius publicum civitatum）〕是我们必须以国际法权的名义来考察的法权：在国际法权中，一个国家作为一个道德人格，面对另一个处于自然的自由状态，因而也处于不断的战争状态的国家来看，有时以**准备**战争的法权为己任，有时以战争**之中**的法权为己任，有时以彼此强迫结束这种战争状态的法权，因而以确立持久和平的宪政，也就是说以战争**之后**的法权为己任，而且只带有单个的人或者家族（在彼此关系上）的自然状态的法权和各国人民的法权的区别之处，即在国际法权中，不仅在整体上考虑一个国家与别的国家的关系，而且考虑这一个国家的个别人格与别

〔344〕的国家的个别人格的关系，同样也考虑他们与整个他国的关系；但是，与纯然自然状态中的个别人格的法权的这种区别只需要一些很容易从后者的概念中推论出来的规定。

第54节

国际法权的要素是：1. 各国在彼此的外在关系中来看，（和没有法律的野蛮人一样）天生处在一种非法权的状态中；2. 这种状态是一种**战争**状态（更强者的法权的状态），即便不是现实的战争，是持久的现实的结仇（敌对性），这种结仇（由于双方都不想有所改善）虽然没有使任何人被他人待以不义，但毕竟自身是极端不义的，而彼此相邻的国家就结合起来走出这种状态；3. 按照一个源始的社会契约的理念结成的国际联盟必须是虽然彼此不干预其内部纷争，但却保护其不受外部民族侵犯；4. 这种结合毕竟必须不包含最高的权力（像在一种公民宪政中那样），而只包含**合作**（邦联），一种在任何时候都可以宣布解除，从而必须时时更新的结盟，——in subsidium［借助于］另一个源始法权的法权，阻止它们彼此之间陷入现实的战争状态（foedus Amphictyonum［安菲克蒂欧尼同盟］）。

第55节

就自然状态中自由国家彼此之间准备战争的那种源始法权（或许是为了建立一个趋于法权状态的状态）而言，首先产生的问题就是：国家**对他自己的臣民**有什么法权把他们用于对其他国家的战争，利用他们的财产，甚至生命，或者拿它们去冒险，以至于这并不取决于他们自己关于他们是否愿意去参加战争的判断，而是取决于统治者的最高指挥权是否可以把他们送上战场。

这种法权似乎不难阐明；也就是说，出自对待人们想要的“他的”（所有权）的法权。不过，某人在实体上自己**制造**的东西，他对此拥有一种无可争议的所有权。——所以，这里有一个演绎，就像一个纯然的法学家就会作出这种演绎那样。〔345〕

在一个地区有多种多样的**自然产品**，就某一类自然产品的**总量**而言，它们毕竟必须被同时视为国家的人为作品（artefacta），因为如果不存在一个国家和一个有序地进行治理的政府，而是居民们处在自然状态中，那么，这个地区就不会提供这样总量的自然产品。——家鸡（最有用的家禽品种）、绵羊、猪、牛类，以及其他等等，或者由于缺乏饲料，或者因为猛兽袭击，在我生活的地方，如果没有一个政府来保障居民们的营生和占有的话，就要么根本见不到，要么极其罕见。——同样的说法也适用于人口数量，就像在美洲荒漠上一样，甚至即使人们为之付出最大的努力（他们还没有这样做），人口数量也只能很少。居民只会非常稀少，因为没有任何居民能够和他的雇工一起在一块总是处在被人或者野兽和猛兽蹂躏的危险之中的土地上有大的发展；因此，对于像如今在一块土地上生活的这样大的人群来说，就会得不到足够的生活资料。——现在，就像农产品（例如马铃薯）和家畜由于就总量而言都是人的制品，所以可以说人们能够使用、消耗和吃掉（让人杀死）它们一样，似乎关于国家中的最高权力亦即统治者也可以说，他有权带领他的大部分是他的作品的臣民参加战争，就像是去狩猎一样，有权带领他们去参加一场野战，就像是去参加一次娱乐聚会一样。

但是，这种法权根据（它大概也会模糊地浮现在君主们心中）虽然在能够是人的一种**财产**的动物方面当然有效，但却绝对不要被运用到人，尤其是作为国家公民的人身上，国家公民必须始终被视为共同立法的成员（不单单是作为手段，而且也同时作为目的自身），而且因此，公民不仅一般而言对于进行战争，而且对于任何特殊的宣战，都必须借助其代表作出自由
〔346〕的赞同，惟有在这一限制性条件下，国家才能支配他那充满危险的兵役。

所以，我们或许可以从统治者对人民的**义务**引申出这种法权（而不是相反）；在这里，人民必须被视为已经投票，从这种性质上，人民虽然是被动的，但也是主动的，扮演着统治者本身。

第 56 节

在各国的自然状态中，**准备战争的法权**（敌对性）是被许可的方式，通过它，一个国家通过自己的**暴力**遵循自己对另一个国家的法权，也就是说，如果它认为自己受到这个国家的侵害的话，因为在自然状态中，这不可能通过**诉讼**来实现（惟有通过诉讼，法权状态中的纷争才得以调停）。——除了实际的伤害（第一次侵犯，它与第一次敌对有别），它就是**威胁**。属于这方面的，或者是首先着手**备战，先发制人**的法权（ius praeventionis）就以此为基础，或者也只是另外一个国家**可怕地**（通过领土的获得）增长着的力量（potentia tremenda）。这种力量对弱国之所以是一种伤害，只是因为在**强国**无任何**行动**之前的**状态**，而且在自然状态下，这种攻击当然是合法的。所以，在这上面就建立起所有实际相接触的国家的均势法权。

至于提供了一种**准备战争的法权**的**实际伤害**，属于这方面的有为一国人民受到另一国人民的冒犯而自己接受的赔偿，有

不（通过和平途径）在别国那里寻求补偿的**报复**（retorsio），在形式上与此类似的是没有先行宣布中止和平（**宣战**）就爆发战争，因为如果人们一时想找到一种在战争状态中的法权，那就必须假定某种与一个契约类似的东西，也就是说**假定**另一方宣布，双方都想以这种方式寻求自己的法权。

第57节

〔347〕

战争之中的法权正是国际法权中最为困难的法权，难以对之哪怕形成一个概念并且设想这种无法状态中的一条法律（inter arma silent leges［战时法律行不通］①）而不自相矛盾；它必定是这样一种法权：遵循这样一些原理进行战争，遵循它们就总是还有可能从各国（在彼此的外部关系中）的那种自然状态中走出并进入一种法权状态。

各独立国家彼此间的战争不可能是**惩罚战**（bellum punitivum）。因为惩罚仅仅发生在一个上司（imperantis）对下属（subditum）的关系中，这种关系不是国家彼此之间的关系。——但既不是**灭绝战**（bellum internecinum），也不是**奴役战**（bellum subiugatorium），后者会是对一个国家的道德绝灭（该国的人民此时与征服者的人民要么融为一体，要么沦为奴隶）。不是说好像国家达到和平状态的这种紧急手段就自身而言与一个国家的法权相矛盾，而是因为国际法权的理念仅仅带有一种遵循外在自由原则的对抗的概念，为的是维持在其自己的东西上，但不带有一种获得的方式，因为这种方式可能通过一个国家的力量的扩张对别的国家有威胁。

① 西塞罗：《为麦洛辩护》，4，10。——科学院版编者注

所有方式的保卫手段对于一个被攻打的国家都是允许的，只是不允许其使用会使该国的臣民不能是国家公民的手段；因为那样的话，它就会使自己同时不能在国家关系中按照国际法权被视为一个人格（与其他人格分享同样的法权）。这些不允许的手段有：利用它自己的臣民做间谍，利用这些间谍，甚至外国人做刺客、投毒者（属于这一类的，或许还有在埋伏处伏击单个人的所谓狙击手），或者哪怕仅仅利用他们散布谣言；一言以蔽之，利用这样一些阴险的手段，这些手段会摧毁为将来建立一种持久和平所必需的信任。

在战争中允许要求被征服的敌人纳贡，并且征收占领税，
〔348〕但是不允许掠夺人民，亦即强征个别人自己的东西（由于这就会是抢劫，因为不是被征服的人民，而是统治人民的国家**通过人民**进行的战争），而是通过**签发**来对待已出具的票据，以便在接下来的和平中按比例地分摊强加给这个国家或者行省的负担。

第 58 节

战争之后，亦即在缔结和约的时刻并考虑到战争的后果的法权在于：胜利者提出了条件，关于这些条件，通常会为与战败者达成一致并和平结合而订立条约，确切地说不是按照某种借口因敌人的所谓伤害而应得的法权，而是他对这个问题置之不理，依据自己的力量提出这些条件。所以，征服者不能对战争费用的赔偿提出要求，因为那样的话，他就不得不伪称敌人的战争是不义的；而是即便他可能想到了这个证据，他也毕竟不能援引它，因为若不然，他就会把这场战争宣布成一场惩罚战，这样就又会是实施伤害了。与此相关的也有（无须赎金就进行的）俘虏交换，而不考虑人数对等。

被征服的国家或者它的臣民并不因为国土被占领而丧失其国家公民的自由，以致国家会沦为殖民地，臣民会沦为奴隶；因为若不然，它就会是一场惩罚战，而这是自相矛盾的。——**殖民地**或者行省是这样一种人民，它虽然有其自己的宪政、立法和土地，在这土地上属于另外一个**国家**的人仅仅是外人，但这个国家却对那人民拥有最高的**执政**权。这个国家就叫做**母国**。女儿国受母国的统治，但毕竟由自己（通过它自己的议会，充其量由一个总督来领导）来治理（civitas hybrida［混合的城邦］）。这类国家过去有与不同的岛屿相关的雅典，今天有与爱尔兰相关的大不列颠。

更不能从一个民族通过战争被征服而得出**奴隶制度**及其合法性，因为人们为此就不得不假定一场惩罚战。更不用说一种 〔349〕
世袭的奴隶制度，它完全是荒谬的，因为罪责不可能从某人的犯罪来继承。

至于也有大赦与和约结合在一起，这已经包含在条约的概念之中了。

第 59 节

和平的法权是：1. 当邻国发生战争时保持和平的法权，或者**中立**的法权；2. 能够保证已缔结的和约继续有效的法权，亦即**保障**的法权；3. 多个国家相互**结合**（同盟合作），共同保护自己免受一切外部或者内部的某种袭击的法权，这不是一个进攻的和内部扩张的联盟。

第 60 节

一个国家反对一个**不义之敌**的法权是没有界限的（或许虽

然在质上有界限，但在量上，亦即在程度上却没有界限)：也就是说，受害国虽然不可以使用**一切**手段，但毕竟可以在其力所能及的范围内使用就自身而言被许可的手段来维护自己的东西。——可是现在，在国际法权中，正如一般而言在自然状态中一样，每一个国家在其自己的事情上都是法官，那么在它的概念中，什么叫做一个**不义之敌**呢？它是这样一个国家，其公开（无论是在语词上还是在行为上）表达的意志显露出一个准则，如果使该准则成为普遍规则，那么按照它，各民族间的和平状态必定成为不可能的，而自然状态必定被永恒化。对公共契约的破坏就是这一类东西，关于它人们可以预设，它关涉所有民族的事情，他们的自由都由此而受到威胁，而且这就要求他们联合起来反对这种胡作非为，剥夺其这方面的力量；——但这毕竟也不是**为了瓜分其领土**，好像要使一个国家从地球上消失似的；因为这会是对该民族的不义，该民族不可能丧失其把自己结合进一个共同体的源始法权；相反，是让它采用一种新的、在本性上反对战争偏好的宪政。

此外，“自然状态中的一个不义之敌”这一表述是**烦冗的**；
〔350〕因为自然状态本身就是不义的状态。一个正义之敌会是这样的敌人，在我这方面与之作对就是我对之不义；但这样一来，这个敌人也就不会是我的敌人了。

第 61 节

既然各民族以及各个人的自然状态是人们为了进入一个法律状态而应当走出的状态，所以，在这个事件发生之前，各民族的一切法权和各国的一切可以通过战争获得或者保持的外在的“我的”和“你的”就是**暂时的**，而且只能在一个普遍的**国家联合体**（类似于一个民族借以成为国家的那种东西）中成为

永久有效的，成为一个真正的**和平状态**。但是，由于在这样一个多民族国家扩展得太过庞大而越过广阔的疆界时，它的管理，从而还有对每个成员的保护就必然最终成为不可能的事情，但大量这样的合作组织又会导致一种战争状态，所以，**永久和平**（整个国际法权的最终目标）当然是一个无法实现的理念。可是，以此为目标，亦即以达成各国的这样一些结合而用于对永久和平的**不断接近**的政治学原理，却不是不可实现的，而是就像这种接近是一个建立在义务之上，因而也建立在人们和国家的法权之上的任务一样，当然是可以实现的。

人们可以把一些**国家**为了维护和平组成的这样一种**联合体**称为**常设的国家代表大会**，是否参加这个代表大会则由每个相邻的国家自己决定；这类联合体（至少就国际法权以维护和平为目的的形式而言）在本世纪的前半叶还曾在海牙的国际会议上出现；在这次会议上，大多数欧洲王室，甚至连最小的共和国的部长们都已经对一个国家遭到另一个国家攻击提出了控诉，并就这样完全把欧洲设想成一个唯一的联盟国家，他们在自己的那些公开纷争中把这个联盟国家似乎当成法官，与此相反，到后来国际法权只留存在书本中，但却从各个内阁中消失了，或者在已经实施暴力之后被以放逐的形式托付给阴暗的档案馆了。

但在这里，**代表大会**仅仅被理解为不同国家的一个任意 〔351〕
的、在任何时候都**可能解体的**聚会，而不是这样一种（像美利坚合众国那样）建立在一种国家宪政之上，因此不可解体的结合；——惟有通过它，各民族的一种公共的法权，即以民事的方式，仿佛是通过一场诉讼，而不是以野蛮的方式（按照野蛮人的方式），亦即通过战争，来裁决它们的纷争，才能够得到实现。

〔352〕

第三章　世界公民法权

第62节

尘世所有彼此之间能够发生实际关系的各民族的一个**和平的**，尽管还不是友好的、普遍的共联性，这一理性理念绝不是博爱的（伦理的），而是一个**法权**的原则。自然已经把它们全都（由于他们的居住地是球形，作为globus terraqueus［地球］）包围在一定的界限之内；而既然对地球居民能够生活于其上的土地的占有，总是只能被设想为对一个特定整体的一个部分的占有，因而被设想为这些居民的每一个都源始地对它拥有一种法权，所以，一切民族都源始地处于一种土地的共联性（communio）之中，但并不是处于占有，从而使用或者对其所有权的法权共联性之中，而是处在自然可能的**交互作用**（commercium）之中，亦即处于一个人与其他所有人自愿相互**交往**的普遍关系之中，并拥有尝试交往的法权，外人没有权力把他因此当做一个敌人来对待。——这种法权，就它涉及一切民族在其可能交往的某些普遍法律方面可能的联合而言，可以被称为**世界公民法权**（ius cosmopoliticum）。

海洋可能看起来把各民族置于一切共联性之外，尽管如此，海洋却借助航海而恰好是他们进行交往的最有利的自然设施，相互邻近的**海岸**越多（如地中海的海岸），交往就能够越
〔353〕活跃，固然有人造访这些海岸，但更多的是在上面居住，为了把它们与母国联结起来，同时就有了诱因，使得我们这个星球上某个地方的灾祸和暴行在所有地方都被感受到。可是，这种可能的滥用并不能废除一个地球公民的法权，即**试图**与所有人建立共联性，并为了这一目的而**造访**地球的任何地方，虽然这

不是一种在另一个民族的土地上**定居**的法权（ius incolatus），后者要求有一个特殊的契约。

但问题是：一个民族在新发现的国土上是否可以甚至不经一个已经在这样一个地区占有一席之地的民族的同意，就与它比邻而居（accolatus）并占有土地？

如果定居发生在离前者的居住地如此之远的地方，以至于双方没有一方对另一方在使用其土地方面造成损害，那么，这样做的法权是毋庸置疑的；但是，如果这是游牧民族或者狩猎民族（例如霍屯督人、通古斯人和大多数美洲民族），其生计依赖于广阔荒凉的地带，那么，这就不能以暴力，而只能以契约来进行，而且就连契约也不能以利用那些居民在转让这样一些土地方面的无知来进行；尽管辩护的理由表面上很充足，说这样一种暴行会带来世界的福利；部分是通过教化未开化的民族（就像使得甚至毕兴①也要原谅基督宗教在德国的血腥传播的那个借口一样），部分是为了把那些堕落的人从其自己的国土上清理出去，并且希望他们或者他们的后代在另一个地方（例如在新荷兰）变好；因为所有这一切想当然的良好意图毕竟不能洗涮为此所用的手段上的不义污点。——与此相反，如果人们提出异议说：假若对以暴力开始建立一个法律状态心存这样的疑虑，也许整个地球还会处于一个无法律的状态之中，那么，这与国家革命主义者的借口一样不能废除那种法权条件，后者认为，如果宪政堕落了，人民就应当有权以暴力改造它们，在根本上一劳永逸地不义，以便此后更加可靠地建立正义并使之繁荣昌盛。

① 毕兴（Anton Friedrich Büsching，1724—1793），著名的地理学家和博学的人，同时是持自由思想的神学家。——科学院版编者注

〔354〕 ※ ※ ※

结束语

如果某人不能证明一个事物存在，那么，他就尽可以去尝试证明它不存在。如果这二者他都做不到（这是经常出现的情况），那么，他还可以问：他是否**有兴趣**去**假设**（通过一个假说）一方或者另一方，而且虽然这种假设要么是理论方面的，要么是实践方面的，亦即要么只是为了解释某种现象（例如对于天文学家而言，为了解释行星的倒行或者停顿现象），要么是为了达到某种目的，这种目的又要么是实用的（纯然的技艺目的），要么是**道德的**，亦即可能是这样一个目的，设定它的准则本身就是义务。——不言而喻：对那个目的的可实现性的**假设**，是一个纯然理论的、为此还成问题的判断，在此被当成义务的，不是这种假设，因为对此（相信某事）不存在责任；而是按照那个目的的理念去行动，尽管在这里不存在那种目的能够被实现的任何理论上的可能性，但尽管如此，它的不可能性同样不可能得到演证，这种行动就是我们应当为之承担义务的东西。

现在，道德实践理性在我们心中宣布了其不可抗拒的否决：**不应当有任何战争**。不仅在自然状态中的我和你之间，而且在作为虽然内部处于法律状态，但外部（在彼此关系中）却处于自然状态中的国家的我们之间，都不应当有战争；——因为这不是每个人应当寻求其法权的方式。因此问题不再是：永久和平究竟合乎不合乎情理，以及如果我们假设它合乎情理，我们在自己的理论判断中究竟是否在自我欺骗，而是：我们必须这样行动，就好像事情就是——也许不是——致力于建立永久和平和一种看起来最适合于此的结构（也许是一切国家无一例外的共和主义），以便达致和平，结束不可救药的交战，迄今为止所有国家都毫无例外地使自己的内部机构集中在这种交战上。而且即便与这种意图的达成相关的后一点总还是一个虔诚的愿望，但我们毕竟肯定不是凭借假设为此不断努力的准则 〔355〕
而自欺欺人；因为这个准则是义务；但是，假设我们自己心中的道德法则是骗人的，这会产生使人厌恶的愿望：宁可失去一切理性，看着自己按照自己的原理与其他动物种类一起，被抛入一种相同的机械作用之中。

人们可以说：对和平的这种普遍而持久的创建，不只构成了纯然理性界限内的法权论的一个部分，而是它的全部最终目的；因为惟有和平状态才是大量相互比邻的人中间“我的”和“你的”受**法律**保障的状态，因而这些人共同生活在一种宪政中，但宪政的规则却必须不是把迄今为止在这方面感觉最好的人的经验，当做他人的规范而从中得出，而是通过理性先天地从人们在一般公共法律之下的法权结合的理想中得出，因为一切例证（作为例证它们只能说明，但却不能证明任何东西）都有欺骗性，而这样就当然需要一种形而上学，其必要性是那些讥讽形而上学的人毕竟一不小心就要承认的，例如就像他们经常做的那样，如果他们说“最好的宪政就是其中掌权的不是人而是法律的宪政”。因为还有什么比这个理念更能够在形而上学上得到升华呢？这个理念即便按照那些人自己的主张也具有最可靠的、在现有的情况中也很容易得到阐明的客观实在性，而且惟有这个理念，如果它不是按照革命的方式，通过一个飞跃，亦即通过暴力颠覆一个迄今现存的有缺陷的宪政——（因为那样一来，中间就会出现一个摧毁一切法权状态的时刻），而是通过逐渐的改革，按照确定的原理得到试验和贯彻的话，才能在不断的接近中把人引向最高的政治上的善，引向永久和平。

〔356〕

附录

法权论的形而上学初始根据的解释性附释

我写这些解释性的附释，其原因绝大部分源自 1797 年 2 月 18 日《格廷根信息》第 28 期上关于本书的一篇书评①；该评论写得有见识、审读严厉，但同时毕竟也有同感和“希望，即那些初始根据将对科学来说有助益”，我在这里想把它用做评判这个体系的导线，此外也把它用做对这个体系做一些扩充的导线。

※ ※ ※

在法权论导论的一开始，我的审读严厉的评论家就遇到一

① 参见编者导言。未具名的评论家如费希特确定地说（1798 年 1 月 1 日致康德的信，《康德全集》，第Ⅻ卷，［228］230 页）的那样是格廷根教授弗里德里希·波特维克。费希特还翻阅了波特维克的《给其听众使用的学术讲演大纲》(1799)，因为那里重复了对康德的法权论的同一些主要异议。许茨把部分类似的反驳（特别是反对一种采用物的方式的人身法权的概念）告诉了宫廷布道人舒尔茨；康德在 1797 年 7 月 10 日致许茨的信（《康德全集》，第Ⅻ卷，［180］181 页以下［参见《康德书信百封》，225～227 页。——译者注］）中对此作出了回答，这封信多方面与这个附录相似。参见上文提到的雅各布的书评（与此相反，蒂夫特隆克竭尽全力在这一点上为康德辩护）。此外，康德从书评中的引用并不总是逐字逐句的。——当康德说他写这个附录，其原因绝大部分源自《格廷根信息》上的书评时，大概想的是实际上与书评无关的第 8 期。格拉登维茨（《创建者的意志》，载哥尼斯贝格大学《逝世百周年忆康德》论文集）指出了另一种有可能的原因；参见 Th. 齐格勒：《康德研究》，第Ⅻ卷，491 页以下。——科学院版编者注

个定义。——什么叫做**欲求能力**？文章说，欲求就是通过自己的表象而成为这些表象的对象之原因的能力。——与这一解释相对立的是："一旦人们抽去欲求后果的**外部**条件，那么，欲求就成为乌有。——但是，欲求能力就连对唯心论者来说也是某种东西，虽然外部世界对他来说是乌有"。回答是：但不是也有一种热烈的，然而同时却明知是徒然的渴望吗（例如，上帝啊，让那个人还活着吧！）？这种渴望虽然是**没有行为的**，但却不是**没有后果的**，而且虽然对外部事物没有影响，但毕竟在主体自己的内心有强烈的影响（使之生病）。一种欲求作为努力（nisus），凭借着它的表象成为**原因**，尽管主体看出后者不足以达到预期的结果，它也毕竟始终是因果性，起码在主体的内心是这样。——在这里构成误解的是：既然对自己的**一般** 〔357〕能力的意识（在上述情况下）同时就是对自己在外部世界方面的**无能**的意识，所以这个定义便不能运用到唯心论者身上。然而，既然这里说的仅仅是一个原因（表象）和一般结果（感觉）的关系，所以，就表象的对象而言，在欲求能力的概念中必须考虑到表象（不管它是外部的还是内部的）的因果性。

一、为重新冒险提出一个法权概念所作的逻辑准备

如果精通法权的哲学家们想把自己一直提升到法权论的形而上学初始根据，或者擅自提出这些初始根据（没有这些初始根据，他们的所有法权科学就会纯然是章程性的），那么，他们就不能对保证自己的法权概念**划分**的完备性漠然视之，因为若不然，那门科学就会不是一个**理性体系**，而纯然是捡拾来的堆砌物而已。——为了体系的形式，各原则的**位置学**必须是完备的，也就是说，必须给一个概念指出按照划分的综合形式对

这个概念来说开放的**位置**（locus communis［公共的位置］）：人们以后也可以这样来说明，即被置放在这个位置的一个或者另一个概念自身就是自相矛盾的，并失去这个位置。

迄今为止，法学家们占据了两个公共位置：**物品**法权的位置和**人身**法权的位置。这当然要问：既然鉴于两者结合为一个概念的纯然形式，还有两个作为先天划分的环节的位置是开放的，亦即一种采用人身方式的物品法权的位置，以及一种采用物的方式的人身法权的位置，所以，这样一个新添加的概念是否也是允许的，并且虽然是或然的，却必定首先在完备的划分表中被发现？后者是不容置疑的。因为纯然逻辑的划分（它抽掉了认识的内容——客体）永远是**二分法**，例如，每一种法权都要么是一种物品法权，要么是一种非物品法权。但是，这里
〔358〕所说的划分，亦即形而上学的划分，也可以是四分法：因为除了划分的两个简单的环节之外，还添加了两种关系，即限制法权的诸条件的关系。在这些条件下，一种法权与另一种法权相结合，这种结合的可能性需要加以特别的研究。——**一种采用人身方式的物品法权**的概念是无论如何要排除的；因为不能设想一个**物品**对一个**人格**的法权。现在问题是：把这种关系颠倒过来是否同样是不可思议的，或者这个概念，亦即**一种采用物的方式的人身法权**这个概念，是否不但没有内在矛盾，而且本身是一个必然的（在理性中先天地被给予的）概念，属于外在的“我的”和“你的”这一概念的概念，即以类似的方式把**人格**当做**物品**来对待，虽然不是在所有方面，但毕竟**占有**他，并且在许多关系中把他们当做物品来处理。

二、为一种采用物的方式的人身法权的概念所作的辩护

现在，采用物的方式的人身法权的定义简明扼要地说就

是："这是人的法权，即把自身之外的一个**人格**当做**自己的**①来拥有。"我故意说：一个**人格**；因为人们可以把另一个由于犯罪而失去其人格性的**人**（变成了农奴）作为自己的来拥有；但这里不谈这种物品法权。

现在，那个"作为法学天空的新现象"的概念究竟是一颗Stella mirabilis［奇异的星星］（一种一直成长为最大的星星，之前从来无人见过，但渐渐地又消失，或许某个时候再来的现象），还是纯然是一颗**流星**？这是现在应当予以探讨的。 〔359〕

三、例证

把某种外在的东西当做自己的来拥有，在法权上就叫做占有；但占有是使用的可能性的条件。如果这种条件仅仅是作为有形的条件来设想的，那么，占有就叫做**持有**。——现在，合乎法权的持有虽然独自不足以因此就把对象说成是我的，或者使之成为我的；但是，无论出自什么根据，如果我有资格坚持对一个摆脱或者挣脱了我的强制力的对象的持有，那么，这个法权概念就是一个征兆（如同出自其原因的结果），表示我认为自己有资格把它当做**我的**，但在对它的关系上也处在对它的

① 我在这里也不说：把一个人格作为属于我的（用形容词）人格来拥有，而是说，作为我的（to meum，用名词）来拥有。因为我可以说：这个人是**我的父亲**，这只表示我与他一般而言的自然关系（联结）。例如：我**有**一个父亲。但我不能说，我把他当做**我的**来拥有。但如果我说：我的妻子，那么，这就意味着占有者与一个作为**物品**的对象（哪怕是一个人格）的一种特殊的，亦即法权的关系。但是，占有（有形的占有）是把一个东西当做物品来**使用**（manipulatio）的可能性的条件；尽管这在另一种关系中必须同时被当做人格来对待。

理知的占有中，并这样来使用这个对象。

“他的”虽然在这里并不意味着对另一个人的、在人格所有权上的“他的”(因为所有者根本不能是一个占有自己本身的人，更不用说是占有另一个人格的人了)，而是仅仅意味着在使用收益权（ius utendi fruendi）上的“他的”，直接把这个人格当做物品一般来使用，但并不侵犯他的人格性，把他当做达成我的目的的手段来使用。

但是，这个目的作为使用之合法性的条件，必须在道德上是必要的。丈夫渴望得到妻子，不能是为了把她当做物品来**享受**，亦即不能是为了在与妻子的纯然动物性结合上感受直接的快乐；妻子也不能为此而献身于他，而不使双方都放弃自己的人格性（肉欲的或者兽性的交媾)，也就是说，不能不以**婚姻**为条件，婚姻作为相互献出自己的人格本身供对方占有，必须**在此之前**缔结，以免由于一方对另一方的肉体使用而丧失人的尊严。

离开了这个条件，肉体的享受在原理上（尽管并非总是就结果来看）就是**野蛮的**。是用嘴和牙齿，还是女方由于怀孕和也许由此而来对她来说致命的分娩、男方由于从妻子对丈夫性
〔360〕能力的频繁要求中产生的衰竭而被**耗尽**，这只是在享受方式上有别，而一方就另一方而言在这种对性器官的交互使用中确实是一个**可以用尽的**物品（res fungibilis①)，所以，借助一个契约使自己成为这样一个物品，这个契约就会是一个违法的契约

① 必定是 consumptilibis［康德所注出的拉丁词 fungibilis 源自动词 fungor，有“执行、完成”的意思，而 consumptilibis 则源自动词 consumo，有“耗尽、用尽”的意思，故 consumptilibis 应更与康德所使用的德文词 verbrauchbar 契合。但科学院版编者未说明有何出处。——译者注］。——科学院版编者注

(pactum turpe)。

同样，丈夫与妻子不可以生育作为双方的**作品**（res artificialis）的孩子，却不双方对这孩子以及相互间承担抚养这孩子的**责任**：这毕竟也是获得一个人如同获得一个物品，但只是在形式上如此（与一种仅仅采用物的方式的人身法权相适合）。父母① 对占有脱离他们强制力的孩子的任何人都拥有一种反对的法权（ius in re［在物品中的法权］），同时拥有强迫孩子做任何事情并凡事听从他们命令的法权，只要这些命令不违背一种可能的法律自由（ius ad rem［占有物品的法权］），因而他们对孩子也有一种人身的法权。

最后，当孩子步入成年，父母对孩子的抚养义务终止时，父母还有把孩子们当做服从他们命令的家庭成员来使用以维持家庭的法权，直到允许他们离开；这就是父母对孩子们的义务，它产生自对父母法权的自然限制。直到此时，他们虽然是家庭成员，并且属于**家庭**，但是从现在起他们就属于家庭的仆从（famulatus）。所以，他们只能是通过契约添加到家长的"他的"（作为他的驯养物）上去。——同样，就连**家庭之外的**仆役也可以按照一种采用物的方式的人身法权被变为家长的"他的"，作为帮工（famulatus domesticus）被他通过契约而获得。这样一种契约不是一种纯然雇佣的契约（locatio conductio operae［作为劳务出租的契约］），而是将自己的人格献给家长占有的契约，是**租赁**（locatio conductio personae［作为人格出租的契约］），它和那种雇佣的区别在于，帮工要做事关家庭福利，并且不是作为预定的和有特殊规定的工作被交付 〔361〕

① 在德语的写法中，老人（Ältern）一词被理解为 Seniores［长者］，而父母（Eltern）则被理解为 Parentes［生育者］；这在发音上不能区别，但在意思上却差别很大。

给他的**一切被允许的事情**；相反，受雇于特定工作的雇工（手工艺人或日工）并不献身于别人的“他的”，而且这样也就不是家庭成员。——后者由于并不处在一个使其有义务完成某些工作的别人的法权占有之中，所以，即便他是家长的家内住户（inquilinus），家长也不能（via facti［以既成事实的方式］）把他当做一件物品**强行占有**，而是必须按照人身法权催促他完成他允诺的事情，这是通过法权手段（via iuris［以法权方式］）归他支配的。——关于自然的法律学说中的一个令人惊异的、新添加的法权条款的解释和辩护就说这么多，其实它已经悄悄地总是在使用了。

四、物的法权和人身法权的混淆

另外，“购买中断出租”这个命题（法权论，第 31 节，129 页①）也被斥责为我在自然的私人法权中的异端邪说。

有人会在约定的租住时间到期之前向承租者宣布取消其房子的出租，因此看起来，哪怕他是在习惯的民法期限中通常的搬迁时间这么做的，也是对承租者食言了，这乍一看似乎无疑是违背了出自一个契约的一切法权。——但是，如果能够证明：承租者在签订其租约时就知道或者必须知道，**出租者**作为房子的所有人对他的承诺自然而然地（这用不着在契约中强调说明），因此默默地与如下条件相联系：**假如出租者在这段时间里不出售房子的话**（或者在破产降临到他头上时不得不把房子交给债权人）。这样，出租者就没有违背他那已经就自身而言在理性上有条件的诺言，而承租者并没有因为在租期届满之

① 本书边码 290～291 页。——译者注

前向他宣布废约而减少其法权。

因为承租者出自租约的法权是对某个人格可以向另一个人格提供的东西的人身法权（ius ad rem［占有物品的法权］），不是针对物品的任何占有者的一种物的法权（ius in re［在物品中的法权］）。 〔362〕

现在，承租者本来能够在其租约中保障自己，使自己获得对房子的一种物的法权，也就是说，他只要让人把租约**刻写**（登记）在出租者的房子上，作为附在房基上的东西；在这种情况下，他就不会在约定时间届满之前，由于所有人宣布废约，甚至不会因为其死亡（自然的死亡，或者还有民事的死亡，即破产）而被剥夺承租权。如果他不这样做，因为他或许想有在别处签订一个条件更好的租约的自由，或者因为所有者不想看到他的房子被强加上了这样一种义务，那么，由此就可以推论出：双方中的任何一方在宣布废约的时间方面（对此有民事规定的期限除外）都意识到，自己已经签订了一个默默的、有条件的合同，意识到可以按照习惯再解除它。对通过购买来中断出自这种权限的重申，也表现在从这样一个**无附加条款的**租约得出的某些法权结论上；因为如果承租者死了，那么，他的继承人毕竟不被苛求有责任继续承租：因为承租只是某个人的责任，随着他的死这责任也就终止了（此时，宣布废约的法定时间却总是必须张榜公布）。同样，如果没有一个特殊契约，承租人作为这样一个承租人的法权也不能转移给他的继承人；就像他在双方都在世时没有明确的协议，就没有资格去认定一个**转租人**一样。

五、刑法概念讨论的补充

人们中间的一种国家宪政的纯然理念，就已经带有应归于最高权力的一种惩罚正义的概念。问题仅仅在于，如果惩罚的方式只是作为手段用于消除犯罪（作为在每一个人的“他的”的占有方面对国家安全的危害），那么，它们对立法者来说是否无所谓呢？或者，是否也必须考虑对罪犯人格中的人性（亦
〔363〕即对人类）给予尊重呢？更确切地说，这是从纯然的法权根据出发的，因为我还总是把 ius talionis［罪罚相等的法权］看做作为刑法原则的唯一先天作出规定的（不是来自经验，即哪些应对手段是最有力的手段）理念。①——但是，如何对待那些不允许任何**报应**的惩罚呢？惩罚之所以不允许报应，是因为这些惩罚要么自身是不可能的，要么本身就是对一般**人性**的一种应惩罚的犯罪，例如，强奸罪，同样还有鸡奸罪或者兽奸罪。前两种犯罪用阉割的方式来惩罚（或者是一个白种阉人，或者是苏丹宫殿的一个黑种阉人），后一种犯罪通过从公民社会中永远驱逐出去来惩罚，因为罪犯自己使自己配不上人类社会。——Per quod quis peccat, per idem punitur et idem［犯什

① 任何惩罚中都有某种（以法权）伤害被告荣誉感的东西，因为它包含着一种纯然单方面的强制，这样在被告身上一个国家公民作为这样一个公民的尊严就在一种特殊的情况下至少是被中止了；因为他屈服于一个外在的义务，在他自己这方面，他不可以抗拒这个义务。贵人和富人被处以罚款而感到屈辱，即不得不屈服于地位更低的人的意志，要甚于感到损失了金钱。既然**应受惩罚**的论据是**道德的**（quia peccatum est［因为有罪］），所以，**惩罚的正义**（iustitia punitiva）在这里就必须与惩罚的精明区别开来，因为后者纯然是实用性的（ne peccetur［不要犯罪］），而且是建立在什么能最有效地防止犯罪的经验之上的。惩罚的正义在法律概念的位置学中具有一个完全不同的位置，即 locus iusti［公正之事的位置］，不是某种意图上的 conducibilis［有益之事］或者**有利之事**的位置，也不是纯然 honesti［正直之事］的位置，其位置必须在伦理学中去寻求。

么罪，就受什么罚，一模一样]。——上述犯罪之所以叫做反自然的，乃是因为它们是对人性本身犯的罪。——对它们施加**任意的**惩罚是完全违背**惩罚正义**的概念的。惟有当罪犯因自己的罪行而自食其果，尽管不是按照刑法的条文，而是按照刑法的精神承受他对别的人犯下的罪行时，他才不能抱怨说受到了不公正的对待。

六、凭时效占有的法权

“**凭时效占有**（Ususcapio）的法权应当根据131页以下①通过自然法权得到论证。因为如果不假定通过正当的占有来论证这里所说的一种**观念的获得**，那么，就根本无法保证任何获得是永久性的。（但是，康德先生甚至在自然状态中假定一种仅仅暂时性的获得，因而坚决要求公民宪政的法学必要性。——然而，我作为正当的占有者，只是针对那个无法证明他比我更早地是该物品的正当占有者，并且无意不再是其占有者的人，来维护自己。）”——这里说的并不是这一点，而是，我是否也能够作为所有者来**维护**自己，如果同时有一个提出要求者声称自己就是该物的**更早的**真正所有者，但却**绝对**不可能查明他作为占有者的实存及其作为所有者的占有地位的话；而如果此人根本不曾发出他不间断地占有的一个公开有效的信号（不管是出自自己的过失还是没有自己的过失），例如通过登记注册，或者在公民大会上无异议地赞同他是所有者，则后一种情况就会发生。 〔364〕

因为这里的问题是：谁应当证明其合法的获得？不能把这

① 本书边码291页以下。——译者注

种责任（onus probandi［证明的责任］）强加在占有人身上；因为只要已查明的历史足够，他就处在对该物的占有中。该物所谓早先的所有人，由于那段他没有发出他的所有权的任何对公民有效的信号的间歇，按照法权原则就被完全与前后相继的占有者的序列分割开来。没有采取任何一种公开的占有行动，使他成为一个没有名分的要求者。（与此相反，这里与在神学中一样，叫做：conservatio est continua creatio［保持就是不断的创造］。）尽管也会有一个人迄今为止没有宣布过，后来却带着找到的文件提出要求，但在他这里也仍然存在疑问：是否还可能出现一个更老的要求者，并且其要求建立在他更早的占有之上？——要最终通过时效获得该物（acquirere per usucapionem），其关键不在于占有**时间的长度**。因为，假设一种无法权由于持续时间久就渐渐变成一种法权，这是荒唐的。**使用**（无论多久）都是以物品中的法权为前提条件的：要是后者建
〔365〕立在前者之上就大错特错了。所以，**凭时效占有**（ususcapio）作为凭长期使用一个物品的**获得**，是一个自相矛盾的概念。作为**保持方式**的要求的**失效**（conservatio possessionis meae per praescriptionem［对我凭时效的占有的保持］）也同样是一个自相矛盾的概念，然而，这毕竟是一个与前一概念不同的概念，关涉据为己有的论据。也就是说，这是一个消极的理由，亦即完全**不使用**其法权，甚至连表示自己是占有人这样必要的理由都不是，被视为对法权的**放弃**（derelictio），这是一种法权行为，亦即使用其法权对付另一个人，以便通过排除其要求（per praescriptionem［凭时效］）来获得该法权的客体，这包含一个矛盾。

所以，我无须证明并且无须任何法权行为就获得：我不需要证明，而是通过法律（lege）；然后怎么样呢？**公开地**摆脱种种要求，也就是说，**在法律上保障我的占有**，乃是由于我不

可以作出证明，并且立足于一种不间断的占有。但是，自然状态中的一切**获得**都是暂时性的，这对**占有**已经获得的东西的安全性问题没有影响，这个问题必定先行于那种获得。

七、继承

关于继承的法权，评论家先生这一次失去了击中我的主张之证明要害的敏锐目光。——我在 135 页[①]说的不是：任何一个人都必定接受任何**提供**给他的物品，如果他通过接受该物品只会有所得而不会失去任何东西的话（因为这样的物品根本就不存在），而是说：任何一个人都总是确实会在某个时刻不可避免地和默默地，但同时毕竟有效地接受**提供的法权**，也就是说，当事情的本性就使得废约绝对不可能的时候，亦即在他死亡的时刻；因为此时立约人不能废约，而受约人不可以采取任何一种法权行为，在同一时刻就是接受者，不是所允诺的遗产的接受者，而是接受或者拒绝遗产的法权的接受者。在这个时 〔366〕
刻，在遗嘱打开时他便发觉，自己在接受遗产之前就已经变得比过去更富有；因为他仅仅获得了**接受的权限**，这权限就已经是一种富有状况。——在此，为了使某种东西在有人不在世之时成为一个**他人**的**“他的”**，一种公民状态被当做前提条件，财产从死者手中的这种过渡，丝毫不改变按照自然法权的普遍原则去获得的可能性，虽然把这些原则运用到所发生的案例上，必须以一种公民宪政为基础。——也就是说，一个我自由选择无条件地接受或者拒绝的物品，叫做 res iacens［遗物］。如果一个物品的所有人无偿向我提供某种东西，例如我正要搬

① 本书边码 294 页。——译者注

出的房子的一件家具（他答应我，这应当是我的），那么，只要他不撤回承诺（如果他在这期间亡故了，承诺就不可能被撤销），就只有我具有接受所提供的东西的法权（ius in re iacente［在遗物上的法权］），就是说，只有我才能随便接受它或拒绝接受它：我获得这种独一无二地作出选择的法权，不是凭借一个特殊的法权行为，即我声明：我希望，这种法权应当归我所有，而是无须这一法权行为（lege［凭借法律］）。——所以，我虽然可以声明：我希望，**这个物品不应当属于我**（因为这种接受可能导致我与他人交恶），但是，我不能希望独一无二地具有选择：**它是否应当属于我**。因为我无须任何接受声明，直接通过提供就拥有这种（接受或者拒绝的）法权：因为如果我甚至能够拒绝拥有选择，那么，我就会选择不选择；而这是一个矛盾。这样，这种选择的法权在遗赠者死亡的那一刻就让渡给我了，通过他的遗嘱（institutio haeredis［对继承人的指定］），我虽然还没有获得遗赠者的任何财产，但却获得了这财产或者其一个部分的**纯然法权的**（理知的）占有，这时，我可以为了他人的利益而放弃接受这财产，因而这种占有没有一刻中断，而是继承作为一个持续不断的序列，通过继承人的接受，由死者过渡给指定的继承人，这样"遗嘱属于自然法权"这一命题就不容置疑地巩固下来了。

〔367〕

八、国家在其臣民的永久基金会方面的法权

基金会（sanctio testamentaria beneficii perpetui［根据遗嘱对连续资助的认可］）是一种自愿的慈善机构，由国家批准，为国家的某些前后相继的成员所设立，直到他们全部死亡为止。——如果为维护这些成员所制定的规章与国家的宪法本身相结合，这种基金会就叫做永久的（因为国家必须被看做永久

的）；但是，它的行善的目的要么是为了一般而言的人民，要么是为了人民的一个按照某些特殊原理联合起来的部分，为了一个**阶层**，要么是为了一个**家庭**和其子孙后代的永久存续。第一种的例子是**收养院**；第二种的例子是**教会**，第三种的例子是**骑士团**（宗教的和世俗的），第四种的例子是**长子继承制**。

关于这些团契及其继承的**法权**，现在人们说，它们不能被废除，因为这种法权通过遗嘱而成为指定继承人的所有物，而废除这样一种宪政（corpus mysticum［奥秘团体］）就等于是剥夺了某人的“他的”。

1

为穷人、残疾人和病人设置的行善机构，是建立在国家财力之上的（在养老院和收养院中），当然是不可取缔的。但是，如果不是条文，而是捐赠者意志的意思应当具有优先权的话，那就也可能出现一些临时情况，使得取缔这样一种基金会至少在形式上是可取的。——这样，人们就发现了：如果给予穷人和病人（疯人院的病人除外）某种（与时间的需要成比例的）数额的金钱资助，使他可以随自己的意在他的亲戚或者另外的熟人那里租房居住，那么，他们得到的照料要比——例如在格林维希收养院——豪华的，然而限制自由的、配有昂贵的人员的机构所做到的更好、更便宜。——这时，人们就不能说：国家剥夺了有权享受这种基金的人民的“他的”，而毋宁是国家促进了人民的“他的”，因为国家选择了更聪明的办法来维护人民。

2 〔368〕

并不在肉体上传宗接代的神职人员（天主教的神职人员），

凭借国家的优待占有土地和依附于这土地的臣民，这些臣民属于一个精神国家（被称为教会），世俗之人为救赎自己的灵魂而通过遗嘱把自己当做自己的财产奉献给这个国家，而这样，教士作为一个特殊的阶层就拥有一份财产，这份财产可以按照法律从一个时代传给另一个时代，并且通过教皇的训谕充分地得到文件证明。——现在人们可以假定，神职人员与平信徒的这种关系能够由于世俗国家的绝对权力而径直从前者那里被剥夺吗？而且这不就等于是用暴力夺走某人的“他的”，就像法兰西共和国的无信仰者尝试过的那样？

这里的问题是：教会是否可以作为“他的”而属于国家，或者国家是否可以作为“他的”而属于教会？因为两个最高的权力不可能没有矛盾地彼此隶属。——只有**前一种宪政**（politico-hierarchica［政治教权等级制］）才能长治久安，这是自身就显而易见的；原因在于任何公民宪政都是关于**此**世的，因为它是一种世俗的权力（人的权力），这种权力连同它的后果都可以在经验中表现出来。信众的**国**在**天上**，在**来世**，只要人们把一种与这个国相关的宪政（hierarchico-politica［教权等级制政治］）归于他们，他们就不得不在世俗人的最高权力之下屈从于这个时代的苦难。——所以，只存在第一种宪政。

宗教（在表现上）作为对教会章程的信仰、对作为这样一种宪政的贵族的教士之权力的信仰，或者即便这种宪政是君主制的（教皇制的），它也既不能被任何国家公民权力强加给人民，也不能被剥夺，也不能（像在大不列颠对待爱尔兰民族那样）因为国家公民信仰的宗教与王室的宗教不同，就把他从国家公职和由此给他带来的利益中排除出去。

这样，如果某些虔诚笃信的人们为了分享教会向信众许诺也在他们死后显现的恩典，而创建了一个永久性基金会，由此
〔369〕他们的一些土地在他们死后应当成为教会的财产，而国家则使

自己在这个或者那个**部分**上，或者甚至**全部**对教会有保护义务，以便通过祈祷、赦罪和忏悔来分享那种恩典，而教会委以此任的仆役（神职人员）则通过这些许愿让他们在另一个世界交上好运，那么，这样一种想当然地永久设立的基金就绝不是永久建立的，而是国家可以甩掉教会强加给它的这个负担，只要它愿意。——因为教会本身是一个仅仅建立在信仰之上的机构，而如果由于人民的启蒙，来自这种意见的欺骗消失了，那么，教士建立在这上面的可怕权力也将被废除。国家有充分的法权没收教会的非分财产，即通过遗嘱捐赠给教会的土地；尽管这个存在至今的机构的采邑拥有者可以从自己的法权出发，要求在有生之年不受损失。

甚至为穷人设立的永久基金会，或者教学机构，一旦它们具有某种由捐赠者按照自己的理念设计的格式，就不可能永久建立，并且土地也会因此引起麻烦；而是国家必须有按照时代需要建立基金会的自由。——全面贯彻这种观念（例如赤贫的人不得不通过乞讨卖唱来补充已经设立的慈善学校基金）难以持久，这一点谁也不用惊讶；因为，那个乐善好施但毕竟同时又有点儿虚荣地建立一个基金会的人，并不希望另一个人按照自己的概念来改造基金会，而是希望他自己在基金会里永垂不朽。可是，这并没有改变事情本身的性状和国家的法权，甚至改变不了国家改造任何基金会的义务，如果基金会与国家的维持和改善进步相悖的话，因此，这种基金会绝不能被看做永久建立的。

3

一个自身不是处在一种贵族的宪政之下，而是处在一种君主制的宪政之下的国家，其贵族总还可以是一个对某个时代来

说被允许的，或许是必要的组织；但绝对不能主张，这个阶层能够永久地建立起来了，一个国家首脑不应当有权限彻底废除
〔370〕这种阶层的优惠，或者如果他这么做了，人们就可以说，他剥夺了他的（贵族）臣民应当以继承的方式得到的**“他的”**。贵族是一种时间性的、由国家授权的行会，这种行会必须适应时代状况，并且不可以损害已中止如此之久的普遍人权。——因为国家中的贵族等级不仅仅依赖宪法本身，而且仅仅是宪法的一个偶性，只有通过依存性才能够在国家中生存（一个贵族肯定可以被设想为仅仅是国家的贵族，而不是自然状态中的贵族）。所以，如果国家修改其宪法，那么，因此失去其头衔和优惠的人就不能说他的“他的”被剥夺了：因为他只有在这种国家形式继续存在的条件下，才能把这称做“他的”，但国家有权对国家形式作出修改（例如变为共和制）。——所以，骑士团和拥有某些标志的优先权，并没有提供这种占有的**永久**法权。

4

最后，说到**长子继承制的基金**，既然一个财产占有者通过遗产的指定来安排：在先后相继的继承人的序列中，总是家庭中最亲近的人应当成为财产的主人（与一个国家的一种君主世袭制宪政类似，在后者，这就是成为**邦国的主人**），所以，这样一种基金不仅能够借助所有父系亲属的同意随时予以取消，不可以永久地——就好像继承的法权黏附在土地上似的——持续下去，而且也不能说，让基金终止就侵犯了基金及其男祖先亦即捐赠者的意志；而是国家即便在这里也有权利，甚至有义务，在它自己的改革的原因逐渐出现时，不让它的臣民这样一种邦联体制像王公似的（类似于君主和总督）在灭亡之后死灰复燃。

结论

最后，评论家先生关于在**公共法权**的栏目下阐述的理念，即关于如他所说篇幅所限不宜发表意见的理念，还作出了如下说明："就我们所知，还没有任何一个哲学家承认过这个所有 〔371〕
荒谬命题中最荒谬的命题：最高统治的纯然**理念**就应当强迫我把任何自命为我的主人的人，当做我的主人来服从，而不问问：是谁给了他命令我的法权？人们应当承认最高统治和首脑，和人们应当把这个或者那个其存在甚至都不是先天地被给予的人，先天地视为自己的主人，这应当是一回事吧？"——好吧，权且承认这里有**悖谬**，我希望，更仔细地考察，这至少不能被划归**异端邪说**；毋宁说，这个明智而且责人以宽的、缜密的评论家（他不顾那种已引起的反感，"把法权论的这些形而上学初始根据在整体上视为科学的收获"）应当不会为至少把它们当做一种无须第二次审视的尝试，针对其他人的固执而又浅薄的轻蔑议论替它们进行了辩护而后悔。

认为必须服从对人民拥有最高命令权和立法权的人，确切地说如此在法学上无条件地服从，以至于哪怕只是按照法律条文对他获得上述权力进行公开的**研究**，因而对他抱有怀疑，以便在他也许不在场时反对他，这都已经是该惩罚的，认为一个绝对的命令式就是：**你们要服从对你们拥有权力的当局**（在一切不违背内心道德的事情上），这是令人厌恶的命题，应当被拒斥。——但是，不仅仅是这条把一个事实（强占）作为条件来当做法权的基础的原则，而且甚至统治人民的**纯然理念**，都迫使我这个属于人民的人，无须先行的研究就服从这种僭越的权利（法权论，第 49 节），这似乎激怒了评论家的理性。

任何事实（实事）都是（感官的）**显象**中的对象；反之，

只能通过纯粹理性来表现的东西，必须被归于**理念**，不可能为理念相应地在经验中给出任何对象，人们中间的一种完全**合法的宪政**就是这样的东西，它就是物自身。

这样，如果有人民通过法律在一个当局之下联合起来，那么，按照人民**一般而言**在一个掌权的最高意志之下的统一性的
〔372〕理念，它是作为经验对象被给予的；但当然只是在显象中被给予的；也就是说，存在着一种该词一般意义上的合法宪政；而且尽管它可能带有重大的不足和严重的缺点，需要逐步地作出重要的改善，但是，反对它却是绝对不允许的和应予惩罚的：因为如果人民认为自己有权用暴力反对这种虽然还有缺点的宪政和最高权威，那么，人民就会自以为拥有一种法权，即用暴力取代至高地规定一切法权的立法；这将会充当一个自己毁灭自己的最高意志。

一般而言一种国家宪政的**理念**，同时对任何人民来说都是按照法权概念作判断的实践理性的一条定言命令，是**神圣的**和不可违抗的；而且即使国家的组织由于自身的缘故就有缺点，但毕竟在国家中没有任何下级权力能够以实际的反抗来反对国家的立法首脑，而是国家尚未克服的缺陷必须通过国家自身进行的改革来逐渐地加以消除，因为若不然，如果臣民们有相反的准则（按照专擅的任性行事），那么，一种好的宪政本身就只能通过盲目的偶然事件来完成。——“你们要服从对你们拥有权力的当局”这一命令并不深究当局是怎样获得这种权力的（以便在必要时削弱这种权力）；因为已经存在、你们就生活在其下的权力，已经拥有立法权，你们虽然可以对这种权力公开地作出玄思，但却不可以自命为对抗的立法者。

无条件地使人民意志（它就自身而言是未联合的，因此是无法律的）服从于一个**行使主权的**（通过一项法律把所有人联合起来的）意志，是只能通过夺取最高权力才能开始的行动，

而且首先建立了一种公共法权。——还允许反对这种绝对的权力（这种反对限制了那种最高的权力），是自相矛盾的；因为那样一来，那种（可以反抗的）最高权力就会不是合法的最高权力，本来就是后者首先规定了什么是公共地正当的和不正当的。——而且这个原则已经先天地存在于一种一般而言的国家宪政的**理念**中，也就是说，存在于实践理性的一个概念中，虽然不能**相应地**给这个概念配上经验中的任何例证，但它作为规范，也必定没有任何经验与之矛盾。

第二部
德性论的形而上学初始根据

前言 〔375〕

如果关于某个对象有一种**哲学**（由概念构成的理性知识体系），那么，对于这种哲学来说，必定也存在纯粹的、不依赖任何直观条件的理性概念的一个体系，亦即一种**形而上学**。——问题只是：对于每一种作为义务学说的**实践**哲学来说，因而对于**德性论**（伦理学）来说，是否也需要**形而上学的初始根据**，以便能够把它作为真正的科学（系统地），不只是作为零星搜检到的学说的堆砌（残缺不全地）建立起来？——关于纯粹的法权论，没有人会怀疑有这种需要，因为它只涉及有待按照外部关系中的自由法则来限制的任性的**形式东西**；不考虑任何**目的**（作为任性的质料）。因此，义务学说在这里就是一种纯然的**知识学说**（doctrina scientiae）。①

于是，在这种哲学（德性论）中，似乎与这种知识学说的理念恰恰相悖的是：一直回溯到**形而上学的初始根据**，以便使 〔376〕

① 因此，一个**精通实践哲学的人**恰恰不是**一个实践哲学家**。后者就是使**理性的终极目的**对自己来说成为**其行动**的原理的人，因为他同时把为此必需的知识与此结合起来了：这种知识，既然它以行动为目标，就不可以一直展开到形而上学的最细微的线索，如果它绝不关涉法权义务——例如在法权义务这里，必须在正义的天平上按照作用与反作用相等的原则精确地规定**"我的"**和**"你的"**，因而类似于数学的准确——而是关涉一种纯然的德性义务的话。因为这不只取决于知道做**什么**是义务（鉴于所有人自然拥有的目的而不难指明这一点），而是首先取决于意志的内在原则，亦即这种义务的意识同时就是行动的**动机**，以便关于把这种智慧原则与其意志联结起来的人说：他就是一个**实践哲学家**。

义务概念排除一切经验性的东西（任何情感）而毕竟成为动机。因为如果德性应当是从形而上学的武库中借用它的武器的，那么，人们能够为自己形成怎样一个具有一种力量和赫拉克勒斯般强大的概念，来克服产生恶习的偏好呢？形而上学本来是思辨的事情，只有少数人懂得运用。所以，教室里的、布道坛上的和通俗读物中的一切德性论，如果用一些形而上学碎片来装饰，就显得十分可笑。——但即便如此，在一种形而上学中去探寻德性论的最初根据，毕竟不是没有用处的，更不用说可笑了；因为任何一个人作为哲学家都毕竟必须去寻找这个义务概念的最初根据，因为若不然，对于德性论来说，就根本既不能指望可靠性，也不能指望纯粹性。既然如此，信赖某种情感，该情感因具有预期的作用而被称为**道德的**，这大概也能使民众导师满意；因为作为一种德性义务的试金石，看它是不是德性义务，他要求人们牢记如下任务："如果每个人在任何情况下都使你的准则成为普遍法则，那么，这样一个准则究竟如何才能与自己一致呢？"但是，如果仅仅是情感使得也把这个命题当做试金石成为我们的义务，那么，这种义务在这种情况下就不是由理性授意的，而是仅仅按照本能，因而是盲目地为此接受下来的。

然而事实上，建立在某种情感之上的并不像人们也许误以为的那样是一种道德原则，而实际上无非是模糊思维过的形而上学，它是每一个人在自己的理性禀赋中固有的；就像试图**以苏格拉底的方式**给自己的弟子讲授义务命令式以及在对其行动作出道德评判上的运用的教师很容易意识到的那样。——如果教师根本无意把弟子培养成哲学家，那么，他的**讲授**（技艺）就不可以总是形而上学的，语言不可以是学究气的。但是，**思想**却必须一直回溯到形而上学的诸要素，没有这些要素，就别指望德性论中有什么可靠性和纯粹性，甚至就连打动人的力量也别指望。

如果偏离这条原理，而从病理学的或者纯感性的，哪怕是道德的**情感**（主观实践的情感而不是客观的情感）开始，也就是说，从意志的质料亦即**目的**开始，而不是从意志的形式亦即**法则**开始，为的是由此出发规定义务，那么，当然就没有德性论的**形而上学初始根据**——因为无论情感由什么所激发，它都始终是**自然的**。——但德性论在这种情况下也就在其根源上堕落了，无论是在学校里还是在布道坛上等等，都是一回事。因为一个人被什么动机作为手段引向一个好的意图（遵从一切义务），这并不是无关紧要的。——因此，那些**预言般地**甚或**天才般地**对义务学说评头论足的所谓智慧教师尽可以讨厌形而上学，但对于自命为智慧教师的人们来说，甚至在德性论中回溯到它的那些原理，并在它们的岩层上首先自成一派，毕竟是不可推卸的义务。 〔377〕

※　　　　※　　　　※

人们肯定在这里有理由感到惊讶：然而，根据迄今为止就义务原则从纯粹理性派生而言对其所作的一切解释，还怎么可能把它重新追溯到幸福学说呢？毕竟这样一来，归根结底将想到某种不依据经验性原因的**道德上的**幸福，而这是一个自相矛盾的荒唐说法。——因为能思维的人每当战胜了恶习的诱惑、意识到自己已经履行了自己那常常艰巨的义务之后，就处于一种灵魂的宁静与满足状态，人们完全可以把这种状态称为幸福，在其中德性就是它自己的报酬。——于是，**幸福论者**就说：这种极乐、这种幸福就是他为什么要合乎德性地行动的真正动因。不是义务概念**直接**规定着他的意志，而是仅仅**借助**预期的幸福，他才被推动去履行自己的义务。——但现在很明显，既然他只能指望从已经履行自己的义务这种意识获得德性的报酬，因此，这种意识就必须先行发生；也就是说，在他想到幸福将是遵循义务的后果之前，而且在他没有想到这一点的时候，他就必须认为自己有责任履行自己的义务。他在自己的**原因论**中陷入了**循环论证**。也就是说，只有当他意识到自己遵循义务时，他才能希望是**幸福的**（或者内心有福的），但是只有当他预见到通过遵循义务他将使自己幸福时，他才能被打动
〔378〕去遵循自己的义务。——但是，这在这种玄思中也是一个**矛盾**。因为一方面，他应当遵循自己的义务，而不先问一下，这对他的幸福将有什么作用，因而是出自一个**道德上的**根据；但另一方面，他毕竟只是在他可以指望这将给他带来的幸福时，才能为了他的义务而承认某种东西，因而是依据**病理学**的原则，而这恰恰是前者的反面。

我在另一处地方（《柏林月报》①）已经对**病理学**的愉快与道德的愉快的区别如我所相信的那样，作出了最简单的表述。也就是说，为了使人依照法则行动而必须走在对法则的遵循之前的愉快是病理学的，而且行事方式遵从的是**自然秩序**；但是，为了被感觉到而法则必须走在其前面的愉快则处于**道德秩序**中。——如果不注意这一区别，如果**幸福**（幸福原则）取代**自由**（内在立法的自由原则）被确立为原理，其后果便是一切道德的**安乐死**（平和的死亡）。

这些错误的原因无非如下：那些只习惯于生理学解释的人无法理解这些法则专断地由以产生的定言命令式；尽管他们毕竟感到自己不可抗拒地被这定言命令式所渗透。但是，无法说

① 在论文《论哲学中一种新近升高的口吻》中，发表于《柏林月刊》，1796；《康德全集》，第Ⅷ卷，395页［参见《康德著作全集》，第 8 卷，402 页注。——译者注］。舍恩德弗尔（《老普鲁士月刊》，第 49 卷，522 页）和弗兰德在其《道德形而上学》版本中是对的。（据舍恩德弗尔的注释）377 页就已经与这篇论文相关。——科学院版编者注

明完全超出那个范围的东西（任性的**自由**），哪怕正是人的这种优越性，即能够拥有这样一个**理念**，如此令灵魂升华，这一点被往往在其他领域感到自己的能力如此强大的思辨理性的自负要求所刺激，仿佛是普遍**征召**支持理论理性之万能的同盟者们去反对那个理念，而且在今天以及也许更长的时间里攻击道德上的自由概念，尽可能地使之变得可疑，尽管这种攻击最终毕竟是徒劳的。

〔379〕

德性论导论

伦理学在古时候就意味着一般**道德论**（philosophia moralis [道德哲学]），后者人们也称之为**义务的学说**。后来人们觉得最好把这个名称只转用于道德论的一个部分，亦即转用于不服从外部法则的义务的学说上（人们在德语中恰当地给它找到**德性论**这个名称），这样，总的义务学说的体系现在就被划分为能够有外部法则的**法权论**（ius）体系和不能有外部法则的**德性论**（Ethica）体系。这一点也就说到这里。

一、一种德性论的概念阐释

义务概念自身就已经是通过法则来**强迫**（强制）自由任性的概念；这种强制可以是一种**外在的**强制或者**自我强制**。道德**命令式**通过其绝对的表述（无条件的应当）宣布了这种强制，因而强制并不关涉一般理性存在者（其中可能也有**神圣的**存在者），而是关涉作为理性的**自然存在者**的人，人还不够神圣，他们虽然承认道德法则的威望本身，也可能会一时感到违背它的愉快，甚至当他们遵从它时，也仍然**不乐意**（借助抵制他们的偏好）这样做，而这正是强制之所在。①——但是，既然人

① 但是，人毕竟认为自己作为**道德存在者**同时〔当他客观地（按照他自己人格中的**人性**）观看自己，看他被自己的纯粹实践理性规定为什么的时候〕神圣得足以**不乐意**违背内在的法则；因为还没有如此卑鄙的人，在有这种违背时在内心感受不到抗拒和对自己的厌恶，若有这种厌恶他本来必定会对自己加以

毕竟是一个**自由的**（道德的）存在者，义务概念所包含的就只能是**自我强制**（仅仅通过法则的表象），如果所考虑的是内在的意志规定（动机）的话；因为只有这样，才有可能把那种**强制**（即便它是一种外在的强制）与任性的自由结合起来，但这样一来，义务概念也将是一个伦理学概念。〔380〕

因此，本性的冲动包含了人的心灵中实施义务的障碍和（有时强有力地）反抗的力量，因此人必须判断自己有能力与它们战斗，并且不是将来才用理性战胜它们，而是现在（与思想同时）马上用理性战胜它们，也就是说，**能够**做法则无条件地命令他应当做的事情。

反抗一个强大但却不义的敌人的能力和深思熟虑的决心是**勇气**（fortitudo），就我们心中的道德意向的敌人而言是**德性**（virtus，fortitudo moralis［道德上的勇气］）。所以，总的义务学说在不是把外在自由，而是把内在自由置于法则之下的部分中，就是德性论。

法权论只与外在自由的**形式**条件（当其准则被当做普遍的法则时，通过与自身的一致）相关，也就是说，只与**法权**相关。反之，伦理学还提供一种**质料**（自由任性的一个对象），即纯粹理性的一个**目的**，这个目的同时被表现为客观必然的目的，亦即对人来说被表现为义务。——因为既然感性偏好把人诱导到可能与义务相悖的目的（作为任性的质料），所以，立

强制的。——现在，人在这个十字路口（在这里，美丽的寓言把赫拉克勒斯置于德性和肉欲之间）更多地表现出服从偏好而不是服从法则的倾向，这一现象不可能得到解释：因为我们只能解释什么发生了，我们是按照自然法则从一种原因中推出它的；但是如此一来，我们就不是把任性设想为自由的了。——但是，这种交互对立的自我强制及其不可避免性，毕竟使人认识到**自由**本身无法理解的特性。

〔381〕法的理性要阻止它们的影响，只能再次通过一个相反的道德目的，因而这个道德目的必须不依赖爱好而先天地被给予。

目的是（一个理性存在者的）任性的一个对象，通过它的表象，任性被规定采取一种产生这个对象的行动。——现在，我虽然可能被别人强制采取一些行动，这些行动作为手段指向一个目的，但我绝不可能被别人强制着去**拥有一个目的**，而是只能自己使某种东西**成为我的**目的。——但是，我也有责任使包含在实践理性概念中的某种东西成为我的目的，因而在任性的形式规定根据（就像法权包含着这一类东西一样）之外还拥有一个质料的规定根据，即一个目的，它可能与出自感性冲动的目的相对立：这就会是一个**本身就是义务的目的**的概念；不过，这种目的学说不可能属于法权论，而是属于伦理学，惟独伦理学才在自己的概念中带有按照（道德）法则的**自我强制**。

从这一理由出发，伦理学也可以被界定为纯粹实践理性的**目的**体系。——目的和义务把总的道德论的两个部门区分开来。伦理学包含着人们不可能被他人（以物理的方式）强制去遵从的义务，这仅仅是从伦理学是一种**目的**学说得出的结论，因为为此（拥有这些目的）的一种**强制**是自相矛盾的。

但是，说伦理学是一种德性论（doctrina officiorum virtutis [德性义务的学说]），这是从对德性的上述解释中，与上面已指出其特征的责任相比较而得出的。——也就是说，不存在对任性的别的规定，任性由于其概念就已经适合于不受他人的**任性**甚至**以物理的方式**来强制，除非把它规定为一个**目的**。另一个人虽然可以**强制**我去**做**某种不是我的目的（而只是达到另一个人的目的的手段）的事情，但不能强制我**使它成为我的目的**，而且如果我不使它成为我的目的，我不可能有任何目的。后者是一个自相矛盾：一个自由行为同时却不自由。——但是，为自己本身设定一个同时是义务的目的，这并不是矛盾，因为这时是我自己强制自己，这与自由是完全契合的。①——但是，这样一个目的何以可能？这就是现在的问题。因为一件事情的概念的可能性（概念并不自相矛盾）并不足以 〔382〕
假定该事情本身（概念的客观实在性）的可能性。

二、一种同时是义务的目的的概念阐释

人们可以用两种方式来思考目的与义务的关系：或者从目的出发，发现合乎义务的行动的**准则**；或者相反，从义务出发，发现同时是义务的**目的**。——**法权论**走的是第一条道路。每个人想为自己的行动设定什么目的，这听凭他的自由任性。但是，行动的准则却是先天地确定的：就是说，行动者的自由能够与任何他人的自由按照一条普遍的法则并行不悖。

但是，**伦理学**选择的是一条相反的道路。它不能从人要为自己设定的目的出发，并由此而拥有他应采纳的准则，亦即拥有他的义务；因为这会是准则的一些经验性根据，它们并不提供义务概念，义务概念（绝对的应当）惟独在纯粹理性中才有其根源；无论如何，如果准则应当按照那些目的（它们都是自私自利的）来采用，那么，真正说来就根本谈不上义务概念。——因此在伦理学中，将是**义务概念**导向目的，并且必须

① 人越是能够少以物理的方式被强制，就反过来越是能够多以道德的方式（通过义务的纯然表象）被强制，因而就越自由。——例如，一个决心足够坚定、灵魂足够坚强的人，不会放弃已开始的娱乐，哪怕人们向他展示他由此将招致如此之多的损害，但是想到他这样做就会疏于职守或者冷落了一个患病的父亲，他就会毫不迟疑地，尽管不乐意地放弃自己的意图，这正好证明他的最高程度的自由，即他不能反抗义务的呼声。

按照道德原理就我们应当给自己设定的目的而言建立**准则**。

〔383〕 姑且不论这种自身就是义务的目的究竟是怎样一种目的，不论这样一种目的是如何可能的，在此只需指出：这一种义务名为**德性义务**，以及为什么是这样。

所有的义务都对应着**一种**法权，它被视为**权限**（facultas moralis generatim [一般道德能力]），但并不是所有义务都对应着一个他人强制某人的**法权**（facultas iuridica [司法能力]）；后者特指**法权义务**。——同样，所有伦理责任都对应着德性概念，但并非所有的伦理义务都因此而是德性义务。因为德性义务并不涉及某个目的（质料、任性的客体），而是仅仅涉及道德的意志规定的**形式东西**（例如，合乎义务的行动也必须是**出自义务**发生的）。只有一个**同时是义务的目的**才能被称为**德性义务**。因此，后一类义务有好多种（也有各种不同的德性）；与此相反，关于前一类义务只能设想一种义务，但却对所有的行动都有效（有德性的意向）。

德性义务与法权义务的本质区别在于：对于后者来说，一种外在的强制是道德上可能的，但前者仅仅依据自由的自我强制。——对有限的**神圣**存在者（他们就连被引诱去违背义务也根本不可能）而言，没有德性论，而是只有道德论，后者就是实践理性的自律，然而前者同时包含着实践理性的一种**专制**，也就是说，包含着一种尽管不是直接被感知到的，但却是从道德的定言命令中正确推论出来的**能力**意识，即能够控制自己那不服从法则的偏好。这样，人的道德性在其最高阶段上毕竟不比德性多任何东西；即便它完全是纯粹的（除了义务的动机外，完全不受任何外来的动机影响），因为它在这种情况下通常作为一种理想（人们必须不断地迫近的理想）被诗意地以**智者**的名义人格化。

但是，德性也不能仅仅被解释和评价为**技能**和（就像宫廷布道人科修斯的获奖论文[1]所说的那样）长期的、通过练习获得的道德上良好的行动的**习惯**。因为如果这种习惯不是那种深思熟虑的、牢固的、一再提纯的原理的一种结果，那么，它就像出自技术实践理性的任何其他机械作用一样，既不曾对任何情况都作好准备，在新的诱惑可能引起的变化面前也没有保障。 〔384〕

附 释

作为**逻辑上的反面**（contradictorie oppositum［矛盾地相对的］）与德性＝＋a[2]相对立的，是**否定的无德性**（道德上的软弱）＝0，而作为**对立物**（contrarie s. realiter oppositum［相反地或者实际地相对的］）与之相对立的，则是邪恶＝－a，而且这是一个不但多余，而且有伤风化的问题：重大**犯罪**是否绝不比重大**德性**更需要灵魂的力量。因为我们把灵魂的力量理解为一个赋有自由的人的决心的力量，因而是就他人能够控制自己（有理智）而言的，所以是处于人的**健全**状态的。但是，重大犯罪就是其景象使灵魂健全的人不寒而栗的那种发作。所以，问题也许就成为：一个人在暴怒时是否可能会比他有理智时具有更多的物理力量？如果把灵魂理解为人在自由使用其力

① 科修斯（Lonhard Cochius，卒于1779），《偏好研究》，（柏林科学院1767年度）获奖论文，柏林，1769。此外，直接包含着正文所说的东西的这段话，并不存在于纯粹心理学的探讨中。——科学院版编者注

② 参见《纯然理性界限内的宗教》，《康德全集》，第Ⅵ卷，22页；以及《将负值概念引入世俗智慧的尝试》，《康德全集》，第Ⅱ卷，182页［参见《康德著作全集》，第6卷，21页注；第2卷，182～183页。——译者注］。——科学院版编者注

量时的生命原则，那就可以承认上面说的，用不着因此赋予他更多的灵魂力量。因为既然那些重大犯罪的根据仅仅在于**削弱**理性的偏好的势力，这并不证明其灵魂的力量，所以，这个问题就会与如下问题结果相当一样：一个人在发病时是否能比他在健康时表现出更多的力量？这个问题可以径直给予否定性的回答；因为缺乏在于人的所有肉体力量之平衡的健康，是这些力量的系统中的一种削弱，人们只能根据这一系统来评判绝对的健康。

三、设想一个同时是义务的目的的根据

目的是自由任性的一个对象，其概念规定任性去采取一个〔385〕行动（由此那个对象被产生出来）。因此，每一个行动都有其目的，而且既然不**自己**使其任性的对象成为自己的目的，就没有人能够有一个目的，所以，拥有行动的一个目的，这是行动主体的**自由**的一个行为，而不是**自然**的一个作用。但是，由于这个规定一个目的的行为是一个实践原则，这个原则所要求的不是手段（因而不是有条件的），而是目的本身（因此是无条件的），所以，它就是纯粹实践理性的一个定言命令式，从而是把一个**义务概念**与一个一般目的概念联结起来的定言命令式。

于是，就必然存在这样一个目的和一个与该目的相应的定言命令式。因为既然存在自由的行动，就必然也存在那些自由的行动作为客体所指向的目的。但是，在这些目的中间，必然也存在一些同时（亦即按照其概念）是义务的目的。——因为如果不存在这类目的，那么，由于毕竟没有任何行动能够是无目的的，所以一切目的对于实践理性来说就会永远只被视为达成其他目的的手段，而**定言**命令式就会是不可能的；这将取缔

一切道德论。

因此，这里所说的不是人按照其本性的感性冲动而给自己**制订**的目的，而是服从自己的法则的自由任性的对象，**人应当使**这些对象**成为**自己的目的。人们可以把前者称为技术的（主观的）、真正实用的、在其目的的选择中包含着精明规则的目的论，但人们必须把后者称为道德的（客观的）目的论；这种区分在此毕竟是多余的，因为道德论已经通过其概念把自己与自然学说（在此是人类学）清楚地区别开来了，后者依据的是经验性的原则，与此相反，探讨义务的道德目的论依据的则是先天地在纯粹实践理性中被给予的原则。

四、哪些目的同时是义务的目的

它们是：**自己的完善、他人的幸福**。

人们不能把这些目的相互调换，使一方面**自己的幸福**与另一方面**他人的完善**成为自身就是同一个人格的义务的目的。

因为**自己的幸福**虽然是一个所有人（由于其本性的冲动）都具有的目的，但这个目的却永远不能被视为义务而不自相矛盾。每个人不可避免地已经自动想要的东西，就不属于**义务**的概念；因为义务是**强制**具有一个不乐意采纳的目的。所以，说人**有义务**全力促成其自己的幸福，是自相矛盾的。 〔386〕

同样，使一个他人的完善成为我的目的，并认为我对促成这种完善有义务，亦是一个矛盾。因为另一个人作为一个人格，其完善恰恰就在于这一点，即他**自己**有能力按照他自己关于义务的概念为自己设定自己的目的，而且要求（使之成为我的义务）我应当做除了他自己之外没有别的人能够做的事情，是自相矛盾的。

五、这两个概念的阐释

1. 自己的完善

完善这个词遭受了一些误解。它有时被理解为一个隶属于先验哲学、合并起来构成一个事物的杂多之**全体性**的概念，——但也被理解为属于**目的论**的，这样它就意味着一个事物的诸性状与一个**目的**的协调一致。人们可以把前一种意义上的完善称为**量的**（质料的）完善，把第二种意义上的完善称为**质的**（形式的）完善。前者只能是一种完善（因为隶属一个事物的东西的全体是一）。但关于后者，在一个事物中就可以有许多种。我们在此真正要讨论的也是后一种完善。

如果关于属于一般人的（真正说来属于人类的）完善说：使它成为自己的目的，这本身就是义务，那么，它就必须被设定在能够是人行为的结果，而不只是人不得不归功于本性的礼物的东西之中；因为若不然，它就不是义务了。因此，它无非
〔387〕是人的能力（或者自然禀赋）的**陶冶**，其中**知性**作为概念的，从而也是关涉义务的概念的能力是最高的能力，但同时也是对遵循一切一般义务的意志的（道德的思维方式）的**陶冶**。1. 人有义务：努力脱离其本性的粗野，脱离动物性（quoad actum [行为上的]），越来越上升到人性，惟有借助人性人才能为自己设定目的；通过教导来弥补其无知，纠正其失误，而这不只是他的其他方面的意图的技术实践理性（技艺）**建议**给他的，而是道德实践理性绝对地**命令**他这样做，并且使这一目的成为他的义务，以便和他身上的人性相称。2. 把他的**意志**的陶冶一直提升到最纯粹的德性意向，亦即**法则**同时成为他的合乎义务的行为的动机，并且出自义务来服从法则，这就是内在的道德实践的完善性，这种完善性由于是他自己心中的立法意志对

据此行动的能力施加的作用的一种情感，因此是**道德情感**，仿佛是一种特殊的**感觉**（sensus moralis［道德感觉］），这种感觉固然的确往往被狂热地滥用，就好像它（如同苏格拉底的灵机一样）先行于理性，或者也能够根本不需要理性的判断似的，但它毕竟是一种道德上的完善，亦即使每一个同时是义务的特殊目的成为对象。

2. 他人的幸福

幸福，亦即对自己的状态的满足，只要人们确信幸福的持存，期望幸福和寻求幸福就是人的本性不可避免的；但正因为如此，它也不是一个同时是义务的目的。——既然一些人还在道德幸福和自然幸福之间作出区分（前者在于对自己的人格及其特有的道德行为的满足，因而是对他的**所作所为**的满足，后者在于对自然所赐的满足，从而是对他当做外来赠品来**享受**的东西的满足），所以，人们必须注意到：且不指责对这个词的滥用（它已经在自身包含着一个矛盾），前一种感受方式仅仅属于上一节，即完善那一节。——因为在仅仅意识到自己的正 〔388〕
直时感到自己幸福的人，已经拥有上一节被解释为同时是义务的目的的那种完善。

因此，如果关键在于幸福，把幸福当做我的目的来追求应当是义务，那么，这必须是**其他人**的幸福，**我由此也使这些人的**（被允许的）**目的成为我的目的**。至于这些人愿意把什么算做他们的幸福，依然听凭他们自己去评判；只不过我也有权拒绝某些**他们**归入此列，而我并不赞成的东西，如果他们通常并没有权利将这他们自己的事情要求于我的话。但是，用一种假托的责任与那个目的相对立，即必须也关照我**自己的**（自然的）幸福，并且就这样使我自然的、纯然主观的目的成为义务

（客观的目的），这是对上述义务划分（四）的一种虚假的、常常被使用的反对意见，是需要谴责的。

令人讨厌的事、痛苦和匮乏是违背自己的义务的重大诱惑。因此，富裕、强大、健康和一般而言的福祉，是和那种影响相对立的，它们看起来也能被视为同时是义务的目的；也就是说，促成其自己的幸福，使它不仅仅为了他人的幸福。——但这样一来，这种幸福就不是目的，而主体的道德性才是目的，为这个目的清除障碍，只是被允许的手段；因为没有其他人有权要求我牺牲我那并非不道德的目的。为自己谋求富裕，并不直接地是义务，但却间接地能够是这样一种义务：亦即防止贫穷，贫穷是恶习的一大诱惑。但这样一来，它就不是我的幸福，而是我的道德性了，保持道德性的完美无疵是我的目的，同时也是我的义务。

六、伦理学不为行动立法（因为这是法学的事），而是只为行动的准则立法

义务概念直接与**法则**相关（即便我还抽掉作为法则的质料的一切目的）；就像义务的形式原则在“要如此行动，使你的行为准则能够成为一个普遍**法则**”的定言命令式中已经显示的那样；只不过在伦理学中这个法则被设想为**你**自己的**意志**的法则，而不是被设想为也能够是他人意志的一般意志的法则；这样一来，在伦理学中，它就会提供一种不属于伦理学领域的法权义务。——准则在此被视为仅仅**获得资格**进行一种普遍立法的主观原理；这只是一个否定的原则（与一个一般法则并不矛盾）。——但在这种情况下，还怎么可能对行动准则有一个法则呢？

〔389〕

惟有一种同时是义务、为伦理学所特有的目的的概念，才

论证了行动准则的法则，因为主观目的（人人都有的目的）被置于客观目的（人人都应当使之成为自己目的的目的）之下。“你应当使这个或者那个（例如他人的幸福）成为你的目的”，这一命令式涉及任性的质料（一个客体）。既然不是行动者同时企求一个目的（作为任性的质料），就没有任何自由的行动是可能的，所以，如果有一个同时是义务的目的，行动准则作为达成目的的手段就必定只包含着获得一种可能的普遍立法的资格的条件；对此，同时是义务的目的使得具有这样一个准则成为一个法则，然而对于准则本身来说，与一种普遍的立法相一致的纯然可能性就已经足够。

因为行动的准则可以是**任性的**，而且仅仅受制于作为行动的形式原则的、一种普遍立法的资格的限制性条件。但是，一个法则取缔行动的任性的东西，而且在这一点上与一切**颂扬**（这里只要求知道达成一个目的的最恰当手段）不同。

七、伦理义务是广义的责任，而法权义务则是狭义的责任 〔390〕

这个命题是从上一个命题得出的结论；因为如果法则要求行动的准则，而不能要求行动本身，那么，这就是一个信号，即法则为遵循（遵从）留下了自由任性的一个活动空间（latitudo），也就是说，不能确定地说明应当如何通过行动为同时是义务的目的而发挥作用，以及发挥多少作用。——但是，一种广义的义务并不被理解为对行为准则之例外情形的一种许可，而只是一个义务准则被另一个义务准则所限制（例如，因为爱父母进而爱邻人）的许可，由此事实上扩大了德性实践的领域。——义务越宽泛，从而人去行动的责任越不完全，尽管如此他（在自己的意向中）使遵从这种责任的准则越接近**狭义的义务**（法权义务），其德性行动就越完全。

所以，惟有不完全的义务才是**德性义务**。德性义务的履行是**功德**（meritum）＝＋a；但对它的违背却并不马上就是**过失**（demeritum）＝－a，而仅仅是道德上的**无价值**＝0，除非主体的原理就是不服从那些义务。第一种情况中决心的坚强其实只是德性（virtus），第二种情况中的软弱与其叫做**恶习**（vitium），还不如说只是**无德性**，是道德上的坚强的缺乏（defectus moralis［道德上的匮乏］）。（正如德性这个词源于“适用”一样，无德性源于“一无所用”。）任何违背义务的行动都叫做**犯罪**（peccatum），而蓄意的、已经成了原理的犯罪则真正构成人们称为**恶习**（vitium）的东西。

虽然行动对法权的适应（做一个守法的人）不是什么有功德的事，但这样一些行动的准则的适应，作为义务，亦即对法权的**敬重**，却是**有功德的**。因为人由此**使**人性的，或者还**使**人的法权**成为**自己的**目的**，并且由此使其义务概念扩展到**本分**（officium debiti［亏欠的义务］）概念之外；因为一个他人从
〔391〕自己的法权出发可以要求我作出遵循法则的行动，但却不能要求这条法则也同时包含着作出这些行动的动机。“出自义务而合乎义务地行动”，这个普遍的伦理命令也具有这种情况。在内心建立并激发这种意向，与前面的意向一样是**有功德的**，因为它超出了行动的义务法则，并且使法则自身同时成为动机。

但正因为如此，这些义务也必须被归为广义的责任，就广义的责任而言出现了其伦理**回报**的主观原则（确切地说是为了使这些义务尽可能接近一种狭义的责任的概念），亦即按照德性法则对它们的易感性的主观原则，也就是一种道德上的愉快的原则，这种愉快超出了纯然的对自己的满意（这只能是否定性的），而且人们赞美它：说德性在这种意识中就是它自己的酬报。

如果这种功德是人对他人的功德，即促成他人的自然的、

被所有人承认的目的（使他人的幸福成为自己的幸福），那么，人们就可以把这称为**甜美的功德**，对它的意识带来一种道德上的享受，人们愿意通过同喜同乐而**沉浸**在这种享受中；然而，**苦涩的功德**，亦即对于他人的真正福祉来说，即便他人没有认出它就是福祉，毕竟也（在无法辨认的、吃力不讨好的事情上）促成它，却通常没有这样一种反作用，而是只会造成对自己的**满意**，虽然在后一种情况下这种功德还会更大些。

八、对作为广义义务的德性义务的解说

1. 自己的完善作为同时是义务的目的

a. **自然的**完善，亦即促成由理性提交的目的的所有一般**能力**的**培养**。这是义务，因而本身就是目的，而且那种培养甚至无须考虑它向我们保证的好处，不以一个有条件的（实用的）命令式为基础，而是以一个无条件的（道德的）命令式为基础，这一点应当由此看出来。一般而言为自己设定某个目的的能力，是人类的显著特征（与兽类有别）。因此，与我们自 〔392〕己人格中的人性的目的相结合的，也有理性意志，因而有如下义务，即一般而言通过培养为人性作出贡献，就实现各种各样可能目的的**能力**在人本身可以发现而言获得或者促进这种能力，也就是说，是培养其本性中的原始禀赋的义务，惟有这样动物才升华为人：因此是义务自身。

然而，这种义务仅仅是伦理的，亦即具有广义的责任。人们究竟在培养方面（在扩展或者校正自己的知性能力方面，亦即在知识或者技艺能力方面）应当走多远，并没有任何理性原则作出明确的规定；人们可能进入的处境的不同，也使他应当为之培植其才能的工作的种类选择非常任意。——所以，这里没有行动的理性法则，而是只有行动准则的理性法

则，这个准则就是，“培养你的心灵力量和肉体力量以适应你可能碰到的一切目的”，不确定的是其中哪些目的将来会成为你的目的。

b. 我们心中的**道德性的培养**。人的最大的道德完善是：尽自己的义务，确切地说是**出自义务**而尽义务（法则不单是行动的规则，而且是行动的动机）。——现在，这种法则虽然乍看起来似乎是一种**狭义**的责任，每一行动的义务原则似乎以一个法则的精确性和严格性不但要求**合法性**，而且要求**道德性**，亦即意向。但事实上，法则在这里也只要求**行动的准则**，即不是在感性冲动（好处或者坏处）中，而完全是在法则中寻找承担义务的根据，——因而不是要求**行动本身**。——因为对于人来说，如此看穿他自己的内心深处，以至于他往往只是在**一个**行动中就能完全确知，其道德意图的纯粹性和意向的纯洁性是不可能的，即便他毫不怀疑这个行为的合法性。毋宁是那制止一种犯罪冒险的软弱，被同一个人视为德性（它提供了坚强的概念），而且有多少人可以度过漫长无罪的人生，他们只是**侥**
〔393〕**幸地**避开了如此多的诱惑；就每一次行为而言，究竟有多少纯粹道德的内容处于意向中，对他们自己来说依然是隐秘的。

因此，就连这种不仅按照合法性，而且按照道德性（意向）来评估其行动之价值的义务，也仅仅具有**广义的**责任，法则并不要求人的心灵本身中的这种内在行动，而只要求行动的准则：尽一切能力使得对一切合乎义务的行动来说，义务的思想独自就是充分的动机。

2. 他人的幸福作为同时是义务的目的

a. **自然的福祉**。**善意**可以是漫无边际的，因为这里可以不做任何事情。而**行善**施行起来要困难得多，尤其是当它应当不是出自对他人的好感（爱慕），而是出自义务，要牺牲和伤害某些情欲而发生的时候。——这种善行是义务，这一点产生自：由于我们的自爱不可能与被他人爱（在危难时得到帮助）的需要相分离，所以我们使自己成为他人的目的，而且这种准则永远只有通过取得一个普遍法则的资格，因而通过一个意志，才能让人有责任也使他人对我们成为目的，所以，他人的幸福就是一个同时是义务的目的。

然而，我应当拿我自己的一部分福祉奉献给他人而不图回报，因为这是义务，而且这可以走多远，不可能给出一个明确的界限。这在很大程度上取决于，对于每个人来说，按照他的感知方式，什么将是真正的需要，这种需要必须听凭每个人自己去决定。因为以牺牲自己的幸福（真正的需要）来促成他人的幸福，本身就会是一个自相矛盾的准则，如果人们使它成为普遍的法则的话。所以，这种义务只是一种**广义的**义务，它在这方面做多做少，有一个回旋的余地，不能明确地给出它的界限。——法则只适用于准则，而不适用于确定的行动。

b. 他人**道德上的福乐**（salubritas moralis）也属于其幸 〔394〕
福，促成这种幸福对我们来说是义务，但只是消极的义务。一个人出于内疚而感到的痛苦，虽然其起源是道德上的，但毕竟在结果上是自然的，例如忧伤、恐惧和任何其他病态的状况。防止那人被这种内心责难理所当然地击中，这虽然本来就不是**我的**义务，而是**他自己的**事情；但是，不做任何事情，按照人的本性就会是误导人做其良知事后使他可能为之痛苦的事情，人们把这称为丑闻。——但是，这不是什么确定的界限，在这些界限之内这种小心谨慎可以被视为他人在道德上的满意；因此，以此为基础的仅仅是一种广义的责任。

九、什么是德性义务

德性就是人在遵循自己的义务时准则的力量。——任何力量都只是通过它能够克服的障碍才被认识到；但在德性这里，这些障碍就是可能与道德决心相冲突的自然偏好，而且既然正是人为自己的准则设置了这些路障，所以，德性就不单是一种自我强制（因为那样的话，一种自然偏好就可能力图强制另一种自然偏好），而且是一种依据一个内在自由原则，因而通过义务的纯然表象依据义务的形式法则的强制。

一切义务都包含着一个由法则而来的**强制**的概念；**伦理**义务包含着这样一种强制，对于它来说只可能有一种内在的立法，与此相反，法权义务则包含着这样一种强制，对于它来说也可能有一种外在的立法；因此，二者都有一种强制，无论是自我强制还是通过他人来强制：这样一来，前者的道德能力就可以被称为德性，产生自这样一种意向（对法则的敬重）的行动就可以被称为德性行动（伦理的），尽管法则表达的是一种法权义务。因为正是**德性论**要求把人的法权视为神圣的。

但是，做了就是德性的事情，并不因此马上就是真正的**德性义务**。前者只能涉及准则的**形式东西**，后者则关涉准则的质料，亦即关涉一个同时被设想为义务的**目的**。——但是，既然
〔395〕对那些可能有许多种目的的伦理责任只是一种**广义**的责任，因为它在这里只包含着一个对行动准则来说的法则，而且目的就是任性的质料（客体），所以，就存在着许多因合法目的不同而不同的义务，这些义务被称为**德性义务**（officia honestatis）；这正是因为它们只服从自由的自我强制，不服从别的人，而且它们规定着同时是义务的目的。

德性，作为在坚定的意向中建立的意志与任何义务的一

致，与所有**形式的东西**一样都仅仅是同一个义务。但就行动的同时是义务的目的而言，亦即就人们应当使之成为自己的目的的东西（质料的东西）而言，就可能有更多的德性，而对目的准则的责任就叫做德性义务，因此，德性义务有许多种。

德性论的至上原则是：你要按照一个**目的**准则行动，拥有这些目的对任何人而言都可以是一个普遍法则。——按照这一原则，人无论对自己还是对他人都是目的，而且他既无权把自己也无权把他人仅仅当做手段来使用（这时他毕竟可能对他人也漠不关心），这还不够；相反，使一般而言的人成为自己的目的，这本身就是人的义务。

德性论的这一原理，作为一个定言命令式，不可以作任何证明，但完全可以从纯粹实践理性出发作一种演绎。——在人与自身及他人的关系中**能够**是目的的东西，就是纯粹实践理性面前的目的；因为纯粹实践理性就是一种一般的目的能力，所以就这些目的而言漠不关心，亦即对它们毫无兴趣，这是一个矛盾，因为那样的话，它也就不会规定行动的准则（后者在任何时候都包含着一个目的），因而就会不是实践理性了。但是，纯粹理性不能先天地要求任何目的，除非它把这样一些目的同时宣布为义务；这些义务在这种情况下就叫做德性义务。

十、法权论的至上原则是分析的，而德性论的至上原则却是综合的 〔396〕

外在的强制，就它是一种与按照普遍法则而协调一致的外在自由的障碍相对立的阻抗（外在自由的障碍的障碍）而言，能够与一般的目的并行不悖，这一点按照矛盾律是显而易见的，而且为了看出它，我不可以超出自由的概念；每个人都有的目的可能就是他所愿望的。——因此，至上的**法权原则**是一个分析命题。

与此相反，德性论的原则超出了外在自由的概念，而且按照普遍的法则还把一个它使之成为义务的**目的**与外在自由的概念联结起来。所以，这个原则是综合的。——其可能性就包含在演绎之中（第九节）。

义务概念的这种扩展，超出了外在自由及其因自己普遍一致的纯然形式的东西而受限制的概念，在这里建立起来的是**内在的**自由而不是来自外部的强制，是自我强制的能力，确切地说不是凭借别的偏好，而是通过纯粹实践理性（它蔑视所有这种中介），这种扩展就在于：通过它建立起了法权完全弃之不顾的目的，它由此也高过了法权义务。——在道德命令式和为它所必需的自由前提中，**法则**、**能力**（实现法则的能力）和规定准则的**意志**构成了所有形成法权义务概念的要素。但是，在要求德性义务的意志中，还在一种自我强制的概念之上添加了一个**目的**的概念，这个目的不是我们具有的，而是我们应当具有的，因而是纯粹实践理性自身具有的，纯粹实践理性最高的、无条件的目的（但毕竟始终还是义务）就被设定在：德性就是它自己的目的，就它为人作出的功德而言，它也是它自己的酬报〔在这里，德性作为理想如此光辉灿烂，以至于它在人的眼里似乎使永不被诱惑犯罪的**神圣**本身也黯然失色①；这仍

① 人即便有其缺陷，
也胜过一群无意志的天使。*
——哈勒

*阿尔布莱希特·哈勒：《论灾祸的起源》，1734，2页。康德引用得不精确的诗句原为：
因为上帝不喜欢强制，尘世即便有其缺陷，
也胜过无意志的天使之国。——科学院版编者注

然是一种欺骗，因为既然我们没有尺度来衡量作为那时已经可 〔397〕
以被克服的障碍（就是存在于我们内心的偏好）之大小的强度，我们就受到误导，把评价一种大小的**主观**条件视为大小自身的**客观**条件〕。不过，与都有其需要克服的障碍的**人类目的**相比，具有其正确性的是：德性本身作为它自己的目的，其价值远远胜过一切用处和一切经验性的目的，以及它本来可能作为自己的后果带来的好处。

人们也完全可以说：人理应**有**德性（作为一种道德力量）。因为尽管绝对能够并且必须**预设**由于自己的自由而克服一切感性地起相反作用的冲动的能力（facultas），但毕竟这种能力作为力量（robur）是某种必须来获得的东西，其方式是通过对我们心中的纯粹理性法则之尊严的沉思（contemplatione），但同时也通过**练习**（exercitio）来振奋道德的**动机**（法则的表象）。

十一、德性义务的图型可以按照上述原理以如下方式来图示 〔398〕

德性义务的质料性东西

内在的德性义务	1. **自己的目的**，对我来说同时就是义务。（我自己的**完善**）	2. **他人的目的**，促成它对我来说同时就是义务。（他人的**幸福**）	外在的德性义务
	3. **法则**，同时是动机。一切自由的意志规定的**道德性**都依据它。	4. **目的**，同时是动机。一切自由的意志规定的**合法性**都依据它。	

德性义务的形式性东西

〔399〕 十二、心灵对于一般义务概念的易感性之感性论先行概念

正是这样一些道德性状，如果人们不具有它们，也就不可能有义务使自己拥有它们。——它们是**道德情感**、**良知**、**对邻人的爱**和对自己的**敬重**（**自重**），不存在拥有它们的责任；因为它们是作为对义务概念的易感性的**主观**条件，而不是作为客观条件为道德性奠定基础的。它们全都是感性的，而且是先行的，但却自然的心灵禀赋（praedispositio），可以被义务概念所激发；拥有这些禀赋，并不能被看做义务，相反，它们是每个人都具有的，而且凭借它们每个人都可以被赋予义务。——对它们的意识不具有经验性的起源，而只能是作为道德法则对心灵的作用，在一种道德法则的意识之后发生。

1. 道德情感

道德情感只是对于出自我们的行动与义务法则相一致或者相冲突这种意识的愉快或者不快的易感性。但是，任性的一切规定都是从可能的行动的表象出发，通过对行动或者其后果感兴趣的愉快或不快的情感，而达成事实的；在这里，**感性的**状况（内感官受刺激的状况）要么是一种**病理学的**情感，要么是一种**道德的**情感。——前者是一种先行于法则的表象的情感，而后者则只能是继法则的表象而起的情感。

现在，不可能存在任何拥有一种道德情感或者获得这样一种道德情感的义务，因为一切责任意识都把道德情感当做基础，以便意识到蕴涵在义务概念中的强制；而是每个人（作为一个道德存在者）心中原本就有这种道德情感；但是，责任只能在于**培养**这种情感，甚至通过对其不可探究的起源的惊赞来

强化它，做到这一点，乃是通过指出，它是如何排除一切病理学的刺激并在其纯洁性上通过纯然的理性表象恰恰最强烈地激发出来的。 〔400〕

把这种情感称为道德**感觉**并不恰当；因为感觉这个词通常被理解为一种理论的、与一个对象相关的感知能力；与此相反，道德情感（例如一般而言的愉快或者不快）是某种纯然主观的东西，它并不提供认识。——没有人不具有任何道德情感；因为如果对这种感受完全没有易感性，人在道德上就会死了，而如果（用医生的话说）道德的生命力不再能对这种情感造成任何刺激，那么，人性（仿佛是按照化学法则）就会化为纯然的动物性，而且会不可逆转地混杂进大量其他的自然存在者之中。——不过，虽然人们经常这样表述，但正如我们对真理很少有一种特殊的**感觉**一样，我们对（道德的）善与恶同样很少有一种特殊的感觉，而是有自由任性对自己被纯粹实践理性（及其法则）所推动的易感性，而这就是我们称之为道德情感的东西。

2. 良知

同样，良知也不是什么可以获得的东西，而且没有任何获得一种良知的义务；而是每一个人作为道德存在者都本来在心中**有**这样一种良知。说有责任有一种良知，就会等于是说：对自己有义务承认义务。因为良知就是在一个法则的任何事例中都告诫人有作出赦免或者宣判的义务的实践理性。因此，良知的关系不是与一个客体的关系，而是仅仅与主体的关系（通过其行为激发道德情感）；因而是一种必然发生的事实，并不是责任和义务。因此如果人们说：这个人没有良知，则人们说的是：他没把良知的呼声当回事。因为如果他真的没有良知，他

也就不会把自己归为合乎义务的，或者指责自己是违背义务
〔401〕的，因而也根本不可能设想自己有义务具有良知。

在此，我还不打算讨论良知的种种划分，只是提醒注意从上述引证中得出的东西，也就是说，一个**会犯错误的**良知是胡说八道。因为在某种东西是不是义务的客观判断中，人们有时很可能出错；但在我是否为了作出那种判断已经把它与我的实践理性（在此是判决的理性）进行了比较的主观判断中，我不可能出错，因为那样的话，我在实践上就根本不会作出判断；在这种情况下就既没有错也没有对。**无良知**不是缺乏良知，而是不把良知的判断放在心上的癖好。但是，如果有人意识到已经是在按照良知行动的，那么，就罪过或者无辜而言，就不能再要求他任何东西。他的责任仅仅是对自己关于什么是义务或者不是义务的知性进行启蒙；不过，一旦他开始这样做或者已经做了，良知就不由自主地和不可避免地要说话。因此，按照良知去行动，本身不可能是义务，因为若不然，就还必须有一个第二良知，来意识到前者的行为。

义务在这里只是培养自己的良知，磨砺对内在法官的呼声的注意力，并运用一切手段（因此只是间接的义务）来倾听良知。

3. 人类之爱

爱是**感知**的事情，不是意愿的事情，而且我能够爱，不是因为我**愿意**，但更不是因为我**应当**（被强制去爱）。因此，一种**爱**的义务是胡说八道。不过，**善意**（amor benevolentiae [善意的爱]）作为一种行为可以服从于义务法则。但是，人们常常把一种对他人无私的善意也（尽管不是本义的）叫做**爱**；不错，在善意所涉及的不是他人的幸福，而是使自己的所有目

的完全并且自由地顺从于另一个（哪怕是一个超人的）存在者的目的的地方，人们说的是同时对我们而言是义务的爱。但是，一切义务都是强迫，是一种强制，哪怕它是按照一个法则的自我强制。不过，人们出于强制而做的事，并不是由于爱而这么做的。

尽我们的能力向他人**行善**是义务，不论爱不爱他们，即便人们不得不作出忧伤的说明："真可惜，我们的族类并不适合于在人们更仔细了解它时，可以认为它特别值得爱"，也丝毫无损于这种义务的重要性。——**仇视人**在任何时候都是**可恨的**，哪怕它没有实际的攻击而仅仅在于对人的完全抛弃（分裂主义的厌恶人类）。因为善意始终还是一种义务，哪怕是对于仇视人类者，人们当然不可能爱这种人，但毕竟可以向他表示善意。 〔402〕

但是，憎恶人身上的恶习，既不是义务也不是违背义务的，而是对恶习的一种纯然厌恶感，意志对这种情感并没有一些影响，或者反过来这种情感对意志也没有一些影响。**行善**是义务。经常履行这种义务，并且实现了自己的行善意图的人，最后就真的爱上了那个他曾经对之行善的人。所以，如果这叫做你应当**爱**你的邻人如你自己，那么，它就并不叫做你要直接地（首先）去爱并且借助这种爱（然后）行善，而是叫做对你的邻人**行善**，并且这种行善将在你心中造成人类之爱（作为一般行善偏好的能力）！

因此，惟有对**满意**的爱（amor complacentiae）才会是直接的。但是，对这种爱（作为一种与一个对象的实存的表象直接结合的愉快），亦即不得不被迫对此感到愉快，这是一个矛盾。

4. 敬重

敬重（reverentia）同样是某种纯然主观的东西，一种独特的情感，不是关于一个有义务去造就和促成的对象的一个判断。因为义务作为义务来看，只有通过我们对它持有的**敬重**才能被表现出来。因此，有义务去敬重就会等于是说让人有义务去有义务。——据此，如果说人有自重的**义务**，那么，这种说法就是不正确的，而毋宁是必须说：人心中的法则迫使他不可
〔403〕避免地**敬重**他自己的本质，而这种情感（它是一种独特的情感）就是某些义务，亦即某些能够与对自己本身的义务共存的行动的一个根据；而不是说：人**有**敬重自己的义务；因为人必须对内心的法则本身持有敬重，哪怕只是为了可以设想一种一般的义务。

十三、在讨论一种纯粹的德性论时的道德形而上学普遍原理

第一，对于一个义务来说，也只能找出承担义务的一个**惟一的**根据，如果对此作出两个或者更多的证明，那么，这就是一个可靠的标志，说明人们要么还根本没有一个有效的证明，要么也存在着多个并且不同的义务，人们却把它们视为一个。

因为一切道德的证明作为哲学的证明，都只能借助于一种**出自概念**的理性认识来进行，而不是像数学提供的证明那样是通过概念的构造来进行的；后者允许对同一个命题有多种证明，因为在先天**直观**中对一个客体的性状可以有多种规定，它们都回溯到同一个根据。——例如，如果对于诚实的义务来说，首先要从谎言对他人造成的**损害**出发作出一个证明，但然后也要从一个说谎者的**卑鄙**和对自我敬重的侵犯出发作出一个证明，那么，在前一个证明中得到证明的就是一种善意的义务，而不是一种诚实的义务，因而不是人们要求证明的这种义务，而是另一种义务。——但是，涉及对同一个命题的多种证

明，人们沾沾自喜于根据的数量将弥补单独采用任何一个根据而在分量上的欠缺，那么，这就是一种非哲学的托辞，因为它表露出欺诈和不真诚。——因为把不同的不充分的根据**并列**起来，并不使一个根据弥补另一个根据的不足而达到确定性，甚至连或然性也不能达到。它们必须作为根据和后果而**在一个序列中**一直**前进**直至充足的根据，并且也只能以这种方式进行证明。——而尽管如此，这却是说服艺术的惯用技巧。 〔404〕

第二，德性与恶习的区别绝不能在遵循某些准则的程度中去寻找，而是必须仅仅在这些准则特殊的质（与法则的关系）中去寻找。换句话说，（亚里士多德的）受到称赞的原理，即把德性设定为两种恶习之间的**中道**，是错误的。① 例如，假设

① 惯常的、语言上的伦理学经典语式：medio tutissimus ibis［走中道最妥当］*；omne nimium vertitur in vitium［过犹不及］**；est modus in rebus［万事有限度］*** 等等；medium tenuere beati［持守中道有福］****；insani sapiens nomen habeat［智者有狂名］***** 等等，包含着一种索然无味的智慧，它根本就没有什么确定的原则，因为两个极端之间的这个中道究竟由谁来给我说明呢？**吝啬**（作为恶习）与节俭（作为德性）的区别并不在于后者做得**太过分**，而是有着一个完全**不同的原则**（准则），亦即把家政的目的不是设定在享受其财富，而是放弃这种享受而仅仅**占有**财富，就像**浪费**这种恶习不应当在过度享受其财富中，而应当在坏的准则中去寻找一样，这种恶的准则使得不加保留的使用成为惟一的目的。

* 奥维德：《变形记》，Ⅱ，137。——科学院版编者注

** 大概难以是古代的，最为接近的大概是塞涅卡：《论灵魂的宁静》，9，6：vitiosum est ubique，quod nimium est［无论何处，过即错失］。——科学院版编者注

*** Est modus in rebus，sunt certi denique fines，quos ultra citraque nequit consistere rectum［万事有限度，归根结底有一定的界限，在这些界限之外和之前

好的家政就是两种恶习，亦即浪费与吝啬之间的**中道**，那么，它作为德性就不能被表现为通过上述两种恶习的第一种的逐渐减少（节省）而产生的，也不能被表现为通过顺从第二种恶习的人的开支增加而产生的，就好像它们按照相反的方向在好的家政中相遇似的；相反，这两种恶习的每一种都有其自己与别的准则必然相抵触的准则。

同样，而且出自同样的理由，没有任何恶习一般而言能够用对某些意图的实施**大于**其合目的性来解释（e. g. Prodigalitas est excessus in consumendis opibus［例如，浪费就是消费财物过度］），或者用对某些意图的实施小于恰如其分来解释（e. g. Avaritia est defectus etc. ［例如，吝啬就是消费财物不足］）。因为既然由此根本没有规定**程度**，而行为是否合乎义务，一切都取决于这个程度，所以，这就不能用于作解释。

第三，伦理义务必须不是按照赋予人的遵循法则的能力来评价，而是相反，道德能力必须按照无条件地发布命令的法则
〔405〕来评价，因而不是按照我们关于人是怎样的的经验性知识来评价，而是按照关于人依据人性的理念应当是怎样的的理性知识来评价。对一种德性论的科学探讨的这三条准则是与更古老的格言正相对立的：

1. 只有一种德性，且只有一种恶习。
2. 德性就是遵循两种相反意见之间的中间道路。

不可能有正当的东西］，贺拉斯：《谈话录》［即《讽刺诗集》，贺拉斯自称其为《谈话录》。——译者注］，Ⅰ，1，106。——科学院版编者注

**** 大概难以是古代的。——科学院版编者注

***** 贺拉斯：《书札》，Ⅰ，6，15。但在第2版中不是这句话，而是 Virtus est medium etc. ［德性就是中道，等等］，贺拉斯：《书札》，Ⅰ，18，9。参见409页$_{3}$；433页$_{31}$。——科学院版编者注

3. 德性必须（与精明一样）从经验中学到。

一般德性

德性意味着意志的一种道德力量。但这还没有穷尽这个概念；因为这种力量也可能属于一个**神圣的**（超人的）存在者，在他身上没有任何阻碍的冲动来抵制他的意志的法则；因此，他很乐意遵循法则来做这一切。所以，德性是一个**人**在遵从其**义务**时意志的道德力量，义务是由其自己的立法理性而来的一种道德**强制**，如果这理性把自己构建成一种执行法则的力量本身的话。——德性并非自身就是义务，或者拥有德性并不是义务（因为若不然，就必定会有为义务而承担义务），而是义务发布命令，并且以一种道德的（按照内在自由法则可能的）强制来伴随其命令；但由于强制应当是不可抗拒的，为此就需要力量，力量的程度我们只能通过人由于其偏好而给自己造成的障碍的大小来度量。恶习，作为违背法则的意向的产物，是人现在必须与之战斗的怪物；所以，这种道德力量，作为**勇气**（fortitudo moralis［道德勇气］），也构成了人最大的、惟一的、真实的战斗荣誉，它也被称为真正的智慧，亦即实践的**智慧**，因为它使人生存于世的**终极目的**成为自己的目的。——只有拥有了它，人才是自由的、健康的、富有的，是一个国王，如此等等，而且人既不能因为偶然也不能因为命运而受损，因为人自己拥有自己，有德性的人不可能失去其德性。

与人类在其道德完善方面的理想有关的种种赞美，不会因为人们现在是、曾经是，或者也许将来是的样子的反面实例而在其实践的实在性上有丝毫损失，从纯然的经验知识产生的**人类学**不可能对由无条件地立法的理性确立的**人类规范学**造成损害，而且尽管德性（就其与人的关系，不是与法则的关系而 〔406〕

言）有时也可以叫做有功德的，而且值得称赞，但它毕竟必须独自就像它是它自己的目的一样，也被看做它自己的酬报。

德性，在其完全的完善性上看，就被表现得不像是人拥有德性，而好像是德性拥有人似的，因为在前一种情况中，看起来就好像人还曾作选择似的（那样一来，他就会还需要另一种德性，以便在每一件别的提供出来的物品之前挑选德性）。——设想有多种德性（毕竟这样想是不可避免的），无非是设想有不同的道德对象，意志被从德性的惟一原则出发导向这些对象；相反的恶习的情况也同样如此。使两者人格化的表述就是一台感性的机器，但却是一台指向一种道德感觉的机器。——因此，一种道德的感性论虽然不是道德形而上学的一个部分，但却是其主观的展示：在这里，伴随着道德法则的强制性力量的情感，可以使人感受到那种力量的效用（例如讨厌、害怕等，它们使道德的厌恶感性化），以便对纯然感性的刺激赢得优势。

十四、德性论与法权论相分离的原则

就连一般**道德论**的总划分所依据的这种分离也是基于：为德性论和法权论所共有的自由概念使得划分为**外在**自由的义务和**内在**自由的义务成为必然的；其中只有后一种义务才是伦理的。——因此，这种义务，确切地说作为一切**德性义务**的条件（正如上面良知的学说作为所有一般义务的条件一样），必须被
〔407〕作为准备性的部分（discursus praeliminaris［跨越前面的门槛］）放在前面。

附释：遵循内在自由原则的德性论

熟巧（habitus）是行动的一种轻松和**任性**的一种主观完

善。——但是，并不是任何这样的**轻松**都是一种**自由的**熟巧（habitus libertatis）；因为如果它是**习惯**（assuetudo），亦即通过经常重复的行动成为**必然性**的行动的千篇一律，那么，它就不是一种从自由产生的熟巧，因而也不是道德的熟巧。所以，人们不能以自由的合法行动中的**熟巧**来定义德性。不过，如果补充说，"在行动时通过法则的表象来规定自身"，那就可以了，此时这种熟巧就不是任性的性状，而是作为一种以自己所接纳的规则同时普遍立法的欲求能力的意志的性状，只有这样一种熟巧才能被算做德性。

但是，内在自由要求两点：在一个给定的情况下**控制**自己（animus sui compos［把握自己的灵魂］）和做自己的**主人**，这就是说，**驯服**自己的激情、**驾驭**自己的情欲。——在这两种状态中的**性情**（indoles）是**高尚的**（erecta），但在相反的情况下则是卑下的（indoles abiecta serva）。

十五、德性首先要求对自己本身的控制

激情与**情欲**在本质上是彼此不同的；前者属于**情感**，这是就情感先行于思虑，使得思虑本身不可能或者更难而言的。因此，激情就叫做**突如其来的**（animus praeceps），而理性则通过德性概念说话，人应当**把握**自己；然而，在人的知性使用上 〔408〕
的这种弱点与心灵运动的强烈相结合，只是一种**无德性**，仿佛是某种童稚的、软弱的东西，完全能够与最好的意志共存，并且本身还具有惟一的善，亦即使得这种风暴很快平息。因此，一种激情的癖好（例如**愤怒**）与恶习并不像情欲那样有密切关系。与此相反，**情欲**是已经成了持久偏好的感性**欲望**（例如与愤怒相对立的仇恨）。沉湎于这种情欲的那种平静准许思虑，允许心灵就此为自己制定原理，而且一旦偏好落到违背法则的

事情上，就孵化这偏好，使之深深扎根，并由此把恶（作为故意的）纳入自己的准则；在这种情况下，这就是一种**经过培养的**恶，即一种真正的**恶习**。

因此，德性只要基于内在的自由，对人来说就也包含着一项肯定的命令，亦即把人的一切能力和偏好都纳入自己的（理性的）控制之下，因而是对自己的统治的命令，这种统治添加在禁令之上，即不让自己受情感和偏好的统治（**不动情**的义务），因为，若不是理性执掌驾驭的缰绳，情感和偏好就会对人扮演主人。

十六、德性必然以不动情（被看做坚强）为前提

不动情这个词，好像就是没有情感，因而就任性的对象而言意味着主观的漠然，就落了个坏名声；人们视其为弱点。这种误解可以这样来预防，即人们把这种与冷淡不同的无激情称为**道德上的不动情**：此时出自感性印象的情感之所以失去了对道德情感的影响，只是由于对法则的敬重总的来说要比上述情感更强有力。——惟有一个发烧病人虚假的力量，才把对善的
〔409〕强烈关切一直提升到激情，或者毋宁说使其蜕化为激情。人们把这一种激情称为**狂热**，而到了这里也就该解释**节制**了，人们习惯于把它甚至推荐给德性的实施（insani sapiens nomen habeat aequus iniqui —ultra quam satis est virtutem si petat ipsam［智者有狂名，直者有枉名——超出这种德性获得德性本身就够了］。——贺拉斯①）。因为若不然，认为人们也可能**太有智慧、太有德性**，就是荒唐的。激情永远属于感性，无论它

［①参见上文404页$_{27}$以下。——科学院版编者注］

被一个什么样的对象激起。德性的真正力量就是**平静中的心灵**及其一种深思熟虑的和果断的决定，即实施德性的法则。这就是道德生活中的**健康**状况；与此相反，激情即便是由**善**的表象激起的，也仍是一种昙花一现、留下疲倦的现象。——但是，这样的人毕竟可以被称为幻想有德性的，他不承认在道德性方面**无关紧要的事物**（adiaphora），而且亦步亦趋地紧紧跟随义务，而不认为当我拥有两者时，究竟是吃肉还是吃鱼，喝啤酒还是喝葡萄酒，本是无关紧要的事；这是一种事无巨细的观点，如果人们把它纳入德性论，它就会使德性的统治成为暴政。

附 释

德性始终处在进步中，但也总是**从头**开始。——前一种情况乃是出自，德性**客观上**看是一个理想，不可企及，但尽管如此，不断地逼近这个理想仍然是义务。第二种情况**主观上**看基于人受偏好刺激的本性，在本性的影响下德性以其一劳永逸地采纳的准则永远不能使自己平静和停滞，而是只要不处在上升中就不可避免地要沉沦，因为道德准则不像技术准则那样可以建立在习惯之上（因为这属于其意志规定的自然性状），而是即便德性的实施成为习惯，主体也会在采用其准则时失去**自由**，而这种自由正是一个出自义务的行动的特征。

十七、德性论之划分的预备概念 〔410〕

第一，就**形式的东西**而言，划分的这一原则必须包含一切有助于把总的道德论的一个部分与法权论区别开来，确切地说按照类属的形式区别开来的条件，而这样做是通过：1. 德性义务是对之没有任何外在立法的义务；2. 既然毕竟一切义务都必须以一个法则为基础，所以这个法则在伦理学中就可以是一个义务法则，它不是为行动而立，而只是为行动的准则而立的；3.（又从这一点得出）伦理义务必须被设想为**广义的**义务，而不是被设想为狭义的义务。

第二，就**质料的东西**而言，德性论必须不仅被确立为一般的义务学说，而且也被确立为**目的学说**，以至于人有责任既把自己也把任何他人设想为自己的目的（人们习惯于把它称为爱自己和爱邻人的义务），这些术语在此是在非本真的涵义上使用的，因为对爱来说不可能存在什么义务，倒是对行动来说有，人通过行动使自己和他人成为目的。

第三，就在义务原则中把质料的东西与形式的东西区分开来（把合法则性与合目的性区分开来）而言，应当注意的是：并非每一种**德性的义务承担**（obligatio ethica [伦理的承担义务]）都是一种德性义务（officium ethicum s. Virtutis [伦理的或者德性的义务]）；换句话说，对一般法则的敬重还没有建立一种作为义务的目的，因为只有后者才是德性义务。——所以，只存在**一种**德性的义务承担，但却有**多种**德性义务，因为虽然有许多客体对于我们来说是目的，拥有它们同时就是义务，但只有一种作为主观规定根据的有德性意向，即履行自己的义务，这种义务也延伸到法权义务上面，但法权义务却因此而不能使用德性义务的名称。——因此，伦理学的一切划分将仅仅关涉德性义务。关于即使不考虑可能的外在立法也有责任的方式的科学，就是按照其形式原则来看的伦理学本身。

〔411〕

附　释

但是人们将问，既然我在法权论中能够免于划分为要素论和方法论，我怎么会想到把伦理学划分为**要素论**和**方法论**呢？——原因是：伦理学与**广义的**义务相关，而法权论则与纯**狭义的**义务相关。所以，后者按照其本性必须是严格地（准确地）进行规定的，与纯粹数学一样不需要一种普遍的规定（方法），就像在判断中应当做的那样，而是通过事实使之成为真实的。——与此相反，伦理学由于准许它的不完全的义务有活动余地，不可避免地导致要求判断力去澄清的问题，即应当如何在特殊的情况中运用一个准则，确切地说使得这个准则又提供一个（从属的）准则（在这里，总是又可以追问把这个准则运用于出现的情况的一个原则）；这样，伦理学就陷于一种**决疑论**，法权论对这种决疑论却是一无所知。

因此，**决疑论**既不是一门**科学**，也不是科学的一个部分；因为这会是独断论，不那么是如何发现某种东西的学说，而是应当如何寻找真理的练习；所以是**残缺不全地**，不是系统地（像学说必然是的那样）**织入科学**，只是像笺注一样添加给体系。

与此相反，与其说练习判断力，倒不如说练习理性，确切地说既在其义务的**理论**中，也在**实践**中练习，这作为道德实践理性的方法论，特别属于伦理学；其中**前一种**练习在于：询问学生关于义务概念已经知道的东西，并且可以被称为**询问的**方法，这样做要么是因为人们已经告诉他，仅仅出自他的记忆，这叫做真正的**问答的**方法，要么是因为人们预设这已经自然而然地包含在他的理性中，只需要从中开发出来，这叫做**对话的**（苏格拉底的）方法。

与作为理论练习的问答法相应的，作为实践事务中的对立面，是**修行法**，它是方法论的这样一个部分，其中不仅讲述德性概念，而且也讲述**德性能力**和意志能够怎样被实施和培养。 〔412〕

因此，按照这些原理，我们将在两个部分中，即在**伦理要素论**中和在**伦理方法论**中确立这个体系。每部分都分为若干篇，它们在第一部分中按照人要对之负有一种责任的那些**主体**的不同，在第二部分中按照理性责成人拥有的那些**目的**以及对这些目的的易感性的不同而划分为不同的章节。

十八

实践理性为了在一种**伦理学**中建立其概念的一个体系而构建的划分（建筑术的划分），现在可以按照两种原则、或分别或结合在一起来进行，一个原则**按照质料**来表现承担义务者与赋予义务者的**主观**关系，另一原则**按照形式**来表现一个体系中伦理法则与一般义务的**客观**关系。——**第一种**划分是与之相关可以设想一种伦理责任的**存在者**的划分；**第二种**划分会是纯粹伦理实践理性**概念**的划分，这些概念属于实践理性自己的义务，所以只要伦理学应当是**科学**，这些概念就属于伦理学，从而是一切按照第一种划分所发现的命题的方法论组合所必需的。

〔413〕 **伦理学的第一种划分**

按照主体及其法则的区别

伦理学包括：

义务

- 人对人的义务
  - 对自己的义务
  - 对他人的义务
- 人对非人类存在者的义务
  - 对人下存在者的义务
  - 对人上存在者的义务

伦理学的第二种划分
按照一个纯粹实践理性体系的原则

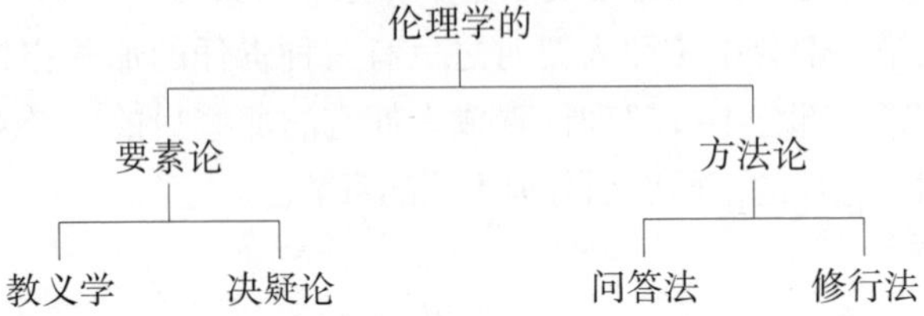

因此，后一种划分由于涉及科学的形式，必须先行于作为整体之纲要的前一种划分。

伦理要素论

〔417〕

第一部分
对自己的一般义务

导 论

第1节 一种对自己的义务的概念包含（按照最初的外表）一个矛盾

如果**赋予义务的**我与**承担义务的**我是在同一种意义上来对待的，那么，对自己的义务就是一个自相矛盾的概念。因为，在义务概念中包含着一种被动的强制（我被**赋予责任**）的概念。但是，在“这是一个对我自己的义务”这一命题中，我把自己设想为**赋予责任的**，从而处于一种主动的强制中（我，同一个主体，是赋予责任者）；而表达对自己的一种义务的命题（我应当自己赋予自己责任），会包含着一种被赋予责任的责任（被动地承担责任，但同时在关系的同一个意义上是一种主动地承担责任），因而包含着一个矛盾。——人们也可以这样来澄清矛盾：人们指出，赋予责任者（auctor obligationis）在任何时候都能够解除被赋予责任者的责任（terminus obligationis）；因此（如果二者是同一个主体）他根本就不对他加给自己的一种义务负有责任：这包含着一个矛盾。

第2节 毕竟存在着人对自己的义务

因为假设不存在这样一种义务，那么，就会在任何地方都根本不存在义务，也根本不存在外在的义务。——因为我不可能认识到自己对他人负有责任，除非我同时赋予自己责任，因为我认为自己被赋予责任所凭借的法则，在一切情况下都产生自我自己的实践理性，通过实践理性我被强制，因为我同时就是我自己这方面的强制者。① 〔418〕

第3节 对这种表面的二论背反的阐明

在一种对自己的义务的意识中，作为这个义务的主体，人在双重的性质中看待自己：首先，作为**感官存在者**，也就是说，作为人（属于动物物种之一）；但然后，也作为**理性存在者**（不仅仅是有理性的存在者，因为理性按照其理论能力也完全可以是一种有生命的形体存在者的性质），它不是任何感官能达到的，而只能在道德实践关系中被认识到，在道德实践关系中不可理解的自由特性通过理性对内在立法意志的影响使自己显露出来。

现在，人作为有理性的**自然存在者**（homo phaenomenon [作为现象的人]）可以被其理性作为**原因**来规定而作出感官世界中的行动，而在此尚未考虑到一种责任的概念。但同一个人

① 例如，如果这涉及我的名誉挽救或者自保的问题，人们就这样说："我自己理当做这事。"即便有意义不大的义务，亦即它们不涉及我遵循义务的必然，而只涉及其功德，我还是这样说，例如"我自己理当扩展我与人打交道的技巧等等（陶冶自己）"。

按照其**人格性**，亦即作为赋有内在**自由**的存在者（homo noumenon［作为本体的人］）来想，则被视为一个有能力承担义务的存在者，确切地说是对自己（其人格中的人性）承担义务，这样人（在两种意义上来看）就可以承认一种对自己的义务，而不陷于自我矛盾（因为关于人的概念并不是在同一个意思上被设想的）。

第 4 节　对自己的义务的划分原则

划分只能就义务的客体而言，不能就赋予自己义务的主体
〔419〕而言来进行。这个既是承担义务的又是赋予义务的主体永远**只是人**，而虽然在理论方面允许我们在人身上把灵魂和肉体作为人的自然性状彼此区分开来，但毕竟不允许我们为了有理由划分为对**肉体**的义务和对**灵魂**的义务，而把它们设想成使人承担义务的不同实体。——无论是通过经验还是通过理性推论，我们都没有被充分地教导，人是否包含着一个灵魂（作为居住在人里面的、与肉体有别的、能够独立于肉体进行思维的，亦即精神的实体），或者是否毋宁说生命是物质的一种特性，而且即便事情是前一种情况，也毕竟还是不能设想人对一个**肉体**（作为赋予义务的主体）的义务，哪怕它是人的身体。

1. 因此，将只有一种客观的划分，即把对自己的义务划分为义务的**形式性东西**和**质料性东西**；其中一些义务是**限制性的**（否定的义务），另一些是**扩展性的**（对自己的肯定的义务）；就人的本性的**目的**而言，前者**禁止人**违背这种目的而行动，因此只关涉道德的**自保**，后者**命令**使任性的某个对象成为自己的目的，关涉人自己的**完善化**；其中二者要么作为无为的义务（sustine et abstine［阻止和禁止］），要么作为有为的义务（viribus concessis utere［运用许可的力量］）而属于德性，

但都是作为德性义务而属于德性的。前者属于人的道德**健康**（ad esse［为了存在］），既作为其外感官的对象，又作为其内感官的对象，为的是**保持**自己本性的完善（作为**接受性**），后者属于道德的**富足**（ad melius esse，opulentia moralis［为了更好地存在，道德的富足］），这种富足在于拥有一种足以实现一切目的的**能力**，这是就这种能力是可以获得的并且属于其自己的**陶冶**（作为实际的完善）而言的。——对自己的义务的前一个原理在于如下格言：按照自然生活（naturae convenienter vive），也就是说，**保持**你自己本性的完善；第二个原理在于如下命题：**使你自己**比纯然的自然所造就的你**更完善**（perfice te ut finem，perfice te ut medium［完善你自己如目的，完善你自己如中道］）。

2. 人对自己的义务的一种主观划分将是这样一种划分，按照它，义务的主体（人）要么把自己视为**动物性的**（自然的），同时又是道德的主体，要么视为纯然**道德的**存在者。〔420〕

在这里，就人的**动物性**而言，自然冲动是：a. 大自然想借以保持人自身的冲动；b. 借以保持物种的冲动；c. 借以保持人对于舒适的，但毕竟仅仅是动物性的生活享受的能力的冲动。——这里与人对自己的义务相悖的恶习有：**自杀**、有人对**性偏好**的所作的非自然的使用、削弱其遵循目的地使用其力量的能力的**饕餮无度**。

但是，说到人对仅仅作为道德存在者（不考虑其动物性）的自己的义务，它在于其意志的准则与其人格中人性的**尊严**协调一致的**形式性东西**；因此在于如下禁令：他不得剥夺自己作为一个道德存在者的**优点**，亦即按照原则来行动，也就是不得剥夺自己的内在自由，不得由此使自己成为纯然偏好的游戏，因而成为物品。——与这种义务相悖的恶习有：**说谎**、**吝啬**、和**虚假的谦卑**（阿谀奉承）。这些恶习所采纳的原理，与作为道德存在者的人们的品性，亦即人的内在自由、生而具有的神圣（在形式上就已经）截然相悖，这就等于是说：这些恶习以不具有任何原理，这样也无任何品性为自己的原理，亦即把自暴自弃、使自己成为蔑视的对象当做自己的原理。——与所有这些恶习相对立的德性可以被称为**对名誉的爱**（honestas interna，iustum sui aestimium［内在的名誉，珍惜自己的公正］）、一种与**虚荣心**（ambitio，它也可能是非常卑鄙的）有天壤之别的思维方式，但它将在下面特别以这个标题出现。

〔421〕

第一卷
对自己的完全义务

第一篇
人对作为一种动物性存在者的自己的义务

第5节

人对自己在其动物性的性质上的虽然不是最主要的，但却是**第一个**义务，就是在其动物本性上的**自保**。

该义务的对立面是任意的**肉体死亡**，这种死亡又可以被设想为要么是整体的，要么仅仅局部的。——因此，自然死亡，即自戕（autochiria），也可能是整体的（suicidium）或者局部的，即**自毁**（自残），后者又分为**质料的**自残和**形式的**自残，质料的残废是因为人们**剥夺**自己某些作为**器官**的有机**部分**，也就是说使自己身残，而形式的残废是因为人们（永远或者一时）**剥夺**自己在肉体上（而且由此间接地也在道德上）**使用**其力量的**能力**。

既然在本章只谈消极的义务，因而只谈无为，所以义务条款将必须是针对与对自己的义务相对立的恶习的。

第一款　自杀 〔422〕

第 6 节

任意地戕害自己，惟有当可以证明它完全是一种罪行，要么是对我们自己的人格犯罪，要么也是通过对人格的这种自戕对其他人格犯罪（例如，当一个孕妇自杀时）时，才能被称为**自我谋杀**（homicidium dolosum［阴险地杀人］）。

1. 自戕是一种罪行（谋杀）。这种罪行虽然也可以被视为违背了自己对其他人的义务（夫妻的义务、父母对孩子的义务、臣民对其政府或者其同国公民的义务，最后还有对上帝的义务，人没有被召回就放弃上帝托付给我们在尘世的职位）；——但是，这里只谈对一种对自己的义务的伤害，也就是说，即使我置之不理所有那些考虑，人是否毕竟只是由于其作为人格的性质就有责任保持自己的生命，并在这一点上必须承认对自己的一种（确切地说严格的）义务。

人能够自己伤害自己，这似乎是荒唐的（volenti non fit iniuria［对自愿者不会有不义］）。所以，斯多亚派视为人（智者）的人格性的一个优点是，不受当下的或者令人忧虑的灾祸所逼迫，以宁静的灵魂离开生命（如同离开一个冒烟的房间），因为他在此生中不可能再有什么用了。——但是，正是这种不畏惧死亡、知道人可以把某种东西看得比自己的生命更高的勇气，这种灵魂的力量，对他来说本来必须是一个更加大得多的动因：不毁灭自己这样一个具有如此强大、能够制服最强烈的感性动机的存在者，因而不剥夺自己的生命。

只要说的是义务，因而只要人活着，他就不能放弃自己的人格性，而有权限摆脱一切责任，也就是说，如此自由地行动，就好像这种行动根本不需要任何权限似的，这是一种矛〔423〕盾。把道德性的主体在其自己的人格中毁灭掉，就等于是说，把道德性甚至就其实存而言尽自己所能从世界上根除掉；而道德性毕竟是目的自身；因此，把自己当做达到对他来说随便一个目的的纯然手段来支配，就叫做贬损在其人格中的人性（homo noumenon［作为本体的人］），而人（homo phaenomenon［作为现象的人］）毕竟是为了保持而被托付给这种人性的。

剥夺自己一个作为器官的有机部分（自残），例如，捐赠或者出售一颗牙，以便把它植入另一个人的下颌，或者让人阉割自己，以便能够作为歌手更舒适地生活，等等诸如此类的事情，就属于局部的自我谋杀；但是，让人通过截肢去掉自己一个已经死亡的，或者濒临死亡的，因而对生命有害的器官，或者去掉虽然是身体的一个部分，但却不是身体的一个器官的东西，例如头发，就不能被算做对其自己人格的犯罪；虽然后一种情况如果是意在外部牟利的话，就不是完全无罪的。

决疑论问题

为了拯救祖国而陷于某种死亡（如库尔修斯），是自我谋杀吗？——或者，一般而言为人类的救赎而献身牺牲，这种有意的殉道也像前一种行为那样应当被视为英雄行为吗？

在自己的上峰的不义死刑判决之前抢先自杀是许可的吗？——即便这个上峰允许他这么做（如尼禄对塞涅卡）。

一个伟大的、不久前死去的君王，曾随身携带一种发作迅猛的毒药，也许是为了如果他在亲自从事的战争中被俘，他绝不被迫接受可能有损于他的国家的赎身，人们能够把这看做他的犯罪企图吗？因为人们可以把这种意图强加给他，而没有必要在这下面猜测一种纯然的傲骨。

一个男子已经感到怕水，这是他被疯狗咬过的结果，而在他表示他还从未经历过有人曾被治愈之后，他自杀了，正如他在遗书中所说的那样，这是为了他不在自己的狂犬病中（他已 〔424〕经感到它的发作了）也给其他人造成不幸；问题是：他是否行为不当呢？

谁决定让人接种天花疫苗，就是在拿他的生命做毫无把握的冒险，尽管他这样做是**为了保持自己的生命**，而且处在义务法则的一个比航海家更令人忧虑的情况之中，航海家毕竟至少没有制作他所任其肆虐的风暴，而前者却自己招致了把他带入死亡危险的疾病。因此，疫苗注射是允许的吗？

第二款　性愉快上的自取其辱

第7节

正如对生命的爱是由自然所规定以保持**人格**一样，对性的爱由自然所规定以保持**物种**；也就是说，这两种爱的任何一种都是**自然目的**，人们把自然目的理解为原因与一个结果的联结，在这种联结中，甚至无须赋予原因一个理智，它毕竟也被设想为按照与这样一个理智的类比产生出结果，因此仿佛是有意地产生出人来。现在的问题是，后一种能力就实施这种能力的人格本身而言的使用，是否服从一个限制性的义务法则？或者人格即便没有意在那个目的，是否有权将其性属性的使用贡献给纯然动物性的快乐，而并没有因此有悖对自己的义务而行动？——在法权论中已经证明：人不能脱离通过一个法权契约而来的特殊限制去利用**另一个**人格以迎合这种愉快；在这里，两个人格交互使对方承担义务。但这里的问题是：就这种享受而言，是否存在人对自己的一种义务，对这种义务的违背就是对其自己人格中的人性的一种**羞辱**（不单单是贬低）。那种享受的冲动被称为肉欲（也是不折不扣的淫欲）。由此产生的恶习叫做淫荡，但就这种感性冲动而言的德性则叫做贞洁，它在这里就应当被表现为人对自己的义务。如果人不是受实际的对象所刺激，而是受这个对象的想象所刺激，因而有悖于目的，
〔425〕是自己给自己制造对象，那么，一种性愉快就是**非自然的**。因为这样一来，它就造成一种与自然的目的相悖的欲求，确切地说自然的目的是一种甚至比对生命的爱这一目的还要重要的目的，因为后者仅仅以个体的保持为目的，而前者则以整个族类的保持为目的。

对自己的性属性的这样一种违背自然的使用（因此是滥用），是对那种对**自己本身**的义务的侵犯，确切地说是一种在最高程度上与道德性相冲突的侵犯，这一点，每个人在有那种使用的想法的同时就会注意到，它激起对这种想法的一种抛弃，以至于就这种恶习自己的名称而言，哪怕是提到它，就被看做不道德的，而在自我谋杀的恶习那里就没有这种情况；人们一点也不担忧把自我谋杀以其全部的恐怖（以一种 species facti［事实的形象］）展现在世人面前；就好像能够如此对待自己的人格，甚至把自己贬低为畜生，人完全会感到羞愧似的：以至于甚至婚姻中两性被允许的（本身当然只是动物性的）性交，在文明的交往中一旦谈到它，也引起和要求诸多文雅，以便给它蒙上一层面纱。

但是，对自己性属性的那种非自然的使用，甚至还有只是不合乎目的的使用，作为对那种对自己的义务的侵犯（确切地说，前一种使用是最高程度的侵犯），其不被允许的理性证明却不是那么容易作出。——**证明的根据**当然在于，人由于把自己仅仅用做满足其动物性冲动的手段，而（以丢弃的方式）放

弃了其人格性。但是，由于这样一种恶习以其非自然性而对他自己人格中的人性之侵犯的严重程度，在这里并没有得到阐明，因为这种恶习在形式（意向）上看起来甚至还超过自我谋杀的恶习。除非是，由于在后一种情况中把自己当做一种生命的负担固执地予以丢弃，起码没有懦弱地委身于动物性的诱惑，而是要求有勇气，在此对其自己人格中的人性的敬重始终还找到了位置，所以，前者是完全听凭动物性的偏好，使人成为可享受的、但在这一点上毕竟同时违背自然的物品，就是说，使人成为**令人恶心的**对象，这样就剥夺了对自己的一切敬重。

决疑论问题 〔426〕

在两性的同居中，自然的目的就是物种的繁衍，亦即物种的保持；因此，至少不可以违背那个目的而行动。但是，也**不考虑这一自然目的**，自以为可以做那种使用（哪怕是发生在婚姻中），这是允许的吗？

例如，在妻子怀孕时，在妻子不能受孕（因为年龄或者疾病）时，或者在妻子本人对此没有感到任何刺激时，使用自己的性属性，岂不与在非自然的性愉快那里一样，在一方或者另一方身上是违背自然目的的，因此也违背对自己的义务吗？或者，一个道德实践理性的许可法则在对其规定根据的违背中，使得某种自身虽然不许可的东西为了防止一种更严重的违背（仿佛宽容地）成为许可的，这里有这样的许可法则吗？——从什么时候起，人们就能够把对一种广义的责任的限制算做**纯粹主义**（一种在遵循义务方面就遵循的广度而言的学究气），并准许这些具有背离理性法则危险的动物性偏好有一个活动余地？

性的偏好也被称为**爱**（在该词的最狭义上），并且事实上是对一个对象有可能的最强烈的感官愉快。——不纯然是像对这样一些对象的**感性**愉快，这些对象是在关于它们的纯然反思中让人满意的（因为对这种愉快的易感性叫做鉴赏），而是从对另一个人格的**享受**中得到的愉快，因此这种愉快属于**欲求能力**，确切地说属于欲求能力的最高阶段，即情欲。但是，它既不能算做愉悦的爱，也不能算做善意的爱（因为二者宁可说都阻挡肉体的享受），而是一种特殊种类（sui generis）的愉快，而且性欲冲动与道德上的爱真正说来没有任何共同之处，虽然在实践理性以其限制性条件加上来时，它也能够与后者发生紧密的结合。

〔427〕

第三款　因在使用享用品或者哪怕是食品方面的无度而来的自我麻醉

第8节

这种方式的不节制中的恶习，在这里并不是从人由此招致的损失或者肉体疼痛（这样的疾病）出发来评判的。因为如果那样的话，应当用来抵制这种恶习的就会是一个健康和舒适（因而是幸福）的原则，但它永远不能确立一种义务，而是只能确立一种精明规则，至少它不会是一种直接义务的原则。

在食品享用方面的动物式无度是对享用品的滥用，由此理智地使用它的能力受到妨碍或者被消耗殆尽。**酗酒**和**暴饮暴食**就是属于这个类别的恶习。在醉酒状态中，人仅仅像一个动物一样，不能当做人来对待。由于吃食物太多而处在这样一种状态中，他对于在使用其力量时需要熟练和思考的行动来说有时就麻木了。——将自己置于这样一种状态就是对一种对自己的义务的侵犯，这一点是不言而喻的。这些自我贬抑，甚至贬抑到动物本性，其第一种通常由发酵了的饮料所造成，但也由其他麻醉品，例如罂粟汁和植物界的其他产品所造成，而且变得有诱惑力，即由此不时产生梦想中的幸福和无忧无虑，甚至也可能产生想象的强大，但也产生沮丧和孱弱，而最糟糕的是导致重复使用麻醉品的必要性，甚至完全是由此增强这种必要性。暴饮暴食还处在那种动物性的感官取乐之下，因为它仅仅把感官当做消极的性状来役使，连想象力都不用，后者毕竟还是表象的一种**积极的**游戏，就像在前面提到的享受中就是这种情况一样；因此，它更接近牲畜的状态。

决疑论问题 〔428〕

人们虽然不是作为赞颂者，但至少作为辩护者，能够因为对葡萄酒的使用毕竟使社交生气勃勃而话语滔滔不绝，并把襟怀坦荡与此相结合，就允许这种使用，一直达到近乎喝醉吗？——或者，人们可以把促成塞涅卡[①]关于卡托所赞颂的事情，即 virtus eius incaluit mero［他的勇气是用酒点燃的］，完全归功于这种使用吗？——把鸦片和烧酒当做享用品来使用更接近卑下，因为尽管梦想健康，它们却使人缄默不语、拘谨和难以沟通，因而也只是作为药品被许可的。——但是，一个正准备过渡到他对于**测度**来说不再有清晰眼光的状态之中的人，谁能够为他规定**尺度**呢？所以，完全禁酒的伊斯兰教很

① 毋宁说是贺拉斯：《歌集》，Ⅲ，21，15～16。参见《实用人类学》（《康德全集》，第Ⅶ卷，171 页13［参见《康德著作全集》，第 7 卷，164 页。——译者注］），那里犯了同样的错误。——科学院版编者注

糟糕地作出了选择，允许鸦片取代酒。

盛宴，作为这两种享受中的无度的正式邀请，在纯然肉体的舒适生活之外，毕竟本身还具有某种旨在道德目的的东西，亦即聚集起许多人来长时间地彼此交流，但尽管如此，由于恰恰人群（如切斯特菲尔德所说，当人群超过了缪斯女神的数目①）只准许一种小型的交流（与最邻近的同席），因而集会仍与那个道德目的相抵触，所以，它始终还是诱导出不道德的东西，亦即诱导出无度、违背对自己的义务；即便不考虑过量饮食对身体的危害，这些危害也许可以由医生来消除。听命于对无度的这些邀请的道德权限有多大呢？

第二篇
人对纯然作为一个道德存在者的自己的义务

这些义务与下述恶习相对立：**说谎、吝啬**和**假谦卑**（阿谀奉承）。

〔429〕

一、说谎
第 9 节

就人对于纯然作为道德存在者来看（其人格中的人性）的自己的义务来说，最严重的侵犯就是诚实的对立面：说谎

① 我无法找到康德也在《实用人类学》（《康德全集》，第Ⅶ卷，278 页12［参见《康德著作全集》，第 7 卷，272 页。——译者注］）中引用过的这个格言，屈尔佩［《实用人类学》的科学院编者，参见《实用人类学》（注释本）。——译者注］在该处也一样不能。原始出处是格利乌斯：《阿提卡之夜》，13，11。——科学院版编者注

(aliud lingua promtum，aliud pectore inclusum gerere［口若悬河是一回事，封闭心灵是另一回事］①）。在表达自己的思想时任何刻意的不真实，在不从无害得出任何权限的伦理学中，都无法拒斥这个刺耳的名称（在法权论中，只有当它侵犯其他人的法权时，它才使用这一名称），这是不言自明的。因为伴随着说谎的坏名声（是道德蔑视的一个对象），也如影随形地伴随着说谎者。说谎可能是一种外在的说谎（mendacium externum），或者也可能是一种内在的说谎。——由于前者，他使自己在别人眼里成为蔑视的对象，但由于后者，他使自己更为严重地在他自己的眼里成了蔑视的对象，并且伤害了其人格中的人性的尊严；此时，从中可能对他人产生的损害并不涉及这种恶习的独特之处（因为那样的话，这种独特之处就会仅仅在于侵犯了对他人的义务），因而这里不予考虑，甚至也不考虑他自己给自己招致的损害；因为那样的话，恶习就会仅仅作为精明的错误而与实用的准则相抵触，而不是与道德的准则相抵触，而且根本不能被视为对义务的侵犯。——说谎就是丢弃，仿佛就是毁掉其人的尊严。一个人自己都不相信他对另一个人（哪怕是一个纯然观念上的人格）所说的话，所具有的价值，甚至比他纯然是物品所具有的价值还要小；因为对于它的这种利用某种东西的属性，另一个人毕竟可以作某种应用，因为它是某种现实的、给定的东西；但是，通过毕竟（有意地）包含着说话人此时所想的东西的反面的语词，来把自己的思想传达给某人，是一个与他的传达其思想的能力之自然合目的性

① 萨鲁斯特：《喀提林阴谋》，10，5：aliud elausum in pectore，aliud in lingua promtum habere［敞开心灵是一回事，口若悬河是另一回事］。参见《康德全集》，第Ⅻ卷，［397］371页。——科学院版编者注

截然相反的目的，因此是对其人格性的放弃，是人的一个纯然欺骗性的显象，而不是人本身。——在解释时的**诚实**也被称为**真诚**，而且当这些解释同时是承诺时，就被称为**可靠**，但一般被称为**正直**。

〔430〕说谎（在该词的伦理学意义上）作为一般而言蓄意的不真实，也不需要对别人**有害**才能被宣布为卑鄙的。因为那样的话，它就会是对他人的法权的侵犯。说谎的原因，也可能只是轻率，或者完全是好心，甚至可能是旨在一个真正善的目的，但是，致力于这一目的的方式却由于纯然的形式而是人对他自己人格的一种犯罪，而且是一种必定使人在他自己的眼中变得可鄙的无耻行径。

证明人们所犯的某些**内在**说谎的现实性并不难，但解释其可能性似乎要困难得多，因为为此需要一个人们有意要欺骗的第二人格，但存心欺骗自己，看起来自身包含着一个矛盾。

作为道德存在者的人（homo nonmenon［作为本体的人］）不能把作为自然存在者的自己（homo phaenonmenon［作为现象的人］）当做纯然的手段（说话机器）来使用，这个手段不会受制于内在的目的（思想的传达），而是受制于与对前者的解释（declaratio）协调一致的条件，并且对自己承担起**诚实**的义务。——例如，如果他撒谎说信仰一个未来的世界审判者的话，因为他在心中实际上并没有发现这种信仰，但他说服自己，在思想中向知人心者表白自己的信仰，以便在任何情况下都骗取他的恩惠，这毕竟不可能有坏处，但却有好处。或者，即便他在这种情况下并不怀疑，但毕竟是在以对其法则的内心崇敬阿谀奉承，因为除了害怕惩罚的动机之外，他在自身毕竟没有感到别的任何动机。

不正直纯然是缺乏**认真**，就是说，缺乏在他被设想为另一个人格的**内心**审判者面前作表白的纯洁性，如果这个人格就其最高的严厉来看的话，在这里，一个愿望（出于自爱）就被当做行为，因为愿望自身就有一个本来就善的目的；而内在的说谎，即便它并不违背人对自己的义务，在这里也获得了一种缺陷的名称，就像一个情人的愿望纯粹就是发现他所爱的人身上的优良品质，这使他对爱人的明显缺点视而不见。——然而，人们对自己本身所犯的这种解释中的不纯洁，却算得上是最严肃认真的谎言，因为从这样一种道德败坏的地方（虚伪，它似乎是根植于人的本性）出发，一旦最高的诚实原理受到侵犯之 〔431〕
后，不诚实这种恶习就也在与他人的关系中蔓延。

附　释

值得注意的是：《圣经》记下的恶借以来到世间的第一次犯罪不是（该隐的）**谋杀兄弟**，而是第一次**说谎**（因为本性毕竟是反对谋杀的），并且把它当做一切恶的始作俑者，称为元始的说谎者和谎言之父；虽然理性不能对人那毕竟必须是先行的伪善倾向（esprit fourbe）作出进一步的说明，因为自由的一个行为不能（像一个自然结果一样）按照全都是显象的结果和其原因的联系这一自然法则来演绎和解释。

决疑论问题

出于纯然的客套的不真实（例如写在一封信末尾的“**最顺从的仆人**”）可以被视为说谎吗？没有人会因此上当。——一个作者问他的一个读者：您喜欢我的作品吗？给予回答虽然可能是徒劳的，因为人们讥笑这样一种问题令人难堪；但是，谁手边总是有幽默呢？稍稍迟疑作出回答，就已经是对作者的伤害；因此，读者可以顺着这位作者说话吗？

在现实的事务中，重要的是“我的”和“你的”，如果我这时说假话，我就必须为可能由此产生的所有后果负责吗？例如，一个家长吩咐过：如果某个人问到他，他就应当拒绝这个人。佣人这样做了，但却由此使得家长溜走并且犯下重罪，这种罪行通常会由被派来监督家长的看守阻止的。在这里，谁来承担罪责（根据伦理学的原理）呢？当然，佣人也有责任，他在这里由于撒谎而侵犯了对自己的义务；撒谎的后果通过他自己的良知被归责于他。

〔432〕

二、吝啬

第 10 节

这里，我把这个名称并不理解为**贪婪的吝啬**（把自己对舒适生活手段的获得扩展到真正需要的界限之外），因为这种吝啬也可以被视为仅仅侵犯了对他人的义务（善行）；也不理解为**抠唆的吝啬**，这种吝啬如果是该骂的，就被称为**小气**或者**守财**，但毕竟可能仅仅是疏忽了自己对他人的爱的义务；而是把他自己对舒适生活手段的享受压缩到自己真正的需要的尺度之下；这种吝啬真正是这里所指的吝啬，它与**对自己**的义务相抵触。

在对这种恶习的斥责上，人们可以澄清所有通过纯然的**程度**对德性和恶习的解释的不正当性的一个例子，同时阐明**亚里士多德的**如下原理的不适用性：德性在于两种恶习之间的中道。

因为如果我在浪费和吝啬之间把**好的家政**视为中道，而中道应当是程度的中道，那么，一种恶习就只会通过德性而过渡到相反的（contrarie）恶习，而这样，德性就会无非是一种减少了的，或者毋宁说正在消逝的恶习，而在当前的场合里结论就会是：对舒适生活的手段根本不予利用就是真正的德性。

如果应当把一种恶习与德性区别开来，那么，必须作为不同的东西来认识和讲述的，就不是道德准则的执行**尺度**，而是这些准则的客观**原则**。——**贪婪**的吝啬（作为浪费者）的**准则**是：**以享受的意图**搞到并且保持舒适生活的一切手段。——反之，**抠唆的**吝啬的准则是获得并且保持舒适生活的一切手段，但**没有享受的意图**（也就是说，目的不是享受，而仅仅是占有）。

因此，后一种恶习的特有标志是占有达成各种目的的手段这一原理，但保留条件是，不想把这些手段的任何一个用于自己，并剥夺自己舒适的生活享受，这在目的上与对自己的义务截然相反。① 因此，浪费和抠唆并不是通过程度，而是在类别 〔433〕

① "人们做任何事都不应当过头或者不及"，这个命题等于什么也没说；因为它是同义反复。什么叫做得过头？**回答**是：比正好更多。什么叫做得不及？**回答**是，比正好做得更少。什么叫做"**我应当**（做某事或不做某事）"？**回答**是：所做的比正好**更多**或者更少，就**不是正好**（与义务相悖）。如果这就是我们应当追溯到古人（亚里士多德*）那里来研究的智慧，好像这样一些古人更接近源泉，即：virtus consistit in medio，medium tenuere beati，est modus in rebus，sunt certi denique fines，quos ultra citraque nequit consistere rectum［德性在于中道，持守中道有福，万事有限度，归根结底有一定的界限，在这些界限之外和之前不可能有正当的东西］，那么，我们就作出了糟糕的选择，转向了古人的神谕。——在诚实和说谎（作为 contradictorie oppositis［矛盾地对立的东西］）之间没有中道，但是在坦率和矜持（作为 contrarie oppositis［相反地对立的东西］）之间却可能有中道，因为就解释自己的见解的人而言，他说的**一切**都是真的，但他并没有说出**全部的真理**。于是，要求德性导师向我指出这个中道，这是完全自然而然的事情。但他做不到这一点；因为两种德性义务都有一个运用的回旋余地（latitudinem），而应

上通过相反的准则彼此区别开来。

决疑论问题

既然这里只谈对自己的义务，为了浪费而贪婪（在赢利方面贪得无厌），与守财（在花销方面斤斤计较）一样以**自私自**
〔434〕**利**（唯我主义）为基础，而且无论是浪费还是抠唆，二者之所以看起来是应予谴责的，乃是因为它们的结果都是贫穷，在一个人那里是意料之外的贫穷，在另一个人那里是随意的贫穷（愿意贫穷地生活），——这样问题就是：无论是这一种还是那

当做的事情只能由判断力按照精明的规则（实用的规则），而非道德性的规则（道德的规则），亦即不是作为**狭义的**义务（officium strictum），而只是作为**广义的**义务（officium latum）来裁决。因此，遵循德性原理的人，虽然在执行时在比理性所规定的或多或少方面犯错（peccatum），但却不在他严格地忠实于这些原理方面实施一种恶习（vitium），而且贺拉斯的诗句**：insani sapiens nomen habeat aequus iniqui, ultra quam satis est virtutem si petat ipsam［智者有狂名，直者有枉名，超出这种德性获得德性本身就够了］，在字面上来看，是根本错误的。Sapiens［智者］在此可能仅仅意味着一个**聪颖的**人（prudens），他并非以幻想的方式来设想德性的完善，德性的完善作为理想虽然要求接近这一目的，但并不要求完成，这样的要求超越了人的力量，并且把荒唐的东西（幻想）带入了其原则。因为**绝对有德性**，亦即绝对忠实于其义务，就会差不多等于是说：使一个圆绝对圆，使一条直线绝对直。

* 德性就是两个极端之间的中道的著名学说［《尼各马科伦理学》，Ⅱ，c. 5 以下以及他处］。——关于以下的拉丁语格言，就第一句 Virtus consistit in medio 而言，可以把上文 404 页28 以下引用的贺拉斯诗句［《书札》，Ⅰ，18，9］置前；其余的均同该处。——科学院版编者注

** 参见上文 404 页29。——科学院版编者注

一种，两种贫穷是否应当被完全称为恶习，而不是毋宁被称为两种纯然的不精明，因此可能不完全处于对自己的义务的界限之外。但是，抠唆不单单是被误解了的节俭，而是使自己本人奴役般地屈从于物质财富，不是物质财富的主人，这是侵犯对自己的义务。它与一般思维方式的**豁达**（liberalitas moralis [道德上的豁达]）相对立，不与慷慨（liberalitas sumptuosa [花销上的豁达]）相对立，后者只是前者在一个特殊情况上的应用，也就是说，与除了法则之外不依赖其他任何东西的原则相对立，而且是主体对自己犯下的诈骗。然而，这是一个什么样的法则，其内在的立法者本身居然不知道，它可以在什么地方运用？我是应当住口不吃不喝，还是只应当停止外在的挥霍？是到年老时还是在年轻时就做？或者，节约从根本上说就是一种德性？

三、阿谀奉承

第 11 节

自然系统中的人（homo phaenomenon，animal rationale [作为现象的人、有理性的动物]）是一种意义不大的存在者，与其余作为大地产品的动物具有共同的价值（pretium vulgare）。即便他领先这些动物而具有理智，并且能够自己给自己设定目的，这给予他的毕竟只是其可用性的一种**外在**价值（pretium usus），亦即一个人在另一个人面前的外在价值，也就是说，作为一个商品在与这些作为物品的动物的交换中的一个**价格**，在此他所具有的价值毕竟还低于一般交换物，即货币，因此，货币的价值被称为优等的（pretium eminens）。

人惟有作为**人格**来看，亦即作为一种道德实践理性的主体，才超越于一切价格之上；因为作为这样一种人（homo noumenon [作为本体的人]），他不可以仅仅被评价为达成其

〔435〕 他人的目的的手段，哪怕是达成他自己的目的的手段，而是应当被评价为目的自身，也就是说，他拥有一种**尊严**（一种绝对的内在价值），借此他迫使所有其他有理性的世间存在者**敬重**他，与同类的任何其他人媲美，在平等的基础上评价自己。

其人格中的人性就是他可以向任何别的人要求敬重的客体；但是，他也必须不使自己失去敬重。因此，他能够而且应当按照一个既小又大的标准来评价自己，这要看他把自己视为感官存在者（按照其动物本性），还是视为理知存在者（根据其道德禀赋）。但是，既然他必须把自己不仅视为一般人格，而且视为人，也就是说，视为一个肩负着他自己的理性赋予他的义务的人，所以，他作为**动物人**的低能不能损害他作为**理性人**的尊严的意识，而且他不应当在考虑到后者时否认道德上的自我评价，也就是说，他不应当阿谀奉承、卑躬屈膝（animo servili）地，就好像谋求恩惠一般，去谋求他那就自身而言是义务的目的，他不应当否定自己的尊严，而应当始终意识到其道德禀赋的崇高（这种意识已经包含在德性概念中），而这种**自我评价**就是人对自己的义务。

人的道德价值与**法则**相**比较**的低能意识和情感就是**谦卑**（humilitas moralis [道德上的谦卑]）。关于他的这种价值之大的臆信，但只是出自缺乏与法则的比较，可以被称为**德性的骄傲**（arrogantia moralis [道德骄傲]）。——在臆信中放弃对自己的某种道德价值的所有要求，正是由此而获得一种借来的价值，这就是道德上虚伪的阿谀奉承（humilitas spuria [不正当的谦卑]）。

与他人相比较的谦卑（甚至一般地与任意一个有限的存在者相比较，而且哪怕这会是一个撒拉弗）根本不是义务；毋宁说，在这种关系中与其他人平起平坐或者超过他们的努力，因由此也使自己获得一种更大的内在价值的臆信而是傲慢（ambitio），这种价值恰恰是与对他人的义务相悖的。但是，仅仅作为获取一个他人（无论是谁）的恩惠的手段而想出的对其自己道德价值的降低（虚伪和谄媚①），是假的（捏造的）谦卑，而且作为对其人格性的贬低而与对自己的义务相悖。〔436〕

从我们与道德法则（其神圣性和严格性）的真诚而又精确的比较中，必然不可避免地得出真正的谦卑，但从我们能够作出这样一种内在的立法，（自然）人感到有崇拜其人格中的（道德）人的要求中，同时得出**升华**和最高的自我评价，作为一种对其内在价值（valor）的情感，依照这种情感，他不为任何价格（pretium）所收买，而且拥有一种不会失去的尊严（dignitas interna［永恒的尊严］），这种尊严引起了人对自己的敬重（reverentia）。

第12节

或多或少，人们可以在如下例子中说明与我们里面的人性的尊严相关的，因而也是对我们自己的义务。

不要成为人们的奴仆；——不要被他人不受惩罚地践踏你们的法权。——不要欠你们没有充分把握偿还的债务。——不要接受你们可能缺少的善行，而且不要做寄生虫或者谄媚者，或者根本不要做乞讨者（这当然只是在程度上与前者有别）。因此要精打细算，以便不穷到要饭的地步。——抱怨、哀求、哪怕仅仅是在肉体疼痛时喊叫，都与你们不般配，如果你们意识到是自己招致了这种痛苦，那就最不般配了，因此，一个违

① **虚伪**（heucheln，本来是 häucheln）似乎派生自呻吟的、打断语言的吐气（Hauch，短促的叹息）；反之，**谄媚**（Schmeicheln）似乎源自**偎依**（Schmiegen），偎依作为仪表被称为 Schmiegeln，最终被高地德语称为 Schmeicheln。

法犯罪的人由于视死如归，他的死就变得高贵（防止羞辱）。——下跪或者匍匐在地，即便是为了由此使对上天对象的崇拜感性化，也有悖于人的尊严，就像在当下的景象中要呼唤尊严那样；因为如果这样做了，你们就不是在一个你们自己
〔437〕的理性为你们树立的**理想**之下，而是在一个本是你们自己的造物的偶像之下卑躬屈膝。

决疑论问题

在人里面，其使命的崇高感情，亦即作为对其自己的评价的**心灵升华**（elatio animi），是不是与那种同真正的**谦卑**（humalitas moralis［道德上的谦卑］）截然对立的自负（arrogantia）太过关系密切，以至于不宜鼓励那种真正的谦卑，哪怕是在与其他人的比较中，不仅是与法则的比较中？或者，这种自我否定岂不是更加助长了他人的要求，直至低估我们的人格，并且因此与对我们自己的义务（敬重）相悖吗？在一个人面前俯首帖耳，在任何情况下都显得有失一个人的尊严。

在公民宪政中用语词和文风本身对一个并不颐指气使的人表示特别的敬重——敬意、鞠躬（致敬）、高雅的——以心细入微的准确来表示地位区别的套话，——它们与礼貌（它对于自己就像对敬重者一样是必要的）完全不同——称呼中的你、他、你们和您，或者阁下、尊贵的、极尊贵的、至为尊贵的、高贵的（ohe，iam satis est［哦，已经够了］！[1]——在这种拘泥死板方面，德国人在世界上的所有民族中间（印度的种姓也许是个例外）做到了极致，这难道不是一个在人们中间蔓延的

① 贺拉斯：《讽刺诗集》，Ⅰ，5，12～13。——科学院版编者注

阿谀奉承癖好的证明吗？当然，谁使自己成为蠕虫，事后就不能抱怨自己被人用脚踩。

第一章 人对天生是自己的审判者的自己的义务

第13节

任何一个义务概念都包含因法则（作为道德的、限制我们自由的命令式）而来的客观强制，并且属于给予规则的实践知性；但是，一个行为，作为一个受法则支配的事例，其内在的**归责**（in meritum aut demeritum［惩罚或者赦免］）属于**判断力**（iudicium），它作为行动归责之主观原则，无论是否作为行为（受一个法则支配的行动）发生，都在作出有法权效力的判断；因为理性推论（判决），即法权结果和行动的联结（宣判或者赦免）就跟随在这后面，这一切都是在审判人员面前（coram indicio）进行的，后者作为一个使法律产生效果的道德人格，被称为**法庭**。——在人身上，一个**内在审判**（在它面前，人的思想彼此起诉或者辩护①）的意识就是**良知**。 〔438〕

每个人都有良知，发现自己由于一个内在的审判者而受到监视、威胁，并且一般而言受到尊重（和畏惧结合在一起的敬重），而这种守护着他心中的法则的力量不是某种他自己给自己（任意地）**造就**的东西，而是被并入他的本质的。当他打算逃脱时，良知就如影随形地跟随着他。人虽然可能通过种种愉快和消遣来麻醉自己，或者让自己进入梦乡，但却无法避免时时回归自我或者醒悟，在这种情况下他就会听见良知可怕的声音。他在自己最严重的堕落中也许能够做到根本不再把良知的

① 参见保罗的《圣经新约·罗马书》二章15节。——科学院版编者注

声音放在心上，但他毕竟不能避免对它的**倾听**。

这种源始的禀赋、理智的禀赋和（因为它是义务的表象）道德的禀赋，被称为良知，自身包含着独特之处：尽管这种良知的事是人与自己的事，但人却毕竟发现被自己的理性所迫使，做这事是**按照另一个人格**的指令。因为争执在这里就是在法庭面前进行一场诉讼（causa）。但是，把被良知**控告**的人与审判者表象为**同一个人格**，这是对一个法庭的一种荒唐的表象方式；因为这样的话，控告方在任何时候都会败诉的。——因此，人的良知在一切义务那里都将必须设想一个（与一般的人，亦即）与自己不同的**他者**，作为他的行动的审判者，如果良知不应当处在与自己的矛盾之中的话。这个他者可以是一个
〔439〕现实的人格，或者是理性为自己造就的纯然理想的人格。①

这样一种理想的人格（已授权的良知审判者）必须是一个

① 在双重的人格性中，在良知中被控诉和审判的人不得不想到：这个双重的自我，一方面不得不站在一个毕竟是被交托给他自己的法庭的门槛前颤抖，但另一方面自己手中掌握着出自生而具有的权威的审判者职务，这种双重的人格性需要一种解释，以便理性不与自身陷入矛盾之中。——自我，既是原告但也是被告，是同一个**人**（numero idem［数目上是同一个］），但是，作为道德的、从自由概念出发的立法的主体，其中人服从于一种他自己为自己立的法则（homo noumenon［作为本体的人］），他应当被视为一个不同于赋有理性的感性人的他者（specie diversus［在类属上不同的］），不过只是在实践的方面看。——因为关于理知的东西与感性的东西的因果关系，不存在任何理论，——而且这种类属的不同就是人的表现其特征的能力（高级能力和低级能力）的不同。前者是原告，针对原告，被告也被准许有一种法律支援（被告的诉讼代理人）。案件结束之后，内在的审判者作为掌权的**人格**，作出幸福或者不幸的判决，来作为行为的道德后果；在这种品质中，我们不能通过自己的理性进一步谋求这个人格（作为世界统治者）的权力，而是只能崇拜那无条件的 iubeo［命令］或者 veto［禁令］。

知人心者；因为法庭就建于人的**内心**。——但同时，他必须也是**最能赋予义务的**，也就是说，他必须是这样一个人格，或者被设想为这样一个人格，在与他的关系中一切义务都完全应当被视为他的命令，因为良知对于一切自由行为来说就是内在的审判者。——现在，既然这样一个道德存在者同时必须具有（天上和地上的）一切权力，因为若不然他就不能使其法则产生与之相应的效果（这毕竟是审判者的职务必然需要的），但这样一个对一切都握有权力的道德存在者就叫做**上帝**，所以，良知就必须被设想为在上帝面前应当为其行为承担责任的主观原则，的确，后一个概念（尽管仅仅是模糊地）将在任何时候都包含在那种道德的自我意识之中。

这要说的无非是：**人**通过他的良知不可避免地把他引向的理念而有资格，但再少说一点，人通过他的良知而**有责任**把自身之外的这样一个最高存在者当做**现实的**来**接受**；因为这个理念不是**客观地**，通过理论理性被给予他的，而仅仅是**主观地**，通过实践的、自己赋予自己义务的、遵从理念而行动的理性被给予他的；而且人借助这种理性，**仅仅根据**与一切有理性的世间存在者的一个立法者的**类似性**，就得到一个纯然的指引，把有良知（它也被称为 religio［宗教］）想象成在一个与我们自己有别，但却对我们来说最亲密地临在的神圣存在者（道德上立法的理性）面前负责任，并且使自己的意志服从正义的规则。一般宗教的概念在此对人来说，纯然是“把人的所有义务评判为神的诫命的一个原则”。〔440〕

1. 在一场良知的诉讼（causa conscientiam tangens）中，人在决断之前就想到一个**告诫性的**良知（praemonens）；此时，如果涉及一个义务概念（某种本身就是道德性的东西），在良知是惟一的审判者的那些案件中（casibus conscientiae），最极端的疑心（scrupulositas）不能被评判为小题大做（事无巨细)，一种真正的违背不能被评判为小过错（peccatillum)，并（根据 minima non curat praetor［大人不管小事］的原理）被托付给一个独断专行的良知顾问。因此，把一个广义的良知归于某人，就等于把他称为**无良知的**。

2. 如果行为已经结束，那么，在良知中首先出场的是**原告**，但同时和他一起出场的还有一个**律师**（辩护人)；这时，辩论必定不是心平气和地（per amicabilem compositionem［通过友好的协商］）进行的，而是按照严格的法权作出判决；然后就是：

3. 良知对人作出有法权效力的判决，即**宣布他无罪**或者**谴责**他，就此结束诉讼；这时应当注意的是：前者绝不可能包含一种**奖赏**（praemium)，作为某种以前没有存在过的东西的收获，而仅仅包含一种摆脱了被认定应受惩罚的危险的愉悦，因此在其良知那满怀安慰的允诺中，幸福不是**积极的**（作为快乐)，而只是**消极的**（在先前的担心之后的安心)，这种情形只能被赋予作为与人心中的恶的原则的影响进行斗争的德性。

〔441〕

第二章　一切对自己的义务的第一命令

第 14 节

这个命令就是：**认识**（研究、探索）**你自己**，不是按照你的自然完善（对各种你随意的或者也是规定给你的目的的适宜性或者不适宜性)，而是按照与你的义务——你的心灵——相关的道德完善——，无论这心灵是善的还是恶的，无论你的行动的源泉是纯洁的还是不纯洁的，而且这一命令可以要么作为源始的而属于人的**实体**，要么作为派生的（获得的或诱发的）而被归于人自身，而且能够属于道德的**状态**。

要求深入到更加难以探究的心灵深处（深渊）的道德上的自我认识，是所有人类智慧的开端。因为这种在于一个存在者的意志与终极目的的协调一致的智慧，在人这里首先需要清除内在的障碍（一个在人心中丛生的恶的意志），然后需要发展在他心中的一个善良意志的那种永远不会失去的源始的禀赋（只有自我认识的地狱之行才开辟出一条神化之路①）。

第15节

这种道德的自我认识将首先排除对作为（其整个族类的）一般人的自己的**狂热**蔑视；因为这种蔑视是自相矛盾的。——甚至惟有通过存在于我们心中的美好的、使人配得上敬重的向善禀赋，才能使他认为违背这种禀赋而行动的人（自己，但不是其心中的人性）是应当受到轻视的。——但这样一来，它也就与如下**自爱的**自我评价相悖，即认为纯然的愿望如果是以还如此强烈的渴望发生的，在它们就自身而言毕竟没有付诸行动的时候，就是一个善良心灵的证明（**祈祷**也只不过是在一个知人心者面前内心许下的愿望）。在与法则的比较中评判我们自己时的不偏不倚和自我承认其内心的道德价值或者无价值时的正直，都是对自己的义务，这些义务就是从自我认识那个第一命令中直接得出的。〔442〕

插入章 道德的反思概念的双关性：把本是人对自己的义务的东西视为对他人的义务

第16节

按照纯然的理性来判断，人仅仅对人（自己或者他人）才

① 语出哈曼的《阿伯拉尔的维尔比乌斯的怪念头》，劳特编：《哈曼著作集》，第Ⅱ卷，198页；参见第Ⅶ卷，55页29、30。——科学院版编者注

有义务；因为他对任何一个主体的义务都是通过其意志作出的道德强制。因此，作出强制的（赋予义务的）主体**首先**必须是一个人格，**其次**这个人格必须是作为经验对象被给予的，因为人应当对其意志的目的产生影响，这只有在两个实存的存在者的相互关系中才能做到（因为一个纯然的思想物不可能按照目的成为某个结果的原因）。但现在，除了人之外，我们凭借我们所有的经验不知道别的存在者能够赋予义务（无论是主动地还是被动地）。因此，人除了对人的义务之外，对任何一种存在者都没有义务，而如果他仍然想象自己有这样一种义务，那是由于一种**反思概念的双关性**使然，而他想当然地对其他存在者的义务只不过是对自身的义务罢了；他之所以被诱导产生这种误解，乃是因为他把自己**就**其他存在者**而言**的义务混同为**对**这些存在者的义务了。

这种想当然的义务可能与**无人格的**，或者虽然是有人格但却绝对**不可见的**（无法向外感官显现的）对象有关。——前者（**非人的**对象）可能是纯然的自然物，或者是为繁衍而有机化，但却无感觉的自然物，或者是自然界赋有感觉和任性的部分（矿物质、植物、动物）；第二种对象（**超人的**对象）可以被设想为精神的存在者（天使、上帝）。——这两种存在者和人之间是否有一种义务关系以及有什么义务关系，是现在要问的。

〔443〕

第 17 节

就自然界中的**美的**，虽然无生命的东西而言，一种纯然毁坏的癖好（spiritus destructionis）与人对自己的义务是相悖的；因为这种毁坏削弱或者根绝了人的这样一种情感，这种情感虽然并非独自就已经是道德的，但毕竟至少为此准备了感性的那种对道德性有很大促进作用的情调，亦即甚至没有使用的意图也喜爱某种东西（例如美丽的晶体、植物界无法描绘的美）。

就造物的有生命，虽然无理性的部分而言，放弃粗暴地，同时残酷地对待动物这种义务被更加深切得多地与人对自己的义务对立起来，因为这种对待使人心中对动物苦难的同情变得麻木，而且一种在与他人的关系中非常有利于道德性的自然禀赋就被削弱了，并且被逐渐地根除；虽然利落的（没有痛苦地进行的）屠宰，或者还有它们的只要不一直紧张得超出能力的劳役（这类事情也必定是人所不能忍受的），也隶属在人的权限之下；因为与此相反，纯然为了观察而进行的折磨重重的自然实验，应当遭到憎恶，即便没有这些实验，目的也能实现。——哪怕对一匹老马或者老狗的长期效劳心存感激（就好像它们是家庭一员似的），都**间接地**都属于人的义务，亦即**就**这些动物**而言**，但**直接地**来看，这种感激往往只是人**对**自己的义务。

第18节

就完全处于我们的经验界限之外，但根据其可能性却在我们的理念中，例如在关于上帝的理念中发现的东西而言，我们同样也有一种义务，它被称为**宗教义务**，亦即“认识我们所有的义务都是（instar［类似于］）神的诫命”的义务。但是，这不是一种**对上帝**的义务的意识。因为既然这个理念完全是从我们自己的理性中产生的，是由我们或者是以理论的意图，即为了解释世界整体的合目的性，或者也是为了在我们的行为中用于动机，而自己**制作**的，所以在这里，我们 〔444〕
在自己面前就没有一个被给予的、我们对之必须承担义务的存在者；因为那样的话，这个存在者的现实性就必须首先通过经验得到证明（启示）；相反，这是人对自己的义务，即把这个不可避免地要呈现给理性的理念运用到我们心中的道德法则上去，在此这一点具有极大的道德效益。所以，在这种（**实践的**）意义上就可以说：拥有宗教是人对自己的义务。

第二卷
人对自己的不完全义务（就其目的而言）

第一章
在发展和增强自己的自然完善性方面，亦即在实用意图上对自己的义务

第19节

培植（cultura）自己作为达成各种可能目的的手段的自然力量（精神的、灵魂的和肉体的力量），是人对自己的义务。——人对自己（作为一个有理性的存在者）负有责任的是：不让自己的理性有朝一日可以利用的自然禀赋和能力不被利用，仿佛让它们生锈似的，而是假设他也能够满足他的能力对于自然需要来说生而具有的分量，这样就必定是他的理性向他指出对其能力的微小分量的这种**满足**首先是通过原理使然，因为他作为一个能够有目的（使对象成为自己的目的）的存在者，必须把自己的能力的使用不单单归功于自然本能，而是归功于他借以规定这种分量的自由。所以，这并不是顾及其（达
〔445〕成各种目的的）能力的培养能够带来的**好处**，因为这种好处也许会（按照卢梭式的原理）结果对自然需要的粗野性有利；相

反，道德实践理性的命令和人对自己的**义务**是：培养自己的能力（在这些能力当中，根据其目的的不同培养一种能力比培养另一种能力更多），并且在实用方面做一个与自己的生存目的相适合的人。

精神的力量就是其实施惟独通过理性才有可能的力量。就它们的使用不是汲取自经验，而是先天地派生自原理来说，它们是创造性的。这类力量是数学、逻辑学和自然形而上学，后两者也被列入哲学，即理论哲学，在这种情况下理论哲学虽然并不像字面意思那样意味着智慧的学问，而是只意味着科学，但毕竟能够有助于智慧的学问达到其目的。

灵魂的力量就是供人为了满足随意的意图而使用的知性和规则来支配，并就此而言被按照经验的导线来引导的力量。这类力量是记忆、想象力等诸如此类的东西，在这上面就能够建立起博学、鉴赏（内在的和外在的美化）等等，它们为各种各样的意图提供工具。

最后，**肉体的力量**的培养（真正的体操）就是照料在人身上构成材料（质料）的东西，没有这些东西，人的目的就会依然是未付诸实施的；因此，持续不断地、有意识地活跃人身上的动物性，就是人对自身的目的。

第 20 节

这些自然的完善中哪一种是**优先的**，在相互的比较中以什么样的比例使它们成为自己的目的而是人对自己的义务，这一点依然听凭在对某种生活方式的愉快方面对它们自己的理性思考和同时对人为此所必需的力量的评价，以便从中作出选择（例如，它应当是手工业，还是商业，还是学问）。因为且不说自身不能建立任何义务的自保的需要，人对自己的义务就是做 〔446〕

一个对世界有用的成员，因为这也属于其自己人格中的人性的价值，因而他不应当贬低这种人性。

但是，人在其**自然**完善性方面对自己的义务仅仅是广义的和不完全的义务，因为它虽然包含着行动的准则的一个法则，但就行动本身而言却在其方式和程度上没有规定任何东西，而是准许自由的人性有一个活动空间。

第二章

在提高其道德完善性方面，亦即在单纯道德的意图中人对自己的义务

第21节

首先，它主观上在于义务意向的**纯洁性**（puritas moralis [道德上的纯洁性]）：也就是说，这里也不掺杂从感性中取得的意图，法则独自就是动机，而行动不仅是合乎义务地，而且是**出自义务**作出的。——“你们要圣洁”① 在这里就是诫命。**其次**，客观上就涉及完善性，亦即涉及他的全部义务和他自己这方面道德目的的完备性之实现的整个道德目的而言，“你们要完善”② 就是诫命，但追求这个目标，在人这里却永远只是从**一种**完善向另一种完善的前进，这“也许是一种德性，也许是人们追求的一种称赞”③。

① 参见《圣经旧约·利未记》十九章2节，《圣经新约·彼得前书》一章16节。——科学院版编者注

② 参见《圣经新约·马太福音》五章48节。——科学院版编者注

③ 参见《圣经新约·腓立比书》四章8节。——科学院版编者注

第22节

这种对自己的义务是一种在性质上**狭义的**和完全的义务，尽管在程度上是一种广义的和不完全的义务，这是由于人性的脆弱（fragilitas）。

因为义务是**追求**这种完善性，而不是（在此生）**实现**这种完善性，因而对这种义务的遵循只能在于不断的进步，所以这种完善性在客体（人们应当使其实施成为自己目的的理念）**方面**虽然是对自己的狭义的和完全的义务，但**考虑**到主体却是对自己的广义的，仅仅是不完全的义务。

人的心灵的深度是无法探究的。谁感觉到自己遵循义务 〔447〕
的动机，他就充分地了解自己，这种遵循究竟是不是完全出自法则的表象，或者是否另一些着眼于好处（或者为了防止一种害处），并且借其他机会也完全可能为恶习所利用的感性冲动在同时起作用。但是，说到作为道德目的的完善性，虽然在理念上（在客观上）只有**一种**德性（作为准则的道德力量），但在事实上（在主观上）却有大量具有异质性状的德性，在它们中间，如果人们想寻找的话，不可能不发现某种非德性（尽管它们正是因为德性而通常不使用恶习的名称）。但是，自我认识永远不使我们充分了解种种德性的总和是完备的还是有欠缺的，它可以说明只有不完全的义务才是完全的。

※　※　※

因此，就我们自己人格中的人性这一目的而言对自己的一切义务都只是不完全的义务。

〔448〕

第二部分
对他人的德性义务

第一篇
对纯然作为人的他者的义务

第一章
对他人的爱的义务

划　分
第 23 节

最高的划分可以是这样的划分：就你通过履行义务而同时使他人承担责任而言对这些他人的义务，和其遵循并不以他人的责任为后果的对这些他人的义务。第一种履行是（鉴于他人）**有功德的**，第二种履行是**应尽的**义务。——**爱**和**敬重**就是伴随着这些义务的执行的情感。它们可以分开（每一种独自）来考虑，也可以这样存在（对邻人的**爱**，尽管这位邻人可能很少值得**敬重**；同样，对每个人必要的**敬重**，尽管他会被评判为几乎不配得到爱）。但是，它们在根本上按照法则来看是任何时候都彼此结合在一个义务之中的；只不过是，时而这种义务，时而那种义务构成了主体心中的原则，另一种义务以附属的方式与之相联结。——于是，我们将认识到，我们有义务对一个穷人行善；但是，由于这种恩惠却也包含着他的幸福对我的慷慨的依赖性，而慷慨毕竟是对他人的贬抑，所以，通过一
〔449〕种把这种善行要么表现为纯然本分，要么表现为微不足道的帮

助，来免除接受者的自卑，并且维护他的自尊心，就是义务。

第 24 节

如果谈的是义务法则（而不是自然法则），确切地说，是在人们彼此间的外在关系上谈论的，那么，我们就是在一个道德的（理知的）世界中考察我们，在这个世界中，按照与自然世界的类比，有理性的存在者们（在尘世）的结合是通过**吸引**和**排斥**造成的。凭借**互爱**的原则，他们被安排得彼此之间不断接近，而通过他们彼此间应有的**敬重**的原则，他们被安排得彼此间保持距离；而且如果这些强大的道德力量中的一个下降，那么，“虚无(无道德性）就会张开（道德的）存在者的大嘴，像喝掉一滴水一样吞噬整个王国”①(如果我在这里可以使用哈勒的语词的话，只不过是在另一种关系中使用）。

第 25 节

然而，**爱**在这里并不是被理解为**情感**（审美的），即理解为对他人的完善性的愉快，不是被理解为对**愉悦**的爱（因为不可能由别人赋予义务来具有这种情感），而是必须被设想为**善**

① 哈勒的诗句（出自康德多次引用的诗《论永恒》，Ⅴ，76～85，1736）是：
哦，上帝！惟有你是万物的根基！……
是的，惟有在你这里，坚强的力量才降落。
于是很快，张开大嘴，
存在者的一种普遍的虚无吞噬整个王国，
同时还有时间和永恒，
就像大洋吞噬一滴水。
——科学院版编者注

意（作为实践的）的准则，它以善行为结果。

关于对他人应予表明的**敬重**，也必须说同样的话，也就是说，这里所理解的不仅是出自我们自己的价值与他人的价值相比较的情感（这类情感是一个孩子对他的长辈，一个学生对他的老师，一个一般而言的下属对他的上司出自纯然的习惯所感到的），而仅仅是通过一个他人的人格中的人性之尊严来限制我们的自我评价的一个**准则**，从而是在实践意义上的敬重（observantia aliis praestanda［显示对他人的敬重］）。

对他人的自由敬重的义务，由于真正说来只是消极的（不把自己抬高到他人之上），而且与不减少任何人的"他的"的〔450〕法权义务相似，尽管被视为纯然的德性义务，但与爱的义务相比却被视为狭义的义务，爱的义务因此被视为广义的义务。

因此，爱邻人的义务也可以这样来表述：它是使他人的目的（只要这些目的不是不道德的）成为我自己的目的的义务；敬重我的邻人的义务包含在下述准则之中：不要把他人贬低为仅仅是达成我的目的的手段（不要求他人为了醉心于我的目的而放弃自己）。

通过我对某人实施第一种义务，我同时使一个他人承担义务；我为他作出了贡献。但是，通过遵循后一种义务，我只是使我自己承担义务，限制我自己，以便不从他人作为人有权设定在自己本身中的价值夺走任何东西。

爱的义务专论

第 26 节

人类之爱（博爱）由于在这里被设想为实践的，从而不是被设想为对人身上的愉悦的爱，所以必须被设定在实际的善意中，并因此涉及行动的准则。——就其把人们纯然视为这样的人而言以人们的福乐（salus）为乐的人，当其他所有人都康乐时就有福乐了，这样的人一般来说叫做**以人为友者**（博爱主义者）。只有当别人倒霉的时候才有福乐的人，叫做**以人为敌者**（实践意义上的厌恶人类者）。只要自己有福乐，他人境况如何对他来说无关紧要的人，是**自私自利者**（solipsista）。——但是，即便愿意所有人**有福乐**，却由于无法在人们身上感受到**愉悦**而逃避人们的人，可以被称为**遇人胆怯**（审美的厌恶人类者），而他对人们的回避可以被称为恐人症。

第27节

善意的准则（实践上的以人为友）是所有人们彼此间的义务，不论人们认为这些人是否值得爱，所依据的是伦理学的完善法则：爱你的邻人如爱你自己。——因为对人们的一切道德实践关系都是人们在纯粹理性的表象中的一种关系，亦即遵循准则的自由行动的一种关系，这些准则获得了普遍立法的资格，所以不可能是利己主义的（ex solipsismo prodeuntes [从自私自利中表现出来的]）。我愿意任何他人都对我有善意（benevolentiam），因此，我也应当对每个他人有善意。但是，既然在我之外的所有**他人**不会是**所有**人，因此准则不会具有一个法则自身的普遍性，而这种普遍性对承担义务来说毕竟是必要的，所以，善意的义务法则也将在实践理性的命令中把我一同理解为这一法则的客体：并不是好像我由此就会有责任爱我自己（因为即使没有义务法则，这种情况照样不可避免地发生，对此并不存在任何义务的承担），而是在其一般人性的理念中包括整个族类（因此也一起包括我）的立法理性，而不是人，作为普遍立法者，将我和我之外的所有他人一起，按照平 〔451〕

等的原则包括在交互善意的义务之中，并且**允许**你自己对自己有善意，其条件是：你也对任何他人有善意，因为只有这样，你的准则（行善的准则）才获得普遍立法的资格，一切义务法则都建立在这上面。

第28节

现在，普遍的人类之爱中的善意虽然从**范围**上看是最广博的，但从**程度**上看却是最小的，而且如果我说：我只是根据普遍的人类之爱关心这个人的福乐，那么，我在这里所有的关切只是可能有的最小的关切。就这种关切而言，我只是不漠然而已。

但是，一个人对我来说毕竟比另一个人更近，而我在善意中是我自己最近的人。现在，“把你的邻人（你的同类）当做你自己来爱”这个公式如何是正确的呢？如果一个人对我来说（在善意的义务中）比他人更近，因而我有责任对一个人比对他人有更大的善意，但对我来说我自己承认（即便按照义务）比任何他人都更近，那么，看来我要不与自己相矛盾就不能说：我应当爱每个人如同爱我自己；因为自爱的标准不会准许
〔452〕有程度上的差别。——人们马上就看到：这里所说的不单是**愿望**中的善意，这种善意真正说来就是对任何他人的福乐的纯然愉悦，甚至为此可以不作出某种贡献（每一个人为自己，上帝为我们），而是一种实际的、实践的善意，亦即使他人的福乐和得救成为自己的**目的**（行善）。因为在愿望中，我对所有人**同样**有善意，但在行善时，程度却按照被爱者的不同（他们中的一个人与我的关系比他人更近）而毕竟很为不同，这并不侵犯准则的普遍性。

爱的义务的划分

它们是：一、行善的义务；二、感激的义务；三、同情的义务。

一、行善的义务

第 29 节

善待自己，就其单是以生活为乐（保养自己的肉体，但不至于到柔弱的地步）就有必要而言，属于对自己的义务；它的反面是：出自**吝啬**而（奴隶般地）剥夺自己愉快的生活享受所必需的东西，或者出自对自己的自然偏好过分的**管束**而（狂热地）剥夺自己对生活乐趣的享受，——这两者都与人对自己的义务相冲突。

但是，在就别的人而言的愿望的**善意**（这不费我们什么事）之外，人们怎么还能作为义务来要求这种善意是实践的，亦即要求每个有这种能力的人就有需要者而言**行善**？——善意就是以他人的幸福（福乐）为乐；但行善却是把这种善意当做目的的准则，而且这方面的义务就是通过理性强制主体把这种准则当做普遍法则来接受。

并非自动地引人注目的是：这样一种法则完全蕴涵在理性之中；毋宁说，“每一个人为自己，上帝（命运）为我们所有人”这一准则看起来是最自然的准则。

第 30 节 〔453〕

行善，即尽自己的能力帮助身处困境的其他人得到他们的幸福，对此并不希冀某种东西，这是每个人的义务。

因为每个身处困境的人都期望自己能得到其他人的帮助。但是，如果他让自己的准则，即不想在其他人身处困境时又向他们提供援助，声张出去，也就是说，不使它成为普遍的准许法则，那么，当他本人身处困境时，每个人都同样会拒绝给他以自己的援助，或者至少有权拒绝他。所以，如果自私自利的准则会成为普遍的法则，它本身就将自相矛盾，也就是说，它是有悖义务的，进而对有需要的人行善这一公益性准则就是人们的普遍义务，确切地说是因为这些人就应当被看做同类，即看做是有需要的、在一个居住地由自然为了互相帮助而联合起来的理性存在者。

第 31 节

行善对于**富有的**人（多余地，亦即超过其自己的需要拥有达成他人幸福的**手段**的人）来说，几乎根本不应当被看做行善者有功德的义务；虽然他由此同时使他人承担责任。因此，他以此自己给自己造成的、不用他作出任何牺牲的欢乐，是一种沉浸于道德情感的方式。他也必须小心避免一切假象，好像他想借此让他人承担责任似的，因为若不然，这就不是真正的行善了，他向他人显示这种善行，是通过他表示想要给后者强加一种责任（这在后者自己看来往往是对他的侮辱）。毋宁说，如果他不是（那样更好些）完全悄悄地从事其行善活动的话，他就必须表示通过他人的接受使自己承担责任，或者感到荣幸，因而义务仅仅是他的本分。——如果行善的能力受到限制，而行善者强大得足以默默地自己承担起他让他人免除的灾祸的话，这种德性就更伟大了，这样一来，他就确实应当被视为道德上**富有**了。

决疑论问题

〔454〕

人们在行善时使用自己的能力应该到多大程度呢？毕竟不应当到最终自己也会需要他人行善的地步。人们在临终时（在通过遗嘱告别人世时）提供的善行有什么价值呢？——有人行使由国家法律准许他对另一个人拥有的最高权力，他剥夺了后者按照自己的选择来幸福生活的**自由**（这是他的一个庄园的世袭农奴），我要说，如果他按照**他**自己的幸福概念仿佛父亲那样照料后者，那么，这个人可以把自己视为行善者吗？或者毋宁说，剥夺一个人的自由这种不公正，岂不是某种与一般法权义务如此相悖的东西，以至于在这种条件下，依赖于主子的行善而委身，对于心甘情愿同意这样做的人来说，就会是对人性的最大放弃，而主人为后者的最大的预先关心根本就不会是什么善行吗？或者，兴许善行的功德能够如此之大，以至于能够抵消人权？——我不能按照**我**的幸福概念向某人行善（未成年的孩子和有障碍的人除外），而只能按照**那人**自己的概念去行善，不能打算通过强加给他一个礼物来向他提供一种善行。

行善的能力取决于物质财富，它多半是由于政府的不公正而从对不同的人们进行帮助产生的一个结果，政府提倡贫富不平等，而这就使得他人的行善成为必要。在这样的情况下，富人可能向身处困境的人们提供的援助，完全应当得到人们如此乐意当做功德而自鸣得意的慈善的名称吗？

二、感激的义务

感激是由于一种向我们提供的善行而对一个人格的**崇敬**。与这种评判结合在一起的情感是对（使他承担义务的）行善者

的敬重情感，反之，行善者对接受者则只是在爱的关系中来
〔455〕看。——甚至他人的一种没有有形后果的纯然由衷的**善意**也理应得到一种德性义务的名称；于是，这就说明了**实际**的感激和纯然**感情上的**感激之间的区别。

第 32 节

感激是一种义务，也就是说，不单单是一个**精明的准则**，即由于我曾经受惠于善行而表示我的责任，以鼓动他人多多行善（gratiarum actio est ad plus dandum invitatio［感激的举动是对更多给予的邀请］），因为在这时，我是把这种感激仅仅当做达成我的另外意图的手段来使用；相反，感激是由道德法则而来的直接强制，亦即是义务。

但是，感激也必须还被特别地视为**神圣的**义务，也就是说，视为这样一种义务，对它的侵犯甚至能够在原理中毁灭行善的道德动机（作为令人愤慨的例证）。因为“神圣的”是指这样的道德对象，就它而言，责任并不能通过遵循义务的行为被完全取消（在这方面，被赋予义务者始终还是负有义务的）。其他一切义务都是**普通的**义务。——但是，人们不能通过对一个被接受了的善行的酬谢来**回应**这种善行，因为接受者永远不能从这个施与者那里夺取施与者所拥有的功德的优先性，即曾是善意中的第一人。——但是，即便没有这种行为（行善），纯然由衷的善意就已经是承担感激义务的根据。——这样一种感激的意向就被称为**谢意**。

第 33 节

至于这种感激的**广度**，它并不单单涉及同时代人，而且还

涉及祖先，甚至涉及人们无法肯定地说出名字的人。这也就是之所以不尽可能地为那些可以被视为我们老师的古人进行辩护，使他们免于一切攻击、指责和低估，被看做不高尚的原因；但同时，一个愚蠢的妄念是，为了古代的缘故而捏造说古人在才能和善良意志方面比近人占优势，好像世界正在根据自然法则持续不断地降低其源始的完善性似的，与此相比轻视一 〔456〕
切新事物。

但是，至于**强度**，亦即对这种德性的责任的程度，它可以根据被赋予义务者从善行中得到的利益，以及根据这种善行借以被给予他的那种无私性来评价。最低的程度就是：向能够接受帮助的（还活着的）行善者提供**同样的**帮助，而如果行善者不能接受，就向他人提供帮助：不是把一个已经被接受的善行视为一个人们乐意摆脱的负担（因为如此受惠的人比他的施主低了一个等级，而且这伤害了他的自尊心）；而是甚至把行善的起因当做道德的善行来对待，也就是说，当做被给予的、使人承担人类之爱这种德性的责任并这样来培养人类之爱的机会来对待，这种德性以其善意意向的**热忱**同时就是善意的**细腻**（在义务的表象中对这种德行的最小程度的注意）。

三、同情的感受完全是义务

第 34 节

同甘和共苦（sympathia moralis［道德上的同情］）虽然是对他人的快乐和痛苦状况的一种（因此可被称为审美的）愉快或者不快的感性情感（同感、同情的感受），自然早已把对它们的易感性置入人心了。但是，把这种易感性作为促成实际的和理性的善意的手段来使用，还是以**人性**（humanitas）为名义的一种特殊的，虽然是有条件的义务？因为在这里人不只是被看做有理性的存在者，而且也被看做赋有理性的动物。现在，这种易感性可以被设定在就其**情感**而言互相**传达**的**能力**和**意志**之中，或者只是设定在对快乐或者痛苦的共同情感（humanitas aesthetica［审美的人性］）的易感性之中，这是自然本身所给予的。前一种情感是**自由的**，因此被称为同情性的（communio sentiendi liberalis［自由的感觉共联性］，基于实践理性；第二种
〔457〕情感是**不自由的**（communio sentiendi illiberalis，servilis［不自由的、奴性的感觉共联性］），可以叫做**传达性的**（例如热情或者传染性疾病的感觉），也叫共患难；因为它是以自然的方式在比邻而居的人们中间蔓延的。惟独对第一种情感才存在责任。

曾经有**智者**的一种崇高的表象方式，就像斯多亚派在听人说到智者时所设想的那样：我期望有一个朋友，不是在我贫穷、生病、被囚等等时给**我**提供帮助的朋友，而是为了我能够帮助**他**和救助一个人；而尽管如此，正是这个智者，当他的朋友无法救助时，却对自己说：这关我什么事？也就是说，他拒绝共患难。

事实上，当一个他人受苦，而且我也（借助想象力）让自己被他那我毕竟不能解除的痛苦所感染时，就是两个人在受苦了；尽管灾祸真正说来（在自然中）击中的只是一个人。但是，增加世界上的不幸，因而也不是出自**共苦**而行善，这不可能是义务；如果真的这样，这会也是一种侮辱性的行善，因为行善表达的是一种善意，它与不配得到的人相关，而且被称为**仁慈**，而在那些恰恰不可以自夸配享幸福的人们中间，相互之间根本不可能出现行善。

第35节

但是，虽然与他人共苦（而且因此也同甘）就自身而言并不是义务，但在我们心中培植共苦的自然（审美）情感，而且

把它们当做如此之多的手段用于出自道德原理和遵循这些原理的情感的同情，毕竟是对他人命运的实际同情，因此归根结底是间接的义务。这样义务就是：不要回避那些缺乏最必需的东西的穷人所在的地方，而要寻找他们，不要为了逃避人们无法抵御的极痛苦的同感而躲开病房或者犯人的监狱等等诸如此类的东西；因为这种同感毕竟是自然置入我们心中的冲动之一，去作出义务表象独自不会去完成的事情。

决疑论问题 〔458〕

如果人的一切道德性都毕竟极认真地只限于法权义务，善意则被列入无关紧要的东西，那么，世界福乐的情况岂不是会更好一些吗？不那么容易看出的是，这会对人们的幸福有什么样的后果。但在这一场合，毕竟起码会缺少世界的一种伟大的道德光彩，亦即人类之爱，因此这种人类之爱甚至无须计较好处（幸福的好处），独自就是把世界看做处于其全部完善性之中的一个美的道德整体。

感激真正说来并不是被赋予义务者对行善者的回报之爱，而是对他的**敬重**。因为能够而且必须把义务的相等作为普遍的邻人之爱的基础；但在感激中，被赋予义务者比他的行善者低了一个等级。这不该是有些忘恩负义的原因，亦即看着一个人胜过自己的自尊，无法置身于与他（就义务关系而言）的完全平等之中的反感吗？

与人类之爱截然（contrarie）对立的人类之恨的恶习

第 36 节

这些恶习构成了**妒忌**、**忘恩负义**和**幸灾乐祸**的丑恶家族。——但是，仇恨在此不是公然的和残暴的，而是隐蔽的和遮遮掩掩的，这给对邻人的义务遗忘还增添了卑鄙，同时侵害了对自己的义务。

1. 妒忌（livor），作为一种痛苦地感知他人福乐的癖好，虽然并没有因此损害他人的福乐，但如果导致了行为（减损那种福乐），就叫做**情节严重的妒忌**，否则就只叫做嫉妒（invidentia），但毕竟只是一种间接邪恶的意向，亦即不情愿看到我们自己福乐由于他人的福乐而黯然失色，因为我们懂得不是
〔459〕在福乐的内在价值中，而是仅仅在与他人福乐的比较中评价福乐的标准，并使这种评价直观化。——所以，人们也可能会说一个婚姻或者家庭中的**值得嫉妒的**和睦和幸福等等；就好像在某些情况下允许妒忌某人似的。因此，妒忌这种冲动就在人的本性之中，惟有它们的爆发才使之成为一种怨恨的、自我折磨的并且至少在愿望上指向破坏他人幸福的情欲的丑恶恶习，因而既与人对自己的义务相对立，又与人对他人的义务相对立。

2. 对其行善者（恩人）的**忘恩负义**，如果甚至发展到了恨自己的行善者的地步，就叫做**情节严重的忘恩负义**，否则就只叫做**无谢意**，是一种虽然在公共判断中极其让人讨厌的恶习，尽管如此人却由于它而如此声名狼藉，以至于说人们会由于已经显示出来的善行甚至给自己树一个敌人，被认为不是不可能的。——这样一种恶习的可能性的根据在于误解了对自己的义务，即由于他人的善行强加给我们对他人的责任，所以不需要和鼓励这种善行，而是宁愿自己承受生活的艰辛，也不给他人增加负担，因而在他人那里欠账（承担义务），因为这样一来，我们就担心会陷落到受保护者对其保护者的卑微级别；这与真正的自我珍重（为其自己人格中的人性的尊严而自豪）是相悖的。因此，对那些在行善上**不可避免地**必定抢在我们之前的人的感激（在怀念中对祖先，或者对父母的感激）是慷慨

的，但对那些同时代人的感激却只是微弱的，甚至为了掩盖这种不平等的关系，显示出来的将完全是感觉的反面。——但这样一来，这就是一种引起人类公愤的恶习，不只因为这样一个例子必然给一般人带来的损失使人不敢再行善（因为他们可能以真正道德的意向正是在对所有这样的酬报的鄙弃中，为行善设定一种更大的内在道德价值），而是因为人类之爱在这里被头脚倒置了，爱的缺乏被庸俗化为仇视爱者的权限。

3. **幸灾乐祸**，恰恰是同情的反面，对人的本性来说也不陌生；尽管如此，当它太过分地有助于甚至造成灾祸或者恶时，它就作为**情节严重的幸灾乐祸**显示出对人类的仇恨，而且以其恐怖的面目出现。当他人骇人听闻的不幸或者堕落宛如背景一般被配给我们自己的安康，以便更清楚地显出这种安康时，更强烈地感到自己的福乐，甚至自己的得体行为，这按照想象力的法则，亦即对比的法则，无疑是人的本性使然。但是，直接对这种毁灭普遍的世界福利的**怪物**的存在感到高兴，因而甚至期望看到这类东西，这是一种秘密的人类之恨，是我们应当作为义务的人类之爱的截然反面。——他人在不间断的安康中的**傲慢**和得体行为中的**自负**（但真正说来只是在于还往往避开了公共恶习的诱惑的幸运），自爱的人把这两者都算做自己的功德，它们产生了这种敌意的快乐，这种快乐与按照（太伦斯那里真诚的克勒摩斯[①]的）同情原则的义务，即“我是人，凡是人所遭遇的也都与我相关”，截然相反。〔460〕

这种幸灾乐祸中最惹人喜爱的是**复仇欲**，它为此还具有最大的法权，甚至责任（作为法权欲）的假象，即甚至无须自己

[①《自责者》，Ⅰ，1，25。——科学院版编者注]

的好处也使伤害他人成为自己的目的。

任何伤害一个人的法权的行为都理应受到惩罚，由此犯罪在肇事者身上得到**复仇**（不是仅仅加给损失以补偿）。但现在，惩罚不是受害者的私人权威的一个行为，而是一个与他有别的法庭的行为，法庭使高踞于所有臣服它的人之上的一个**上峰**的法则产生效果，而且如果我们（如在伦理学中必要的那样）在一个法权状况中，但**按照纯然的理性法则**（不是公民法则）看待人，那么，任何人都无权施加惩罚，并报复人们遭受的伤害，除非他也是最高的道德立法者，而惟有这个立法者（亦即上帝）才能说："复仇在我，我要报应"。因此，不仅仅自身纯然出自复仇的德性义务，是不以仇恨回应他人的敌意，而且甚至也不要求世界审判者进行报复；这一方面是因为人受够了自己的罪，以至于非常需要宽恕本身；另一方面是因为，确切地
〔461〕说主要是因为，任何惩罚，无论由谁来施加，都不可以出自仇恨。——所以，和解（placabilitas）是人的义务；但绝不能把它与对伤害的温和忍让（mitis iniuriarum patientia［对不义的温和忍让］）相混同，后者是为了防止他人的继续伤害而对强硬手段的放弃；因为如果那样的话，就是把自己的法权抛在他人脚下，是对人对自己的义务的侵犯。

附释：一切甚至使人的本性变得可恨的恶习，如果要在原理的意义上对待它们（作为情节严重的），客观上看都是**非人的**，但主观上考虑却毕竟是**属人的**，也就是说，就像经验使我们认识到我们的族类那样。因此，尽管人们极其厌恶地想把其中一些恶习称为**魔鬼般的**，就像其反面可以被称为**天使德性**一样，但两个概念却毕竟只是关于一个最大值的理念，被设想为用于比较道德性程度的标准，因为人们给人指定出其在**天堂**或者**地狱**的位置，并没有使他成为一个既不占

据其中一个位置，又不占据另一位置的中间存在者。哈勒以其“天使和牲畜的模糊中间物”①中说得是否更准确，这里依然不能澄清。但是，在异质事物的一种组合中进行二分，根本得不出一个确定的概念，而且在存在者的秩序中，按照它们不为我们所知的等级差异，没有任何东西能够把我们引向这一概念。前一种对立（天使德性与魔鬼恶习的对立）是夸张。第二种对立，尽管人真是遗憾地也堕入了**牲畜的恶习**，却毕竟没有资格给人添加这方面的一种**属于其物种的**禀赋，就像林中一些树木的畸形很难是使它们成为植物的一个特殊种类的一个理由一样。

第二章

出于他人应得的敬重而对他人的德性义务 〔462〕

第37节

一般而言在要求上**有节制**，亦即一个人的自爱自愿受他人的自爱的限制，叫做**谦虚**；在配被他人**爱**这方面缺乏**这种节制**（不谦虚），叫做**自爱**（philautia）。但是，要求被他人**敬重**的不谦虚，就叫**自负**（arrogantia）。因此，我对别人怀有的，或者一个他人能够要求于我的**敬重**（observantia aliis praestanda［对他人表示敬重］），就是对其他人身上的一种**尊严**（dignitas）的承认，亦即对一种无价的、没有可以用价值评估（aestimii）的客体与之交换的等价物的价值的承认。——把一个事物评判为没有价值的东西，就是蔑视。

［①《论灾祸的起源》，Ⅱ，107。——科学院版编者注］

第 38 节

每个人都有权要求其邻人的敬重，而且他也**交互地**对任何他人有这方面的责任。

人性本身就是一种尊严；因为人不能被任何人（既不能被他人，也甚至不能被自己）纯然当做手段来使用，而是在任何时候都必须同时当做目的来使用，而且他的尊严（人格性）正在于此，由此他使自己高于一切其他不是人、但可能被使用的世间存在者，因而高于一切事物。所以，就像他不能以任何价格出卖自己（这会与自我珍重的义务相抵触）一样，他也不能与他人作为人同样必要的自我珍重相悖而行动，也就是说，他有责任在实践上承认任何其他人的人性的尊严，因此，他肩负着一种与必然要向每个他人表示的敬重相关的义务。

〔463〕

第 39 节

蔑视（contemnere）他人，也就是说，拒绝给他人一般人应得的敬重，在任何情况下都是违背义务的；因为他们是人。与他人相对而言在内心**轻视**（despicatui）他们，虽然有时是不可避免的，但把这种轻视外在地表现出来却毕竟是一种伤害。——**危险的**东西并不是蔑视的对象，而且也不是有恶习的人；如果对此人的攻击占有的优势使我有资格说：我蔑视他，那么，这只是意味着，即使我对他根本不作出防卫，此时也没有危险，因为他暴露出了自己的堕落。但我自己仍然不能拒绝给予这位作为人的有恶习者以任何敬重，起码在一个人的品质上，人们本来不能剥夺他这种敬重；即便他因为自己的行为而使自己不配敬重。这样，就可能有一些侮辱人的、有辱人性本身的惩罚（例如四马分尸、让狗撕咬、割掉鼻子和耳朵），它们不单对那些爱荣誉的人（要求他人的敬重，这是每个人必须做的）来说比丧失财富和性命更加痛苦，而且剥夺了旁观者为属于一个人们居然可以如此对待的族类而感到的羞愧。

附释：在其理性的逻辑使用上对人自身的敬重的义务就建立在这上面：不是以荒谬、无聊的判断等等名义来指斥理性的失足，而毋宁说预设在这判断中毕竟必定有某种真实的东西，并找出这种东西；但同时也揭示骗人的假象（判断的规定根据的主观因素，它由于一种疏忽而被视为客观的），并且通过解释出错的可能性而保持对他的理智的敬重。因为如果人们在某个判断中通过那些表述否定其对手有任何理智，那么，人们要怎样才能使他明白是他犯错误了呢？——对恶习的指责也同样是这种情况，指责必须永远不以完全蔑视和否定有恶习者的一切道德价值为结果，因为如果按照这种假说，他永远也不能被改造好；这与一个本身（作为道德 〔464〕
存在者）永远不会失去一切向善禀赋的**人**的理念是无法统一的。

第 40 节

主观上被描述为道德情感的对法则的敬重，与对人的义务的意识是一回事。正因为如此，显示对作为道德的（极为高看其义务的）存在者的人的敬重，本身也是他人对他拥有的一项义务，是他不能放弃其要求的一项法权。——人们把这种要求称为**爱名誉**，其在外在的举止中的现象叫做**可敬**（honestas externa［外在的可敬］)，而对它的违背则叫做**丑闻**；是不敬重义务的一个能够造成效仿的榜样，**给出**这样一个榜样虽然极其违背义务，但在纯然荒谬的（paradoxon），否则就在自身善的东西上**获取**榜样，则是一个妄念（既然人们也把不可使用的东西视为不允许的），一个对德性来说是危险的、有害的错误。——因为对其他给出榜样的人的应有敬重不可能一直蜕变为盲目的模仿（既然使用，亦即 mos［习俗］，被提升到一个法则的尊严）；对民间道德的这种专制会与人对自己的义务相悖。

第 41 节

不履行纯然爱的义务，就是**无德性**（peccatum［过失］)。但是，不履行从对每个人一般而言应有的**敬重**中产生的义务，就是**恶习**（vitium［恶］)。因为对第一种义务的疏忽并没有伤害任何人；但是，不履行第二种义务，就在人的合法要求方面损害了他。——第一种违背是**对立面**的有悖义务的东西（contrarie oppositum virtutis［德性的相反对立面］)。但是，不仅不是道德补充，而且甚至取消通常对主体会有益的道德补充之价值的东西，则是**恶习**。

正因为如此，就连对邻人的出自其应得的敬重的义务也只
〔465〕是得到否定的表述，也就是说，这种德性义务只是被间接地（通过对立面的禁止）表述出来。

伤害对他人的敬重之义务的恶习

这类恶习是：一、**傲慢**；二、**毁谤**；三、**嘲讽**。

一、傲慢

第 42 节

傲慢（superbia，正如这个词所表述的那样，是一种总是**向上**浮的倾向）是一种**虚荣**（ambitio），我们按照这种虚荣要求其他人在与我们相比时贬低自己，因而是一种与每个人都可以合法要求的敬重相违背的恶习。

它与作为**爱名誉**的**骄傲**（animus elatus），亦即在与别人相比时一点也不错过其人的尊严的那种谨慎（因此，它通常也被配上"高贵的"这个形容词）不同；因为傲慢要求别人敬重，自己却不敬重别人。——但是，这种骄傲本身却毕竟成为错误和伤害，尽管它只是要求别人关注自己的重要性。

傲慢仿佛是贪图名誉者对追随者的一种谋求，并相信自己有权蔑视地对待他们，它是**不义的**，而且与对人应有的尊重完全相抵触；傲慢是**愚蠢**，亦即在使用种种手段以达成在某种关系中完全没有充当目的的价值的东西时的虚荣心；它甚至就是**白痴**，亦即一种冒犯性的不理智，使用一些在他人那里必定恰恰产生其目的的反面的手段（因为傲慢者越是表现出这种追求，每个人就越是拒绝敬重他），——这一切都是不言自明的。但毕竟要稍加说明的是：傲慢者任何时候在内心深处都是**卑鄙** 〔466〕
的。因为如果他不是在自身发现，当幸福对他来说逆转时，他根本不会认为自己这方面现在也阿谀奉承，并且放弃他人的一切尊重是难以接受的，那么，他就不会要求他人在与他比较时轻视自己了。

二、毁谤

第 43 节

恶意的议论（obtrectatio）或者毁谤，我并不把它理解为**中伤**（contumelia）、一种**错误的**、应当诉诸法权的议论，而是仅仅理解为直接的、不怀任何特殊意图的偏好，即散布某种不利于对他人的敬重的流言蜚语，它与对人性应有的敬重完全相悖，因为任何给出的丑闻都会削弱这种敬重，而且尽可能地使人怀疑它，而向着道德上的善的动力毕竟是基于这种敬重的。

有损他人名誉的东西哪怕是真的，也不归公共的司法权管辖，故意**散布**（propalatio）这种东西，就是在降低对一般人性的敬重，以至于最终给我们的族类本身投上卑鄙无耻的阴影，使厌恶人类（遇人胆怯）或者蔑视成为主流的思维方式，或者使其道德情感由于这种思维方式屡见不鲜而变得麻木不仁，对此习以为常。因此德性义务是，不要对暴露他人的错误幸灾乐祸，以便由此确保自己的意见是正确的，至少不比其他所有人差，而是不仅通过缓和我们的判断，而且通过隐瞒这些判断来给他人的错误蒙上人类之爱的面纱；因为他人给予我们的敬重的榜样也能够使得在同样的程度上配享这种敬重的努力活跃起来。——因此之故，对他人的道德的窥视癖（allotrio-episcopia [不良的暴露]）本身就已经是人类学的一种侮辱性的多管闲事，每一个人都可以正当地把它当做对自己应得的敬重的侵犯来反抗。

〔467〕

三、嘲讽

第 44 节

轻率的责难欲和纯然使他人成为笑柄的癖好，为了使他人的错误成为自己取乐的直接对象的**嘲弄欲**，都是恶意，与朋友间只是表面上当做错误，但其实却是当做有勇气偶尔也在时尚的规则之外的长处来取笑的那种**玩笑**、亲密完全不同（这时它就不是**嘲笑**了）。但是，使真实的错误成为笑柄，或者就好像它们是真实的似的而使虚构出来的、旨在剥夺人格应得的敬重的错误成为笑柄，以及这方面的癖好，即尖刻的**嘲弄欲**（spiritus causticus），本身就具有某种残酷的喜悦，并因此而恰恰是对敬重他人的义务的一种更为严重的伤害。

不过，以蔑视而对一个对手的侮辱性攻击给予戏谑的，尽管是嘲弄性的回击（retorsio iocosa），则与此不同，由此，嘲弄者（或者一般而言一个幸灾乐祸的、但却没有力量的对手）受到同等程度的嘲弄，而且这是对他可以向前者要求的敬重的合法捍卫。但是，如果对象真正说来不是幽默的对象，而是理性必然对之有一种道德关切的对象，那么，即便对手发出如此之多的嘲弄，同时自己却如此之多地出丑招人发笑，但对于对象的尊严和对人性的敬重来说，更加适当的却是：对攻击要么根本不作任何防卫，要么作出有尊严的和严肃的防卫。

附释：人们将发觉：在前面的标题下不是那么赞颂德性，反倒是在谴责与德性相对立的恶习；但这已经蕴涵在敬重的概念之中了；就像我们有责任对他人表示敬重一样，敬重只是一种**消极的**义务。——我没有责任**崇敬**他人（只是作为人来看），也就是说，对他人表示**积极的**尊重。我天生对之有责任的所有敬重，一般而言都是对法则的敬重（reverere legem），而这却 〔468〕
不是一般而言崇敬他人（reverentia adversus hominem），或者在其中为他们提供某种东西，这是对他人的普遍的、无条件的人类义务，这种义务作为他们原本应得的敬重，可以要求于每一个人。

根据人们性状的不同，或者根据其部分地是基于任意的安排的偶然关系的不同，亦即年龄、性别、出身、强弱的不同，或者干脆是地位和身份的不同，而向他人表示的不同敬重，不可以在德性论的**形而上学**初始根据中详细陈述并加以分类，因为这里要讨论的只是德性论的纯粹理性原则。

第二篇
人们相互之间就其状态而言的伦理义务

第45节

这些义务（德性义务）虽然在纯粹伦理学中不能提供理由形成其体系中的一个特殊篇章；因为它们不包含人们作为人彼此之间承担义务的原则，因此真正说来不能充当德性论的**形而上学**初始根据的一个部分，而仅仅是按照把德性原则（依据形式的东西）**运用**于经验中出现的事例（质料的东西）的主体之不同而变化的规则，因此它们也与一切经验性的划分一样不允许有可靠完备的分类。然而，就像要求自然形而上学对物理学有一种具有其特殊规则的跨越一样，也有理由要求道德形而上学作出一个类似的跨越，亦即通过把纯粹的义务原则运用到经验事例上而仿佛使道德形而上学**图型化**，并阐明其已可以作道德实践的使用。——因此，对待人，例如在其状态的道德纯洁性中或者在其堕落中，采取什么态度是适宜的；在开化的或者粗野的状态中什么是适宜的；对于有学识的人或者无学识的
〔469〕人，以及对于在使用其科学时作为会处事的（精炼的）学者或者在自己的专业中不会处事的学者（书呆子）、务实的学者或者更多地旨在精神和鉴赏的学者的那些人来说，什么是适宜

的；按照地位、年龄、性别、健康状况、富裕或者贫穷等等的差异，什么是适宜的：这并不是如此多种多样的在伦理上**承担义务**的**方式**（因为只有**一种**，亦即一般德性的承担义务），而仅仅是**运用**的种种方式（附论）；因此这些方式不能作为伦理学的章节和一个体系之**划分**的环节（体系必须先天地从一个理性概念出发）被提及，而只能是附带提到。——但是，恰恰这种应用却属于体系阐述的完备性。

要素论的结束语：爱与敬重在友谊中最紧密的结合
第 46 节

友谊（在其完善性上来看）就是两个人格通过相同的彼此的爱和敬重而结合。——不难看出，它是分享和传达这两个通过道德上善的意志而结合起来的人格任何一方的福乐的一个理想，而且即使它并不造就出生活的全部幸福，把它接纳入他们双方的意向也是配享幸福的，因此，人们之间的友谊是人们的义务。——但是，友谊是一个纯然的（但毕竟是实践上必要的）理念，是虽然在实施时无法达到，但却由理性托付去追求的（作为彼此间善良意向的一种最高境界），绝非普通的，而是十分光荣的义务，这一点很容易就可以看出来。因为对于处在与邻人的关系之中的人来说，怎么可能查明一个人身上同一种义务为此所需的各部分中的一个（例如交互的善意）同他人身上的同一个意向是**相同**的？不过更有甚者，在同一个人格中出自一种义务的情感与出自另一种义务的情感（例如出自善意的情感与出自敬重的情感）具有什么关系？而且，如果一个人在**爱**上更热烈，那么，他是否并不恰恰因此而在**敬重**他人上失去某种东西，〔470〕以至于爱和敬重两方面在主观上很难达到平衡均匀？什么对于友谊来说毕竟是不可缺少的呢？——因为人们可以把前者视为吸引，把后者视为排斥，而且如果吸引的原则要求接近，排斥的原则要求彼此间保持恰当的距离，那么，由"即便最好的朋友相互间也不应当**不分彼此**"这一规则所表达的对亲密的这种限制就包含着一个准则，这个准则不仅适用于地位高的人对地位低的人，而且反过来也一样适用。因为地位高的人转眼之间就感到自己的自豪感被伤害了，并且想知道地位低的人的敬重也许一时被推迟了，但并没有被取消；不过，敬重一旦被伤害，在内心就无法挽回地失去了；即使它的外在标志（礼节）又依然如故地进行。

友谊就其纯洁性或者完备性而言，把它设想为可达到的（在俄瑞斯忒斯和皮拉得斯之间、忒修斯和珀里托俄斯之间的友谊），是小说家的癖好；与此相反，亚里士多德说：我亲爱的朋友，其实没有任何朋友！① 下面的说明可以使人注意到友谊的困难。

在道德上考虑，一个朋友让另一个人觉察到自己的错误，无疑是义务；因为这是为他好，所以是爱的义务。但是，他的伙伴却把这看做自己指望从他那里得到的敬重的一种缺乏，确切地说，他要么在这一点上已经栽了，要么由于受到他人的监视和暗地的批评而常常冒着丧失其敬重的危险；甚至，他被监视和控制，这本身就已经让他觉得是侮辱了。

①"哦，朋友，其实没有任何朋友"被法波里诺斯（拉尔修：《名哲言行录》：V，1，21）视为亚里士多德的名言（那里继续说，这句话也在《伦理学》第7卷中，这似乎是指1245b20，但这里说的毋宁是：说有许多朋友的人可能没有朋友）。参见《康德全集》，第Ⅶ卷，145页［参见《康德著作全集》，第7卷，145页。——译者注］；第Ⅺ卷，［319］332页［参见《康德书信百封》，180页。——译者注］。——科学院版编者注

一个处在困境中的朋友，他是多么不受欢迎啊（好好想想，如果他是一个积极的、乐于自己花费而助人的朋友的话）！但是，感到自己与他人的命运紧密相连，肩负着他人的需要，这毕竟也是一个巨大的负担。——所以，友谊不能是一种旨在彼此得到好处的结合，而必须是纯粹道德的，而且，双方中任何一方在紧急情况下都可以指望对方给予的支援，必须不是指友谊的目的和规定根据——那样的话他就会失去另一方的敬重——而只能是指发自肺腑的善意的外在标志，并不使事情取 〔471〕 决于总是有危险的试验，因为任何一方都考虑要慷慨地解除他人的这种负担，一个人独自承担它，甚至对他完全隐瞒这负担，但毕竟总是可能自夸说，在紧急情况下他将能指望他人的支援。但是，当一个人从他人那里接受一个**善行**时，他所能够指望的是爱上的平等，而不是敬重上的平等。因为他清楚地看到自己低一个等级，负有责任而不能相互赋予责任。——尽管相互接近直至融为一个人格的这种交互拥有是甜蜜的，友谊却毕竟同时是某种如此**娇柔**的东西（teneritas amicitiae），以至于如果人们让它基于情感，不给这种彼此的倾诉和顺从配上原理或者防止不分彼此并且通过敬重的要求来限制交互之爱的规则，就一刻也不能保证它免于**中断；这类事情在不开化的人那里是司空见惯的，尽管他们并不因此总是导致破裂**（因为群氓互相斗殴，群氓又互相容忍）；他们可能并不分道扬镳，但也并不相互一致，因为吵架本身就是他们的需要，为的是在和解中品尝和睦的甜蜜。——但无论如何，友谊中的爱不能是**冲动**：因为冲动在选择上是盲目的，在延续时将灰飞烟灭。

第47节

道德的友谊（与审美的友谊有别）是两个人格在彼此坦承

其隐秘判断和感受时的完全信赖，只要它能够与双方的彼此敬重共存。

人是一种注定要有社会的存在者（虽然毕竟也是非社会的存在者），而且在社会状态的培植中，他强烈地感到有向他人**开放**自己的需要（甚至不以某种东西为目的）；但另一方面，也由于害怕他人可以滥用他的想法的这种袒露而变得狭隘和受到警告，他发现自己不得不把他的一大部分想法（尤其是关于

〔472〕其他人的）**封闭**在自己心中。他喜欢与某个人聊一聊自己对与之打交道的人有什么想法，对政府、宗教等等有什么想法；但他不可以冒险这样做，部分是因为小心翼翼地不说出自己的判断的他人会利用这来伤害他；部分是因为如果他完全开诚布公地对他人呈现自己的话，就公开他自己的错误而言，他人会隐瞒其自己的错误，这样他就会在他人的敬重上有所损失。

因此，如果他发现一个有理智的人，他在这个人那里就那种危险而言根本不必担心，相反他能够完全信任地对他开放自己，此外这个人自身也具有一种与他自己相一致的评判事物的方式，那么，他就可以倾诉自己的看法；他在其思想上就不像在监狱中那样是完全**孤独的**，并且享受着一种自由，他在人群中就缺乏这种自由，在那里他必须封闭自己。每一个人都有秘密，不可以盲目地信赖他人；这部分是因为大多数人不高尚的思维方式，对此作了有害于他的利用，部分是因为一些人在评判和区别这种招人议论的事情时不理智，或者不是这样（轻率），这样一些品质很难发现共存于一个主体中（rara avis in terris et nigro simillima cygno［世间罕有极像黑天鹅的鸟］①）；尤其是因为最亲密的友谊要求这个有理智的、可以信

① 尤维纳利斯：《讽刺诗集》，Ⅱ，6，165。——科学院版编者注

赖的朋友同时有责任，没有前者明确的许可，不得把同一个托付给他的秘密告诉另一个被认为同样可靠的人。

这种友谊（纯然道德的友谊）不是理想，而是（黑天鹅）时而以其完善性现实地存在着；但那种虽然出自爱，但却被他人的目的所拖累的（实用的）友谊既不可能有纯洁性，也不可能有所要求的完备性，而这种完备性是一个作精确规定的准则所不可缺少的，而且它是一个愿望的理想，这个理想在理性概念中没有边界，但在经验中却必然是始终受限制的。

但是，一个一般的**人类之友**（亦即整个族类之友）是这样一个人，他在审美上分享着所有人的福乐（同乐），而且绝不会没有内在惋惜地去干扰这种福乐。不过，一个人类之**友**这个表述与纯然爱人类者（**博爱主义者**）这个表述相比更是狭义的。因为在前者中，也包含着人与人之间**平等**的表象和忠告，〔473〕因而包含着由此而被赋予责任的理念，因为人们有责任向他人行善；就好像属于一个愿所有人幸福的共同父亲的众兄弟似的。——因为作为行善者的保护人与作为有感激义务者的被保护人的关系虽然是一种互爱的关系，但却不是友谊，因为二者相互之间应得的敬重不是一样的。作为朋友对人有善意（一种必要的降尊纡贵）这种义务以及铭记这种义务，有助于抵制那些拥有行善能力的幸运之人常有的骄傲。

附录

交往的德性（virtutes homileticae）

第 48 节

以其道德的完善性彼此间推进交往（officium commercii，

sociabilitas［交往的义务，社会性］)，不把自己孤立起来(separatistam agree［离群索居］)，不仅是对自己的义务，而且是对他人的义务；虽然不是给自己制作一个其原理的不动的中心，但却毕竟也把这个围绕自己划出的圆圈视为构成世界公民意向的一个无所不包的圆圈之部分的圆圈；不是为了恰恰把世界福利当做目的来促成，而只是培养间接地导致世界福利的相互意向，培养这意向中的安逸、容易相处、互相的爱和敬重(平易近人和举止得体，humanitas aesthetica et decorum［审美的和文雅的人性］)，并给德行添加光彩；做到这一点，本身就是德性义务。

这虽然只是些**外围的东西**或者**附属的东西**（parerga），它们给人一种美的、类似于德性的外表，但这外表也不骗人，因为每个人都知道，他必须把这外表当做什么来对待。虽然这只是小事情，但却毕竟通过努力使这种外表尽可能接近真实，在**易于交往、健谈、礼貌、好客、婉转**（在反驳而不吵架时）

〔474〕中，把它们全都当做与表现出来的责任打交道的方式，促成了德性情感本身，由此人们同时使其他毕竟致力于德性意向的他人承担责任，因为它们至少使得德性变得**可爱**。

但这里的问题是：人们是否也可以习惯于同有恶习者交往。人们不能避免与他们会面，若不然，人们就必须离开世界；而且甚至我们对他们的判断也是没有权威的。——但是，在恶习是一种丑闻，亦即是蔑视严格的义务法则的一个公然给出的实例，因而本身带有寡廉鲜耻的地方，即便国家法律不惩罚它，直到那时还存在的交往也将被中断，或者被尽可能地回避，因为继续交往会使德性丧失一切名誉，并把它出卖给每一个富裕得足以用奢侈享乐来向寄生虫行贿的人。

伦理方法论 〔477〕

第一章　伦理教学法

第49节

德性必须被获得（不是生而具有的），无须可以援引从经验中获得的人类学知识，这一点已经蕴涵在德性的概念之中了。因为人的道德能力倘若不是通过决心的力量在与强大的相反偏好的冲突中产生的，它就会不是德性了。德性是出自纯粹实践理性的产品，这是就后者在意识到自己对前者（出自自由）的优越性时获得了支配权而言的。

德性能够并且必须被教授，这是从它并非生而具有得出的；因此，德性论是一种**教义**。但是，由于仅仅通过人们为了适合德性概念而应当如何行事的学说，还没有获得实施规则的力量，于是，斯多亚派就只是认为，德性不可能通过纯然的义务表象、通过告诫（以敦促的方式）来**教授**，而是必须通过尝试与人心中的内在敌人进行斗争（以修行的方式）来培养，来练习；因为如果人们不事先尝试和练习自己的力量，他就不**能**马上做到他想做的一切，但这方面的**决定**却无疑必须一下子完全作出，因为若不然，意向（animus）由于为了逐渐地抛弃恶习而与之妥协，本身就可能是不纯洁的，甚至是有恶习的，因此也不可能产生德性（因为德性以一个惟一的原则为依据）。

〔478〕

第 50 节

现在，就教义的方法（因为每一个科学学说都必须是**有方法的**，否则，陈述就是**混乱不堪的**）而言，如果德性论应当表现一门科学，这方法就也不能是**残缺不全的**，而必须是**系统的**。——不过，陈述可能要么是**讲授的**，因为它所遇到的所有他人都纯然是听众，要么是**询问的**，在报告中教师问他的学生他想教给他们的东西，而且这种询问的方法又要么是教师向学生们的**理性**提问，是**对话的**教学方式，要么只向他们的**记忆**提问，是**问答的**教学方式。因为如果有人想向他人的理性提问某种东西，那就只能以对话的方式进行，亦即通过教师和学生互相**交替**提问和回答来进行。教师通过提问，通过提出事例来仅仅开发学生心中对某些概念的禀赋，而引导着学生的思想进程（他是学生思想的助产士）；此时认识到自己有能力思考的学生，通过其反问（关于晦暗不明的东西或者与已被认可的原理对立的怀疑）促使**教师**按照 docendo discimus［在教中学］来自己**学习**他必须如何恰当地提问〔因为一个给逻辑学提出的、还没有被充分铭记的要求是：逻辑也要提供人们应当如何合目的地**探索**的规则，也就是说，并非总是仅仅为**规定性**的判断，而且也为先行的判断（iudicia praevia）提供规则，人们就是通过后者产生思想的；这是一种甚至对数学家也能够是发明的指导，并且也经常被数学家运用的学说〕。

第 51 节

德性论对还稚嫩的学生来说首要的和最必要的**学说**工具是一部道德**问答手册**。这种手册必须先行于宗教问答手册，并且不能只作为插入物被一起织入宗教学说，而是必须单独地、作为一个独立自存的整体来阐述，因为只有通过纯粹道德的原理，才能实施从德性论向宗教的跨越，因为若不然，这种宗教的认信就会是不纯正的。——所以，恰恰是那些最可尊敬的和最伟大的神学家，都对为章程性的宗教学说写一个问答手册 〔479〕
（同时为它担保）表示反感；因为人们毕竟应当相信，这会是人们从他们的博学的巨大宝藏中有权期待的最无关紧要的东西。

反之，一部纯粹**道德的**问答手册，作为德性义务的启蒙教师，就不具有任何这样的疑虑或者困难，因为它（按照其内容）可以从普通的人类理性中开发出来，并且（按照形式）只可以与第一种传授的教学规则相适应。但为了这个目的，这样一种课程的形式原则就不允许苏格拉底式的对话的教学方式，因为学生就连他应当如何提问也不知道；因此，惟有教师才是提问者。但是，教师有条理地从学生的理性中诱导出的回答必须以确定的、不易改变的表述来措辞和保存，因此必须相信他的记忆：在这一点上，**问答的教学方式**不仅与**独断的教学方式**（这里惟有教师在说话）有别，而且与**对话的教学方式**（这里双方相互问和答）有别。

第 52 节

德性教育的**实验**手段（技术手段）是以教师本人为**模范**实例（具有示范性的表现），以他人为**告诫**实例；因为仿效对于还未受教育的人来说是接受他今后采取的准则的第一次意志规定。——养成习惯或者戒除习惯就是通过频繁地满足一个偏好来确立这个没有任何准则的固执偏好；而且它是感官方式的一种机械作用，而不是思维方式的一个原则（在这方面，后来的

荒废要比**学会**更难)。——但是,就显露给癖好供仿效或者告诫的**样板**的力量(无论是为善还是为恶)而言①,他人给予我
〔480〕们的东西,不能确立德性准则。因为这种准则恰恰在于每个人的实践理性的主观自律,因此不是其他人的举止,而是法则必须充当我们的动机。所以教育者不会对他养成坏习气的学生说:以那个好少年(规矩的、勤奋的少年)为榜样!这只会成为学生憎恨这少年的原因,因为学生由于这少年而暴露出其弱点。好的样板(示范性的转变)不应当充当典范,而只应当充当合乎义务的东西的可行性的证明。因此,并非与某个他人的比较(他是怎样的),而是与他应当怎样的理念(人性)的比较,因此是与法则的比较,必须给教师提供其教育的绝不可少的准绳。

附释 一部道德问答手册的片段

教师向他的学生的理性询问他要教给学生的东西,如果学生不会回答该问题,教师就提示他(引导他的理性)。

1. 教师:什么是你生活中最大的,甚至是全部的要求?学生:不知道。——教师:是对你来说一切事情依照愿望和意志进行,并且始终这样。

① **"实例"**是一个德文词,通常人们将它用于与它同样适用的"样板",但它与后者涵义并不相同。以某事为样板,与为了理解一个表述而举出实例,这是完全不同的概念。样板是一个**实践**规则的特殊情况,如果这个规则表现的是一个行为的可行性或者不可行性的话。反之,一个实例只是殊相(concretum[具体的东西]),被表现为按照概念(abstractum[抽象的东西])包含在共相之下,并且只是对一个概念的理论展示。

2. 教师：人们如何称呼这样一种状态？学生：不知道。教师：人们把它称为**幸福**（持久的康乐、快乐的生活、对自己状态的完全满意）。

3. 教师：如果你现在手中拥有（世界上可能有的）一切幸福，你会独自保有所有这些幸福，还是也把它们传达给你的邻人？——学生：我会传达它们，使他人也幸福和满足。

4. 教师：这清楚地表明，你差不多还有一颗善良的**心**；但且看一看，你在这里是否也表现出健全的**理智**。——你会使懒汉获得软和的枕头，让他能够在甜蜜的无所事事中过日子；〔481〕或者使酒鬼不缺酒喝，而通常这属于麻醉品；使骗子有讨人喜欢的仪表和举止，以便施计骗他人；或者使暴徒有勇敢和铁拳，以便能够制服他人吗？这肯定是每个人所期望的一些手段，以便按照自己的方式幸福。学生：不，不是这样。

5. 教师：因此你发现：如果你手中也拥有一切幸福，并为此拥有最善良的意志，你毕竟不会不假思索地把那幸福送给每一个抓取的人，而是首先要检查一下，每一个人在多大程度上**配享**幸福。——教师：但对你本人而言，你毕竟会毫不犹豫地拿你列入自己幸福的一切首先供给自己？学生：是的。教师：但这样一来，你思想中不也就出现了一个问题：你本人是否也能配享幸福呢？学生：当然。教师：现在，在你心中仅仅追求幸福的，就是**偏好**；但把你的偏好限制在首先配享幸福的条件上的，是你的**理性**，而你能够通过自己的理性限制、制服你的偏好；这就是你的意志的自由。

6. 教师：现在，为了知道你怎样开始，以便分享幸福而又毕竟不变得不配幸福，这方面的规则和指导就完全只在你的**理性**中；这就等于是说：你没有必要从经验中，或者从他人那里通过其传授来学会你的行止的规则；你自己的理性将直截了当地教导你并命令你，什么是你应当做的。例如，当你遇到一个案件，由于你能够通过一个精心编造的谎言给你或者你的朋友谋得一个很大的好处，肯定还不会因此而损害任何其他人，那么，你的理性对此将说什么呢？学生：我不该撒谎；好处对我和我的朋友而言会与他一直想要的一样大。撒谎是**卑鄙的**，并且使人**不配**幸福。——这里有一种因一个理性命令（或者禁令）而来的无条件的强制，我必须服从这个命令：反之，我的所有偏好都必须默不作声。教师：人们怎样称呼这种直接由理
〔482〕性加给人的、按照理性的一种法则来行动的必然性呢？学生：它叫做**义务**。教师：因此，对人来说，遵循自己的义务就是配享幸福的普遍的和惟一的条件，而且后者与前者就是同一个东西。

7. 教师：但是，如果我们也意识到这种善良的和积极的意志，由于它我们认为自己配享（至少不是不配）幸福，那么，我们能够也把分享这种幸福的可靠希望建立在这上面吗？学生：不！不能仅仅建立在这上面；因为谋求这种幸福并非总是取决于我们的能力。而且自然的进程也不是如此自动地依据功德，相反，生活的幸福（我们一般而言的福利）取决于一些远远不是人都能控制的情况。因此，我们的幸福永远都只是一个愿望，除非有某种别的力量加入，这种愿望在那时才能成为希望。

8. 教师：理性自己有充足的理由认为这样一种根据人的功过来分配幸福、掌管整个自然，并以至高的智慧统治世界的力量是现实的，亦即信仰上帝吗？学生：是的；因为我们在我们能够评判的自然的作品上看到如此广博而且深刻的智慧，我们只能用一个世界创造者的一种无以名状的伟大的艺术来解释这种智慧，这样，就世界最高的光彩所在的道德秩序而言，我们也有理由期望世界创造者有同样睿智的治理，亦即如果我们没有通过违背我们的义务而使我们自己**不配幸福**，那么，我们

就也能够希望**分享**幸福。

在这部必须通过德性和恶习的一切条款来实施的问答讲义中，最大的注意力集中在：义务命令肯定不是被建立在从遵循该命令中为该命令应当使之承担责任的人产生的好处或者害处之上，甚至也根本不是被建立在对他人产生的好处或者害处之上，而是完全纯粹地建立在道德原则之上，提及这些好处或者害处只是附带的，是作为就自身而言可有可无的，但对于天生软弱的人的口味来说充当纯然工具的补充。在任何地方都必须 〔483〕
重点描述的，是恶习的**可耻**，而不是它（对当事人自己）的**危害**。因为如果德性的尊严在行动中不是被提高到一切之上，那么，义务概念本身就会消失，并化为纯然实用的规定；因为在那种情况下，人在其自己的意识中的高贵就会消失，而人就会待价而沽，把自己出售给对他来说有诱惑力的偏好。

如果这是聪明地和认真地根据人逐渐踏上的年龄、性别和地位的不同阶段而从人自己的理性中展现出来的，那么，就还有某种东西必须作出决定，内在地打动灵魂，将人置于这样一种境地，在这里他只能怀着对自己固有的源始禀赋的极大惊赞来看待自己，而且对此的印象永不消失。——也就是说，如果他在结束自己的课程时依序再一次扼要陈述（重述）自己的义务，如果他在每一次课程中都被提请注意，一切灾祸、烦恼和生活的苦难，甚至在他忠诚地服从其义务时可能击中他的死亡威胁，都毕竟不能夺去他高于这一切，并且是它们的主人的意识，那么，他就极为容易想到如下问题了：在你心中那敢于以自然的一切力量在你里面和你周围投入战斗，并且在它们与你的道德原理发生冲突时战胜它们的东西是什么呢？这个问题的解决完全超出了思辨理性的能力，尽管如此它还是自行出现了，如果它引起人们的关注，那么，就连灵魂的这种自我认识中的不可理解性也必定提供一种升华，灵魂受到的诱惑越多，这种升华就只会越强烈地鼓舞灵魂去尊崇自己的义务。

在这种问答的道德课程中，对道德教化来说具有很大用处的会是：在每次剖析义务时拟出一些决疑论问题，并且让孩子们聚集起来尝试自己的理智，看他们中的每一个人打算如何解
〔484〕决摆在他面前的棘手课题。——不只是因为这是对**理性**的一种与未受教育者的能力最相适宜的培养（因为这种培养在涉及什么是义务的问题上能够比就思辨问题而言远为容易得多地作出决定），并且是一般而言使青年的理智更加敏锐的最适当的方式，而主要是因为人的本性就爱这么做，在这件事中和在对它的处理中，人一直形成了一门科学（借此他如今就明白了），而这样，学生就通过这类练习不知不觉地被引入到对道德事务的关切之中。

但是，教育中最重要的事情是：不要把道德问答手册与宗教问答手册混同起来陈述（融合），也不要让它跟在后者后面；而是在任何时候都要对前者作出最清晰的说明，确切地说要以最大的勤奋和详尽做这件事。因为不这样做，以后从宗教中产生的就无非是伪善，即出自恐惧而认信义务，并撒谎说对那些并不放在心上的人有一种关切。

第二章　伦理的修行法

第53节

德性中的练习（exercitiorum virtutis）的规则旨在两种心灵情调，即在遵循其义务时顽强的和愉快的心情（animus strenuus et hilaris）。因为德性必须与障碍进行斗争，为了克服这些障碍，它必须集中自己的力量，同时牺牲一些生活乐

趣，失去这些乐趣有时可能使心情变得沮丧和闷闷不乐；但是，人们并非愉快地，而只是当做劳役做的事情，对于在此服从其义务的人来说，就没有任何内在的价值，并且不受欢迎，而是尽可能地逃避实施它的机会。

德性的培养，亦即道德的**修行法**，就精力充沛的、顽强的和勇敢的德性练习的原则而言，拥有**斯多亚派**的格言："你要习惯于**忍受**偶然的生活灾难和缺少同样多余的闲情逸致（assuesce incommodis et desuesce commoditatibus vitae）。"对于人来说，保持道德健康是一种饮食学。但健康只是一种消极的 〔485〕
康乐，它本身不能被感觉到。必须附加某种东西，来保障一种舒适的生活享受，而且毕竟是纯然道德的。这就是有德性的**伊壁鸠鲁**的理念中任何时候都快乐的心灵。因为谁应当比没有意识到任何故意的违背并由于堕落而被固定在这样一种违背中的人有更多的理由去拥有愉快的心情，并且不把置身于一种愉快的情调并使之成为习惯甚至视为一种义务呢（hic murus aheneus esto etc.［你就应当是这堵铜墙……］——贺拉斯①）？——反之，僧侣的修行法出自迷信的畏惧或者对自己虚伪的厌恶，以自我折磨和肉身钉上十字架为业，也不是旨在德性，而是旨在狂热的涤罪，自己给自己施加惩罚，而且不是在道德上（亦即怀着改善的意图）**悔罪**，而是要**赎罪**，即便自己选择并且执行了惩罚，这（因为惩罚必须是他人施加的）也是一个矛盾，而且也不能造成伴随着德性的愉悦感，而毋宁说不可能没有对德性命令的隐秘仇恨。——所以，伦理的训练只在于与自然冲动作斗争，这种斗争要达到的程度就是在出现威胁着道德性的情况时能够制服自然冲动；因此它使人顽强，并在意识到重获自

①《书札》，Ⅰ，1，60。——科学院版编者注

由时快乐。为某事**悔恨**（这在回忆从前的违背时是不可避免的，在这方面不让这种记忆消失甚至就是义务），以及加给自己一种**忏悔**（例如斋期），不是出于饮食学的考虑，而是出于虔诚的考虑，这是两种十分不同的、有道德意义的防护措施，其中后者是不愉快的、阴沉的和闷闷不乐的，它使得德性甚至成为可恨的，并且使其信徒望而却步。因此，人自己加给自己的管束（纪律）只能通过伴随管束的愉悦感成为值得称赞的和示范性的。

〔486〕

结束语
宗教学说作为对上帝的义务的学说，处于纯粹道德哲学的界限之外

阿布德拉的**普罗泰戈拉**在他的书中开篇写下这样的词句："**诸神存在还是不存在，对此我不知道说什么**。"① 所以，他被雅典人从城里和他的地产上驱逐出去，他的书被当着公众聚会焚烧（昆提利安：《论修辞学》，第3卷，第1章）②。——在这一点上，雅典法官作为人虽然对他所行很**不义**；但是作为**国家官员**和法官，他们对待他的方式完全是**合法的**和一贯的；因为如果不是公开和合法地**以高层当局的名义**（de par le Senat［以元老院的名义］）来命令，人们怎么能够发誓说：

① "De diis, neque ut sint, neque ut non sint, habeo dicere."

② 在昆提利安那里，关于普罗泰戈拉仅仅触及修辞学的东西。所指的毋宁说是西塞罗的《论诸神本性》，Ⅰ，23，63。"从他的地产"是错误的翻译；urbe atquo agro exterminatus："从城市和农村驱逐出去"（普罗泰戈拉没有在阿提卡定居，而是旅行到此）。——科学院版编者注

有诸神存在？①

但是，承认这种信仰并且认可**宗教学说**是一种普遍的**义务学说**的一个不可缺少的部分，现在关于它所属的**学科**的界限规定的问题却是：宗教学说是必须被视为伦理学的一个部分（因为在这里谈不上人们相互的法权），还是完全处在一种纯粹哲学的道德的界限之外。 〔487〕

一切宗教，如果人们这样来解释它，说它是“一切**作为**（instar［类似］）神的诫命的义务的总和”，那么，其**形式的东西**就属于哲学道德，因为由此所表达的只是理性与神的**理念**的关系，这种理念是理性自己给自己制作的，而在这种情况下，一种宗教义务还没有成为**对**（erga）作为一个在我们的理念之外实存的存在者的神的义务，因为我们在这里还不考虑神的实存。——所有人类义务都应当按照这种**形式的东西**（这些义务

① 虽然后来一个伟大的道德上立法的智者把这种誓言当做愚蠢的，同时近乎于渎神的，而予以完全禁止；但出于政治的考虑，人们还总是相信绝对不能缺少这种机械的、用于公共正义的管理手段，并且想出了一些温和的解释，以便回避那种禁令。——既然认真地发誓说有一个神存在是荒唐的（因为人们哪怕只是为了能够发誓，就必须已经公设了这个神），那么，还留下的问题就是：一个誓言是不是可能以及有效，因为人们只是对有一个神存在**这种情况**（无须像普罗泰戈拉那样澄清某种东西）发誓的。——事实上，一切真诚地，同时深思熟虑地发出的誓言都不是在任何其他意义上发出的。——因为一个人完全自愿地发誓说有一个神存在，这虽然看起来不是一个可疑的提议，不管他信神还是不信神。如果有一个神存在（骗子将说），那我就说对了；如果没有一个神存在，那么，也没有任何人使我承担责任，我通过这样一个誓言没有使自己陷入任何危险。——但在这种情况下，**如果这样一个神存在**，就不因蓄意的，甚至为了欺骗神而作出的谎言而遇到任何危险吗？

与一个属神的、先天地被给予的意志的关系）来思想，这样做的根据只是主观的和逻辑的。也就是说，不在这里设想一个**他者**及其意志（普遍立法的理性只是他的代言人），亦即神，我们就不能完全使义务的承担（道德的强制）对我们直观化。——只有这种**就**神（真正说来是我们给自己制作的关于这样一个存在者的理念）**而言**的义务才是人对自己的义务，也就是说，不是客观的、对一个他者提供某种服务的责任，而只是主观的、在我们自己的立法理性中强化道德动机的责任。

但是，说到宗教的**质料的东西、对**（erga）神的义务的总和，亦即应当为神提供的服务（ad praestandum），宗教就会能够包含特殊的，不是仅仅从普遍立法的理性出发的，因而不能被我们先天地认识而是只能经验性地认识的，从而只是属于启示宗教的、作为神的诫命的义务；因此，宗教也不能任意地预设这种存在者的存在，并不仅仅是实践意图中关于这种存在者的理念，而是当做直接地（或者间接地）在经验中被给予的来阐释。但这样一种宗教，无论它怎样有根有据，都毕竟不能构成**纯粹哲学的道德**的一个部分。

因此**宗教**，作为**对**神的义务的学说，处在纯粹哲学的伦
〔488〕理学的一切界限之外，而且这权充是本书作者的辩护，即他没有像通常习惯的那样，为了伦理学的完整性而把在那种意义上设想的宗教拉入到伦理学中。

虽然可以说有一种“纯然理性**界限内**的宗教”，但这宗教并不是从纯然理性中派生出来的，而是同时建立在历史学说和启示学说之上的，而且仅仅包含着纯粹实践理性与这些学说的**一致**（即它不与这些学说相冲突）。但在这种情况下，它也就不是**纯粹的**，而是**运用于**一种现有历史的宗教学说，对它来说，在一种作为纯粹实践哲学的**伦理学**中就没有位置了。

最后的附释

理性存在者的一切包含着一个人的意志与另一个人的意志相一致的原则的道德关系，都可以归溯到**爱**和**敬重**，而且就这个原则是实践的而言，意志就爱而言的规定根据可以归溯到**目的**，就敬重而言的规定根据可以归溯到他人的**法权**。——如果这些存在者中的一个是对别的存在者只有法权而没有义务的存在者（上帝），因而别的存在者对前者就只有义务而没有法权，那么，他们之间的道德关系的原则就是**超验的**（反之，人们的意志是彼此交互限制的，人与人的道德关系具有一种**内在的**原则）。

就人类而言的属神目的（人类的创造与引导），人们只能把它设想为仅仅出自**爱**，也就是说，它就是人的**幸福**。但是，上帝的意志就限制着爱的作用的应有敬重（敬畏）而言的原则，亦即属神法权的原则，只能是**正义**的原则。人们也可以（按照人的方式）这样表述：上帝创造了理性存在者，仿佛是出自在自身之外拥有某种东西的需要，他可以爱这东西，或者他也被这东西所爱。

但是，属神的正义在我们自己的理性的判断中，确切地说作为**惩罚的**正义，向我们提出的要求就不仅同样高，而且要更高（因为原则是限制性的）。——因为**酬报**（praemium，remuneratio gratuita［酬报、白白的奖赏］）根本不与对那些对别的存在者只有义务而没有权利的存在者的正义相关，而仅仅与爱和行善（benignitas）相关；在这样一个存在者那里更不可能有报酬（merces）的要求，而一种**酬报的**正义（iustitia brabeutica）在上帝对人的关系中就是一个矛盾。〔489〕

但是，一个不容对其目的有任何损害的存在者，在其正义之实施的理念中，毕竟有某种不太能与人对上帝的关系统一的东西，亦即可能施加于不受限制的和不可企及的世界统治者的一种**伤害**的概念；因为这里说的不是人们彼此间施加的、并且由上帝作为审判者来裁决的对法权的侵犯，而是据说上帝本身及其法权遭到的侵犯，这种侵犯的概念是**超验的**，也就是说，完全处在我们能够为之举出某个实例的一切惩罚正义的概念（亦即在人们中间的概念）之外，而且包含着越界的原则，这些原则根本不能与我们在经验情况中会使用的原则相一致，因而对我们的实践理性来说是完全空洞的。

一种属神的惩罚正义的理念在此被人格化了；不是一个特殊的进行审判的存在者在实施这种正义（因为那样的话，就会出现这个存在者与法权原则的矛盾），而是**正义**就像是如同古代的哲理诗人的命运（厄运）一样还在朱庇特之上的实体（通常被称为**永恒的**正义），按照铁一般的、不可扭转的、对我们来说无法进一步探究的必然性作出判决。——现在举一些这方面的实例。

惩罚（按照贺拉斯的说法①）没有无视在它面前趾高气扬的罪犯，而是不停地紧跟着他，直至逮住他。——无辜地流出的血呼喊着复仇。——犯罪不能不受到报复；如果罪犯不受到
〔490〕惩罚，那么，其后代就必将付出代价；或者如果这不在他活着时发生，那就必然在他死后的一种生活②中发生，明确地接受

①《歌集》，Ⅲ，2，31－32：raro antecedentem scelestum deseruit pede Poena claudo［惩罚女神柏罚娜尽管瘸脚也不放过前面的罪犯］。——科学院版编者注

② 在这里，就连为了把那种威胁着的惩罚表现为在实施中完备的，也不可以掺入关于一种来世生活的假说。因为人就其道德性来看，被评判为不遵循时间条件在一个超感性的审判者面前的超感性对象；这说的只是他的实存。他的尘世生活不论短暂还是长久，哪怕是永恒的，都只是他在显象中的此在，而正义概念不需要任何更详细的规定；就像真正说来也无须对一种来世生活的信仰先行，以便让惩罚正义在它上面看到自己的作用一样，而是毋宁说反过来，从惩罚的必然性推论到一种来世的生活。

并且乐于相信这些，为的是弥补永恒正义的要求。——“我不愿意让任何血债发生在我的国家，因为我赦免了一个变得邪恶的、你们为之求情的决斗者”，一位明智的君主曾经这样说道。——罪债必须偿还，而且就连一个完全无辜的人也应当献身作赎罪的牺牲品（无疑，这时他所承受的苦难真正说来不能叫做惩罚——因为他自己没有犯任何罪）；从这一切可以看出，不是有一个掌管正义的**人格**，人们赋予它这种判决权（因为它会不能如此宣判而不对他人行不义），而是纯然的正义，作为越界的、设想给一个超感性主体的原则，在规定着这个存在者的法权；这虽然符合这个原则的**形式的东西**，但却与它的质料的东西，亦即总是作为人的幸福的目的相冲突。——因为如果总是这样续写其债务登记簿的罪犯出其意料地多，那么，惩罚的正义就不会把创造的**目的**设定在世界创造者的**爱**中（就像人们必然设想的那样），而是设定在对**法权**的严格遵循中（使法权本身成为被设定在上帝的**荣耀**中的**目的**），而既然后者（正义）只是前者（有效性）的限制性条件，这就显得与实践理性的原则相矛盾，按照这些原则，一种提供一个与创造者的只能 〔491〕
以爱为根据的意图相冲突的产品的创世就必定不会发生。

由此可见：在作为内在立法的纯粹实践哲学的伦理学中，只有**人**对**人**的道德关系对我们来说才是可理解的：但在上帝与人之间这方面存在怎样一种关系，却完全超出了伦理学的界限，而且对我们来说是绝对无法理解的；这就证实了上面所主张的：伦理学不能扩展到相互的人类义务的界限之外。

汉德人名对照表

阿亨瓦尔	Achenwall
阿里曼	Ahriman
阿斯特赖亚	Aströa
奥丁	Odin
奥尔穆兹德	Ormuzd
巴尔默里诺	Balmerino
巴尔特	Bahrdt
贝加里亚	Beccaria
查尔莱沃斯	Charlevoix
毕兴	Büsching
布劳恩	Brown
卜塔	Phtha
查理一世	Karl I
俄瑞斯忒斯	Orestes
法拉里斯	Phalaris
梵天	Brahma
斐德鲁斯	Phaedrus
弗莱亚	Freyer
该隐	Kain
豪森	Hausen
赫拉克勒斯	Hercules
贺拉斯	Horatius
霍布斯	Hobbes
伽尔韦	Garve
卡尤斯	Caius
卡托	Cato
克奈夫	Kneph
科修斯	Cochius
库尔修斯	Curtius
昆提利安	Quinctilianus
拉法特	Lavater
拉瓦锡	Lavoisier
雷兰德	Reland
楼陀罗	Ruttren
卢梭	Rousseau
路易十六	Ludwig XVI
马斯登	Marsden
门德尔松	Mendelssohn
密特拉	Mithra
穆尔	Moore

内特	Neith
尼古莱	Nicolai
尼禄	Nero
牛顿	Newton
皮拉得斯	Pylades
毗湿奴	Wischnu
珀里托俄斯	Pirithous
普芬宁格	Pfenninger
普罗泰戈拉	Protagoras
普洛透斯	Proteus
切斯特菲尔德	Chesterfield
塞涅卡	Seneca
沙夫茨伯利	Shaftesbury
湿婆	Siba 或 Siwen
施托尔	Storr
斯密	Smith
苏格拉底	Sokrates
太伦斯	Terenz
忒修斯	Theseus
提修斯	Titius
托尔	Thor
沃尔夫	Wolff
乌尔皮安	Ulpian
维纳斯·狄俄涅	Venus Dione
维纳斯·乌拉尼亚	Venus Urania
席勒	Schiller
希尼	Hearne
亚当	Adam
亚里士多德	Aristoteles
伊壁鸠鲁	Epikur
尤维纳利斯	Juvenal

图书在版编目（CIP）数据

康德著作全集：注释本．第6卷，纯然理性界限内的宗教　道德形而上学/李秋零主编．—北京：中国人民大学出版社，2019.10
ISBN 978-7-300-27421-8

Ⅰ.①康…　Ⅱ.①李…　Ⅲ.①康德（Kant，Immanuel，1724－1804）-全集
Ⅳ.①B516.31

中国版本图书馆CIP数据核字（2019）第205222号

康德著作全集（注释本）
第6卷　纯然理性界限内的宗教　道德形而上学
李秋零　主编
Kangde Zhuzuo Quanji

出版发行	中国人民大学出版社		
社　　址	北京中关村大街31号	**邮政编码**	100080
电　　话	010－62511242（总编室）		010－62511770（质管部）
	010－82501766（邮购部）		010－62514148（门市部）
	010－62515195（发行公司）		010－62515275（盗版举报）
网　　址	http://www.crup.com.cn		
经　　销	新华书店		
印　　刷	北京联兴盛业印刷股份有限公司		
规　　格	148 mm×210 mm　32开本	**版　　次**	2019年10月第1版
印　　张	17.375 插页4	**印　　次**	2019年10月第1次印刷
字　　数	411 000	**定　　价**	118.00元